国家出版基金项目
NATIONAL PUBLICATION FOUNDATION

抗日战争专题研究

张宪文　主
朱庆葆　编

第三辑
敌后
根据地

晋冀鲁豫抗日根据地研究

张同乐　张　冲　著

江苏人民出版社

图书在版编目(CIP)数据

晋冀鲁豫抗日根据地研究 / 张同乐, 张冲著.
南京：江苏人民出版社, 2024.9. -- (抗日战争主题
研究 / 张宪文, 朱庆葆主编). -- ISBN 978 - 7 - 214
- 29415 - 9

Ⅰ. K269.5

中国国家版本馆 CIP 数据核字第 2024QT7046 号

书　　名	晋冀鲁豫抗日根据地研究
著　　者	张同乐　张　冲
责任编辑	李　旭
装帧设计	刘葶葶
责任监制	王　娟
出版发行	江苏人民出版社
地　　址	南京市湖南路 1 号 A 楼,邮编:210009
照　　排	江苏凤凰制版有限公司
印　　刷	苏州市越洋印刷有限公司
开　　本	652 毫米×960 毫米　1/16
印　　张	28.25　插页 4
字　　数	330 千字
版　　次	2024 年 9 月第 1 版
印　　次	2024 年 9 月第 1 次印刷
标准书号	ISBN 978 - 7 - 214 - 29415 - 9
定　　价	128.00 元

(江苏人民出版社图书凡印装错误可向承印厂调换)

教育部哲学社会科学研究重大委托项目
2021年度国家出版基金资助项目
南京大学"双一流"建设卓越计划项目
"十四五"国家重点出版物出版专项规划项目

合作单位

南京大学　北京大学　南开大学　武汉大学

复旦大学　浙江大学　山东大学

台湾中国近代史学会

学术顾问

金冲及　章开沅　魏宏运　张玉法　张海鹏

姜义华　杨冬权　胡德坤　吕芳上　王建朗

总　序

张宪文　朱庆葆

日本侵华与中国抗日战争是近代中国最重大的历史事件。中国人民经过 14 年艰苦卓绝的英勇奋战，付出惨重的生命和财产的代价，终于取得伟大的胜利。

自 1945 年抗日战争结束至 2015 年，度过了漫长的 70 年。对这一影响中国和世界历史进程的重大事件，国内外历史学界已经做过大量的学术研究，出版了许多论著。2015 年 7 月 30 日，在抗日战争胜利 70 周年前夕，中共中央政治局就中国人民抗日战争的回顾和思考进行集体学习，习近平总书记发表重要讲话，指示学术界应该广为搜集整理历史资料，大力加强对抗日战争历史的研究。半个月后，中共中央宣传部迅速制定抗日战争研究的专项规划。8 月下旬，时任中共中央宣传部部长刘奇葆召开中央各有关部委、国家科研机构和部分高校代表出席的专题会议，动员全面贯彻习总书记的讲话精神，武汉大学和南京大学的代表出席该会。

在这一形势下，教育部部领导和社会科学司决定推动全国高校积极投入抗战历史研究，积极支持南京大学联合有关高校建立抗战研究协同创新中心，并于南京中央饭店召开了由数十所高校的百余位教授、学者参加的抗战历史研讨会。台湾也有吕芳上、陈立文等十多位教授出席会议,共同协商在新时代深入开展抗战历史研究的具体方案。台湾著名资深教授蒋永敬在会议上发表了热情洋溢的讲话。经过几个月的酝酿和准备,南京大学决定牵头联合我国在抗战历史研究方面有深厚学术基础的北京大学、南开大学、武汉大学、复旦大学、浙江大学、山东大学及台湾学者共同组建编纂委员会,深入开展抗日战争专题研究。中央档案馆和中国第二历史档案馆也积极支持。在南京中央饭店学术会议基础上,编纂委员会初步筛选出 130 个备选课题。

南京大学多次举行党政联席会议和校学术委员会会议,专门研究支持这一重大学术工程。学校两届领导班子均提出具体措施支持本项工作,还派出时任校党委副书记朱庆葆教授直接领导,校社科处也做了大量工作。南京大学将本项目纳入学校"双一流"建设卓越计划,并陆续提供大量经费支持。

江苏省委、省政府以及江苏省委宣传部,均曾批示支持抗战历史研究项目。国家教育部社科司将本项研究列为哲学社会科学研究重大委托项目,并要求项目完成和出版后,努力成为高等学校代表性、标志性的优秀成果。

本项目编纂委员会考察了抗战历史研究的学术史和已有的成果状况,坚持把学术创新放在第一位,坚持填补以往学术研究的空白,不做重复性、整体性的发展史研究,以此推动抗战历史研究在已有基础上不断向前发展。

本项目坚持学术创新,扩大研究方向和范围。从以往十分关注的九一八事变向前延伸至日本国内,研究日本为什么发动侵华战争,日本在早期做了哪些战争准备,其中包括思想、政治、物质、军事、人力等方面的准备。而在战争进入中国南方之后,日本开始逐步将战争引出中国国境,即引向广大亚太地区,对东南亚各国及东南亚地区的西方盟国势力发动残酷战争。研究亚太地区的抗日战争，有利于进一步揭露日本妄图占领中国、侵占亚洲、独霸世界的阴谋。

本项目以民族战争、全民抗战、敌后和正面战场相互支持相互依靠的抗战整体，来分析和认识中国抗日战争全局。课题以国共两党合作为基础，运用大量史实，明确两党在抗日战争中的地位和作用，正确认识各民族、各阶级对抗日战争的贡献。本项目内容涉及中日双方战争准备、战时军事斗争、战时政治外交、战时经济文化、战时社会变迁、中共抗战、敌后根据地建设以及日本在华统治和暴行等方面，从不同视角和不同层面，深入阐明抗日战争的曲折艰难历程，以深刻说明中国抗日战争的重大意义，进一步促进中华民族的伟大复兴。

对于学界已经研究得甚为完善的课题，本项目进一步开拓新的研究角度和深化研究内容。如对山西抗战的研究更加侧重于国共合作抗战；对武汉会战的研究将进一步厘清武汉会战前后中国政治、经济、社会的变迁及国共之间新的友好关系。抗战前期国民党军队丢失大片国土，而中国共产党在十分艰难的状况下，在敌后逐步收复失地，建立抗日根据地。本项目要求对各根据地相关研究课题，应在以往学界成果基础上，着力考察根据地在社会改造、经济、政治、人才培养等方面，如何探索和积累经验，为1949年后的新中国建设提供有益的借鉴。抗战时期文学艺术界以其特有的文化功能，在揭露日军罪行、动员广大民众投入抗战方面，发挥了重要作用。我们尝试与艺术界合作，动员南京艺术学院的教授撰写了与抗日战争相关的电影、美术、音乐等方面的著作。

本项目编纂委员会坚持鼓励各位作者努力挖掘、搜集第一手历史资料，为建立创新性的学术观点打下坚实基础。编纂委员会要求全体作者坚决贯彻严谨的治学作风，坚持严肃的学术道德，恪守学术规范，不得出现任何抄袭行为。对此，编纂委员会对全部书稿进行了两次"查重"，以争取各个研究课题达到较高的学术水平，减少学术差错。同时，还聘请了数十位资深专家，对每部书稿从不同角度进行了五轮审稿。

本项目自 2015 年酝酿、启动，至 2021 年开始编辑出版，是一项巨大的学术工程，它是教育部重点研究基地南京大学中华民国史研究中心一直坚持的重大学术方向。百余位学者、教授，六年时间里付出了艰辛的劳动，对抗战历史研究做出了重要贡献！编纂委员会向全体作者，向教育部、江苏省委省政府以及各学术合作院校，向江苏凤凰出版传媒集团暨江苏人民出版社，向全体编辑人员，表示最崇高的敬意和诚挚的感谢！

目　录

导　论　新中国成立 70 年来晋冀鲁豫抗日根据地研究综述

　　1937 年 7 月抗日战争全面爆发。同年 10 月八路军第一二九师在刘伯承、张浩率领下进入太岳山区和太行山区,创立晋冀豫抗日根据地。1938 年 4 月粉碎了日军的九路围攻,5 月徐向前率第一二九师主力进入冀南,建立冀南抗日根据地。1939 年 2 月、1940 年 4 月,杨得志、黄克诚分率八路军第一一五师一部到达冀鲁豫地区,与地方党组织一起建立冀鲁豫、鲁西、湖西 3 个抗日根据地。1941 年 7 月晋冀鲁豫边区政府正式成立,杨秀峰任边区政府主席。边区政府辖太行、太岳、冀鲁豫、冀南 4 个区。晋冀鲁豫抗日根据地是坚持华北抗战战略要地之一,是华北抗日游击战争的心脏和神经中枢。

　　晋冀鲁豫边区是抗战时期华北敌后战场的指挥机关——中共中央北方局和八路军总部的驻地,是华北敌后战场与华中敌后战场及通达延安中共中央的联系枢纽,是抗日战争时期面积最大的敌后抗日根据地。晋冀鲁豫边区开创之初,限于山西省东南部、河南省北部、河北省西南部的山区、半山区边界地区,后在抗战中逐步发展壮大,1938 年上半年扩展到冀南平原,尔后向冀鲁豫平原地区发展。至抗日战争胜利时,晋冀鲁豫边区政府辖太行、太岳、冀南、冀鲁豫 4 个区行署及邯郸直辖市,有 22 个专署,198 个县(市)政权,面积约 23 万平方公里,人口 2 550 万,形成了东起津浦路、西至同蒲路、南抵陇海路、北接石德及正太路,包括山西、河北、河南、山东等省各部分地区的广大战略根据地。

晋冀鲁豫抗日根据地的发展大致分为以下 4 个时期:

(一)根据地初创时期(1937 年 7 月 7 日至 1938 年 10 月底)

这一时期,全面抗战爆发,八路军开赴华北抗日前线。1937 年 11 月,第一二九师转战晋东南着手开创晋冀豫抗日根据地,同时中共平汉线省委改组为晋冀豫省委。1938 年 4 月取得反敌第一次围攻胜利,并成立晋冀豫军区,同年 8 月冀南行政主任公署成立,在华北敌后开创了晋冀豫山岳根据地与冀南平原根据地,抗日根据地在晋东南、豫北、冀西和冀南地区站稳了脚跟。

(二)根据地巩固与发展时期(1938 年 10 月底至 1940 年底)

这一时期,贯彻中共六届六中全会精神,召开晋冀豫边区第一次党代表大会,连续粉碎日军的围攻与"扫荡",同时取得了反国民党顽固派磨擦斗争的成功。1940 年 4 月中共中央北方局召开黎城会议,8 月冀太联办成立,实现了冀南、太行、太岳三区政权的统一领导,边区各项改革与建设开始走上轨道。至百团大战胜利,抗日根据地扩展为拥有 3 个行政区、15 个专署、115 个县政权的广大地区。第一二九师一部继续向东伸展,与地方党配合,在小冀鲁豫、冀鲁边、鲁西北分别开辟了抗日根据地,并积累了建设巩固抗日根据地的经验。

(三)根据地坚持斗争与恢复时期(1941 年初至 1943 年底)

这一时期,日军推行"治安强化运动",进行"蚕食"与残酷"扫荡",制造大量惨案,加紧对华北根据地军民实施细菌、毒气攻击。在空前困难的条件下,在中共中央北方局和八路军总部的领导下,

1941 年 7 月晋冀鲁豫边区参议会召开,决定将鲁西合并于冀鲁豫区,并将冀鲁豫区与冀太区合并,成立晋冀鲁豫边区政府,制定边区政府施政纲领及各项政策,使全区政权建设及其财政、文化、社会等进一步走上了统一发展的轨道。1942 年,湖西及苏鲁豫的水东区并入冀鲁豫区。同时,成立中共中央太行分局,全面展开反"蚕食"、反"扫荡"斗争,加强对敌政治攻势与经济斗争,以敌后武工队与小部队深入敌后之敌后开辟及恢复小块或隐蔽的根据地。至 1943 年底,抗日根据地得到恢复与发展,并取得卫(河)南、林(县)南战役的胜利。边区党政军民在艰难困苦中浴血奋战、励精图治,采取一系列重要举措,创造了战胜敌人的许多经验。

(四)根据地反攻作战与大发展,由局部反攻到全面反攻时期(1944 年初至 1945 年 9 月)

这一时期,1944 年初,日军调集重兵举行打通中国大陆交通线的作战。根据地党政军民乘势发起华北敌后攻势作战;在局部反攻中抗日根据地不断巩固壮大,成立了中共中央冀鲁豫分局、中共中央晋冀鲁豫中央局、晋冀鲁豫军区,边区党政军领导机关实现了统一。1945 年初,在扩大解放区、缩小敌占区的方针下,相继发起多次攻势战役,至同年 8 月展开全面反攻作战;同时加强巩固边区与新解放区党、政权及经济、文化、社会等方面的建设。至抗日战争胜利、彻底消灭顽抗的日伪军,根据地进一步扩展为包括山西省东南部、河南省北部、河北省南部、山东省西部,北抵石德路、正太路,南跨陇海路、黄河,西抵同蒲路,东抵津浦路的广大战略地域。边区党政军民对日进行反攻作战,为夺取抗日战争最后胜利,为民族独立解放与建立新中国而英勇奋战。"九千名将士入涉县,三十万大军出太行",晋冀鲁豫革命根据地在中国新民主主义革命史上留下了光辉的篇章。

一、研究历程回顾

晋冀鲁豫抗日根据地在创立初期,许多学者就对其开始研究。这些研究主要侧重于军事、政治、经济方面,而且多从实际出发,着眼于抗日根据地的建立、巩固和发展,着眼于根据地怎样在打败日本侵略者的战争中发挥更大作用。1944 年 8 月,为纪念全国抗战 7 周年,丁玲发表了《一二九师与晋冀鲁豫边区》(《解放日报》1944 年 8 月 14 日至 19 日连载),此文是采访刘伯承、蔡树藩、杨秀峰、陈赓、陈再道等晋冀鲁豫抗日根据地多位将领后写成的。

《中国敌后抗日民主根据地概况》(延安新华书店 1944 年版),是较早研究敌后抗日根据地的著作。该书分地区介绍华北、华中、华南的敌后抗日根据地,其中华北地区介绍了晋察冀、晋冀鲁豫、晋绥、山东四大敌后抗日根据地。该书对晋冀鲁豫边区的介绍分为"引言""边区的一般形势""边区创立和 7 年来的对敌斗争"三个部分,对边区概况表述得非常准确到位。该书取材大部分截止于 1944 年春季,与《解放日报》连载的丁玲《一二九师与晋冀鲁豫边区》有很高相似度。1953 年 10 月人民出版社重印此书,改写了绪论部分,补写了《陕甘宁边区概况》一章,书名改为《中国现代史资料丛刊·抗日战争时期解放区概况》。因为陕甘宁边区概况一章是补写的,所以包括了 1949 年的材料。

这一时期,边区报刊还发表了一些介绍晋冀鲁豫抗日根据地的文章。这些文章主要是宣传意义上的作品,旨在服务于抗日战争动员需要,尚未进行到学术层面的研究。

(一)搜集资料为主

1949 年新中国成立后,对晋冀鲁豫抗日根据地的研究进入了一个新的阶段。此阶段主要侧重于军事、政治、经济方面的资料搜索和探讨。丁玲撰写的《一二九师与晋冀鲁豫边区》(上海新华书店 1950 年版),该书是新中国成立后研究晋冀鲁豫边区的第一本著作,系统记述了八路军第一二九师将士开赴华北抗战前线,开展敌后抗日游击战争,以太行山为天然屏障,建立抗日根据地的艰苦战斗历程;真实、感人地记述了八路军将士打破侵华日军"不可战胜"神话的平型关大捷,以及忻口战役中突袭阳明堡日军机场、百团大战、长乐村战役等。书中还反映了晋冀鲁豫抗日根据地军民战胜大灾荒的历史,内容真实,表述朴素,富有感染力。作者真实生动地记述了八路军第一二九师将士在太行山,在晋冀鲁豫地区同日本侵略者英勇作战,在艰苦的环境中正确执行党的路线和方针、政策,同广大人民群众一起创立并巩固抗日根据地的光辉业绩。

齐武编著《一个革命根据地的成长——抗日战争和解放战争时期的晋冀鲁豫边区概况》(人民出版社 1957 年版),是研究晋冀鲁豫边区较为系统的专著。该书对晋冀鲁豫边区发展过程进行研究,并通过对根据地历史的描述,较为具体地反映出抗日战争和解放战争时期,晋冀鲁豫边区人民所受的苦难,以及他们在中国共产党领导下,对日本侵略者和国民党反动派所进行的英勇而艰苦的斗争。该书通俗易懂,为研究中国现代革命历史、全面了解晋冀鲁豫抗日根据地提供了重要参考。但由于该书出版年代较早,书中难免带有较深的"革命史"范式的烙印和时代的局限性。

"文化大革命"爆发之前,在原晋冀鲁豫抗日根据地主要领导人的支持下,有关部门曾搜集了大量晋冀鲁豫抗日根据地的文献史料,但这项工作因 1966 年"文化大革命"的爆发而被迫停止。

(二)整理资料为主

20 世纪 80 年代,随着思想解放和改革开放的推进,对晋冀鲁豫抗日根据地的研究不断深入。山西大学晋冀鲁豫边区史料研究组编写了《晋冀鲁豫边区史料选编》第 1—2 辑(1980 年),河南省财政厅编辑《晋冀鲁豫抗日根据地财经史料选编·河南部分》1—4 册(档案出版社 1985 年版)。上述史料集的相继出版,在史料整理与研究上带有开拓性意义,为深入研究晋冀鲁豫抗日根据地提供了大量档案史料,有力地推动了晋冀鲁豫边区抗战历史的研究。太行革命根据地史总编委会编《太行革命根据地史料丛书》1—12 册(山西人民出版社 1987—1995 年版)在 1980 年代末开始陆续出版,为深入研究晋冀鲁豫抗日根据地提供了难得的史料。中共冀鲁豫边区党史工作组财经组编《中共冀鲁豫边区党史资料丛书·财经工作资料选编》上下册(山东大学出版社 1989 年版),该资料选编收入了 1937 年 7 月至 1949 年 8 月中共冀鲁豫区党委、中共冀鲁豫分局、冀鲁豫行署的文件和少量中央局及晋冀鲁豫边区政府的文件,为研究冀鲁豫边区经济史提供了宝贵资料。

这一时期研究晋冀鲁豫抗日根据地的学术论文开始大量发表,学术研讨会也不断举办,晋冀鲁豫根据地研究进入一个前所未有的新阶段。

(三) 论著写作为主

20 世纪 90 年代以后,中国近现代史学界对晋冀鲁豫抗日根据地史研究不断深入,在进一步整理与研究资料的基础上,进入了展开深层次学术探讨的阶段。整理与研究资料的主要著作有晋冀鲁豫边区财政经济史编辑组,山西、河北、山东、河南省档案馆编《抗日战争时期晋冀鲁豫边区财政经济史资料选编》第 1 辑、第 2 辑(中国财政经济出版社 1990 年版)。这部由魏宏运教授主编的大型历史文献资料,以抗日战争时期晋冀鲁豫边区财政经济发展历史为主要线索,选辑了晋冀鲁豫敌后抗日根据地大量档案资料。编者从 2 000 多万字的文献资料中精选出 400 多万字,分为第 1 辑、第 2 辑出版。综合、财政两个部分编为第 1 辑;工农业生产、金融、商业贸易和附录(太行区社会经济调查)4 个部分编为第 2 辑。所选资料,主要取自馆藏档案,旁及各种报刊,其中包括中共中央、八路军总部、中共中央北方局及各区党委、晋冀鲁豫边区政府及各行署等各级党政军机关,历年所发有关财政经济工作的指示、法令条例、规章制度、报告、总结、社会经济调查、通讯报道、政论等资料,内容广泛。它不仅是研究敌后抗日根据地财经史的珍贵资料,而且也是研究敌后抗日根据地政治、军事、文化、社会等历史的重要参考资料。

进入 21 世纪,晋冀鲁豫抗日根据地研究不断走向深入,学术论文大量发表,学术专著的撰写进入一个向精品力作发展的阶段。不少硕士研究生、博士研究生选择晋冀鲁豫抗日根据地的某个方面或专题作为学位论文的选题,学术深度超越从前。

在大量史论发表的同时,晋冀鲁豫抗日根据地文献史料整理与研究也有了新进展。具有代表意义的是 2015 年政协河北省委员会编,张同乐、郭少敏执行主编的《晋冀鲁豫抗日根据地史料汇编》(河北人民出版社 2015 年版),该书分为文献史料和三亲史料两个部分,分上中下三卷出版,分别收录文献史料 767 篇(200 万字)、三亲史料 250 篇(100 万字)。文献史料汇编根据历史发展的脉络,分为敌后抗日根据地开创、巩固建设、艰苦斗争、反攻作战与大发展时期四编,各编又分综合、军事、政权、经济、文化、社会和党建等 7 个类别,按照文献史料的成文日期顺序编排。该书所选录的文献资料,包括中共中央、中央军委、中共中央北方局、八路军总部及其主要领导人的指示、文电、命令等,而着重于晋冀鲁豫抗日根据地党政军群领导机关——北方局和太行分局、冀鲁豫分局,八路军总部和第一二九师司令部,冀太联办和晋冀鲁豫边区政府,以及各群众团体及其主要领导人的指示、文电、报告、总结、讲话;区党委、二级军区、行署机关及其主要领导人的报告、总结,并注意收录县、区、村具有代表性的典型调查与试点经验资料;在内容上,凡晋冀鲁豫抗日根据地有关军事、政治、经济、文化、社会改革和党建等各个方面所形成的重要决策、重大举措等文献资料,都予以收录。该书做到时间上保持连续性而不间断,地域上保持全局性而不少块,内容上保持全面性而不缺项。为在浩瀚如海的史料中凸显区域性特色,在编选时着重收入晋冀鲁豫抗日根据地和各战略区党政军群领导机关及其主要领导人的指示、文电、报告、总结等,同时注意收入专区级及县、区、村级的代表性、典型性史料;对于中共中央、中央军委、中共中央北方局、八路军总部及其主要领导人的有关指示、文电、著作、讲话等,凡已编入领导人的选集、文集的,该书一般不重复收录。

总之,这是新中国成立到抗战胜利 70 周年有关晋冀鲁豫抗日根据地历史的一部全景式的、较为系统全面的综合性史料图书。

二、研究领域及主要论题

(一)晋冀鲁豫抗日根据地综合研究

1. 晋冀鲁豫抗日根据地建立发展历史

在晋冀鲁豫抗日根据地建立发展历史研究方面,丁玲撰写的《一二九师与晋冀鲁豫边区》(上海新华书店 1950 年版)为新中国成立后研究晋冀鲁豫边区的首部著作。该书共分为 11 章:初建奇功、发轫在太行山上、打破敌人的“囚笼政策”、国民党向敌后抗日军民“收复失地”、惊破敌胆的百团大战、建立起抗日民主的堡垒、经济战线上的斗争、军民同命战胜三年的灾荒、活动在敌人的心脏里、民族英雄与劳动英雄、今日之晋冀鲁豫。该书是研究晋冀鲁豫抗日根据地建立发展历史的代表作之一。

齐武编著《一个革命根据地的成长——抗日战争和解放战争时期的晋冀鲁豫边区概况》（人民出版社 1957 年版），该书对晋冀鲁豫边区进行了历史描述，前文已作详细介绍，不再赘述。

谢忠厚著《河北抗战史》（北京出版社 1994 年版），该书比较全面记述了九一八事变至日本投降期间，河北省境内共产党和各阶层人民抗日救亡运动和抗日斗争的历程，重点是敌后抗日根据地的斗争与建设情况。全书共分 7 章，25 万字。由于晋冀鲁豫抗日根据地是河北抗日战争史中的一个重要部分，所以该书对晋冀鲁豫抗日根据地的建立发展以及根据地军民的抗日斗争进行了比较详细的描述。该书广收博取各种有关史料，并注意吸收国内外的研究成果。《河北抗战史》是一部史料翔实，论述客观，结构比较严整的学术专著，具有开拓性。河北省地跨晋察冀、晋冀鲁豫和山东三大抗日根据地，包括 7 个战略区，而各个地区开创有早有晚，有的是高山峻岭的山岳地区，有的是一望无际的大平原，敌我斗争很曲折，情况复杂多变。如何从整体上和历史发展上把握区域特点，突出阐述当地军民在对敌斗争中所创造的独特经验，此为该书研究重点。但因史料限制，该书对抗战期间整个河北省人民参军、支前、伤亡、财产损失，以及关于各根据地的建党、建政、财贸、文教等项工作的统计数据还不够完全。

郭秀芬等著《晋冀鲁豫根据地史研究》（河北人民出版社 2014 年版），该书从政治、经济、军事、文化、教育、新闻出版以及妇女的社会活动等方面，对晋冀鲁豫抗日根据地做了有益的探索和思考。全书分为"制度建设""经济建设""文化教育""妇女运动及其他""研究综述及资料分布"5 个部分，比较深入地探讨了根据地的发展史。

相关资料集与著述还有：中共邢台地委党史资料征集小组编印的《冀南革命斗争史料》1—3辑（1982—1985年印行），中共山西省委党史研究室著的《太岳革命根据地简史》（人民出版社1983年版），太行革命根据地史总编委会编写的《太行革命根据地史稿》（山西人民出版社1987年版），陈廉编写的《抗日根据地发展史略》（解放军出版社1987年版），中共冀鲁豫党史工作组文艺组编写的《战斗在冀鲁豫平原上》（贵州人民出版社1988年版），师文华、卢海明编写的《太岳革命根据地纪事》（山西人民出版社1989年版），王付忠、侯存明主编的《冀鲁豫边区革命史》（山东大学出版社1991年版），田西如的《中国抗日根据地发展史》（北京出版社1995年版），齐武的《晋冀鲁豫边区史》（当代中国出版社1995年版），陆廷荣主编的《战斗在冀鲁豫平原》（云南民族出版社1998年版），等等。

随着这一领域的研究深入，一大批有代表性的文章相继发表，主要有：陈廉的《北方局与华北抗日根据地的创建》（《近代史研究》1984年第6期），郭传玺的《冀鲁豫边区抗日根据地的开辟》（《近代史研究》1985年第4期），石肖岩、高齐毅的《抗日民族统一战线的威力和冀南根据地的开辟》（《学习与研究》1985年9月），宋荐戈等的《太岳革命根据地发展简史》[《山西师院学报（社会科学版）》1984年第1—4期]，左志远的《开辟华北抗日根据地战略思想的形成》[《南开学报（哲学社会科学版）》1991年第5期]，李境顺的《中国与华北抗战新局面的开创》（《历史教学》1995年第10期），2000年河北大学李书平的硕士论文《论晋冀鲁豫抗日根据地的创建及其历史地位》，2015年辽宁师范大学王伟的硕士论文《中国共产党太岳抗日根据地建设研究》，李蓉的《论晋冀鲁豫抗日根据地的创立及其地位和作用》(《中国延安干部学院学报》2017 年第 3 期)。

晋冀鲁豫根据地的特征及其发展方面的论文有:靳海叶的《试论晋冀豫抗日根据地的创建及其特征》(《党史博采》2002 年第 10 期),车军社的《试论晋豫边抗日根据地的创建与发展》(《沧桑》2008 年第 5 期)。

2. 晋冀鲁豫抗日根据地建立发展史料

20 世纪 80 年代后期,抗日根据地史料编辑出版受到各级党史研究部门的重视,编印出了一系列抗日根据地党史资料。冀南革命根据地史编审委员会编印的《冀南党史资料》共 3 辑,第 1 辑于 1986 年 5 月印刷,第 2 辑于 1986 年 12 月印刷,第 3 辑于 1988 年 5 月印刷,这套内部资料集主要收入了冀南抗日根据地、冀南行署、冀南区党委、冀太联办、晋冀鲁豫边区政府以及 1944 年 5 月至 1945 年 11 月冀南、冀鲁豫两区合并时期平原分局、冀鲁豫行署颁发实施的有关政策法令、法规、条例等重要文献资料,这些资料大都是由中央、省、地、县党史档案部门提供。采用了分类序时的编辑方法,按文献具体内容分类,按成文和颁发时间顺序编排。

中共河北省委党史研究室编《中国共产党河北历史资料丛书·冀南历史文献选编》(中共党史出版社 1994 年版),该书是一部综合性文献资料集,收入 1937 年 7 月卢沟桥事变至 1949 年 8 月冀南区撤销,历经全面抗日战争和全国解放战争时期,中共冀南区党委(省委、工委)、冀南区行政公署、冀南军区等党政军群机关和领导人所发重要文件、指示、决定、报告、总结、文章等档案资料。此期间中共中央、中央局、八路军总部及第一二九师有关直接涉及冀南抗日根据地的电文、指示、决定、报告等,亦有适量收入或节选。收入文献资料,不论级别,均按其成文或发表时间先后顺序编排。

太行革命根据地史总编委会编《太行革命根据地史料丛书》1—12 册自 1980 年代末开始陆续出版。该套丛书除第 1 册为大事记外,其余均为馆藏档案文献资料,是研究晋冀鲁豫抗日根据地特别是研究太行革命根据地史难得的史料集。具体各册如下:《太行革命根据地史料丛书之一·大事记述(1937—1949)》(山西人民出版社 1991 年版);《太行革命根据地史料丛书之二·党的建设》(山西人民出版社 1989 年版);《太行革命根据地史料丛书之三·地方武装斗争》(山西人民出版社 1990 年版);《太行革命根据地史料丛书之四·政权建设》(山西人民出版社 1990 年版);《太行革命根据地史料丛书之五·土地问题》(山西人民出版社 1987 年版);《太行革命根据地史料丛书之六·财政经济建设》(上下册)(山西人民出版社 1987 年版);《太行革命根据地史料丛书之七·群众运动》(山西人民出版社 1989 年版);《太行革命根据地史料丛书之八·文化事业》(山西人民出版社 1989 年版);《太行革命根据地史料丛书之九·公安保卫工作》(山西人民出版社 1989 年版);《太行革命根据地史料丛书之十·冀西民训处与冀西游击队》(河北人民出版社 1989 年版);《太行革命根据地史料丛书之十一·豫北战斗》(山西人民出版社 1989 年版);《太行革命根据地史料丛书之十二·交通邮政》(山西人民出版社 1995 年版)。

中共冀鲁豫边区党史工作组办公室编《中共河南省委党资料选编》上中下册,该书注意所选资料的完整性、真实性、典型性。资料的编排基本以时间先后为序,同时将反映同一事件或同一内容的资料尽量加以集中。冀鲁豫边区是以原冀鲁豫、鲁西、湖西为主的若干块根据地合并成的统一的独立的战略区。该资料集收入的资料以冀鲁豫、鲁西、湖西三块根据地为主体,凡短期并入边区的,只收其并入时段的资料。

政协河北省委员会编，张同乐、郭少敏执行主编《晋冀鲁豫抗日根据地史料汇编》(河北人民出版社 2015 年版)，该书汇集了晋冀鲁豫抗日根据地的大量史料，分上中下三册。上册和中册为文献史料，下册为"三亲"史料。在体例的编排上，文献史料分综合、军事、政权、经济、文化、社会、党建等 7 个部分。全书按晋冀鲁豫抗日根据地的发展历史和抗日战争进程，采取了纵向划分历史阶段，各历史阶段横向分类 7 个方面，每个方面按时间顺序编排史料。这是一部资料比较全，内容比较丰富的研究晋冀鲁豫抗日根据地的历史资料集。

2020 年，中共河北省委党史研究室、中共邯郸市委党史研究室组织编写的《八路军一二九师暨晋冀鲁豫革命根据地历史研究系列丛书》由河北人民出版社出版。该书以历史发展为脉络，从政治、经济、军事、文化等方面对晋冀鲁豫革命根据地历史进行专题研究，分门别类地对晋冀鲁豫革命根据地文献、史料进行了全面系统的梳理、总结与研究，全景式地展现了晋冀鲁豫革命根据地军民在中国共产党领导下，取得抗日战争和解放战争伟大胜利的历史图景。此次出版丛书包括《八路军一二九师暨晋冀鲁豫革命根据地经济建设史料汇编与研究》(共三辑)，《八路军一二九师暨晋冀鲁豫革命根据地军事斗争史料汇编与研究》(共两辑)。

3. 晋冀鲁豫抗日根据地的历史地位与作用

中共河北省委党史研究室、中共邯郸市委党史研究室编《晋冀鲁豫根据地与中国抗战文集》(河北人民出版社 2017 年版)。2017 年 6 月 14 日，"晋冀鲁豫抗日根据地的历史地位与作用"研讨会在邯郸举行。原中共中央党史研究室副主任李忠杰为大会作主题报告，八路军研究会会长、陈赓之子陈知建，解放军总装备部科技委委员、刘伯承之子刘蒙在会上发言。原中共中央党史研究室第一研究部巡视员李榕,河北师范大学历史文化学院教授张同乐,李达上将原秘书王晓建,以及山东、河南、山西三省省委党史研究室负责人也在会上发言。与会专家学者围绕晋冀鲁豫抗日根据地的历史地位和贡献、精神价值、宝贵经验、根据地自身政治经济文化、人权建设和教育事业等专题进行了深入研讨交流。会议优秀论文结集成《晋冀鲁豫根据地与中国抗战文集》一书,为进一步推进晋冀鲁豫抗日根据地研究的深化和持续发展提供了新资料。

（二）晋冀鲁豫抗日根据地政治

20 世纪 80 年代以后有关晋冀鲁豫抗日根据地政治史的主要研究成果涉及多个方面。

1. 晋冀鲁豫抗日根据地党的建设

党的建设是抗日根据地史研究的重要方面。

中共山西省委党史研究室编《太岳革命根据地的党的建设》（山西人民出版社 1994 年版）,该书根据太岳革命根据地党的建设谋篇布局,由概述、文献选编、大事年表 3 个部分组成。概述主要是以太岳根据地党的建设历史为基础,用史料说明党的建设的历史经验;文献选编主要收入了太岳革命根据地党的建设重要文件。

《中共中央北方局》资料丛书编审委员会编《中国共产党历史资料丛书·中共中央北方局》（中共党史出版社 2002 年版）,该书分综合卷、抗日战争时期卷（上下）,主要综述了中共中央北方局的历史、组织沿革、重要人物、大事记,记述了抗日战争时期北方局及其前身的机构变化、重要决策、主要活动及历史作用等。抗日战争时期卷主要编入了抗日战争时期北方局的有关历史文献,这些文献史料主要选录中共中央、中央领导人,北方局、北方局领导人（抗日战争时期北方局以下的分局、区党委及其领导人）在各个阶段对北方地区党的工作的重要指示、决定、决议、工作报告、工作总结、

重要讲话、文章等，入选的文献按其形成的时间顺序编排。报刊文
选部分，主要选录北方局机关刊物和其他报刊登载的有关北方局
活动的重要报道、专论、社论、文章、典型通讯等。回忆录部分，主
要收录北方局主要领导人关于一个时期或一个方面的回忆资料。
部门和下属单位领导人的回忆资料，一般不予收录；但回忆全局性
活动的有价值的资料，也适当收录。专题研究资料部分，主要选录
党史、革命史工作者撰写的史实准确、重点突出、内容集中、叙述简
练的资料性专题研究文章。大事年表部分主要反映北方局（包括
其前身）在各个时期的重要决策、重大事件、重要会议和重要领导
人的重要活动。组织机构沿革部分收录到北方局机关及主要部门
一级。领导人名录部分收录到北方局书记、副书记和组织部、宣传
部等主要部门领导人一级。

代表性论文有师文华的《中共中央北方局与华北抗战局面的
开创》（《党的文献》1997 年第 4 期）等。

2. 晋冀鲁豫抗日根据地群众运动

20 世纪 90 年代初，一些学者专家开始将研究聚焦党领导的群
众运动，如"三晋"革命根据地工人运动史征编委员会编《晋冀鲁豫
革命根据地工人运动史》（中国工人出版社 1991 年版）。中共冀鲁
豫边区党史工作组河北省联络组编，谢忠厚、张圣洁主编《中共晋
冀鲁豫边区党史资料丛书·冀鲁豫边区群众运动资料选编》（河北
人民出版社 1992 年版），该书以珍贵丰富的第一手材料记录了冀
鲁豫边区群众运动的历史发展、重大斗争、巨大成就和历史经验，
对于深入了解党的群众观点和群众路线，继承和发扬党的优良传
统，推进抗日战争史的研究有一定的意义。该书既是一部有重要
史料价值的编著，也是进行党的群众路线教育和革命传统教育的
重要教材。全书由冀鲁豫边区群众运动概述、专题资料（包括工人

运动、妇女运动、青年运动、文联工作、人民武装斗争和学生运动等)、历史文献资料、回忆资料等4个部分组成。

3. 晋冀鲁豫抗日根据地民主政权建设

抗日战争时期,中国共产党高举统一战线的旗帜,团结社会力量,建立各阶级联合的民主政权,争取抗日战争的最后胜利。针对晋冀鲁豫抗日根据地政治史研究中民主政权建设的问题,学者们主要从民主政权的创建、基层政权发展、民主政权与党的关系、主要民主活动以及精兵简政等方面做了大量研究,发掘并整理了相关史料,出版、发表了一批论著、论文,成果显著。

其中,晋冀鲁豫抗日根据地民主政权创建方面的史料主要有:1945年7月,由晋冀鲁豫边区政府编印、韬奋书店发行的《法令汇编》;太行革命根据地史总编委会编写的《政权建设》(山西人民出版社1990年版)。在这些史料发掘和整理的基础上,学者们发表了一系列有关太行、太岳、冀南和冀鲁豫行署创建、沿革的文章,如邵春堡的《太岳行署在郑庄》[《山西师院学报(社会科学版)》1980年第4期],宋荐戈等的《太岳区的管辖范围和领导机构的沿革》[《山西师院学报(社会科学版)》1981年第2期],王永煜的《冀南与冀鲁豫两行署合并事件考》(《历史档案》1998年第3期),朱恩沛的《试论抗日民主政权的民主建设》(《社会科学战线》1996年第3期),丁俊萍的《论抗日根据地民主政治建设》(《江汉论坛》2007年第10期),尼米聪的《华北抗日根据地的民主政权建设》[《河北师范大学学报(哲学社会科学版)》2000年第2期],秦富平的《抗日民主政权的民主建设》(《晋阳学刊》2006年第2期),吕克军的《冀南抗日根据地政权研究》[《延安大学学报(社会科学版)》2012年第2期],丁龙嘉的《冀鲁豫边区的民主民生运动》(《炎黄春秋》2014年第4期)等。

　　基层政权建设方面的文章主要有：秦福平的《论抗战时期山西基层政权的嬗变》(《学术论丛》1995 年第 5 期)，田利军的《论华北抗日根据地乡村政权中的廉政建设》(《毛泽东思想研究》2001 年第 6 期)，丁云的《抗日根据地的乡村基层民主政治建设》[《北京工业大学学报(社会科学版)》2006 年第 1 期]，李俊宝的《山西抗日根据地的乡村民主建设》[《山西大同大学学报(社会科学版)》2008 年第 6 期]，2017 年云南师范大学黄超的硕士论文《抗战时期晋冀鲁豫边区乡村政权建设研究》等。

　　关于党与民主政权以及民主政权中的党政关系等方面的文章主要有：李世俊的《论抗日战争时期根据地民主政权与党的领导》(《探索》1988 年第 5 期)，钱听涛的《抗日根据地"军政委员会"的性质及其演变》(《中共党史研究》1990 年第 5 期)，刘健清的《试论抗日根据地政权的党政关系》[《南开学报(哲学社会科学版)》1992 年第 2 期]。

　　关于党领导下抗日民主政权的具体活动，相关研究成果比较丰富。民主政治实施方面的文章主要有的：祁健民的《试论抗日民主根据地的保障人权条例》(《党史资料与研究》1993 年第 2 期)，朱德新的《三四十年代冀东农民的政治参与意识》(《历史教学》1994 年第 4 期)，肖周录的《抗日战争时期边区人权保障的历史发展》(《人文杂志》1995 年第 6 期)，翁有为的《论抗日根据地的政治动员与政治参与》(《山东社会科学》1997 年第 3 期)，陈廷湘的《抗日根据地的民主政治与抗战民众动员》(《社会科学研究》1997 年第 3 期)，王荣科的《论抗日战争时期的民主政治建设》[《安徽大学学报(哲学社会科学版)》2005 年第 4 期]，林文泰的《论抗日根据地党的民主执政方式》[《内蒙古农业大学学报(社会科学版)》2006 年第 3 期]。程斯宇的《中共华北抗日根据地的整风审干运动》(《抗日战争研究》2017年第4期)初步探讨中共华北抗日根据地,包括晋冀鲁豫抗日根据地的整风审干运动,并把以往研究相对薄弱的审干问题作为重点展开论述。

抗日战争进入相持阶段以后,根据地处于极端艰难困苦的境地,为保障根据地抗日民主政权继续发展,坚持对敌战争,1941年12月17日,中共中央发出《关于太平洋战争爆发后对敌后抗日根据地工作的指示》,提出必须普遍地实行"精兵简政"。针对这一政策,学者们发表了一系列文章,主要包括高德福的《华北抗日根据地的减租减息运动》[《南开学报(哲学社会科学版)》1985年第6期],崔艳明的《冀鲁豫边区的精兵简政》(《北京党史研究》1995年第5期),李葆定的《略论抗日战争时期的精兵简政》(《军事历史》1993年第1期),曾长秋的《晋冀鲁豫边区精兵简政的历史经验》(《党史博采》1995年第7期),王林芳、李桂荣的《邓小平与晋冀鲁豫根据地的精兵简政》(《党史博采》2002年第2期),朱玉湘的《论抗日根据地的精兵简政》[《山东大学学报(哲学社会科学版)》1996年第3期],施善元的《抗日民主根据地精兵简政政策的实行及其经验》(《中共沈阳市委党校学报》2000年第1期),把增强的《困局与应对:抗战时期中共精兵简政研究——以华北抗日根据地为中心》(河北大学2013年博士论文),张同乐的《晋冀鲁豫抗日根据地精兵简政研究》(《北京党史》2017年第4期)。

关于晋冀鲁豫抗日民主政权的性质、特点、作用方面,学者已经有所论述,如谢忠厚等著《晋察冀抗日民主政权简史》(河北人民出版社1985年版),张廷贵的《晋冀鲁豫根据地在抗日战争和解放战争中的地位和作用》(《党史研究》1985年第2期),刘世永的《浅谈抗日民主根据地的政权建设》[《河南大学学报(社会科学版)》1985年第4期],刘庆曼、刘大成的《抗日民主政权研究》(《中共党史研究》1992 年第 2 期），刘庆曼的《简论中国共产党创建的抗日民主政权》（《档案史料与研究》1994 年第 2 期），王朝彬的《简论中共抗日民主政权》（《北京党史研究》1995 年第 6 期），何丽萍、张波的《民主根据地在抗日战争中的历史作用》[《北华大学学报（社会科学版）》1995 年第 7 期]，李林宇的《抗日民主政权建设及其历史经验》（《党史研究资料》1999 年第 12 期），丁俊萍的《论抗日根据地政权的性质及其特点》（《江汉论坛》1997 年第 10 期）。2000 年以后发表的文章主要有：骆方金的《略论抗日民主政权的基本特点》（《社会科学家》2000 年第 6 期），秦伟峰的《论抗日根据地政权建设与党的民主执政经验》（《河西学院学报》2008 年第 1 期），车军社的《晋豫边抗日根据地的历史作用》[《山西大同大学学报（社会科学版）》2008 年第 4 期]，王秀彦的《中共冀南抗日民主政权局部执政的历史经验》（《邢台学院学报》2009 年第 3 期）。

4. 晋冀鲁豫抗日根据地的统一战线

抗日战争时期，中国共产党广泛开展统一战线工作，建立抗日民主政权，为夺取抗日战争的胜利创造了良好条件。涉及抗日根据地党的统一战线的史料主要有：1946 年 4 月 10 日中共太行区党委编印的《1945 年太行党的文件选辑》（内部文件，1944 年 4 月—1945 年 2 月）；1944 年 6 月 15 日中共太行区党委编印的《太行六年来文件选辑（1938 年—1943 年 2 月）》上下册；《太行六年来文件选辑补编》、《太行党文件选辑（1947）》（内部文件）、《太行党文件选辑（1948）》（内部文件）；1944 年 9 月 26 日中共太行区党委编印的《1943 年太行党的文件选辑》（内部文件）；1945 年晋冀鲁豫边区政府印行了戎子和的《太行区三年来的建设和发展——在晋冀鲁豫边区第一届参议会太行区会议报告》等原始资料。

20 世纪 80 年代以来出版的史料主要有：彭真于 1941 年写的

《关于晋察冀边区党的工作和具体政策报告》(中共中央党校出版社 1981 年版);王健英编《中国共产党组织史料汇编——领导机构沿革和成员名录》(红旗出版社 1983 年版);谢武申编著《一二九师暨晋冀鲁豫区反顽斗争概况》(中共山西省委党史研究室 1984年);冀南革命根据地史编审委员会编《冀南党史资料》第 1、2 辑(内部资料,1986 年);中共山西省委党史研究室编《太岳革命根据地的党的建设》(山西人民出版社 1994 年版);中共中央北方局资料丛书编审委员会编《中共中央北方局·抗日战争时期卷》上下册(中共党史出版社 1999 年版);中共河北省委党史研究室编《冀南革命根据地建设》上下册(中共党史出版社 2018 年版);中共河北省委党史研究室编《太行革命根据地(河北部分)》上下册(中共党史出版社 2018 年版);中共河北省委党史研究室编《冀鲁边区渤海区革命根据地(河北部分)》上下册(中共党史出版社 2018 年版)。

5. 晋冀鲁豫抗日根据地的人物研究

晋冀鲁豫抗日根据地是面积最大的敌后根据地,中共中央北方局、八路军总部、第一二九师司令部、晋冀鲁豫边区政府都驻扎在这里,党政军的许多领导人曾在这里战斗生活,留下了许多可歌可泣的事迹。关于共产党领导人与晋冀鲁豫抗日根据地建设方面的著述有:朱贵强等的《邓小平对晋冀鲁豫抗日根据地的历史贡献》(《河南党史研究》1991 年第 4 期),任涛的《邓小平在中原》(中央文献出版社 1993 年版),田苏的《邓小平与晋冀鲁豫抗日根据地的建设》(《河北学刊》1995 年第 6 期),王东满的《与天为党——邓小平在太行》(山西人民出版社 1996 年版),曹钦温等的《邓小平关于敌后抗日根据地经济建设的思想》(《党史研究》1986 年第 2 期),陈东的《邓小平与晋冀鲁豫边区建设——访戎子和同志》(《党史博采》1997 年第 3 期);郭炳昌、张建国的《薄一波在晋冀鲁豫中央局》

（《党史博采》2007 年第 9 期）；谢武申的《抗日战争中的太行军
区——记李达同惠德赛的谈话》（《历史档案》1986 年第 1 期）；龚大
明的《抗战时期刘伯承对我军思想政治工作的贡献》[《贵州师范大
学学报（社会科学版）》2006 年第 6 期]，雍然编《刘伯承》（四川人民
出版社出版 1993 年版）。关于晋冀鲁豫根据地历史人物的研究相
对比较薄弱，还有广阔的拓展空间，需要进一步加强探索。

6. 晋冀鲁豫抗日根据地的法律法规

抗日根据地法治建设是学术研究中比较薄弱的领域，成果数
量也相对不足。

魏晓立的《20 世纪 40 年代晋冀鲁豫边区司法实践中的族权变
迁析论——以太行山区为中心》（《社会科学论坛》2016 年第 1 期），
通过对涉及宗族问题的案例分析，作者发现，20 世纪 40 年代太行
山区的宗族特点符合兰林友先生关于“残缺的宗族”理论。

2014 年江西财经大学陈亚先的硕士论文《晋冀鲁豫根据地的
经济立法研究》，以丰富的史料为基础，重点研究晋冀鲁豫根据地
的经济立法概况，主要涉及财税、工商、金融、审计等方面，以期总
结出经济立法的经验。

2016 年山西师范大学马铭的硕士论文《抗日战争时期太行区
法制建设研究（1940—1945）》，从法制建设的背景、太行区立法建
设、各项法规的执行、法制宣传和教育等方面对抗战时期太行区的
法制建设进行研究。

2017 年中国矿业大学熊卯苑的硕士论文《〈晋冀鲁豫边区政府
太行区采矿暂行条例〉研究》，从抗日战争和解放战争的经济和政
治背景出发，分析了《晋冀鲁豫边区政府太行区采矿暂行条例》的
立法体系和框架，从立法形式和内容两个方面分析立法特征。从
矿业权的概念和性质、矿工保护和矿业用地几个方面深入研究，对

整部《晋冀鲁豫边区政府太行区采矿暂行条例》进行价值评析,阐释了对矿业立法的现代价值。

2009 年河北大学张伟的硕士论文《晋冀鲁豫边区工人抗日民主活动述论》,从边区工人抗日民主活动的发起、边区工人及工会组织概况、边区工人抗日民主活动的主要形式、边区工人抗日民主活动的特点及其历史意义 4 个方面探讨了晋冀鲁豫边区工人的抗日民主活动。

2010 年河北师范大学王晓霞的硕士论文《解放战争初期中共城市反奸清算运动研究——以晋冀鲁豫解放区邯郸市为例》,对解放战争初期邯郸市的反奸清算运动进行了研究。邯郸市的反奸清算运动具有连续性的特点,较易于从整体上把握其演变历程,具有城市研究的标本意义。这篇论文对于研究中国共产党在其他大中型城市中开展的城市工作具有一定的历史和理论意义。

2015 年中共中央党校孙甜甜的硕士论文《晋冀鲁豫边区毛泽东思想的学习与宣传(1945 年 8 月—1948 年 5 月)》,力图多角度展现晋冀鲁豫中央局存在期间关于对毛泽东思想学习与宣传的历史过程,进而理清确立毛泽东思想指导地位的过程,并评述边区宣传毛泽东领袖地位的历史贡献。

2016 年山西师范大学牛燕燕的硕士论文《舆论宣传与太岳抗日根据地的建设——以〈太岳日报〉为例》,以《太岳日报》(1940—1945)这一时段有关太岳抗日根据地各方面建设的舆论为基本素材,结合档案文献资料,通过研究《太岳日报》及其与太岳抗日根据地建设之间的互动关系,探讨了抗战时期中国共产党领导的舆论宣传工作为抗日根据地的建设发展所做出的巨大努力和贡献。

另有山西省公安厅史志编纂办公室编《晋冀鲁豫革命根据地·公安保卫工作概述》(内部资料,1992 年);张文杰的《冀鲁豫抗日根据地的民主民生斗争》(《中州学刊》1986 年第 5 期)。

（三）晋冀鲁豫抗日根据地军事

关于晋冀鲁豫根据地创建斗争中,军事斗争方面的研究文章主要有:陈廉的《抗战初期华北我军战略方针探讨》(《近代史研究》1982 年第 1 期)和《抗战时期我军建立敌后根据地的战略部署》(《近代史研究》1984 年第 1 期),周秀芳的《党的军事战略的转变与敌后根据地的开辟》[《西南师范学院学报(人文社会科学版)》1985 年第 3 期],所曾义的《太岳军区简史》(《军事历史》1995 年第 3 期),崔田民的《八路军冀鲁豫支队片段》(《军事资料》1984 年第 2 期),陈晓东的《1941—1942 年华北抗日根据地困境成因析》[《苏州科技学院学报(社会科学版)》1986 年第 2 期],刘志坚的《回忆坚持冀南平原抗日游击战》(《军事历史》1985 年第 4 期),杜言青、牛贵葆、闫洪涛的《宋任穷与杨庄冀南军区兵工厂》(《春秋》2018 年第 1 期),牛贵葆、马世祥、闫洪涛的《八路军冀南兵工厂副厂长留下的抗战文物》(《中国老区建设》2018 年第 1 期)。

中国人民解放军军事学院编《刘伯承军事文选》(中国人民解放军战士出版社 1982 年版),全书共收入刘伯承从 1927 年至 1963 年间撰写的关于军事问题的文章、总结、报告和起草的文电等文稿 83 篇。

李达著《抗日战争中的八路军一二九师》(人民出版社 1985 年版),该书记述了八路军第一二九师的抗战历史。抗日战争全面爆发后,八路军总部由朱德、彭德怀率领从五台山地区转入太行山区。同时,八路军第一二九师奉命进入太行。第一二九师在刘伯承、徐向前、邓小平等领导和指挥下,先后创建的根据地有太行区、太岳区、冀南区、冀鲁豫区等 4 个抗日民主根据地,其活动和控制地域,西起同蒲线,东至津浦线,北抵正太路和沧石线,南临黄河和陇海线,是华北敌后抗战的重要战略基地之一。在抗战中,八路军第一二九师和晋冀鲁豫抗日根据地,粉碎了日本侵略军无数次的残酷围攻和"扫荡",粉碎了日军的"囚笼政策""三光政策""治安强化运动",建立了抗日民主政权(三三制),始终屹立于太行山上,最后第一二九师和兄弟部队,同全国人民一道取得了抗日战争的胜利。

第二野战军战史编委会编《八路军第一二九师战史》(解放军出版社 1991 年版),记录了八路军第一二九师的征战历程。

中国人民解放军历史资料丛书编审委员会编《中国人民解放军历史资料丛书·八路军·文献》(解放军出版社 1994 年版),该文献资料集选编了抗日战争时期中共中央、中央军委、八路军总部、第一一五师暨山东军区、第一二〇师暨晋绥军区、第一二九师暨晋冀鲁豫军区、晋察冀军区、留守兵团及其领导人的主要文献,共计 620 件。选编的文献以电报和文件为主,其中大部分是首次公开发表。中共中央、中央军委主要领导人的文献,凡已收入公开出版的选集、文集、文选的,该资料集都未收录。

章伯锋、庄建平主编《抗日战争》第 2 卷"军事"(四川大学出版社 1997 年版),选编了晋冀鲁豫抗日根据地军事斗争的大量史料,它是按抗战史的整体进程,分不同战场编列专题史料,其中包括抗战敌后游击战场、敌后抗日根据地的开辟、敌后抗日根据地发展壮大的史料。由于这是一部综合性的抗战史史料集,所以晋冀鲁豫抗日根据地的有关史料特别是军事史料,是这本书的重要部分。本资料从卢沟桥事变,日军大举进攻华北开始,主要选入了全国抗战初期八路军特别是晋冀鲁豫敌后抗日根据地的开辟以及坚持敌后抗战,抗日根据地的发展壮大,抗日战争取得胜利等大量资料。

中共中央文献研究室、中国人民解放军军事科学院编《邓小平军事文集》第 1—3 卷（军事科学出版社、中央文献出版社 2004 年版），该书收入邓小平军事方面的文章、报告、电报、命令、批示、题词、谈话、信函等 232 篇，约 83 万字，大多数是首次公开发表。第 1 卷收入 1931 年 4 月至 1944 年 12 月的文稿 47 篇，反映了抗日战争时期邓小平把党的建设、根据地建设和武装斗争相结合，提出一整套壮大和巩固晋冀鲁豫根据地、对日伪斗争的战略策略。

萧景祥主编《八路军第一二九师暨中国人民解放军第二野战军征战图集》（长城出版社 2004 年版），图文并茂，系统反映了八路军第一二九师和中国人民解放军第二野战军部队征战的历史。

（四）晋冀鲁豫抗日根据地经济

20 世纪 80 年代以后，晋冀鲁豫根据地经济史的研究取得了较大进展，一方面整理出版了大量原始档案资料，另一方面发表了专门论著。

1. 晋冀鲁豫抗日根据地经济发展历史

这一时期，晋冀鲁豫根据地财政经济史料的大批量出版，为学术研究奠定基础。这些资料主要有：中国人民银行河北省分行编《冀南银行》全两册（河北人民出版社 1989 年版），华北解放区财政经济史资料选编编辑组编《华北解放区财政经济史资料选编》（中国财政经济出版社 1996 年版），中国人民银行金融研究所编《中国革命根据地货币》（文物出版社 1982 年版），中共山西省党史研究室等编《太岳革命根据地财经史料选编》（山西经济出版社 1991 年版），太行革命根据地史总编委会编《太行革命根据地史料丛书之六——财政经济建设》上下册（山西人民出版社 1987 年版），张转芳主编《晋冀鲁豫边区货币史》（中国金融出版社 1996 年版），赵秀山主编《抗日战争时期晋冀鲁豫边区财政经济史》（中国财政经济出版社 1995 年版），戎子和编《晋冀鲁豫边区财政简史》（中国财政经济出版社 1987 年版),山西大学晋冀鲁豫边区研究组编《晋冀鲁豫边区史料选编》第 1 辑、第 2 辑(1980 年),国家工商行政管理史料小组主编《晋冀鲁豫地区革命根据地的工商行政管理》(工商出版社 1987 年版)。

2. 晋冀鲁豫抗日根据地的农业、手工业

有关晋冀鲁豫抗日根据地农业、手工业的研究主要关注点是"三农"问题。

徐建国的《日寇对华北敌后抗日根据地农业的破坏——以晋冀鲁豫边区为例》(《承德民族职业技术学院学报》2004 年第 1 期),以晋冀鲁豫边区为个案,详细论述了日本侵华对华北根据地农业的摧残和破坏。徐建国的《抗战时期晋冀鲁豫边区减轻农民负担历史考察》(《阴山学刊》2004 年第 5 期),该文主要探讨了晋冀鲁豫边区农民负担的基本状况,并着重指出在抗战时期,中共已经深刻认识到减轻农民负担的重要性,并采取减租减息、精兵简政与部队生产相结合、财政上建立严格的制度等一系列措施。2004 年徐建国的硕士论文《抗战时期晋冀鲁豫边区解决"三农"问题研究》对晋冀鲁豫边区为解决"三农"问题而采取的一系列恢复和发展农业生产、繁荣农村经济、减轻农民负担的措施进行了研究,对当今解决"三农"问题有借鉴和启示意义。李秉奎的《太行抗日根据地农村政权的改造与巩固》(《中共历史与理论研究》2015 年第 2 期)对太行根据地采取"合理负担"和"反对坏官、坏绅"等办法,初步完成农村政权的改造进行了探究。

2010 年河南大学吴伟的硕士论文《太行抗日根据地农业建设述论》,对中共和根据地政府在严峻的历史背景下,组织领导农业建设的政策制定和实施进行了研究。太行抗日根据地的农业建设不仅使农业生产得到很大提高,还在救灾度荒中发挥了重要作用,扩大了中共的政治影响,巩固了抗日根据地,同时还改造了大批懒汉,使农民的迷信思想发生转变。苑书耸的《华北抗日根据地的军政大生产》(《石家庄经济学院学报》2011 年第 5 期)探讨了抗战时期华北根据地遭受严重自然灾害,加以日军的疯狂"扫荡",根据地受到巨大损失,抗战面临着严重危机。根据地的军政机关知难而上,在紧张的战斗和工作之余,投身于大生产运动中。经过不懈努力,根据地的军政大生产取得明显成效,不但减轻了人民负担,发展了根据地经济,而且改善了自身生活,为抗战最终胜利奠定了坚实的基础。

牛建立的《华北抗日根据地的农田水利建设》(《抗日战争研究》2010 年第 2 期)论述了华北各抗日根据地党和边区政府制定的农田水利建设条例和暂行办法,这些政策在实践中充分调动广大农民积极投身农田水利工程建设、管理和使用,取得了巨大的成就和水利建设的丰富经验,对新中国成立后农田水利建设产生了深远影响。牛建立的《论 20 世纪三四十年代中共在华北地区的农业科技推广》[《洛阳理工学院学报》(社会科学版)》2011 年第 5 期]主要探讨了 20 世纪三四十年代,为了发展农业生产,中国共产党在华北地区开展农业科学研究,采取多种途径,向农民宣传、推广农业科技,尽管有局限性,但取得了一定成效。2016 年郑州大学侯欢欢的硕士论文《华北地区抗日根据地水利建设研究》通过对水利建设过程中措施、方法的整体性挖掘,以及水利建设的实践与成效、经验与教训的系统梳理,展示在中国共产党与边区政府领导下华北地区抗日根据地水利建设的动态发展过程。

李金铮的《论 1938—1949 年华北抗日根据地和解放区合作社的借贷活动》(《社会科学论坛》1999 年 Z3 期),该文探讨了根据地的合作社借贷活动及信用社类型,论述了与农民借贷关系最为密切的信用合作社和兼营信用业务的综合性合作社。李金铮的《论

1938—1949 年华北抗日根据地、解放区的农贷》(《近代史研究》2000 年第 4 期)论述了 1938—1949 年农贷相关的许多办法和条令；其中详细论述了农贷的组织系统、基本原则、重要方针、关键环节等内容，最后强调虽然根据地农贷规模较为有限，但对于农业、手工业、副业的发展仍起到了一定的作用。李金铮的《私人互助借贷的新方式——华北抗日根据地、解放区"互借"运动初探》(《中共党史研究》2000 年第 3 期)，认为私人互助借贷运动是 1930 年代后期至 1940 年代华北抗日根据地、解放区在废除封建高利贷剥削制度后，为克服生产生活困难民间采取的一种互借互助方式，并在边区推广。它有助于群众自救、抗灾、复苏经济、提高凝聚力。

2010 年河南大学邢永光的硕士论文《抗战时期晋冀鲁豫边区的粮食安全》，从粮食安全的角度阐释了抗战期间边区农业生产的重要性。2013 年山东大学王路鹏的硕士论文《抗日战争时期晋冀鲁豫根据地的粮食斗争》，对中国共产党领导晋冀鲁豫抗日根据地军民通过"发展粮食生产"，实行"粮食专卖""精兵简政""农业统一累进税""严惩贪腐"等多种措施与日本侵略者对生产资料、劳动力的破坏进行的斗争做了研究。2014 年山西大学姚宗鹏的硕士论文《抗战时期的粮食工作探析——以太行、太岳革命根据地为中心》以抗战时期晋冀鲁豫边区的太行区为研究范围，对中国共产党领导太岳革命根据地解决粮食危机采取的一系列应对措施进行了研究。黄存林的《抗日战争时期晋冀鲁豫革命根据地的粮食斗争》一文收入河北省历史学会专题资料汇编(中国文史出版社 1991 年版)，文章探讨了敌我双方之间粮食战线上的斗争问题。郝平的《太行、太岳革命根据地粮食危机及应对》(《安徽史学》2016 年第 6 期)和刘长林、吴明怿的《中共冀鲁豫根据地应对粮食危机措施研究》(《中州学刊》2018 年第 4 期)，两篇论文对太行、太岳、冀鲁豫革命根据地为解决日伪掠夺和破坏,加之自然灾害的侵袭及灾民涌入造成的粮食危机而采取的一系列应对措施进行了研究。

2003 年河北大学光梅红的硕士论文《论华北抗日根据地农村手工业》对华北抗日根据地手工业进行了较为全面的研究,认为华北农村手工业的急剧衰退主要是日本侵华战争的全面爆发导致的,而非 20 世纪 30 年代初经济衰落的继续。2016 年山西大学赵智荣的硕士论文《太行抗日根据地手工业研究》,对太行抗日根据地手工业的发展脉络、生产模式、经营方式、特点进行了较全面研究。岳谦厚、赵智荣的《太行抗日根据地的手工业改革》[《中北大学学报》(社会科学版)2016 年第 2 期]对太行抗日根据地为解决劳动力不足、生产效率低下、群众积极性不高等手工业发展问题而采取的多项改革措施进行了研究。郝平的《太行、太岳革命根据地煤矿业发展》(《抗日战争研究》2012 年第 3 期)着重论述战争时期太行、太岳革命根据地各级政府在极其困难的环境中如何恢复和发展煤矿业生产,积极发挥煤炭资源优势、保障供给,有力地支援根据地的经济建设和抗战需要;同时进行社会改革、改善民生,改善煤矿工人的生产和生活环境、提高劳动待遇,并且形成了多种经营模式并存的新的工业经营体制。余全有的《妇女纺织对晋冀鲁豫边区救荒的贡献》(《古今农业》2012 年第 2 期)一文从妇女纺织的角度论述了家庭手工业对社会政治经济所带来的巨大能动作用,这场声势浩大的纺织救灾运动,为整个边区及其家庭都做出了十分重要的贡献。而她们的贡献不仅仅限于救济灾荒,还对边区的政治、经济、社会风气等许多方面都产生了重要影响。

3. 晋冀鲁豫抗日根据地的土地政策

对于晋冀鲁豫抗日根据地土地政策方面的研究,所发掘整理的史料相对丰富。新中国成立前土地改革方面的资料主要有:

1947年6月25日,中共太行区党委印发《土地改革运动的基本总结》(内部文件);1947年6月,中共太行区党委印发《太行土地改革报告》(内部文件);1947年6月,中共太行区党委调查研究室、中共太行区党委办公室编印的《太行土地改革资料》(第1—5分册)、《太行土地改革诸问题》(内部材料)、《抗战日报》等。20世纪80年代以后整理出版的史料有:山西省党史研究室、山西省档案馆编印的《太行革命根据地土地问题资料选编》(内部发行,1983年);山西省党史研究室编写的《太行革命根据地土地问题资料续编》(1984年);太行革命根据地史总编委会整理的《太行革命根据地史料丛书之五·土地问题》(山西人民出版社1987年版)。

这些史料的发掘整理,为进一步深化晋冀鲁豫抗日根据地史研究,特别是边区土地政策的研究,奠定了坚实基础。李永芳的论文《晋冀鲁豫抗日根据地的减租减息运动》(《中国社会经济史研究》2005年第4期)详细论述了晋冀鲁豫抗日根据地的减租减息运动,认为它是共产党在抗战时期的基本政策。根据地的减租减息运动开展过程大致分为酝酿发动(1938—1939年)、初步开展(1939—1941年)、普遍开展(1942—1943年)、深入查减(1944—1945年)四个阶段。在此基础上,着重论述了运动开展的成绩和意义以及相关历史经验。2017年太原理工大学王然的硕士论文《太行抗日根据地减租减息运动研究》选取太行抗日根据地的减租减息运动进行研究,运用历史唯物主义的观点对这一运动的开展过程进行论述,通过对这一地区不同阶段的政策、工作开展、成绩和问题的考察,探讨这一过程中农民的思想变化、根据地的社会经济变化,突出了减租减息运动对农村社会和团结抗日带来的积极作用。关于党在抗日根据地的土地政策、减租减息以及土改过程中的具体问题和事件的解决等方面的论文还有:肖一平、郭德宏的

《抗日战争时期的减租减息》(《近代史研究》1981 年第 4 期);赵熙盛的《抗战期间党贯彻土地政策所遇到的阻力及采取的对策》(《党史研究与教学》1992 年第 3 期);徐建国的《华北抗日根据地减租减息运动中"斗争"模式分析》(《中共党史研究》2011 年第 6 期)、《抗日根据地减租减息运动与中共保障佃权问题研究》(《党史研究与教学》2015 年第 3 期)。

陈瑞青、吴玉梅的《略论晋冀鲁豫边区土地交易契约的形制》(《邯郸学院学报》2017 年第 3 期),对晋冀鲁豫边区契约形制的制式化、契约订立流程的规范化进行了探讨,对边区契约形制的研究反映了边区基层政权建设的缩影。

4. 晋冀鲁豫抗日根据地的工商业、市场

关于根据地工商业、市场的研究资料主要有:《根据地经济建设资料选集》商业部分(内部资料,1984 年);山西省工商行政管理局、河北省工商行政管理局编《晋冀鲁豫边区·工商行政管理史料选编》(内部资料,1985 年);中国人民银行晋冀鲁豫抗日根据地分行编《冀南银行》1—2 册(河北人民出版社 1989 年版)。

牛建立的《论抗战时期华北根据地的商业建设》[《洛阳理工学院学报(社会科学版)》2012 年第 1 期]把着眼点放在全面抗战爆发以后的商业情况。华北各根据地政府纷纷成立商业管理机构,制定恢复和发展政策,采取多种措施建设商业,取得了显著成就,产生了积极影响。

2009 年河北大学倪立敏的硕士论文《抗战时期晋冀鲁豫边区物价问题探析》探讨了市场物价问题。文中指出,抗战时期,晋冀鲁豫边区的物价呈波动上涨的趋势,这直接扰乱了边区军民的生产生活秩序,于抗战不利。为稳定物价,边区政府以发展生产为根本出发点,制定了一系列平稳物价的措施,从而在一定程度上稳定了物价,支持了抗战。

魏宏运的《晋冀鲁豫抗日根据地的商业贸易》(《历史教学》2007年第12期)着重论述了晋冀鲁豫抗日根据地如何整理金融市场,在极其复杂困难的环境中发展生产,开展对敌占区贸易,积极进行货币战,统制物价,使根据地社会稳步发展。魏宏运的《论晋冀鲁豫抗日根据地的集市贸易》(《抗日战争研究》1997年第1期)强调抗日战争时期,集市贸易是坚持和建设根据地不可缺少的一个方面。集市刺激了根据地的生产,提供了军需,调剂了人民群众的物资联系,并战胜伪币,支持了抗日货币的流通,使根据地经济呈现出繁荣景象。孙建刚、史红霞的《试述晋冀鲁豫抗日根据地的贸易“统制”政策》(《前沿》2011年第12期),主要研究了根据地对外贸易上的“统制”政策,并且随着时局的变化,“统制”政策也历经了严格禁止贸易到有限贸易的发展演变。“统制”贸易政策的成功有效地粉碎了敌人的经济颠覆政策,同时也壮大了根据地的经济实力,为最终抗战胜利奠定了坚实的基础。毛锡学的《抗战时期晋冀鲁豫边区的对敌经济斗争》(《许昌学院学报》1986年第4期)探讨对敌经济斗争问题。经济斗争在晋冀鲁豫边区整个对敌斗争中占有重要地位,它经历了几个不同的发展阶段。其中,“全面对敌经济斗争”这一口号的提出及其所展现的内容,标志着经济斗争进入了更高的层次。这时,取得斗争胜利的主观条件,基本上都已具备,这就是它必然胜利的主要原因。

5. 晋冀鲁豫抗日根据地的财政金融

关于根据地财政问题,早在1984年,财政部原副部长戎子和曾应《财政》杂志编辑部之约,撰写了《晋冀鲁豫边区财政工作片断回忆》,这一组共12期文章在财政和生产的关系、合理负担与统一累进税、对敌经济斗争、财政体制等方面进行了阐述。戎子和的

《晋冀鲁豫边区财政简史》(中国财政经济出版社 1987 年版),该书是在其 12 篇回忆文章基础上,经孙翊刚整编成中央财金学院财政史助教班进修班教材,然后修订出版。全书分为"概论""财政收支方针和实践""财经政策和财政管理"三章。

太行革命根据地经济建设史编写组编《太行革命根据地经济建设大事记》(内部资料,1984 年)。河南省财政厅、河南省档案馆编《晋冀鲁豫抗日根据地财经史料选编》1—4 辑(档案出版社 1985 年版),第 1 辑是有关整个边区的财经史料,第 2、3 辑是有关太行区的财经史料,第 4 辑是有关冀鲁豫区的财经史料。每辑中文件分级别、按时间顺序编排,资料排在后面。收入资料集的史料主要包括 1940 年 4 月至 1945 年 9 月,晋冀鲁豫抗日根据地的农业、工业、商业、财政、金融、税收、合作社、救灾、减租减息、精兵简政、支前等方面的内容,还选用了根据地的若干钞票照片及地图。

魏宏运主编,晋冀鲁豫边区财政经济史编辑组及山西、河北、山东、河南省档案馆编《晋冀鲁豫边区财政经济史资料选编》1—2 辑(中国财政经济出版社 1990 年版),这部大型历史文献资料,概括地反映了抗日战争时期晋冀鲁豫边区财政经济工作的历史,为学界和财政经济工作者研究敌后抗日根据地的财政经济史提供了大量的原始材料。

关于冀南银行的研究成果较多。其中 2008 年河北大学刘彦伟的硕士论文《冀南银行研究》认为,冀南银行制度健全、管理到位,内部组织严密,制定了各种行之有效的管理制度,并且在战争年代给予自己的部队各种支持,与敌人进行了经济战和货币战,对根据地军民战胜敌人发挥了重要的作用。冀南银行有两大特性,一是战时形态,二是农村环境。张常勇、王向英的《抗战时期冀钞的发行及其历史作用》[《山西师大学报(社会科学版)》2005 年第 4

期]指出,冀南银行发行的冀钞先后成为太行、冀南、太岳三区的本位币,流通时间长、范围广,有相当的影响,在根据地货币中有一定的代表性。常亮功的《抗战时期冀南银行资产保全办法》(《中国金融》2004 年第 18 期)指明了冀南银行的两大不可分割的中心任务。第一是代表人民政府发行本位币,同敌伪进行货币斗争,保护人民利益,管理外汇,促进贸易,投资生产,建设公营经济,周转财政,保证供给,争取金融货币的独立自主;第二是靠近翻身农民和手工业者,开展农村信贷业务,组织农村信用社,为农民和城市手工业者服务,蓄积农民的劳力物力,发展农村的生产力,保证农副业平衡发展。田秋平的《邓小平与冀南银行》(《中国钱币》1997 年第 3 期)提到,邓小平曾对该银行的筹建给予了极大的关怀和支持。邓小平在冀南银行筹备之初,对此事极为关注,口头指示他们先做准备,还要保密。常亮功、常伟民的《冀南银行的战时金融体系》(《中国金融》2012 年第 8 期)就冀南银行战时的特殊的金融服务体系做了详细阐释。2016 年广西师范大学刘凯伦的硕士论文《冀南银行管理制度研究(1939—1948)》对冀南银行的成立背景、资金管理制度、人事管理制度及财务管理制度等方面进行了系统研究。

关于金融货币的研究论文有:2015 年太原理工大学何伟的硕士论文《晋冀鲁豫根据地金融建设研究——以抗币为观察视角》从马克思主义中国化的角度出发,以晋冀鲁豫根据地发行的抗币为切入点,系统地揭示抗币的产生、发行以及斗争的具体历程,总结了根据地政府在金融建设、货币发行及斗争方面的历史作用和基本经验,在一定程度上弥补了学术界对抗日根据地货币金融史研究之不足。王明前的《晋冀鲁豫抗日根据地货币斗争研究》(《党的文献》2016 年第 1 期)探讨了抗日战争时期晋冀鲁豫边区政府为了维护边区货币本位地位,采取行政手段和经济手段并举的方式,积极开展货币斗争,有效稳定物价,严厉打击伪币。郭晓平的《太行根据地的金融货币斗争》(《中共党史研究》1995 年第 4 期)探讨了太行根据地的金融货币斗争,认为货币是支持抗战的武器。李小玲的《晋冀鲁豫根据地金融斗争史略》(《山西档案》1994 年第 3 期),也涉及该问题。孙建刚、史红霞的《晋冀鲁豫根据地货币缉私斗争述论》(《前沿》2011 年第 10 期)指出,抗战期间,日伪妄图通过伪钞、假币、法币和金银铜元走私的手段打垮根据地的货币金融体系。面对此种严峻形势,边区政府制定了奖罚分明的缉私政策,并动员广大人民和各级政府一道投入货币斗争中去,最终达到了冀钞本币币值巩固、物价上涨幅度不高、经济政治形势稳定的目标,为抗战胜利作出了重要的贡献。赖浩然的《抗日根据地边币的技术防伪》(《东方收藏》2016 年第 3 期)对抗战时期各敌后抗日根据地为了加强边币的技术含量,从印刷、制版、材料和发行等方面入手,主动防伪打假的历史进行了研究。

6. 晋冀鲁豫抗日根据地的经济政策、经济思想

有关晋冀鲁豫抗日根据地边区经济政策与经济思想的研究成果亦较为丰富。陈康的《晋冀鲁豫根据地经济文化建设首创性研究》(《许昌学院学报》2010 年第 4 期)指出,晋冀鲁豫抗日根据地在经济建设中有多方面首创性措施,如保护抗日民众财产所有权,重视农业技术,较早倡导"组织起来,由穷变富"。在文化建设中注重优秀传统文化保护传承;创办行政干部学校,提倡抛弃"以大老粗黑为荣"的落后观念。王双进、宋建英的《略论晋冀鲁豫边区开展信用合作的时代背景与政府政策》(《开发研究》2009 年第 6 期)提出农村信用合作组织是农村金融体系的重要组成部分,在抗日战争和解放战争时期,成为民众为克服生产生活困难而采取的一种有效形式,并得到中共和边区政府的重视与扶持。该文对边区政

府和银行开展信用合作工作的时代背景、政策及作用进行了深层次研究。

　　徐建国的《抗战时期晋冀鲁豫边区减租减息运动中农民的思想变迁》(《党的文献》2008 年第 5 期)详细论述了减租减息中农民思想的变化情况,认为晋冀鲁豫边区开展的减租减息运动,动员根据地农民进行经济上的抗战,提升了农民经济地位,进而改变了农村阶级状况,为人民解放奠定了坚实的思想基础。柴达的《抗战时期太行根据地减租减息运动》(《山西档案》1992 年第 4 期)把太行根据地的减租减息运动划分为 3 个阶段进行了阐释。

　　其他有关根据地经济研究的论文,如 2010 年河南大学杨勇的硕士论文《民众动员与晋冀鲁豫边区社会经济变迁(1941—1945年)》,该文从政治学和历史学的角度,从经济方面对抗日战争后期晋冀鲁豫边区民众动员的方式、过程和效果进行动态考察和客观评判,为中国现代化建设过程中的民众动员提供经验和借鉴。2010 年南开大学王双进的博士论文《中共革命下的乡村金融研究——以晋冀鲁豫边区为中心》对晋冀鲁豫边区农村金融体系的建立与发展进行了研究,认为以晋冀鲁豫边区为代表的农村金融发展是新中国农村金融发展的雏形,同时也为中国现代农村金融体制改革奠定了基本路径与方向。任哮岗的《晋冀鲁豫卷烟印花税——太行行署卷烟税花》(《档案天地》2016 年第 3 期)通过卷烟税花票研究晋冀鲁豫边区政府的烟税完税。2016 年河南大学陈丽方的硕士论文《中共冀鲁豫边区集市管理研究(1937—1949)》对全面抗战初期,边区政府为了恢复和发展经济而采取的对内自由、对外统制的集市管理政策进行了初步研究。2016 年山西财经大学杨郁娟的硕士论文《太行革命根据地会计研究》以晋冀鲁豫边区的太行革命根据地为主要研究范围,以根据地会计工作的开展为主线,采用了实地调查法、文献研究法和跨学科交叉等研究方法,系统归纳梳理出太行革命根据地会计历史的发展脉络,再现了革命根据地时期公营单位会计和财政总预算会计的工作过程,提出太行革命根据地会计工作确立了共产党领导的基本方针,奠定了新中国会计工作的基础。吴玉梅、白少双、陈瑞青的《从晋冀鲁豫边区契约看农会对土地的监管》(《邯郸学院学报》2018 年第 2 期)探讨了边区政府领导农会组织积极参与土地的交易、租佃、分配等行为,通过农会组织对乡村进行治理和控制,通过农会对土地进行监管,保证边区税收,为边区政府的正常运行提供财力支持。

从以上成果来看,随着中国经济体制改革的深化,1980 年代以后晋冀鲁豫抗日根据地经济史研究受到学术界的重视,一大批根据地财政经济原始档案的编辑出版,为敌后抗日根据地经济史研究奠定了史料基础,而且一些学者发表了有关根据地财政经济史的论文。但是,从已发表的论文来看,高水平深层次的根据地财政经济史研究成果还比较少,更多的文章是史实叙述性的,缺乏对根据地经济史的深度研究;研究领域仍局限于冀南银行、减租减息等问题,而对于财政税收等问题探讨相对较少。充分借鉴经济学、银行货币学、统计学等相关学科理论和方法,对晋冀鲁豫根据地财政经济史有关问题的研究尚待深入。

7. 晋冀鲁豫抗日根据地交通史

关于晋冀鲁豫边区交通的研究也取得了不少成果,比如刘存哲主编的《中国公路交通史丛书·晋冀鲁豫边区交通史》(人民日报出版社 1989 年版)。该书论述了七七事变后,根据地军民开展的交通战,打破了日本侵略者的"囚笼政策",开展反"清乡"、反"扫荡"、反"蚕食"斗争。边区抗日军民掀起了以破袭敌干线交通和伏击敌军事补给线为主要内容的游击战争。著名的邯长线响堂铺伏击战、平大线香城固伏击战都消耗了侵华日军大量的运输能力,特别是震惊中外的百团大战,大规模破袭日军交通线,使敌华北铁路交通一度陷于瘫痪,公路网也被破击得支离破碎,百孔千疮。随着解放区不断扩展,为支援大反攻和考虑到战后的恢复建设,对缴获的交通工具采取了就地保存、为我所用的办法。1945 年 6 月,以缴获日伪的汽车,在河南濮阳组建了晋冀鲁豫边区第一支军运汽车队——冀鲁豫汽车大队。在 1945 年 8、9 月间的大反攻热潮中,侵华日军苦心修建维护的交通线,终于一条条回到中国人民手中,成为支援抗日军民作战的钢铁运输线。

(五) 晋冀鲁豫抗日根据地文化教育

1. 晋冀鲁豫抗日根据地的文化

关于晋冀鲁豫抗日根据地文化研究的成果有河北省委党史资料征集编审委员会、太行(河北部分)史料联合征集办公室编《太行革命根据地史料丛书之十·冀西民训处与冀西游击队》(河北人民出版社 1989 年版),冀西民训处与冀西游击队在全面抗战初期被人们称为"知识分子""师生游击队",文化水平高,政治思想活跃,与民关系好,闻名太行区。该书主要汇编了历史亲历者的回忆和部分研究文章,附录冀西民训处以及冀西游击队大事年表,冀西民训处机构设置及隶属关系表,冀西游击队组织系列以及部分烈士名录。

相关论文有张慧玲的《抗战文化大众化成因探析——以太行抗日根据地为例》(《沧桑》2005 年第 6 期),马书岐的《浅谈太行抗日根据地的文化建设》(《沧桑》,2004 年 Z1 期),韩征天的《在传承与创新中前进——对太行根据地文化建设的再认识》(《前进》2003年第 11 期),冯禹君、温鑫的《晋冀鲁豫抗日根据地文化建设追溯》(《佳木斯大学社会科学学报》2018 年第 5 期)等。

2. 晋冀鲁豫抗日根据地的教育

对晋冀鲁豫抗日根据地的史料进行整理和出版的著作,在教育方面的主要有:中央教育科学研究所编《老解放区教育资料(二)》(教育科学出版社 1986 年版)和《中国现代教育大事记》(教育科学出版社 1988 年版),皇甫束玉等编《中国革命根据地教育记事(1927.8—1949.9)》(教育科学出版社 1998 年版),陈元晖主编《老解放区教育简史》(教育科学出版社 1981 年版),山西大学晋冀鲁豫边区史研究组编《晋冀鲁豫边区史料选编》第 1 辑、第 2 辑(1980 年刊印)。

有关根据地教育的研究论著还有李晓晨、黄存林的《简论河北抗日根据地的教育事业》(《邢台学院学报》2003 年第 1 期),陈祖怀的《抗日民主根据地教育特色论》(《史林》1995 年第 2 期),2009 年河北大学宋渠江的硕士论文《1941—1945 年冀南抗日根据地教育研究》,赵紫生主编《冀鲁豫老解放区教育史》(山东教育出版社1990 年版),张雪琴、王淼的《山西抗日根据地的教育事业》(《党史文汇》1997 年第 12 期)。

对冀鲁豫区的学校教育方面的研究成果,主要是对一些典型的中、小学教育的研究,主要有郝晋瑞的《老区新型中等教育的代表——太岳中学》(《教育理论与实践》1984 年第 6 期),太岳中学校史编辑委员会编的《晋冀鲁豫边区太岳中学校史》(山西人民出版社 2002 年版),韩元理的《烽火岁月中的太岳中学》(《文史月刊》2004 年第 1 期),2017 年山西师范大学董淑慧的硕士论文《太岳革命根据地中等学校教育研究(1940—1949)》,侯存明的《战争年代的冀鲁豫边区教育——以冀鲁豫边区第三中学为例》(《贵州文史丛刊》2007 年第 1 期),侯存明、田浩存主编《战火中的摇篮:冀鲁豫边区第三中学》(中共党史出版社 2006 年版),李常宝的《抗战时期太行根据地的小学教育研究》(《安徽史学》2018 年第 5 期),魏艾民的《学生·战士·宣传员——冀鲁豫边区温邢峒抗日小学琐忆》(《政工学刊》2005 年第 9 期)。

关于冬学运动的研究论文有张晋的《论抗战时期根据地冬学运动的群众动员性质——以晋冀鲁豫边区为例》[《决策探索(下)》2018 年 10 期],白雪枫的《论太行革命根据地冬学运动的显著特征》(《党史博采》2007 年 11 期)和《试论 20 世纪 40 年代太行革命根据地冬学运动》(《沧桑》2008 年第 5 期),薛慧锋、白雪枫的《太行抗日根据地的冬学运动对农民的影响》(《山西高等学校社会科学学报》2008 年第 8 期),万新方的《抗日根据地太行区的冬学运动》[《河南大学学报(社会科学版)》1997 年第 6 期],苏泽龙、刘润民的《抗战时期太行根据地的冬学运动》(《教育理论与实践》2006 年第 4 期),白雪的《太行抗日根据地时期乡村社会的思想教育——以青年为例》(《现代交际》2019 年第 1 期)。

关于干部教育方面的研究成果有杨付红的《晋冀鲁豫抗日根据地共产党员教育述论——纪念抗日战争胜利 60 周年》(《胜利油田党校学报》2005 年第 5 期),耿庆周的《抗日烽火中的冀南干部学校》(《党史博采》1999 年第 8 期),连德先、郝小梅的《抗日战争时期太行根据地的干部教育概况》(《中共山西省委党校学报》1991 年第 5 期)。

3. 晋冀鲁豫抗日根据地的新闻出版

论述新闻出版事业的文章主要有:山西省新闻工作者协会、太行新闻史学会编《太行山上抗日烽火中的〈胜利报〉》(内部资料,太行新闻史学会 1985 年编印),吕敬东的《太行革命根据地的〈胜利报〉》(《党史文汇》2001 年第 4 期),周君平的《珍贵的太行根据地小报——论太行根据地的〈胜利报〉〈新生报〉》(《文物世界》2001 年第

4 期),李豫的《太行根据地报纸文献概论》(《新闻出版交流》1999
年第 6 期),王力的《晋冀豫区新闻出版史探源》上中下篇(《新闻出
版交流》1996 年第 2、3、4 期),罗一恒等的《坚持华北抗战斗争的号
角——〈新华日报〉(华北版)概述》(《党的文献》1995 年第 6 期),刘
威等的《抗日战争时期华北敌后的喉舌——忆〈新华日报〉(华北
版)》(《新闻实践》1985 年第 12 期),杨宏伟的《太行太岳根据地报
刊史》(中国文史出版社 2006 年版),马明的《战火纷飞中的太岳记
者》(《新闻出版交流》1995 年第 1 期),太岳新闻史编辑委员会、山
西日报新闻研究所编《太岳新闻事业史略》(书海出版社 1991 年
版),王时春的《忆抗日战争时期的〈战友报〉》(《军事记者》2003 年
第 3 期)、《回忆冀鲁豫战场上的〈战友报〉》上下篇(《军事记者》
2002 年第 10、11 期),贾德昌的《战争年代的〈战友报〉》(《新闻与传
播研究》1983 年第 5 期),刘大明的《在另一个战场上——回忆解放
战争中的冀鲁豫日报》(《新闻与传播研究》1981 年第 4 期),王民英
等的《抗日战争时期的〈冀鲁豫日报〉印刷厂》(《山东档案》2004 年
第 1 期)等。

　　4. 晋冀鲁豫抗日根据地的文艺运动

　　关于抗日根据地文艺运动的论著有:河北省文化厅文化志编
辑办公室编《晋察冀·晋冀鲁豫乡村文艺运动史料》(内部资料,
1991 年),该书记述了抗日战争和解放战争期间晋察冀与晋冀鲁豫
的乡村文艺运动,认为曾有过极其兴旺的时期,并具有许多特色。
1940 年至 1941 年,正是两大边区群众文艺运动蓬勃发展的极盛年
代,胡苏在 1949 年河北省首届文代会上曾经做过这样的回顾:"据
不完全统计,此时期内原冀中地区就有农村剧团 1 700 个,冀南三、
四、五分区若干县份有 200 多个,冀西地区估计也在 1 700 个上
下。"1944 年,晋察冀边区阜平县高街村剧团自编自演戏剧《穷人

乐》，使边区乡村文艺运动再掀新高潮。当时，在中共晋察冀中央局的指引下，各地农村剧团都把《穷人乐》视作群众戏剧运动的方向，普遍注意将真人真事搬上舞台，实行自编自演，自娱自教。晋冀鲁豫边区的晋城打出了"群众翻身，自唱自乐"的旗帜，还有些农村剧团提出了"自己的事，自己来演"的口号。这是文艺与群众相结合而产生的成果，足以说明乡村群众自己不仅能够把握农村剧团的性质和方向，而且已把文艺活动视作自己政治生活与文化生活中不可缺少的重要组成部分。

相关论文有朱丹南的《〈前线〉在太行山上》（《新文化史料》1999 年第 3 期），李志宽、李东光的《名震太行的盲人抗战宣传队》（《新文化史料》1995 年第 5 期），张雪琴、王森的《山西抗日根据地的文学艺术》（《党史文汇》1998 年第 2 期），段友文的《人民口碑文学中的太行山抗战史——论左权抗战民歌》（《文艺理论与批评》1998 年第 3 期），王维国的《邓小平与太行山文化人座谈会》（《党的文献》2004 年第 4 期），2011 年河北大学王荣花的博士论文《中共革命与太行山区社会文化的变迁(1937—1949)》，2018 年太原理工大学高雅的硕士论文《太行革命根据地戏剧运动的研究》等。

从上述可以看出，关于晋冀鲁豫抗日根据地文化教育的研究取得了很大成绩，不仅有大量的论文见诸报刊，而且涉及这方面的著述也有问世。对太行区和晋冀鲁豫抗日根据地整体的文化教育进行研究的文章相对多一些，而对其他分区的研究文章相对较少。就整体状况而言，尚有广阔的研究空间。

（六）晋冀鲁豫抗日根据地社会

20 世纪 80 年代以来，晋冀鲁豫抗日根据地社会史的研究取得了进展，研究方向主要集中在妇女解放、婚姻、会道门、禁毒、灾害等方面。

　　对婚姻问题进行研究的论文,如 2006 年山西大学张慧玲的硕士论文《女性主义视角下的婚姻变革——以晋冀鲁豫根据地为例》,该文运用女性主义理论对根据地婚姻变革进行全面系统分析,作者选取晋冀鲁豫根据地为研究对象,在查阅了大量档案文献资料的基础上,以女性主义的性别分析视角,重新审视根据地婚姻变革中的政策、机构及婚姻缔结与解除的全过程,发掘历史上被漠视了的女性的活动与经验,以期对传统的根据地婚姻变革研究进行一些补充和校正。2016 年山西大学杜清娥的博士论文《女性、婚姻与革命:华北革命根据地女性婚姻与两性关系——以太行山区为中心的考察(1937—1949)》,以中共太行革命根据地为中心(兼及太岳)、以"女性、婚姻与革命"为视角,运用大量革命历史档案、地方史志、报刊文献等资料进行实证研究,动态地展示了这一时段丰富的社会群像和时代特征,从而在更深层面上揭示了革命根据地社会变革乃至整个中国革命历程的曲折性和复杂性。2017 年河北师范大学牛瑞丽的硕士论文《冀南抗日根据地婚姻改革研究》,以冀南农村地区为例,以抗日战争时期根据地婚姻改革政策为主线,探寻中国特殊社会背景下的婚姻改革问题,分析抗战时期婚姻伦理的变迁,进而审视现代中国婚姻立法的演进历程,以期对现代婚姻俗改革提供借鉴。卢鹤的《抗战时期晋冀鲁豫边区的婚姻法规》(《档案天地》2018 年第 3 期),探讨了晋冀鲁豫边区为从根本上消除旧的婚姻制度所造成的社会危害,而采取的方法和措施。这方面的论文还有张雪的《试论华北抗日根据地对婚姻制度的改革》(《党史博采》2006 年第 7 期),李晓晨的《试论华北抗日根据地的婚姻风俗改革》(《"20 世纪中国社会史与社会变迁"学术讨论会论文选集》,1997 年 11 月),傅建成的《论华北抗日根据地对传统婚姻制度的改造》(《抗日战争研究》1996 年第 1 期)。

关于妇女解放运动方面的论文,如张艳的《太行抗日根据地的妇女解放运动》(《炎黄春秋》2018 年第 8 期)探讨了中国共产党领导的敌后抗日根据地为开展妇女解放运动而制定和推行的一系列旨在破旧立新,移风易俗,推动社会民主、平等、文明的社会政策,包括妇女解放、婚姻家庭、社会教育等多个方面。相关论文还有韩晓莉的《女性形象的再塑造——太行根据地的妇女解放运动》[《山西大学学报(哲学社会科学版)》2005 年第 5 期]。

对抗日根据地灾荒应对进行研究的论文,如 2007 年河北师范大学陈钢的硕士论文《晋冀鲁豫抗日根据地抗灾救灾工作述论》,该文对构成晋冀鲁豫边区的 4 个根据地(即太行、太岳、冀南、冀鲁豫根据地)的档案材料、有关专著及论文进行梳理、分析,从造成严重灾荒的敌祸、天灾着手,对抗灾救灾进行了探讨,并总结了抗灾的经验。2009 年天津师范大学李新艳的硕士论文《中共太行抗日根据地灾荒救治工作研究——以 1942—1945 年的旱、蝗灾为中心的考察》,以抗战时期晋冀鲁豫边区的太行区为研究对象,对中国共产党领导的灾荒救治及抗灾工作进行了研究。2010 年山东师范大学王志洁的硕士论文《中共冀鲁豫边区救灾事业研究》,探讨了抗战时期冀鲁豫边区的灾荒救治及抗灾工作。2010 年山西师范大学张俊仁的硕士论文《太岳革命根据地救灾度荒工作研究——以1942—1944 年的旱、蝗灾为中心的考察》,对抗战时期晋冀鲁豫边区的太岳区旱灾、蝗灾进行研究,认为自然灾害中发生频率大、对社会经济特别是对农村与农业影响最深的是旱灾和蝗灾,该文运用历史唯物主义的观点来考察和审视抗日战争时期共产党领导的抗日根据地对灾荒的救治,以期对当今的抗灾提供借鉴与参考。2012 年河北师范大学赵亚东的硕士论文《1941—1948 年晋冀鲁豫边区的蝗灾及社会应对研究》,该文根据河北省档案馆及有关县档案馆的馆藏档案,探讨晋冀鲁豫边区的蝗灾及其社会应对,从蝗灾的成因及灾况、蝗灾造成的经济损失和社会影响、边区政府和民众对蝗灾的应对三方面,来探讨晋冀鲁豫边区的蝗灾与战争之间的关系以及蝗灾对生态环境的影响,梳理分析边区治蝗救灾过程中出现的问题,总结治蝗的经验教训。张同乐的《晋冀鲁豫边区开展灭蝗运动》(《中国社会科学报》2015 年 8 月 31 日)与《抗战时期晋冀鲁豫边区蝗灾救治述论》(《晋阳学刊》2016 年第 2 期),两篇论文对晋冀鲁豫边区的治蝗行动进行了研究。论文认为晋冀鲁豫边区蝗灾频仍,民众生活困苦,乡村社会矛盾激化,引发了许多社会问题。党和边区政府实行了以民为本的社会动员,八路军和各级干部从人民群众根本利益出发,将治蝗与抗日战争紧密联系在一起,破除迷信和愚昧思想,有计划、有步骤地开展灭蝗救灾运动,实现了灭蝗救灾与思想启蒙、民族解放与社会进步同时并举,有效支援了敌后根据地的抗日斗争。

对禁烟禁毒进行研究的论文有:李晓晨的《华北抗日根据地和解放区的禁烟禁毒》(《社会科学论坛》2001 年第 12 期),田利军的《论华北抗日根据地的禁毒斗争》[《四川师范大学学报(哲学社会科学版)》1997 年第 2 期]。2009 年湘潭大学任晓玲的硕士论文《华北抗日根据地缉私研究》认为,中国共产党领导根据地军民通过强化缉私组织机构建设、建立健全缉私规章制度、构建高效廉洁的缉私队伍等一系列举措来遏制日伪军猖獗走私活动,开展对敌经济作战,从而遏制了日伪军对华北各抗日根据地的经济侵略。

研究医疗卫生方面的论文有:苑书耸的《华北抗日根据地的医疗卫生事业》[《辽宁医学院学报(社会科学版)》2009 年第 4 期],刘轶强的《革命与医疗——太行根据地医疗卫生体系的初步建立》(《史林》2006 年第 3 期)。

　　对会道门、民团进行研究的论文,如吕克军的《抗战时期冀南匪患、会道门、民团的治理》[《内蒙古民族大学学报(社会科学版)》2013 年第 4 期],该文对冀南地区土匪、会道门、民团等组织的产生和恶性发展进行了论述,对中国共产党处置土匪、会道门、民团采取的措施方法进行了研究。对会道门方面的研究论文还有乔培华的《冀鲁豫抗日根据地与天门会》(《历史教学》1992 年第 7 期),2006 年上海师范大学朱心明的硕士论文《抗日根据地治理会道门研究》,程动田的《抗战时期中共解决冀南会道门问题的对策》(《邯郸学院学报》2006 年第 2 期),张桂华的《会道门组织在冀鲁豫抗日根据地的演变述略》(《抗日战争研究》2003 年第 3 期),郭晓平的《论抗日战争时期冀鲁豫边区的枪会》(《抗日战争研究》1997 年第 4 期)。

　　改造"二流子"方面的论文,如成永亮的《太行抗日根据地的二流子改造运动》(《吕梁学院学报》2017 年第 1 期),该论文在查阅各种书籍档案和报纸杂志的基础上,还原太行抗日根据地政府通过思想感化教育、解决实际困难、组织群众监督、制造舆论压力等手段改造"二流子"的历史原貌,在一定程度上对当今新农村建设提供历史借鉴。2017 年太原理工大学燕妮的硕士论文《抗战时期中共对"二流子"的改造》认为,在对日抗战的形势下,中国共产党为尽快化解经济危机和军事危机,动员一切可以动员的力量参加生产。该文还对改造"二流子"的大量成功案例进行归纳整理,运用社会学、人类学和心理学的理论方法对改造的举措进行分析和阐释,为解决一些现实社会问题提供了借鉴。相关方面的论文还有牛建立的《华北抗日根据地的"二流子"改造》(《中共党史研究》2010 年第 2 期)等。

　　其他方面的研究论文,如 2009 年华中师范大学何德廷的博士论文《抗日根据地肃奸研究》,该文从政治、军事、经济、文化教育以及对汉奸的惩治等方面梳理与分析抗日根据地对汉奸的斗争与打击。抗日根据地肃奸工作特点明显,理论坚实,策略灵活,构成严密的惩治汉奸网络,开展全方位的立体斗争,并将惩治汉奸与保障人权统一起来。2010 年山东师范大学于德孔的硕士论文《抗战时期晋冀鲁豫边区群众运动研究》则对晋冀鲁豫边区的农民、青年、妇女、文化教育等群众运动进行了研究,认为群众运动的开展对边区政治、经济及社会面貌都产生了深刻影响,在农村经济关系的变化、农村经济的恢复发展、贫雇农开始掌握乡村政权以及社会面貌的变迁等方面进行了探讨。2010 年河北大学张荫艳的硕士论文《晋冀鲁豫边区太行区荣誉军人管理研究》,重点考查太行区对荣军的优抚管理措施及其效果影响,太行区在不断探索中,创造了颇具特色的荣军管理安置模式,使荣誉军人顺利完成从军人到普通百姓的转化,积极投身于为人民服务事业。陈静、孟令择的《晋冀鲁豫抗日根据地公安保卫工作论析》(《党的文献》2017 年第 3 期),该文对晋冀鲁豫抗日根据地公安保卫工作进行研究,认为公安保卫工作成功锻造了一批具有革命思想觉悟与现代业务能力的公安队伍,保障了战争环境下根据地社会秩序的稳定,促进了抗日根据地政权建设的发展及抗日战争取得最终胜利。

通过对上述学术史的梳理,可见关于晋冀鲁豫抗日根据地社会史研究起步较晚,论著相对少一些,研究论文多局限于灾荒、婚姻等,亟待发掘更多晋冀鲁豫抗日根据地社会史方面的史料,拓展研究方向,更多地关注社会生活、研究社会问题。

三、研究总结及学术展望

在抗日战争史研究中,晋冀鲁豫抗日根据地是一个重要领域。

20世纪80年代以后研究成果日益增多,根据地史研究的范围越来越宽,研究内容也越来越深入,呈现出稳步发展的良好势头,但也存在许多有待深入研究的问题。

（一）处理好通史与专题史的关系

就史学著作而言,通史是对一个历史发展梗概进行表述,而专题史是对一部分进行详细深入的表述,相同篇幅的情况下专题史比通史要详细得多。由于晋冀鲁豫抗日根据地在地域上跨今山西、河北、山东、河南等省,协作研究、整体化的研究十分必要,需要在加强通盘性和贯通性研究上下功夫,打造通史体例的晋冀鲁豫抗日根据地学术精品。与此同时,亟需加强晋冀鲁豫抗日根据地专题史的研究,以专题性的深入研究,打造若干系列的专题史,提升晋冀鲁豫抗日根据地研究的学术含量,使抗日根据地史研究进入一个新境界。

（二）法制史研究有待深入

依法治国需要有历史的借鉴。一是法制史料的进一步深入整理。1980年代以来史学界对晋冀鲁豫边区法律文献整理和法制建设实践的考察虽然取得了较大的进展,但仍存在不少空缺和不足,亟待进一步深入挖掘与搜集整理。已整理出版的法制史料,只是边区法规资料的一部分。大量的档案文献仍沉睡于档案馆或部门资料机构而未能公开发表,有待继续挖掘、利用;不少当时汇集的法规文件缺乏整理再版,如《一九四六年太行党的文件选辑》《太行区银行工商工作参考资料》等。还有很多法制文献在当时根据地是以内部流通的形式发布,并未公开出版,这些稀缺资料有待统一收集和整理。此外,当时报纸、刊物上发表了大量法规实施情况的总结、评价以及领导人的解释。还有不少法制资料在个人收藏者手里,上述史料的收集整理将为根据地的法制史研究提供史料支持,促进根据地法制史研究走向深入。二是加强对司法文献、法理文献的研究。晋冀鲁豫边区各级司法机构在司法实践中形成和保存下来诸多司法档案,如诉状、判例、传票等;还有众多涉及法律的讨论、宣传、普及、教育、评论等史料。学术界此方面研究相对薄弱,公开出版的著作主要有赵昆坡、俞建平编《中国革命根据地案例选》(山西人民出版社 1984 年版),白潮编著《乡村法案——1940年代太行地区政府断案 63 例》(大象出版社 2011 年版)。抗日根据地的法治建设影响久远,具有重要的现实意义,加强对边区法制实践与司法文献及法理文献的整理研究尤为必要。三是晋冀鲁豫边区社会经济法领域有许多方面尚需拓展。从总体上说,抗日根据地法制研究中,土地、经济、工商贸易法规等方面研究较多,对于行政、司法、刑事法律、婚姻法方面的研究有待拓展和深入,劳动法规等方面的研究几乎处于空白,如关于减租减息政策的研究多局限于政治、经济方面,其对社会、民众心态等方面影响的研究相对较少;对货币战等问题研究较多,对农业、手工业、物价等方面则涉及较少。上述研究相对薄弱的领域都有待加强。四是研究方法有待创新。目前,对于晋冀鲁豫抗日根据地法制建设研究主要是区域性研究,专门研究某一问题或个案,研究方法单一,普遍都是通过对档案、文献等史料作一些相对静态的研究,对晋冀鲁豫抗日根据地法制建设的整体性研究相对缺乏,也很少有学者将其与其他抗日根据地法制建设进行比较研究。在以后的研究中,需要综合运用多学科的研究方法,吸收借鉴其他学科的认识论和方法论,更加全面、深入地对根据地法制建设展开深入研究。

（三）社会史研究有待深入拓展

在对抗日根据地的政治、军事、经济以及文化教育进行研究的基础上,一些学者开始以社会史的视角关注晋冀鲁豫抗日根据地的基层社会,对根据地社会生活、社会问题、人口问题、个人生活、生态环境、会党的区域分布及组织结构和活动方式等,尚未展开细致深入的考察。另外,已经涉猎的领域,仍有很大的研究空间。如农民参加革命和抗战的动机问题,以往主要从中国共产党政治动员的视角进行探讨,分析寻找其必然性,但仅从正面宣传鼓动之类的资料中很难找到全面的答案,还需要深入探析农民的日常生活和乡土传统等其他因素。晋冀鲁豫边区社会史的研究还处在起步阶段,已有研究成果数量有限,质量有待提升。比较史学层面的研究不够,碰撞、对话和论辩尚未真正形成。

（四）史料整理转换视角,加大力度

开展对于晋冀鲁豫抗日根据地史的研究,是一项艰苦的工作,更是一项长期的任务。应该全面搜集史料,组成专门的研究队伍,加快课题立项程序,提供物力保证,促使研究工作的全面开展。同时,采用科学的理论和方法,转换史料搜集整理视角,大力度认真搜集整理地方志书、文书、人物传记史料,抢救性发掘回忆录、口述史料等,运用现代化的网络信息技术,研发晋冀鲁豫抗日根据地史料数据库,并在大量史料数据化基础上,以史出论,使史论立于坚实的史料之上,把抗日根据地史研究整体推向深入。

（五）学科交叉、多学科合作、拓展研究领域

学科交叉、多学科合作、拓展研究领域是当今史学研究的新趋势,晋冀鲁豫抗日根据地史研究需要借鉴政治学、经济学、文化人类学、民族学、社会学、地理学、心理学等有关学科的理论和研究方法,借鉴西方社会史学者有关理论、专题性论著,有批判地吸收,丰富和提升抗日根据地研究的视野。解放思想,实事求是,不断挖掘新资料,不断拓展新研究领域,不断探索新选题,不断借鉴新方法,通过学者的不断努力,交叉学科的优势将进一步凸显,晋冀鲁豫抗

日根据地史的研究必将步入一个新境界，必将取得新突破，获得新成就。

（六）加强晋冀鲁豫抗日根据地与沦陷区、国统区的比较研究

抗日战争时期，随着日军大举侵华，国民政府迁都重庆，共产党领导的八路军、新四军深入敌后，中国大地上出现了抗日根据地、沦陷区、国统区。三者关系的研究具有广阔的学术空间，运用比较史学的研究方法，展开抗日根据地、沦陷区、国统区的比较研究，可以拓展新领域。同时，开展广泛的国际合作，使晋冀鲁豫抗日根据地研究进一步向着国际化方向发展，这也符合新时代中国史学研究的大趋势。

第一章　八路军第一二九师的对日抗战

第一节　工农红军改编与第一二九师组建

一、抗日民族统一战线建立

1937 年 7 月 7 日，日本侵略军制造了卢沟桥事变（七七事变），当地中国驻军奋起抵抗，全民族抗战由此爆发。

日本侵华由来已久，早在 1894 年日本发动了甲午战争，迫使清王朝割让台湾岛及其附属岛屿、澎湖列岛。1927 年，日本政府提出了"惟欲征服支那，必先征服满蒙，如欲征服世界，必先征服支那"[①]的侵略方略。1931 年 9 月 18 日，日本发动九一八事变，侵占东三省，建立伪满洲国，随后进攻上海，侵占热河及察哈尔、绥远、河北部分地区，策划扶植了伪冀东防共自治政府和伪蒙古军政府，制造"华北特殊化"。到 1937 年 7 月，日军在卢沟桥挑起事端，开始

[①]《惊心动魄之日本满蒙积极政策——田中义一上日皇之奏章》,《时事月报》1929 年 12 月，第 1 卷第 2 期。

了全面侵华战争。

九一八事变爆发，以蒋介石为首的代表大地主大资产阶级利益的国民党政府对日本侵略东北的行动一再妥协退让。事变发生后，国民党政府电告东北军："为免除事件扩大起见，绝对抱不抵抗主义。"①这促使日本帝国主义更无所顾忌地大规模武力侵华。1932年一·二八事变后，南京政府先后与日本侵略者签订了《淞沪停战协定》《塘沽协定》等丧权辱国的协定，丧失了在上海的驻军权，撤走了河北省的国民党中央军，取消了河北与平津两市的国民党党部，对外妥协，对内用兵。

面对日本帝国主义的侵略，中国共产党高举民族解放的旗帜，倡导建立抗日民族统一战线。1931年9月22日，中共中央发出《关于日本帝国主义强占满洲事变的决议》，积极组织群众进行抗日运动。1933年1月17日，《中华苏维埃临时中央政府、中国工农红军革命军事委员会宣言——为反对日本帝国主义侵入华北，愿在三个条件下与全国各军队共同抗日》，宣布中国工农红军准备在三个条件下与任何武装部队订立停战协定，反对日本帝国主义的侵略。这三个条件是："（一）立即停止进攻苏维埃区域，（二）立即保证民众的民主权利（集会、结社、言论、罢工、出版之自由等），（三）立即武装民众创立武装的义勇军，以保卫中国及争取中国的独立统一与领土的完整。"②以此号召停止内战一致抗日，这标志着中国共产党开始寻求建立抗日民族统一战线。1935年8月1日，

①《张副司令报告暴日入寇东省经过》，上海《民国日报》1931年9月27日，第1版。

②《中华苏维埃临时中央政府、中国工农红军革命军事委员会宣言——为反对日本帝国主义侵入华北，愿在三个条件下与全国各军队共同抗日》（1933年1月17日），中共中央文献研究室、中央档案馆编：《建党以来重要文献选编（1921—1949）》第10册，北京：中央文献出版社2011年版，第28页。

《为抗日救国告全体同胞书》(即八一宣言)发表。12 月 17 日至 25 日,中共中央在陕北瓦窑堡召开政治局会议,决定建立抗日民族统一战线的策略,通过了《中央关于目前政治形势与党的任务决议》。"两天后,毛泽东在党的活动分子会议上作《论反对日本帝国主义的策略》的报告。瓦窑堡会议决议和毛泽东的报告,明确提出党的基本策略任务是建立广泛的抗日民族统一战线。"①

　　为建立抗日民族统一战线,中国共产党和红军做出巨大努力,得到全国人民和社会各阶层爱国人士的支持,民族资产阶级、地主阶级中的开明人士也纷纷拥护抗日,国民党军队中的爱国官兵也将枪口转向日本。在这种境况下,国民党政府被迫转变对日政策。自 1935 年冬起,国共两党多次进行谈判,在此期间,中国共产党和红军发表了很多主张联合抗日的通电、呼吁书等。随着 1936 年 12 月西安事变的和平解决,国民党被迫停止了 10 年之久的内战,全国人民的抗日救亡运动达到高潮。由于蒋介石抗战是被迫的,而且力图限制共产党与人民民主力量的发展,所以在抗日民族统一战线初步形成后,他执行的仍是一条片面消极的抗战路线。卢沟桥事变爆发后的第二天,中共中央在为日军进攻卢沟桥的通电中提出:"只有全民族实行抗战,才是我们的出路!"②7 月 17 日蒋介石在庐山发表谈话,确定了抗战方针。7 月 23 日毛泽东在《反对日本进攻的方针、办法和前途》一文中,再次强调动员全民的重要性,指出:"民力和军力相结合,将给日本帝国主义以致命的打击。民

---

①《中国共产党简史》编写组编著:《中国共产党简史》,北京:人民出版社 2021 年版,第 69 页。

②《中共中央为日军进攻卢沟桥通电》(1937 年 7 月 8 日),中共中央文献研究室、中央档案馆编:《建党以来重要文献选编(1921—1949)》第 14 册,北京:中央文献出版社 2011 年版,第 356 页。

族战争而不依靠人民大众,毫无疑义将不能取得胜利。"①8月13
日,日军进攻上海。8月上旬,中共中央专门制定了《确立全国抗
战之战略计划及作战原则案》提交南京国防会议。该提案以敌
我双方情况为基本,阐述了全国抗战所应采取的战略方针和作
战原则,但该提案并未被国民党政府接受。8月20日,国民党
政府军事委员会颁发了抗战指导方案,其基本思想是依靠现有
军队,多线设防,节节抵御,在持久消耗作战中争取时间,以待
国际形势的变化,求得最后胜利。8月22日至25日,中共中央
在陕北洛川冯家村召开了政治局扩大会议。会议通过了《中共中
央关于目前形势与党的任务的决定》,指出中国的政治形势已经开
始了一个新的阶段,就是实行全国抗战的阶段。"这一阶段的最中
心的任务是:动员一切力量争取抗战的胜利"②,并在争取抗战胜利
的过程中,完成争取民主的任务。"争取抗战胜利的中心关键,在
使已经发动的抗战发展为全面的全民族的抗战。"③9月22日,《中
共中央为公布国共合作宣言》由国民党中央通讯社发表。9月23
日,蒋介石在庐山发表了承认中国共产党合法地位的谈话。至此,
以中国共产党、中国国民党合作为基础的抗日民族统一战线正式
形成。

---

① 毛泽东:《反对日本进攻的方针、办法和前途》,《毛泽东选集》第2卷,北京:人民出版
社1991年版,第347页。

② 中央档案馆编:《中共中央文件选集》第10册,北京:中共中央党校出版社1985年版,
第321页。

③ 中央档案馆编:《中共中央文件选集》第10册,北京:中共中央党校出版社1985年版,
第321页。

二、工农红军改编与第一二九师组建

为促成全国抗战,中共中央从 1937 年 2 月开始围绕红军的改编问题与国民党当局进行谈判。国民党企图借改编之机,削弱、消灭红军的做法,导致谈判延长,几经波折,直到"8 月 22 日,国民党政府军事委员会宣布,红军主力部队改编为国民革命军第八路军"。① 8 月 25 日,中共中央革命军事委员会宣布将中国工农红军第一、第二、第四方面军和陕北红军改编为第八路军,9 月,按照全国统一战斗序列,又改为第十八集团军,人们习惯上仍然称之为八路军。第一二九师是八路军的 3 个主力师之一,另外两个是第一一五师和第一二〇师。

第一二九师是由红四方面军的部队和陕北红军的一部分改编的。刘伯承为师长,徐向前为副师长,倪志亮为参谋长,张浩为政训处主任(1937 年 10 月,八路军恢复政治委员制度,张浩改任政治委员;1938 年 1 月,邓小平接替张浩任政治委员),宋任穷为政训处副主任。下辖第三八五、第三八六两个旅。第三八五旅由红四方面军第四军改编,其第十、第十二师分别改编为第七六九、第七七〇团。王宏坤任旅长,王维舟任副旅长,耿飚任参谋长,苏精诚任政训处主任;陈锡联任第七六九团团长,汪乃贵任副团长;张才千任第七七〇团团长,曾广泰、胡奇才(后)任副团长。第三八六旅由红四方面军第三十一军改编,其第九十一、第九十二师分别改编为第七七一、第七七二团。陈赓任旅长,陈再道任副旅长,李聚奎任参谋长,王新亭任政训处主任;徐深吉任第七七一团团长,韩东山

---

① 平型关大捷纪念馆编:《平型关战役文献资料汇编》,北京:中共党史出版社 2012 年版,第 264 页。

任副团长；叶成焕任第七七二团团长，王近山任副团长。陕北红军之第二十九、第三十军，独立第一、第二、第三、第四团和第十五军团骑兵团分别改编为师直特务营、工兵营、炮兵营、辎重营、骑兵营。编余干部和西路军的归队干部组成了教导团，张贤约任团长。改编后全师共1.3万余人。

第一二九师在改编过程中，与其他兄弟部队一样进行了形势教育、统一战线教育。对于改编之后在抗日战争的新时期内，坚持党对军队的绝对领导和独立自主的原则，保持红军的光荣传统和人民军队的本色，善于在统一战线中保存自己、发展自己，推动国民党军队进步而不被国民党所腐蚀等原则问题，均作了较为充分的思想准备。此外，全师还进行了深入的反张国焘路线斗争，使全体指战员认清了张国焘路线的错误，加强了党对军队的领导，加强了政治工作，提高了干部的政治责任心与部队的组织纪律性。因而，部队的政治思想觉悟得到很大提高，抗日情绪十分高涨。9月6日，刘伯承师长亲自主持下，在陕西省三原县石桥镇冒雨召开了全师指战员出师抗日誓师大会。誓师大会后，根据中央军委的指示，在部队中、群众中又开展了更加深入细致的改编意义的宣传教育，使全体指战员和当地群众进一步认识到红军改编对推动全面抗战、促成全国统一战线的重大意义，同时批判了少数指战员因受国民党宣传影响而发生的脱离党、脱离群众的右倾倾向。这一切，对于全师正确执行党的统一战线政策、顺利出师抗日起了重要作用。

三、第一二九师开赴华北抗战前线

正当红军改编期间，日本帝国主义已对中国展开全面进攻，华北战局十分危急。日军占领平津地区后，兵力逐渐增至8个师团另6个独立旅团，统归华北方面军指挥，分三路大举进攻：一路沿

平绥路西犯;一路沿平汉路南犯;一路沿津浦路南下。国民党这时
在华北的军队约有 70 万人,分别归第一、第二战区指挥。但国民
党政府对抗战事先并无充分准备,仓促应战,又拒绝接受中共中央
提出的实行运动战、歼灭战的作战方针,单纯防御,不敢出击,而且
指挥混乱,互不协同,因而,虽然不少爱国官兵奋起抵御,英勇杀
敌,但仍导致了在战场上节节失败的局面,未能给敌人以重大打
击。有的国民党军队在溃退时还到处抢掠人民,散布失败情绪。
华北人民目睹国民党军抗战不足、扰民有余的行径,对国民党的抗
战大失所望。

中共中央革命军事委员会主席毛泽东早已估计到华北抗战形
势必将日趋恶化,未来坚持华北抗战局面,只有依靠共产党领导开
展敌后游击战争。因此,在华北战局危急的形势下,八路军不待改
编全部就绪,即奉命开赴华北抗日前线开展独立自主的山地游击
战。1937 年 9 月 12 日毛泽东电示彭德怀,着重向国民党解释八路
军"独立自主的山地游击战争"作战原则。9 月 21 日毛泽东又在致
彭德怀的电报中强调指出,要使八路军全体指战员和友党友军都
了解:"今日红军在决战问题上,不起任何决定作用,而有一种自己
的拿手好戏,在这种拿手好戏中,一定能起决定作用,这就是真正
独立自主的山地游击战(不是运动战)。要实行这样的方针,就要
战略上有有力部队处于敌之翼侧,就要以创造根据地发动群众为
主,就要分散兵力,而不是以集中兵力打仗为主,集中打仗则不能
做群众工作,做群众工作则不能集中打仗,二者不能并举。"①9 月
25 日,中共中央又指出:"整个华北工作,应以游击战争为唯一方

---

① 毛泽东:《关于独立自主山地游击战原则的指示》(1937 年 9 月 21 日),中央档案馆编:
　　《中共中央文件选集》第 10 册,北京:中共中央党校出版社 1985 年版,第 329 页。

向。一切工作,例如民运、统一战线等等,应环绕于游击战争。"①

为切实贯彻独立自主山地游击战的战略方针,根据中共中央和中央军事委员会的决定,八路军3个师全部部署于以恒山山脉为中心的冀察晋绥四省交界地区,展开于敌之翼侧和后方,向着沿平汉路南进和沿平绥路西进之日军实行侧后的游击战,袭扰、牵制和打击日军,协同国民党军作战。后鉴于战局变化,日军主力已沿平汉、同蒲两路向南进攻,恒山山脉将成为其夺取晋察冀三省的战略中枢,如按原定部署,八路军将全部处于敌之战略大迂回中,遂决定变更部署,"将3个师分别依托恒山、管涔山、吕梁山、太行山向敌占交通线和中心城市取四面包围的态势。这样做,十分有利于八路军摆脱敌之迂回包围,扩大回旋余地,以及各师的相互策应,保持战略上主动地位和迅速实现战略展开,创建敌后抗日根据地。据此,各师于8月下旬开始,先后出动,开赴形势危急的华北战场"。②

为了在华北开展游击战争,"第一一五师于9月中旬挺进至同蒲路以东以恒山山脉为依托的晋察冀地区,第一二○师于9月下旬挺进至同蒲路以西以管涔山脉为依托的晋绥地区。两师进入预定战略展开地区后,立即根据中共中央、毛泽东主席的指示,以坚定的信心和积极的行动,结合华北地方党,发动群众,开展游击战争,抓紧战机积极打击敌人,连续取得了平型关、井坪镇、雁门关等战斗的伟大胜利,为尔后共产党和八路军坚持华北长期抗战、开展

---

① 毛泽东:《关于整个华北工作应以游击战争为唯一方向的指示》(1937年9月25日),中央档案馆编:《中共中央文件选集》第10册,北京:中共中央党校出版社1985年版,第339页。

② 第二野战军战史编委会编:《八路军第一二九师战史》,北京:解放军出版社1991年版,第9—10页。

敌后游击战争、建立敌后抗日根据地作了良好的开端"。① 特别是平型关战斗,这是八路军对日军取得的一次伏击战的胜利,此次大捷,震撼了日军,振奋了国民抗战士气。

为了完成八路军三大主力在华北的战略展开,中共中央、毛泽东主席决定:第一二九师除第三八五旅旅直及第七七〇团、特务营、炮兵营、工兵营、辎重营等部队留守陕北,脱离本师建制外,第三八六旅全部、第七六九团、教导团、骑兵营等单位共 9 160 余人,于 9 月 30 日至 10 月 6 日由陕西富平县庄里镇地区先后出发,经陕西韩城县芝川镇东渡黄河,建立晋东南抗日根据地。

第一二九师在向抗日前线行进途中,尽管指战员们头上戴着国民党军的帽徽,但沿途群众从这支部队的抗日气概、语言行动特别是群众纪律上很快辨认出这就是当年的红军;他们目睹战士身上的劣势装备不仅没有减弱信心,相反更加表示由衷的敬佩。农民、学生、工人、商人纷纷自发地到路边、车站夹道相迎,热烈欢呼。汾河两岸的部分村民还在村头用方桌排列摆上红枣、鸡蛋、柿饼、核桃等慰问品,其场面十分感人。部队改编时,部分指战员曾因不得不戴国民党军帽徽而流下眼泪,顾虑人民群众会见而远之,如今看到眼前的情景受到了生动深刻的教育。认识到问题不在于形式,而在于保持人民军队的本质,因而士气更加高昂,信心倍增,决心与日本侵略者血战到底!

---

① 第二野战军战史编委会编:《八路军第一二九师战史》,北京:解放军出版社 1991 年版,第 10 页。

第二节　第一二九师的主要抗日战斗

一、夜袭阳明堡

1937 年 10 月上旬，刘伯承在五台县东冶率领第七六九团配合第一一五师侧击敌军之时，沿平绥路进攻的日军"已越过雁门关而进至离太原不过 90 公里的原平"，并继续向忻口进犯；①从保定向南进攻的日军于 10 月 10 日攻陷石家庄，并向娘子关进犯。太原已经成为这两路日军的主攻目标。国民党军第二战区司令长官阎锡山集中了 31 个师、13 个旅，约 28 万兵力在忻口一带设防。忻口左靠云中山，右依五台山，地势险峻，是晋北通向太原的大门。阎锡山命令第二战区副司令长官卫立煌指挥第十四集团军及配属部队在忻口正面防御，第十八集团军（即八路军）第一一五、第一二九师及第一〇一、第七十三师、新编第二师为右集团军，配合忻口正面防御军队作战。第一二九师第三八五旅第七六九团按照上级指示从代县、崞县东面侧击向南进犯的日军后方。该团行进至苏龙口、刘家庄地区后，发现空中不断飞来日军飞机，便沿着飞机飞出方向进行侦察，发现共有 24 架敌机停留在阳明堡机场。敌机白天出动对驻守忻口的国民党军阵地轮番轰炸，夜间停留在机场的东南侧，机场北部由地勤人员及警卫分队 200 余人驻守，机场周围设有铁丝网等防御工事。根据侦察结果，该团团长陈锡联以第三营为突

---

① 王若飞：《华北游击战争的展开》（1937 年 10 月 30 日），中共中央文献研究室、中央档案馆编：《建党以来重要文献选编（1921—1949）》第 14 册，北京：中央文献出版社 2011 年版，第 640 页。

击队,于 19 日乘夜袭击阳明堡机场。战斗打响后,第三营直袭机场,第一营牵制崞县的日军,第二营为预备队。为保障第三营侧后安全,以第八连炸毁王董堡的桥梁,团属迫击炮连于滹沱河南岸为第三营作战提供火力支援。第三营在当地群众协助下成功偷渡滹沱河,并以第九连警戒阳明堡方向可能来援的日军,以第十、十一连和机枪连组成突击队,以第十二连作预备队。突击队隐蔽于东西两侧,秘密进入机场,在距敌机约 30 米时,被日军哨兵发现。突击队立即发起攻击,一部分进攻日军警卫分队,一部分用机关枪、手榴弹袭击机群,在猛烈攻势之下敌机燃起了熊熊大火。经 1 小时激战,毁伤敌机 24 架,第七六九团伤亡 30 余人,歼灭日军 100 余人。夜袭阳明堡日军机场的战斗是第一二九师在抗日战场上取得的一次重要胜利,使日军丧失了进攻山西忻口的空中突击力量,迟滞了日军的攻击行动,支援了国民党军的忻口防御作战。

二、七亘村战斗、黄崖底战斗

1937 年 10 月中旬,日军攻占河北省石家庄后,准备西进攻取山西省太原。日军为策应其山西北部地区的作战,以第二十、第一〇九师团沿正太铁路(石家庄—太原)向西进攻。第一二九师师长刘伯承、政委张浩率领师部及第三八六旅在平定县地区侧击进犯的日军,以配合国民党军保卫忻口、太原。22 日至 24 日,第三八六旅在长生口、石门村、马山村等地对日军的袭击取得了胜利。但第三八六旅第七七一团于 23 日在七亘村遭日军袭击,伤亡 30 余人。25 日,经侦察获悉日军第二十师团一部正向平定进犯,其后方千余人辎重部队行进至测鱼镇宿营。刘伯承判断日军一定会在次日经过七亘村,随即命令第三八六旅以第七七二团第三营及特务连 1

个排在七亘村附近设伏,执行此次伏击任务。26 日拂晓,测鱼镇日军果如刘伯承的判断向西行进。9 时左右,日军的先头部队 100 余人先行通过伏击区,在辎重部队进入伏击区后,第三八六旅设伏部队发起猛烈攻击,经 2 小时的激战,击毙日军 300 余人,缴获骡马 300 多匹以及大批军用物资,日军残部溃逃测鱼镇。刘伯承断定,日军前方战事吃紧急需补充弹药粮食,其辎重部队一定会再次尝试通过七亘村西进,于是果断命令原设伏部队再次在七亘村附近埋伏。28 日,日军果然以步兵、骑兵 40 余人掩护辎重部队沿原路西进。尽管日军加强了警戒搜索,但未能发现八路军的埋伏部队。11 时左右,西进日军再次进入伏击区。八路军第三营发起冲锋,展开白刃战,激战持续到黄昏。这次战斗击毙日军 100 余人,缴获骡马数十匹。此战,第三八六旅第七七二团 3 天之内在同一地点两次设伏均获胜利,以伤亡 30 余人的代价,歼灭进犯日军 400 余人,缴获一批骡马和军用物资,迟滞了日军妄图沿正太铁路急速西犯的行动,打乱了日军迂回进击的部署,掩护了正太路沿线溃退的国民党军队,配合了国民党军队正面战场上的太原作战。

　　1937 年 10 月 26 日,日军侵占娘子关。30 日,阳泉、平定陷落。11 月初,日军第一〇九师团经九龙关继续西犯,八路军第一二九师师部率第三八六旅于 31 日进至山西省昔阳县城以东地区设伏打击、迟滞日军。11 月 2 日,日军第一〇九师团第一三六联队约 700人的一个大队由东冶头镇经黄崖底向昔阳进攻。第一二九师采取诱伏战术,利用两侧高地在黄崖底歼灭日军。第三八六旅第七七一团在黄崖底以南的凤居村占领阵地,并派出小分队向黄崖底方向警戒;第七七二团隐蔽集结于黄崖底以东巩家庄伺机侧攻日军。当日 7 时,日军行进至黄崖底时,第七七一团警戒分队与之接战,节节抵抗,后退至凤居村西北高地固守阵地。日军屡次进攻不下,便退至黄崖底河滩集结。此时,埋伏于日军侧翼的第七七二团居高临下,集中火力向日军猛烈攻击,激战 1 小时,杀伤大量敌人。日军集中 500 余人向第七七二团阵地连续 3 次反攻,均未得逞,被迫退至黄崖底村中及附近沟渠顽固抵抗,等待援军。第一二九师伏击部队因受地形限制,也撤出战斗。此战,第三八六旅伤亡 30 余人,击毙日军 300 余人,缴获军马 200 余匹、长短枪 100 余支、电台 1 部。

三、太行区反六路围攻

1937 年 12 月 21 日晚,日军华北方面军第一集团军第二十师团步骑兵 5 000 余人,兵分六路,从山西省太谷、榆次、寿阳、阳泉、平定、昔阳等地出发,以马蹄状攻势向集结在寿阳县东南地区准备破袭正太铁路的八路军第一二九师部队进行"分进合击"。第一二九师师长刘伯承以第三八六旅第七七二团于花泉、松塔及南、北军城等地,在内线抗击日军;以第七六九团、汪乃贵支队、秦(基伟)赖(际发)支队等部转移至昔阳以西的西寨、沾尚等地,在外线袭击日军,配合内线作战。22 日拂晓,由羊头岩进至里思的日军 600 余人,由花泉进至松塔的日军 1 500 余人,向第七七二团发起攻击。第七七二团同日军激战,尽管打退敌军数次进攻,但终因源源不断的敌军涌入战场,只得于黄昏时转移至独堆附近的南、北军城一带山地。23 日晨,原进攻花泉的日军以为八路军撤往马坊镇(和顺西北),便向该镇攻击,在马坊镇扑空后,又会合榆次的日军,向南、北军城猛攻,但均被击退。第七七二团得悉彭温庄有日军 1 200 余人向南、北军城运动,即以少数兵力牵制来犯的日军,主力部队乘着夜色从日军进攻的间隙转移至榆树坪、龙王村一带,顺利跳出日军包围圈。24 日,日军因受到第一二九师外线部队的不断袭击,加之交通不便、地形不熟等原因,其合击计划破产,敌军陆续撤出战斗。

至此,第一二九师以伤亡110余人的代价,歼日军700余人,这是一二九师进入太行山后取得的第一次反围攻的胜利,粉碎了敌人的六路围攻,为开创晋冀豫抗日根据地创造了条件。

四、长生口战斗、神头岭战斗、响堂铺战斗

（一）长生口战斗

1938年2月,蒋介石命令国民党军队反攻太原。朱德时任第二战区副司令长官,指挥东路军。在反攻太原的计划中,八路军的任务是切断正太铁路,牵制日军,配合国民党部队进攻太原。八路军第一二九师奉命对正太铁路东段井陉地区的日军进击。井陉西南的旧关是井陉至平定公路上的日军重要据点。第一二九师采取攻点打援战术,先派出第七六九团袭击旧关,以引出井陉的日军,在日军出援的途中消灭,伏击的地点就选在井陉与旧关之间的长生口。2月21日夜晚,第一二九师第三八六旅第七七一、第七七二团悄悄设伏于长生口附近。22日拂晓,第三八五旅第七六九团强行攻入旧关,包围日军碉堡,并有意保留其有线电联络。井陉日军闻讯后,立即调出8辆汽车承载200余人,增援旧关。7时,增援日军过长生口进入伏击圈,第七七一、第七七二团突然出击,经5小时激战,歼灭了大部分敌军,击毙日军130余人,俘虏1人,击毁汽车4辆,缴获迫击炮3门、步枪50余支。长生口战斗有力地牵制了日军,支援了友军的作战。

（二）神头岭战斗

1938年3月上旬,第一二九师奉命由正太铁路附近进至晋东南的襄垣地区,侧击由邯郸经东阳关向潞城、长治进犯的日军第一〇八师团,并破坏东阳关至长治公路。邯长大道及长治至临汾公路,是日军的重要运输线。日军为保障运输,派出重兵守卫公路,设立黎城等兵站。黎城距离潞城最近,潞城有日军重兵据守,两城

受到攻击,可互相应援。黎城与潞城之间有浊漳河相隔,多为丘陵地带。第一二九师决定利用有利地形,先袭击黎城,引潞城援军出城,在潞河村与微子镇之间的神头村以西山岭伏击歼灭日军。3月16日,第七六九团第一营在黎城与日军展开战斗,毙敌100余人,并在天亮前迅速撤离。第七七一团特务连为了切断黎城、潞城之间的道路,烧毁赵店镇公路大木桥。闻黎城被袭击,潞城日军立刻出动增援。9时30分,日军潞城援军全部进入伏击区,埋伏于神头岭北侧的第七七一团与埋伏于公路西侧的第七七二团以及东侧的补充团两面夹击,猛烈的攻势将日军截成数段,随后展开白刃战。遭袭日军乱作一团,重型兵器又无法在丘陵地带施展威力。遭袭日军只得躲避在汽车旁顽固抵抗。经过激战,日军死伤惨重,逃到神头村内负隅顽抗。11时许,除少数日军逃回潞城外,其余全部被歼。被阻于浊漳河南岸之敌先头部队也被八路军第一二九师第七七一团特务连歼灭。13时,潞城留守之敌曾以一部乘汽车两辆增援,但被第一二九师第七七二团第七连歼灭于神头村以南。14时,敌又有汽车7辆载100余人出援,被八路军炮兵击毁3辆,其余俱歼而窜回潞城。当神头岭围歼战激烈进行之时,黎城之敌一部曾向神头岭方向增援,但被浊漳河所隔,并遭第一二九师第七七一团特务连阻击,该敌遂在炮火掩护下抢修赵店桥。当神头岭伏击战基本结束时,第一二九师第七七一团特务连奉命撤回,日军将桥修复后退回黎城。神头岭战斗至16时结束,第一二九师共歼灭日军1 100余人,缴获骡马七八百匹。[①] 神头岭战斗是继平型关、广阳伏

---

① 《刘伯承、徐向前、邓小平关于神头村被歼日军情况致朱德等电》(1938年3月20日),《中国人民解放军历史资料丛书》编审委员会编:《中国人民解放军历史资料丛书·八路军文献》,北京:解放军出版社1994年版,第154页。

击战后的一次大规模伏击战，成功伏击山西潞城来援之敌，是"吸打敌援"最好的战斗案例之一，给侵入晋东南的日军以有力打击，日军也将此战称为典型的八路军游击战。

（三）响堂铺战斗

1938年3月下旬，侵入晋南、晋西的日军连吃败仗，但为了配合津浦线作战，仍疯狂向晋南、晋西黄河沿线各渡口进犯。由于战线不断被拉长，邯长大道和长治—临汾公路这些日军重要的交通补给线日益繁忙。敌人的运输车日夜不断向前线运送士兵和作战物资。面对来势汹汹的日军，国民党军纷纷退往黄河西岸，但是蒋介石不准许八路军的一兵一卒退过黄河。八路军采用敌后游击战的方式，坚决打击日军，凭此影响国民党中的爱国军队一同抗日。

根据敌情，刘伯承、徐向前和邓小平决定在邯长大道伏击日军运输部队，切断敌人的补给线，以此迟滞日军的进攻，支援晋西南国民党军的作战。日军在神头岭战斗失败后，加强了邯长大道沿线各据点的警戒，在黎城至涉县之间新增了东阳关据点，驻军150余人；并且对其他据点不断增兵，涉县守敌增加到400余人；黎城守敌增至1 000余人；武安守敌更是增至1 500余人。公路上特别是涉县与黎城间的日军运输车辆来往不断。从黎城到涉县，途经东阳关、皇后岭、上下湾、响堂铺、神头村、椿树岭、河南店等地，其中响堂铺一带地形最适合伏击作战。邯长公路碎石满地，汽车只得缓慢通行。而且道路南北两侧皆险山隘路，在此设伏，居高临下，射击视野开阔。路南山高坡陡，不易攀爬；路北地形复杂，多谷口、雨裂（冲沟）和起伏的高地，利于兵力散布展开，进退自如。

八路军第一二九师以第三八五旅第七六九团主力、第三八六旅第七七一团，在公路以北厚宽张至杨家山一线山地左右两翼设伏；以第三八六旅第七七二团主力在马家拐阻击可能由黎城东阳关增援的日军,并掩护伏击部队侧后的安全;以第七六九团一部阻击由涉县可能来援的日军,并以一个连进至王堡保障该团后方安全。"3月30日黄昏,各部队由黎城县的庙上村、马家峪一带出动,于深夜陆续秘密进入了伏击区。"[1]"31日8点多钟,公路上传来了汽车的马达声,战士们精神为之一振。敌第十四师团山田辎重部队两个汽车中队,180辆汽车及掩护部队由黎城经东阳关开来。9时许,敌车队全部进入我伏击地带。"[2] 2小时激战过后,除30余名日军士兵逃走外,其余全部被消灭。与此同时,担负警戒任务的第七七二团击溃由黎城赶来增援的日军300余人;第七六九团一部击退由涉县赶来增援的日军400余人。16时许,日军出动多架飞机,在响堂铺地区进行轰炸,但第一二九师的伏击部队早已撤离转至安全地区。

战斗结束后,刘伯承、徐向前、邓小平共同签发了《响堂铺战斗详报》,向第十八集团军总部(即八路军总部)、军委和朱德、彭德怀报告了响堂铺战斗的经过。这一仗第一二九师共歼灭日军第七十八汽车中队"森本少佐以下400余人,汽车180辆全部烧毁,缴获重机枪2挺,轻机枪10挺,迫击炮4门,步枪320支,冲锋机枪12支,短枪8支,步枪弹6 000余发"。[3] 另缴获望远镜9部及大量生活用品。日军第十四师团辎重队森本和山田两个汽车中队遭到了毁灭性的打击。仅有峰岛准尉以下30多名日军在混乱中死命攀上路

---

① 李达:《抗日战争中的八路军一二九师》,北京:人民出版社1985年版,第78页。

② 李德生:《响堂铺战斗》,政协河北省委员会编:《晋冀鲁豫抗日根据地史料汇编》下卷,石家庄:河北人民出版社2015年版,第2328页。

③《刘伯承、徐向前、邓小平关于响堂铺战斗情况致八路军总部等电》(1938年4月2日),《中国人民解放军历史资料丛书》编审委员会编:《中国人民解放军历史资料丛书·八路军文献》,北京:解放军出版社1994年版,第165页。

南崖壁，狼狈逃脱。

　　长生口、神头岭、响堂铺战斗，是八路军第一二九师贯彻执行毛泽东主席"基本的是游击战，但不放松有利条件下的运动战"[1]的战略方针，在由红军时期的正规战向抗日游击战争转变过程中，取得重大胜利的三次典型的伏击战，沉重地打击了日军的嚣张气焰，鼓舞了全国人民抗日斗争的胜利信心，有力地牵制了向晋西、晋南正面战场进攻的日军，配合了国民党友军在黄河西岸、南岸正面战场的防御。

五、晋东南反"九路围攻"

　　1938年3月上旬，八路军第一二九师、第一一五师第三四四旅和第五支队按照八路军总部的命令，由正太铁路向晋东南的襄垣、武乡、辽县（今左权县）地区转移，一路上经历了在邯长公路上的神头岭、响堂铺等战斗，并取得了战斗的胜利，破坏了入侵晋东南的日军后方补给线。晋东南敌后根据地对华北地区的日军来说是如芒在背，1938年4月，日军对晋东南敌后根据地发动了一次大规模的进攻。日军以"第一〇八师团为主力，并纠集了第十六、二十、一〇九师团及酒井旅团各一部，共8个步兵联队，外加骑兵、炮兵、工兵、辎重兵各一、二个联队，总计3万多人，由同蒲路上的榆次、太谷、洪洞，平汉路上的邢台，正太路上的平定，邯长公路上的涉县、长治，以及临（汾）屯（留）公路上的屯留等地"[2]，分九路向晋东南地区进攻，妄图将八路军主力以及在这一地区的国民党军队围攻消

---

[1] 毛泽东：《论持久战》（1938年5月），《毛泽东军事文集》第2卷，北京：军事科学出版社、中央文献出版社1993年版，第328页。

[2] 李达：《抗日战争中的八路军一二九师》，北京：人民出版社1985年版，第84页。

灭在辽县、榆社、武乡一带。4月4日起,日军第一〇八师团3个联队从长治、屯留和平定出动,分别向沁县、武乡和辽县进攻;第二十师团1个联队从洪洞向沁源进攻;第一〇九师团2个大队从祁县、太谷和榆次分别向沁县和阔郊、马坊进攻;第十六师团一部从元氏、赞皇、邢台和涉县分三路向九龙关、浆水镇和辽县方向进攻。

根据各路日军的行动轨迹,朱德、彭德怀命令八路军第一二九师第三八六旅和第三八五旅第七六九团及第一一五师第三四四旅第六八九团,从辽县南部向日军合击圈外的涉县以北地区行进。留在日军合击圈的八路军部队与山西新军、国民党军各部一起行动,不断袭扰日军,为向涉县北进部队争取时间。同时,八路军晋察冀军区派出的部分部队牵制住了平汉、同蒲、正太铁路线的日军,配合晋东南地区部队的反围攻作战。1938年4月10日,朱德、彭德怀发出《粉碎日寇围攻战役战术的指示》,要求部队消灭日军一部。11日,第一二九师独立支队将从榆次出动的日军第一〇九师团两个大队阻滞在阔郊、马坊一带;国民党军第九十四、第一六九师和当地游击队将从祁县、太谷出动的日军第一〇九师团1个联队阻滞在了东、西团城地区;山西新军第一纵队和国民党军第十七军第八十四师将从洪洞出动的日军第二十师团1个联队包围在沁源地区。由于国民党军第三军未能阻止从屯留、长治出动的日军第一〇八师团第一一七和第一〇五联队,防线失守,日军入侵沁县、武乡和襄垣、辽县;国民党军骑兵第四师将涉县出动的日军第十六师团2个大队阻滞在麻田地区;八路军第一二九师先遣支队等部将邢台出动的日军第十六师团1000余人阻滞在营头、浆水以东;八路军第一二九师游击支队和当地游击队将元氏、赞皇出动的日军第十六师团1个大队阻滞在赞皇以西地区;八路军第一二九师秦(基伟)赖(际发)支队、汪(乃贵)支队和第一一五师第五支队对平定、昔阳出动向和顺、辽县进攻的日军第一〇八师团 1 个联队不断阻击，迫使其多次调整进攻路线，直至 14 日进至辽县、芹泉地区。至此，九路入侵的日军，除了从屯留、长治、平定出动的三路外，其余六路分别被阻于马坊、东西团城、沁源、麻田、浆水以东、九龙关以东地区。日军第一〇八师团 3 个联队在晋东南抗日根据地腹地不断遭到八路军总部特务团和当地游击队的打击，根据地群众把家里东西和田里的农产品全部藏了起来，实行空室清野，使入侵的日军陷入饥困和被动挨打的境地。埋伏在外线的八路军第一二九师主力及第六八九团看准时机迅速转入内线，进至武乡以北地区。4 月 15 日，侵占武乡县城的日军第一〇八师团第一一七联队及配属的骑兵、炮兵、工兵、辎重兵 3 000 余人，进攻榆社落空返回武乡后，又在当日傍晚从武乡沿浊漳河继续东撤。八路军第一二九师师长刘伯承、政治委员邓小平和副师长徐向前，抓住了这次有利战机，命令第七七二团和第六八九团为左纵队，第七七一团为右纵队，利用浊漳河两岸的山地掩护对日军进行追击；同时命令第七六九团沿着武乡至襄垣大道跟踪追击。16 日晨，在武乡以东的长乐村将东撤的日军大部截为数段，进行攻击。已过长乐村的日军 1 000 余人回援被围部队，戴家垴阵地的第七七二团第十连与回援日军激战 4 小时，1 个排全部牺牲，阵地也被日军占领。12 时，第六八九团赶到该地与日军猛烈交战，并将阵地夺回。14 时，日军第一〇五联队 1 000 余名士兵从辽县赶来猛攻第六八九、第七七二团的阵地仍未果，17 时，日军又从辽县增援 1 000 余名士兵，但此时，第一二九师部队已经彻底消灭了河谷里被团团围困的日军并退出了战场。第一二九师用伤亡 800 余人的代价，消灭日军 2 200 余人。

自此，日军不断撤退，八路军与国民党军伺机而动追击日军。4月 27 日，日军从长治撤退，途中接连遭遇八路军第三四四旅和山西新军第一纵队的截击,敌被击毙近 1 000 人。日军对晋东南地区的"九路围攻"彻底失败,八路军共消灭日军 4 000 余人,收复了沁县、武乡、辽县、榆社等 18 座县城,晋冀豫抗日根据地得到了巩固和扩大。

六、香城固战斗、邯长战役

(一)香城固战斗

1939 年 1 月,日军在华北集结 3 万余兵力大规模"扫荡"冀南抗日根据地。八路军第一二九师的主力部队与地方武装相互配合对日军进行反击。日军在"扫荡"中每次被袭后,都会派部队进行报复,第三八六旅利用日军这一作战特点,准备在威县以南的香城固地区设伏攻击日军。1939 年 2 月,参加冀南反"扫荡"的八路军第一二九师第三八六旅,在陈赓、王新亭的组织指挥下乘威县敌守备兵力减少之机,以主力隐蔽集结于威县以南的香城固东西地区,以小部队连续袭击威县之敌,诱敌出城后予以歼灭。2 月 7 日、8 日、9日,东纵第三团、新一团、六八八团各一部,连续袭击威县、曲周等县城。威县日军遂抽调 1 个步兵中队,分乘 8 辆汽车,于 2 月 10 日上午向香城固地区"扫荡",企图将八路军部队驱逐出该地区。当日中午,敌人进至南草场附近时遭八路军 1 个骑兵连阻击。骑兵连且战且退,将敌诱至香城固地区。设伏部队当即以猛烈火力向敌攻击。战至下午,敌向西北方向突围,在张家庄、马落堡遭到八路军新一团的阻击,归路被切断;第三八六旅乘机从四面向敌发起攻击,经 40分钟激战,将敌全歼。此次战斗"共毙敌大队长以下 200 余人,生俘 8 人,缴获山炮 1 门、九二步兵炮 2 门、迫击炮1门"。[1]

---

[1] 冀南革命斗争史编审委员会编:《冀南革命斗争史》,北京:中央编译出版社 2014 年版,第 161 页。

（二）邯长战役

太行区 1939 年夏季反"扫荡"后，日军仍占据河北省邯郸至山西省长治的公路，因此，太行抗日根据地被分成了南、北两个区域。为打破日军对南、北两区的分割封锁，八路军第一二九师师长刘伯承、政治委员邓小平乘驻白圭至晋城公路及邯郸至长治公路沿线日军第二十师团与第三十六师团、独立混成第一旅团换防之机，指挥师主力一部、第一一五师第三四四旅大部和晋冀豫军区部队一部发起邯长战役。12 月 8 日，潞城至武安线的原有部队和地方自卫队、游击小组对邯长公路线上赵店、黎城、停河铺、东阳关、涉县等据点展开破袭，并袭击日军运输队，第一二九师第七六九团切断黎城至涉县的公路，攻击响堂铺、涉县县城日军。12 月 22 日，第一二九师特务团以一部兵力会同当地游击武装，在下桂花、麦仓方向牵制黎城日军，主力分两路经东、西水洋向赵店镇迂回；第一一五师第三四四旅第六八七、第六八八团各一部，经岭东沟分三路直袭赵店镇，击溃日军 500 余人，攻克该镇。12 月 23 日，第一二九师特务团主力在第七六九团一部配合下，分两路进袭黎城，守城日军 900 余人弃城东逃。12 月 25 日，第一二九师第七六九团及第一一五师第三四四旅一部袭击涉县，先遣支队及地方游击队袭击井店镇及响堂铺，并相继攻克涉县城及响堂铺、井店镇。邯长战役歼灭日军 700 余人，拔除日军据点 23 处，攻克黎城、涉县，彻底打破日军对太行区的分割，使该根据地南、北两区连成一片，扭转了太行区南部腹背受敌的局面。

七、太岳区 1940 年春季反"五路围攻"

1940 年 3 月底，山西省白晋铁路（白圭—晋城）沿线日军 5 000 余人，由鲍店、沁县等地出动，分五路向太岳区内张店、庶纪、松交地区进犯,企图合击八路军第一二九师第三八六旅。第三八六旅旅长陈赓、政治委员王新亭决心以一部兵力结合地方武装打击由沁县出犯的两路日军,将主力集结于张店东北,寻机歼敌,打破其五路围攻。第七七二团、补充团主力集结于张店东北高王庄、红土垴一带,侧击由河神庙向张店前进之敌;补充团1个连位于吾元、罗村以南山地游击,牵制川地坪、余吾之敌;第七七二团第三营位于南泉,阻止和侧击由新店向庶纪、松交前进之敌;决死队第一纵队第三十八团位于中村西南之西西庄,阻止和夹击可能由张店向中村前进之敌;新编第一团在白晋线策应旅主力作战。31日,第七七二团第一营击退日军4次攻击后撤至张店以北高平庄阵地。当晚,该团第二营5次袭击张店日军。新编第一团在白晋线上实施正面袭击,策应旅主力作战。为避敌锋芒,旅主力转移至日军翼侧,设伏于许家庄、大小槐树沟一带高地,打击可能由张店向罗村进犯之敌。新店日军600人进至古县后分别向松交、南泉进犯。4月1日下午,丈八庙日军分路进犯梧桐背,第三八六旅主力与之展开激战,日军施放毒剂,使该旅300余人中毒。为争取主动,第三八六旅主力于4月2日拂晓突出重围,转至中村以西山地,在外线侧击日军。当日中午日军在第三八六旅的打击下,被迫由原路撤退。此次反围攻作战,第三八六旅以伤亡108人的代价,歼灭日军500余人,挫败了日军五路围攻。

八、百团大战

1940年春,日军在华北实行以铁路为柱、公路为链、碉堡为锁的"囚笼政策",将山西省境内白圭至晋城公路改建为铁路,企图割裂太行、太岳两抗日根据地的联系。八路军第一二九师师长刘伯承、政治委员邓小平决定发起白晋铁路破击战,目的是破坏日军修筑铁路的计划,摧毁敌据点,解放被敌军强行征调的民工。第一二九师以师特务团和部分地方武装,破击东观至来远段日军;以第三八五旅、平汉纵队主力和晋冀豫边纵队第一、第三团,破击来远至权店段日军,并强袭南关镇;以第三八六旅和决死队第一纵队,破击权店至柳村段日军。5月5日至7日,各参战部队在南北100多公里的铁路线上展开战斗。第三八六旅及第七六九团、独立第一团歼灭驻守南关镇的日伪军,顺利攻入南关镇;平汉纵队攻克南沟据点;决死队第一纵队第四十二团攻克刘家庄据点;其余参战部队和地方武装袭击了沁县、固亦、漳原、权店、来远等据点。这次战役,共破坏50余公里铁路,炸毁50余座大、小桥梁,倾覆1列火车,歼灭日伪军350余人,救出被日军强行征调修建铁路的民工1 000余人。

（一）八路军总部关于百团大战的部署

进入战略相持阶段后,共产党肩负起抗击侵占华北日军的主要责任,共产党领导的敌后抗日游击战成为主要的对日作战方式。日军则在华北加紧推行"治安肃正"计划和"囚笼政策",广修据点、沟墙。截至1940年夏,仅在晋察冀边区已构成690个据点,其中路西206个,路东432个,平西52个,日伪军分进合击亦较容易和经常,而八路军之大兵力活动则感困难。日军除巩固原有铁路、公路外,1940年6月中旬起又抢修石(门)德(县)铁路,还以石门为中心先后开辟与拓宽了通往正定、获鹿(今鹿泉)、元氏、栾城、藁城、沧县、赵陵铺等8条公路,妄图分割和封锁抗日根据地,尔后重兵"扫荡",以消灭八路军,摧毁抗日根据地。与此同时,国民党顽固派妥协投降倒退逆流涌动,当时中国出现了空前的投降危险和抗战困难。

在这种情况下,为了粉碎日军上述计划,遏制国民党顽固派的妥协投降活动,1940 年春天,彭德怀、左权、刘伯承、邓小平、聂荣臻等人在晋东南酝酿确定要发动一次大规模的正太路破击战。7 月22 日,八路军总部朱德、彭德怀、左权发出关于破击正太路战役预备命令,指出:"由于国际形势的变动,我西南国际交通路被截断,国内困难增加,敌有于 8 月进攻西安截断西北交通之消息。似此,一部大地主、大资产阶级之更加动摇,投降危险亦随之严重。""为打击敌之囚笼政策,打破进犯西安之企图,争取华北战局更有利的发展,决定趁目前青纱帐与雨季时节,敌对晋察冀、晋西北及晋东南'扫荡'较为缓和,正太沿线较为空虚的有利时机,大举破击正太路。""以彻底破坏正太线若干要隘、消灭部分敌人,收复若干重要名胜关隘据点,较长期截断该线交通,并乘胜扩大拔除该线南北地区若干据点,开展该路沿线两侧工作,基本是截断该线交通为目的。"①8 月 8 日,八路军前方总部下达了战役行动命令,决定于 8 月20 日开始战斗。这一战役后来发展到有华北各抗日根据地的 105个团参战,故被称为"百团大战"。

　　(二)正太路破击战和全面破交战

　　日军在正太路沿线构筑了许多坚固的堡垒群,各堡垒之间又有交通壕相连,周围设有铁丝网、外壕等障碍物,并且构成严密的火力网。仅平定至石家庄铁路两侧,敌人据点就有 40 余个,守备正太线的敌人,由东至西依次为日军独立第八、第四、第九混成旅团。其中守备石家庄至平定段的,是日军独立第八混成旅团及第四混成旅团一部。

―――――――――――

① 《朱德、彭德怀、左权关于百团大战的预备命令》(1940 年 7 月 22 日),中共中央文献研究室、中央档案馆编:《建党以来重要文献选编(1921—1949)》第 17 册,北京:中央文献出版社 2011 年版,第 404—405 页。

　　根据八路军总部的作战命令,1940 年 8 月 20 日夜 10 时,八路军对正太路发起全线攻击。晋察冀军区抽调 8 个步兵团、1 个骑兵团、2 个骑兵营、3 个炮兵连、1 个工兵连、5 个游击支队,担负破袭正太路之阳泉至石门(今石家庄)段的任务。

　　第一二九师部队向正太路阳泉至榆次段进攻,重点破袭阳泉至张净镇段铁路。由刘伯承和邓小平直接指挥攻打阳泉西的桑掌阳泉大桥,由陈赓、王新亭负责指挥攻打寿阳至榆次一线。经过一昼夜激战,攻克了芦家庄、马首、和尚足、桑掌等据点、车站。至 8 月 25 日,又攻克了上湖、坡头、燕子沟、狼峪、张净,并攻占了阳泉的外围据点冶西。第一二九师于 8 月 20 日发起攻打阳泉城的战斗,第二天,日军动员阳泉城全部日军及武装日侨,在飞机掩护下,向八路军占领的师垴山高地发起猛烈进攻。26 日,日军兵力增至 1 500 余人,除继续猛攻师垴山阵地外,同时向八路军右翼平定以西的冠山阵地进攻。为避免在不利情况下与敌决战,八路军主动撤出师垴山主峰,以小部队牵制敌人,主动转向破路的任务。至 9 月 10 日,经过 20 天激战,完成了正太路破袭战的任务。八路军基本上控制了正太路 218 公里铁路线,并破坏 2/3 以上铁路,使正太路全线瘫痪。为配合正太路作战,冀中、冀南、冀东等地军民在"不留一条铁轨,不留一条枕木,不留一座桥梁"的战斗口号下,向平汉、北宁、石德等铁路和邯长、沧石等公路展开破击。第一二九师部队与民兵和成千上万的群众,冒着敌人枪林弹雨,破坏敌人修筑的的铁路、公路及一切附属建筑。冀南区先后出动 10 个主力团和各县游击队参战,先后动员群众 25 万人次破路。因此,河北乃至整个华北敌人修筑的铁路、公路陷入人民战争的汪洋大海之中。

　　(三)摧毁日军深入根据地的据点

　　1940 年 9 月 10 日,百团大战开始第二阶段战役,总任务是摧毁敌深入根据地内的交通线和据点。

根据八路军总部的部署,晋察冀军区为开展西北方向的工作,集结主力,破击涞源、灵丘境内的公路,夺取涞源、灵丘两城(主要目标为涞源);同时以有力部队在同蒲路东侧,积极配合第一二〇师作战。

第一二九师进行了榆(社)辽(县)战役,主要任务是拔除辽县至榆社公路沿线日军的据点,相机收复和顺、辽县两城,并准备在榆社、辽县地区打击可能从平(定)辽(县)或白晋路方面增援的日伪军。8月23日,战役打响,至24日,相继攻克沿华、三景、小岭底、铺上敌据点。榆社是日军在榆辽公路上的一个重要据点,筑有坚固工事、严密火力网,驻有日军200人、伪军60人。战斗自23日打响后,经三次进攻,敌退守榆社中学,负隅顽抗,施放毒气。25日下午4时,突击部队利用坑道作业,将敌碉堡西南之围墙炸开缺口,大部队乘烟雾突入榆社中学,全歼日伪军。与此同时,第一二九师部队攻克石匣据点和辽县以北寒王据点,辽县陷于孤立。这时,日军由和顺、管头增援辽县。第一二九师决定停止进攻辽县,转为打援。遂于29日,攻克管头,全歼守敌。30日,日伪军在8架飞机配合下,向八路军阵地猛攻。为避免伤亡,第一二九师师部命令部队主动撤出战斗。为策应此役,冀南、冀西部队对平汉铁路元氏至安阳段进行了严重破坏,一度攻占邢台车站,并破坏了石德铁路和邯(郸)济(南)公路的部分路基。太行区部队破袭了磁县至安阳间的铁路。

(四)粉碎日军报复"扫荡"

日军遭到突然打击后,从10月6日起逐次"扫荡"晋东南、晋察冀等抗日根据地。日军集中武安、武乡、辽县、襄垣、潞城之兵力,采取所谓"铁壁合围""捕捉奔袭""梳篦战""辗转抉剔"等战术,向太行根据地腹心区,进行反复拉网"扫荡"。第三八六旅、第三八五旅与决死队第一纵队主力,与日军周旋,以打击、消耗敌人。第十旅则乘敌之后方空虚,在和(顺)辽(县)公路之弓家沟设伏,击毁敌汽车44辆,歼敌运输队近百人,遂迫使分路"扫荡"辽县、武乡、榆社之敌,于10月17日撤回原驻地。10月20日,日军调集近万兵力,再次"扫荡"太行区,重点放在漳河沿岸,企图捕捉八路军领导机关。敌扑空后,大肆烧杀。10月25日,敌猛攻黄涯洞兵工厂,多次施放毒气。第三八六旅一部、总部特务团及民兵自卫队顽强阻敌,激战3天,敌未得逞。10月29日至31日,在关家垴西的山顶高地,第三八六旅侧击日军冈崎大队,经激战,毙敌大部。日军调集1 500余人增援,第三八六旅主动撤出战斗。关家垴战斗击毙日军冈崎谦受、今富光藏两大队长,毙伤日军400余人。

10月13日,日军集中1万多兵力数路进攻平西。平西部队经过半月苦战,迫敌主力撤退。

为配合反"扫荡"作战,冀南部队于10月30日至11月12日,在石德铁路和邯济、邯大等公路及乡村大道区段开展破击战,破坏了100多公里铁路、330多公里公路,歼敌350余人。至12月5日,冀南有25万群众参战,破路211次。

(五)百团大战的影响

百团大战是抗战以来八路军首次大规模的主动进攻战役,于1940年8月20日夜发起攻击,至1940年12月初,抗日根据地军民共进行大小战斗1 824次,毙伤日伪军2.5万余人,俘虏日军281人,俘虏伪军1.8万余人,破坏铁路470余公里、公路1 500余公里,摧毁大量敌碉堡和据点,缴获大批枪炮和作战物资。此役,使正太铁路3个多月无法修复,使日军华北交通一度全部陷于瘫痪。百团大战大大提高了共产党、八路军的声望,增强了全国军民抗战必胜的信心,对于遏制国民党顽固派妥协投降逆流起了积极作用。八路军在百团大战作战中阵亡 1.7 万余人,日军先后使用毒气作战 20 次以上,造成大量八路军官兵中毒,其中旅长级干部中毒者有陈赓、周希汉、陈锡联、范子侠、谢富治、尹先炳等 8 人。

百团大战中第一二九师缴获日军化学武器及中毒人数统计表

		第一阶段	第二阶段	第三阶段	合计
缴获化学武器	瓦斯弹	47 发		10 发	57 发
	毒气筒	93 箱	28 筒	10 筒	93 箱又 38 筒
中毒人数	干部	50 名	100 名	30 名	180 名
	战士	1 200 名	3 000 名	500 名	4 700 名

注:据人民出版社 1982 年版《百团大战史料》(何理等选编)载《第一二九师遂行百团大战三个阶段的战绩统计表》第 237—238 页编制。

另一方面,经过百团大战,日军作出的反应是:"共军大规模的奇袭攻击,导致华北方面军更大规模的反击战,进而发展到消灭共军根据地的作战。"[①]在百团大战中八路军所显示出来的强大阵容,也使国民党顽固派进一步提高了反共警惕。因此,百团大战之后,晋冀鲁豫抗日根据地乃至整个华北抗日根据地,进入了更加复杂、剧烈和艰苦的斗争时期,也即黎明前的黑暗时期。

九、冀南、太行、太岳区 1941 年春季反"扫荡"

(一)冀南区 1941 年春季反"扫荡"

1941 年 3 月底,河北省石门(今石家庄)至邯郸、石门至德州铁路沿线日伪军出动 3 000 余人,向冀南抗日根据地第一、第三、第

---

① 日本防卫厅战史室编,天津市政协编译组译:《华北治安战》上,天津:天津人民出版社 1982 年版,第 296 页。

四、第五军分区"扫荡"。冀南军区司令员陈再道、政治委员宋任穷指挥新编第七、第八旅和各军分区部队,相机打击日伪军。31日,第三军分区当面日伪军500余人向曲周以南安儿砦、北马店合击,新编第八旅第二十三团运用侧击手段,歼其100余人。4月1日,邯郸、磁县、临漳、成安日伪军400余人,分向临漳、成安以东地区"扫荡"。第一军分区第二十六团在沿途不断袭击伏击日军。至5日晚,日伪军除一部在漳河店掩护修路外,大部分向原地撤退。同日,第五军分区当面日军700余人分向德石路沿线阜城、武邑、衡水、枣强、景县、故城地区"扫荡"。第五军分区部队以不断的袭击,迫使日军于8日撤退。4月3日,日军第一〇八师团一部1400余人由南宫、威县、巨鹿出动,分四路向南宫以南、广宗以东、武城以西、邢济路以北地区反复"扫荡"。新编第七旅及第四军分区部队一部兵力以营、连为单位分散打击、消耗日军,迫其向原地撤退。此次作战,共毙伤俘日伪军200余人,缴步枪34支,挫败了日伪军的"扫荡"。

1941年8月,日军开始对冀南抗日根据地进行封锁。日军在平汉铁路(今北京—汉口)以西,修筑封锁沟墙,最北端在河北省获鹿,封锁沟墙经过元氏、南和,最南端到河南省安阳县水冶镇。为打通太行山区与平原的交通,八路军第一二九师遵照八路军总部命令,决定集中兵力在邢(台)沙(河)永(年)地区打击日军。8月31日,第三八五旅、新八旅、新一旅、太行军区一分区和五分区、冀南军区三分区等部队,发起邢、沙、永战役。经三昼夜激战,先后攻克南和、沙河两县城和敌据点8处,摧毁碉堡53座,共歼灭日伪军1300余人。战役于9月3日结束。①

---

① 中共中央文献研究室编:《邓小平年谱(1904—1997)》第1卷,北京:中央文献出版社 2020年版,第395页。

（二）太行、太岳区 1942 年反"扫荡"

1941 年 12 月，日军集结兵力对抗日根据地进行"扫荡"，此次"扫荡"的范围包括晋冀鲁豫边区太行、太岳区。八路军第一二九师师长刘伯承、政治委员邓小平具体部署了反"扫荡"作战。

1942 年 2 月 2 日，驻山西日军集结 1.2 万余兵力，从辽县、沁县、襄垣、潞城出发，围攻太行区北部的桐峪、洪水、王家峪，妄图摧毁中共中央北方局和八路军总部机关。日伪军奔袭扑空后，即对和顺县羊蹄凹、龙王，辽县左会、黄漳，武乡县蟠龙、石板等地区"辗转清剿"，掳掠烧杀。八路军第一二九师第三八五旅和新编第一旅各一部，对日伪军展开袭击、伏击。日伪军伤亡甚众，转而 3 次"捕捉奔袭"，合击八路军总部所在地麻田、桐峪，5 次合击太行军区第二军分区机关，但均无所获。2 月 26 日，日军第三十六师团等部由黎城地区出动，对太行区南部平顺地区进行"扫荡"。第一二九师新编第一旅第二团和太行军区第四军分区第三十二团各一部利用险要地形，先后在烟驮村、虹梯关和老马岭等地伏击日伪军。敌军遭打击后，于 3 月 2 日由平顺地区撤退。第一二九师迅速集结新编第一旅和第三八五旅各一部，设伏于平顺以南和南寨里，毙伤日伪军 200 余人，并乘胜袭击长治、潞城、壶关间日伪军据点，摧毁部分伪政权和伪组织。2 月 2 日晨，日军第四十一师团主力结合第三十六师团一部，连同伪军共 7 000 余人由安泽、霍县、灵石、介休、沁县、府城镇出动，奔袭驻唐城、郭道地区的太岳军区领导机关。八路军太岳各部队分别进行了 6 次阻击，使太岳领导机关安全转移。日军转而对沁源地区进行"清剿"。20 日，日军主力南下开始对太岳南部地区进行"扫荡"。21 日，日军兵分 19 路南北夹击唐村、南北孔滩、石槽、东峪地区。同时，国民党顽固派军队阎锡山第六十一军 4 个团也乘机进占四十里峪等的八路军阵地。八路军第一二九师第三八六旅主力及时跳出日军合击圈,并于东峪以北关爷岭毙伤日军200余人。第一二九师第二一二旅阻击阎锡山第六十一军于三岔河,予以有力打击。至2月25日,粉碎日军对太岳南部地区的"扫荡"。

从5月中旬起,日军华北方面军以第一军等部共3万余人,采取"捕捉奇袭""铁壁合围""辗转清剿"等战法,对太行、太岳抗日根据地发动大规模的夏季"扫荡"。25日,日军万余人集中炮火并用6架飞机轮番轰炸。北方局机关和八路军总部在第三八五旅第七六九团一部掩护下,分别向西、北、南三个方向突出重围。八路军副参谋长左权和总部直属队几位负责干部在十字岭指挥部队突围作战中牺牲。为挫败日军的"清剿",太行军区以地方武装和民兵向日军后方补给线和城镇据点展开破袭战。30日,第三八五旅第七六九团部,在辽县城东南苏亭镇歼日军140余人。31日,新编第一旅一部奇袭长治日军机场,击毁飞机3架、汽车14辆、油库2座。与此同时,第三八五旅另一部乘日军后方空虚,一度袭入虒亭、五阳、黄碾等据点。地方武装和民兵对平汉、白晋、同蒲、正太等铁路展开破击战,有力地配合了反"扫荡"作战。6月9日,日军第三十六师团以1.2万余兵力,"扫荡"太行南部地区。第一二九师直属队及新编第一旅一部共2000余人,被合围于涉县西南的石城、黄花地区,处境险恶。在师长刘伯承指挥下,部队乘夜暗从日军合围部队的间隙中巧妙地跳出了合围圈。10月20日,日军集中1.6万余人分别对太行、太岳抗日根据地同时发动"扫荡"。八路军第一二九师及所属太行和太岳军区在内线实行空室清野,广泛开展群众性游击战争。外线部队则挺进至铁路及部分主要公路沿线,袭击、伏击日军,破坏其运输线,并对日伪军据点展开政治攻势。日军被迫于11月中旬撤回原据点。

第一二九师及所属太行、太岳区部队在 1942 年春夏、秋季反"扫荡"作战中,共歼灭日伪军 8 800 余人,巩固了抗日根据地,破灭了日军妄图消灭中共北方局、八路军总部和第一二九师主力的计划。"我们采用了'敌进我进'的方针,创立了少数格子网内的隐蔽游击根据地,无论太行、太岳和冀南,在这方面都积累了比较丰富的经验。"[1]

十、沁源围困战、卫南战役、林南战役

(一) 沁源围困战

所谓围困战,是指在敌强我弱的形势下,依靠人民群众对敌人侵入敌后抗日根据地腹地,特别是在山区建立的据点进行长期围困,断绝敌军的补给,再配合以政治攻势,做到逐步消灭或赶走敌人。这种围困战也是开展人民游击战争的一种极好形式。太岳军区于 1942 年底就先后围困了阳城、沁源的日军第三十六师团、第六十四旅团和府城。其中围困沁源开始较早,历时较长,战绩显著,是群众性长期围困战中的典范。

1942 年 10 月,侵华日军对太岳区进行大"扫荡",占领了太岳北部的沁源县城及其周围的一些地区。沁源县城位于岳北的腹心。日军把沁源全县 80% 以上村庄烧光,将民众财产、粮食、牲畜、家禽掠夺一空。以沁源为中心在阎寨(沁源县城东南)、中峪店(沁源县城西)、交口(沁源县城东北)等地构筑了众多碉堡和据点,还修建了安泽至沁源(简称安沁大道)、源县至沁源(简称二沁大道)、

① 邓小平:《五年来对敌斗争的概略总结与今后对敌斗争的方针》(1943 年 1 月 26 日),中共中央文献研究室、中国人民解放军军事科学院编:《邓小平军事文集》第 1 卷,北京:军事科学出版社、中央文献出版社 2004 年版,第 273 页。

临汾至屯留的公路,妄图以此分割沁源与整个太岳抗日根据地的联系。太岳区党委和军区在1942年11月中旬决定围困沁源之敌。中共太岳区党委指示沁源县委:"在党的一元化领导下,依靠广大群众,广泛开展群众性游击战,实行长期围困,战胜敌人。"①日军孤军深入八路军山区根据地,战线拉得长,兵力分散,这给八路军实行群众性围困战造成了比较有利的形势。

陈赓、薄一波、王新亭等对围困战斗进行了精心部署,组成了由地委和军分区直接领导的围困沁源指挥部,划全县为11个"战区",以山西决死纵队第一旅第三十八团为骨干,加上第二十五团、第五十九团各一部,以及县、区基干队和民兵共同组成了13个游击集团,与敌军进行围困斗争。

11月中旬,日军"扫荡"岳北地区后,留置其第六十九师团的两个大队和部分伪军,守备沁源城关及阎寨、中峪店、交口等据点。交口据点日伪军20天内出动10次,先后包围20多个村庄,掳走群众130多人,劫取牲口100余头。日伪军对被掳走群众威逼利诱,逼迫这些群众回村后订立"连环保",成立"维持会"。沁源共产党和抗日政府"坚决不维持,与敌人斗争到底",组织群众在不到一个月时间打窑洞5 000孔,妥善安置从敌占区转移出来的群众。日伪军见欺骗不成,转而疯狂屠杀抗日军民。

围困指挥部立即组织部队和民兵,在敌人据点周围公路两旁的山头上、山沟里,特别是在城关和安沁大道上展开"麻雀战""冷枪战""地雷战",神出鬼没反击敌人的屠杀。有一次,八路军第三十八团一个连和民兵配合,偷袭沁源城中正在出操的敌人,打死打

---

① 中共山西省委党史研究室编:《太岳革命根据地纪事》,太原:山西人民出版社1989年版,第359页。

伤 40 多人,民兵还把敌据点的水井用粪便填灌,把水井上的辘轳、碾磨盘转轴全部毁坏,敌人没奈何,只得出城到据点外下河取水。八路军游击小组则趁机打冷枪,搞得日伪军苦不堪言。还有些游击小组和民兵在安沁大道埋设地雷、三角钉等。冬天则在黑虎岭公路上下坡和弯道上泼水冻成冰。有几辆日军汽车开上滑道就滚到山下摔得稀巴烂。日军只得改用骡马载运物品。12 月 12 日,100 多名日军由沁源向中峪店押运物资、弹药,行走至城西 40 里的周启岭时,遭八路军第一二九师第三十八团一个连伏击,日军死伤过半,物资、弹药和牲口等全部成为战利品。1943 年初,围困指挥部组织群众夺回在撤出敌占区时掩埋的粮食,入夜时分,数百名男女老少在游击队掩护下,悄悄地摸进敌人据点和附近的村庄搬运粮食。这样,积少成多,共夺回粮食 7 000 多石。

为坚持长期的围困斗争,到耕种收获季节,围困指挥部又将民兵自卫队变成"轮战队",轮流进行生产和战斗。在日军据点附近的部队和民兵,一手拿枪,一手拿锄头。敌人来了进行战斗,敌人撤退后就抢收抢种。

人民武装在围困战中得到了锻炼,民兵们在埋设地雷方面有很多发明创造,显示了劳动人民的智慧,使日伪军吃尽了苦头。民兵英雄郑世威、李德昌一年内埋雷 150 余次,炸伤日伪军百人以上。他们在战争中学习战争,细心观察研究敌人的行动规律,创造了花样繁多的埋雷方法。如敌人害怕踏雷,强迫民夫在前边开路,于是,民兵们就研究了一种"踏拉雷",一旦前边的人踏上了,就引起后边的地雷爆炸。这样,民夫走过去了,却炸死了后面押送的日军。针对敌人听到公路上地雷爆炸,就迅速跳到路旁沟里躲避的现象,民兵们又发明了"连踏雷",将地雷埋设在公路上和沟里,连在一起炸。这使日军无处藏身,吃尽苦头。后来日军使用地雷探测器，边测边挖雷。民兵们又造了一种"雷上雷"，两层地雷上下连接，当敌人挖探测器探到的上层地雷时，却拉动下层的地雷。敌人被炸的血肉横飞，二沁大道变成一条死路。从沁源到交口仅有 20 公里的路程，敌人输送给养、物资，通常要一个整天才能走到。日伪军编了顺口溜："送粮怕进鬼门关，背粮怕走沁河滩。""过了圣佛岭，进入鬼门关。如果死不了，就是活神仙。"①

在围困战的打击下，沁源城中的日伪军惶惶不可终日，给养短缺，无奈只得宰杀几十匹战马充饥。日军第三十六师团接防才半年就再也支持不下去了。八路军和人民团结战斗，越打办法越多，越打战绩越大。沁源城关民兵经常出其不意，偷袭日军，甚至神不知鬼不觉摸进敌人据点，把手榴弹、地雷放入日军洗澡的水缸、烤火哨兵火堆，炸死、炸伤多名日军。到 1944 年底，民兵们配合八路军作战 2 730 多次，杀伤日伪军 4 000 余人，迫使日军收缩阵地，最后退守到沁源城西的山头上。

八路军围困沁源的斗争一直延续到 1945 年的春季，3 月 14 日，沁源党政军民总动员在沁源、交口两个敌据点周围及二沁大道上埋设 15 000 颗地雷，密布地雷阵。八路军游击小组逼近敌据点，用冷枪狙击、袭击、夜摸等战术，昼夜轮番袭击日军。敌人伤亡惨重，粮食来源被切断，只得从沁县搬来救兵接应，狼狈逃窜。4 月 11 日，历时 30 多个月的沁源围困斗争取得胜利。

沁源围困战创造了群众性长期围困战的范例，刘伯承师长、邓小平政委对沁源围困战斗给予了很高的评价。1944 年延安《解放日报》发表《向沁源军民致敬》的社论，称赞"模范的沁源，坚强不屈的沁源，是太岳抗日民主根据地的一面旗帜，是敌后抗战中的模范

---

① 李达：《抗日战争中的八路军一二九师》，北京：人民出版社 1985 年版，第 341 页。

典型之一。我们向沁源致敬,祝沁源军民保持这光荣的地位。沁源军民更加团结起来,在共产党的领导之下,你们将无敌不摧"。①

（二）卫南战役

1943年5月,庞炳勋、孙殿英率领国民党军第二十四集团军大部投降日军,并与其他一部分伪军混编为伪第二十四集团军,下辖了暂编第五、第六、第七军和独立第一、第二旅及太行保安队等部队,在平汉铁路新乡至安阳段的两侧频繁活动。7月10日,伪第二十四集团军总司令庞炳勋,趁冀鲁豫军区集中力量在边区东部对付国民党顽军李仙洲部的进攻之机,令平汉路东的暂编第六军杜淑部与伪独立第一、第二旅8000余人,侵占了冀鲁豫卫河以南滑县、长垣之间焦虎集、瓦岗集地区,其军部率第七师位于滑县东南的大范庄、袁庄、焦虎集地区,不断袭扰抗日根据地,对卫南造成较大威胁。由于杜淑部孤军深入,兵力分散,又与庞炳勋、孙殿英之间有着严重的派系矛盾,为八路军集中兵力、各个击破造成有利条件。为了消灭进犯该地区之伪军,保卫和扩大抗日根据地,八路军冀鲁豫军区根据总部统一作战意图,决定抓住伪军孤军深入、兵力分散及内部派系矛盾突出等有利时机,集中兵力,首先歼灭卫河以南突出之伪军,尔后歼灭暂编第六军主力。

7月30日,冀鲁豫军区以第四军分区的第十六、第二十一团协同新编第四路首先在官桥营一带歼灭向新四路作试探性进攻的伪暂编第六军主力1000余人。继于31日夜,在卫河支队、骑兵团协同下,利用雨后大水、伪军易麻痹之机,袭击焦虎集伪第七师师部,经过激烈巷战,将其全歼。8月2日午夜至3日上午,全歼瓦岗集的伪独立第一旅,俘敌1000余人。19日,再次远距离奔袭驻袁庄

____

①《向沁源军民致敬》,《解放日报》1944年1月17日,第1版。

的伪第七师残部及独立第二旅。伪暂编第六军以全力增援袁庄，企图内外夹击解围。冀鲁豫军区当即以少数兵力封锁、监视袁庄伪军，集中主力打击增援伪军，将其击溃后，随即转兵围歼袁庄伪军，迫使其200余人投降。当晚，又乘胜向大范庄伪暂编第六军军部发起攻击，歼其一部。残余伪军向卫河以西溃逃。是役，共歼灭伪军5 600余人，缴获轻机枪35挺、长短枪2 000余支，①全部恢复卫南地区，并建立了卫南、滨河、滑县3个县的抗日民主政权和地方武装。

（三）林南战役

林南战役是八路军第一二九师为歼灭平汉路以西伪军庞炳勋、孙殿英主力而发动的。

1943年7月，日军第三十五师团两个大队及伪第二十四集团军庞炳勋部两万余人盘踞在辉县西平罗、四寨到林县姚村地区。为解救该地人民，歼灭平汉路以西日伪军，重新开辟太南根据地，八路军第一二九师师长刘伯承、政治委员邓小平指示："要以优势兵力，首先分割包围，各个歼灭林县城及周围据点的伪军主力，然后在有利条件下扩大战果。"②

参加林南战役的八路军部队分为东西两个集团，东集团由太行军区第十三团、第七七一团全部，第一团、第三十四团、警备第十二团各一部，第五军分区工兵排组成；西集团由第七七九团（附山炮连），警备第三十二团、第二十团全部，第二团、第三团、第三十二团各一部，第三、第四军分区工兵排组成。8月17日晚，东集团由

① 第二野战军战史编委会编：《八路军第一二九师战史》，北京：解放军出版社1991年版，第289页。

② 李达：《抗日战争中的八路军一二九师》，北京：人民出版社1985年版，第329页。

东西两面包围林县城东北伪军主力;西集团乘机包围林县城,于 8 月 18 日零时发起攻击,突入城内。与此同时,东集团全歼被围伪军。8 月 20 日,东、西集团乘胜南下,收复东姚、合涧、原康,攻克鹤壁和辉县北侧地区。8 月 24 日,安阳、辉县日军分别以 1 000 余人和 400 余人出援。日军在遭到西集团阻击后,于 8 月 26 日晚撤退。林南战役共歼日伪军 7 000 余人,缴获山炮 1 门、迫击炮 20 门、轻机枪 83 挺、步枪 3 118 支,击落日机 1 架,攻克据点 80 余处,解放人口 40 余万。[①] 林县南部、辉县北部广大地区为八路军控制。

十一、太岳区 1943 年秋季反"扫荡"

1943 年 10 月初,日军调集部队 2 万余人,采用日军主力、伪军、特工队编成 3 个梯队,以梳篦队形互相配合推进的"铁滚式"进攻方式,向太岳根据地发起大规模"扫荡"。为挫败日军"扫荡",太岳军区司令员陈赓、政治委员薄一波领导全区部队进行反"扫荡"准备工作,制订作战方案,进行演习,培训民兵地雷手、神枪手,组织群众空室清野。

10 月 1 日,日伪军在飞机配合下,由平遥介休、南关等地出犯,合击绵上地区,构成"铁滚"式封锁线。10 日进至张店、唐城、石门峪之线。太岳军区第一军分区部队,在民兵配合下,节节阻击,给日军以杀伤。15 日后,日伪军推进到临汾至屯留公路两侧。太岳军区部队抓住日军兵力不足,翼侧和后方暴露的弱点,乘机向其侧后进攻。第二军分区主力向白晋铁路(白圭—晋城)长子段、晋城段出击,连克大堡头、三家店等据点,打破了日军屯留至晋城的封

---

① 第二野战军战史编委会编:《八路军第一二九师战史》,北京:解放军出版社 1991 年版,第 291 页。

锁线。第三军分区主力深入同蒲铁路（大同—风陵渡）洪洞、临汾地区，抵近敌据点进行袭击、伏击，并一度袭入临汾以南张社车站，迫使日军抽兵回援。第一军分区一部于白晋铁路沁县、屯留间，连袭道兴、太平、余吾等据点；一部于同蒲铁路霍县地区袭入北张、赵壁等据点。22 日，奉命前往延安的第二军分区第十六团，行至临汾东北韩略村附近，在韩略村西南公路两侧高地设伏，于 24 日上午，一举歼灭日军华北方面军推广新战法所组织的"战地观战团"旅团长以下军官 120 人。日军遭此打击后，慌忙抽调兵力增援临汾地区，从而使其"扫荡"部署错乱。28 日，日军南北对进，企图将太岳军区第四军分区主力压缩至中条山区予以歼灭。第四军分区部队就地分散，机动作战，袭击日伪军据点，伏击日军运输部队。11 月 10 日以后，日军除以第三十七师团继续在中条山进行"清剿"外，主力北返，继续对太岳北部地区进行反复"清剿"。太岳区军民广泛开展麻雀战、冷枪战、伏击战和地雷战，使日军顾此失彼，疲惫沮丧，被迫于 22日全部撤退。是役，太岳军区部队共歼日伪军 3 500 余人，缴获轻重机枪 10 挺、长短枪 421 支，夺回被掠牲畜 3 546 头（匹），挫败了日军"铁滚"式新战法和建立"山岳剿共实验区"的计划。

十二、冀鲁豫边区 1943 年秋季反"扫荡"

1943 年春夏季，日军华北方面军为将其占领区变成"大东亚战争兵站基地"，对各抗日根据地连续进行"扫荡"，均遭失败。9 月 1日，该方面军召开会议，修订年度"扫荡"计划。冀鲁豫边区是日伪军"扫荡"重点地区之一。冀鲁豫军区司令员杨得志、政治委员黄敬决心以主力转移到外线袭击日伪军的后方，以一部协同民兵、游击队坚持内线作战，打击进犯敌军。

9 月 21 日，日军和伪军共 1.1 万余人，由河南省新乡、开封、商丘和山东省济宁等地出动,向微山湖根据地中心单县东南部合围,企图围困冀鲁豫军区主力部队。冀鲁豫军区主力部队从日伪军薄弱部跳出合围圈。日伪军扑空后,于10月3日向曹县西南地区合围。冀鲁豫军区第五军分区前方指挥部与民军第一、第二十一团等部陷入重围,经奋战在王厂村突出包围。4日以后,日伪军反复合击曹县、定陶、菏泽及滑县以南地区,冀鲁豫军区第十六、第十九团等部乘虚袭入东明、考城(今属兰考)、何所城等城镇及据点,给日伪军以打击。10月12日,日伪军调集1.5万余人,从泰安、济南、聊城、滑县、郓城等地出发,向冀鲁豫边抗日根据地中心区的濮县、范县、观城地区进行"扫荡"。冀鲁豫军区在其合击前将主力分成几个梯队靠近接敌区,待日伪军展开运动时即跳出包围圈。8日夜,第二军分区乘日伪军后方空虚之机,以5个连的兵力突然袭入东平县城,捣毁伪县政府、警察所等。5天内连克夏谢、大井等据点11处,直接威胁日军泰安至济宁段补给线。冀鲁豫军区坚持内线斗争的部队及民兵,以伏击、袭击等手段,积极打击日伪军,破坏日军交通线。10天内作战116次,有力地打击了日伪军的"清剿"部队。24日,日伪军开始由冀鲁豫边中心区分别向开封、济南方向撤退,途中又分别"扫荡"濮阳、滑县、长垣地区和平阴以东大峰山区。第四军分区部队转至外线,袭入延津,威胁撤退日军侧背。11月13日,日军撤退。冀鲁豫军区部队在秋季反"扫荡"中歼灭日伪军4 000余人,拔除据点、碉堡74处,并恢复和开辟了部分新区。

十三、晋冀鲁豫边区 1944—1945 年的局部反攻

(一)晋冀鲁豫边区 1944 年攻势作战

1944年初,为打破日伪军的分割封锁,巩固和扩大抗日根据地,第一二九师所属太行、冀鲁豫、太岳军区部队,根据八路军总部

的部署,乘敌收缩防线、重点守备的时机,向敌占城镇和交通线连续发动攻势作战。

2月,太行军区部队对山西省武乡蟠龙镇的伪军发起进攻,收复蟠龙镇;接着向榆社至武乡交通线上的日伪军出击,3月29日收复榆社县城,同时围攻左权县城。4月初,军区部队一部对水冶镇至林县(今林州)县城公路沿线的伪军发起进攻,收复林县县城及水冶镇以西沿线据点,随后攻击辉县地区之伪军。5月29日,太行军区部队围困左权县、陵川,攻击新乡、辉县之日伪军,并出击平汉铁路西侧日军第三道封锁线的邢台、沙河段和临城、内丘段。6月下旬,微山湖以西第十一军分区部队,进行了10天攻势作战,歼日伪军1 300余人,收复单县、鱼台、丰县、沛县之间的广大地区,使小块根据地连成一片,同时收复湖西根据地中心区。8月上旬,军区集中主力团兵力,对郓城地区的伪军发起攻击,攻克据点36处,歼伪军2 900余人。8月底,又在济源以南展开攻势,攻克日军坚固据点陈岭,争取伪军1 300余人反正。

9月起,日军将平汉铁路南段的部分兵力调回华北,并对晋冀鲁豫边区各抗日根据地发起多达14次局部“扫荡”。此时,日伪军后方兵力空虚,第一二九师所属各军区部队乘机进攻日伪军后方的交通线和城镇据点。太行军区部队在平汉铁路线上先后袭入石家庄市区、内丘及邢台车站;袭入正太铁路寿阳的马首、上湖及获鹿以西的微水等车站,并攻克平定以北义井镇,袭入和顺城。太岳军区部队在同蒲铁路线上,两次袭入太谷城关,攻克榆次县北田镇、翼城县北常镇等据点。在白晋铁路线上,地方武装及民兵破毁铁路20余公里。太行、太岳军区部队在道清铁路(道口—今博爱)线上,攻克沁阳、博爱地区的汉高城、柏山镇、玄坛庙等据点,并在道清铁路以南开辟了修武、武陟新区。冀鲁豫军区部队在陇海铁路线上，攻入砀山；在津浦铁路西侧，一度攻克肥城；在德州至石家庄公路南侧，攻入了枣强，收复莘县和寿张县城。

第一二九师所属各军区部队经过一年的艰苦作战，对日伪军造成了致命打击，毙伤日伪军3.8万人，俘获3.49万人，攻下11座县城，收复6万平方公里国土，解放500余万人口。

（二）晋冀鲁豫边区1945年春夏季攻势作战

1945年初，侵华日军进一步收缩兵力，固守大中城市和主要交通线，占领区日益缩小。在晋冀鲁豫边区周围，驻有日军华北方面军第五十九、第六十九、第一一四、第一七七等4个师团，4个独立步兵旅团及1个独立混成旅团；另有伪军第四、第五、第六方面军和华北"绥靖"军第十二、第十三、第十四集团军。此时，八路军第一二九师所属太行、太岳、冀鲁豫3个军区，辖26个军分区、66个步兵团、21个支队和两个旅，共15.6万多人，另有民兵20.3万余人。经过1944年攻势作战的锻炼和冬季大练兵运动，部队的军政素质进一步提高，战斗力增强。

为开辟平汉铁路以西、黄河以北的豫北地区，太行军区部队从1月下旬起，在河南省道清铁路南北地区发起道清战役。1月21日夜，太行军区以第七、第八军分区主力，从九里山突然奔袭道清铁路以南的小东、宁郭两镇，歼灭大部分守军。至31日，连克武阁寨、中和镇等据点16处，全歼南犯日军第一一七师团1个中队。接着，主力北上辉县，于2月20日开始向盘踞在道清铁路以北五里源、陆村一带的伪第五方面军独立第十四旅发动攻击，并一度袭入辉县城关。3月22日，主力挥戈向南，一部挺进温县、孟县地区，一部东越平汉铁路向原武、阳武（今原阳）地区进击。10天之内，歼灭和争取反正伪军900多人，逼近开封城郊。战役于4月1日结束，共歼日伪军2500余人。冀鲁豫军区部队在河北省南乐（今属河南

省)地区进行了南乐战役,开辟了卫河以西、以东抗日根据地,解放
了南乐县城,歼灭日军一个小队 35 人,歼灭伪东亚同盟自治军及
南乐县武装共 3 400 余人,攻克据点 32 处,缴迫击炮 2 门,轻重机
枪 68 挺,步枪 2 600 余支,战马 50 多匹。① 此后,又拔除了大名以
南、卫河以西的大部日伪军据点,收复大名及新河、南宫等县城。
太行军区部队亦先后发起马坊、安阳、祁(县)太(谷)平(遥)、和
(顺)左(权)、陵川等战斗,共歼灭日伪军 2 600 余人,收复陵川、左
权、和顺三座县城。太岳军区部队也以分点围困、各个歼灭敌军的
战法,收复了沁源、阳城、晋城等县城。

　　第一二九师所属各军区在春季攻势胜利的基础上,从 5 月开
始,在平汉铁路中段两侧及晋南、冀南、鲁西、豫东等地区,展开了
更加猛烈的夏季攻势。太岳军区部队 5 月下旬至 6 月上旬,在同蒲
铁路南段东侧晋南地区发动攻势,先后攻克日伪军据点 40 多处,
消灭日伪军 600 余人,抵近黄河北岸,并收复安泽、高平两县城。
太行军区部队于 6 月底集中 5 个军分区共 9 个团另 5 个独立营的
兵力,组成 3 个支队,在民兵和自卫队配合下,于平汉铁路西侧发
起安阳战役。歼灭伪"剿共"第一路第二、第三旅主力;第三支队的
3 个团歼灭安阳出援的日军一部及伪军共 160 余人。7 月 1 日,第
一支队向南夺取北当山、东善应等据点;第二、第三支队向北进击
东鲁仙、众乐等据点的伪军。经两昼夜激战,歼灭了伪"剿共"第一
路第二、第三旅残部和伪林县游击总队一部。至 7 月 9 日,安阳战
役结束,共毙伤日伪军 800 余人,俘 2 500 余人,击溃 90 余人,攻克
据点 30 余处,收复国土 1 500 余平方公里,解放人口 35 万。当太

---

① 冀鲁豫边区革命史工作组编:《冀鲁豫边区革命史》,济南:山东大学出版社 1991 年
　　版,第 402 页。

行、太岳军区部队攻势正旺之时,冀鲁豫军区部队亦在平汉铁路东侧冀南、津浦铁路西侧鲁西和陇海铁路以南豫东地区,连续发动攻势作战。在冀南地区,第二、第三、第四、第五军分区部队,歼灭日军 190 余人、伪军 700 余人,收复阜城、威县、故城、枣强等县城。第十军分区部队在考城地区歼灭伪豫北"剿共军"500 多人。7 月上旬,第二、第三、第四、第七、第九军分区部队,连克北皋、回隆等据点20 余处,歼日伪军 1 500 余人。在鲁西地区,第一、第八、第九、第十一军分区部队,在东平、东阿和金乡至济宁公路沿线发起东平战役,收复东平,攻入东阿,共歼日伪军 2 200 余人。7 月,第十、第十一军分区部队在鲁西南和微山湖以西地区,歼敌 1 600 余人,收复丰县、单县、虞城三座县城。第一、第四、第七、第八军分区部队,又在鲁西临清至阳谷间 80 余公里战线上发起阳谷战役。经过 6 天激战,将据守该城的伪华北"绥靖"军第四集团第九团和阳谷、寿张、朝城、莘县等伪警备大队全歼,共毙伤 300 余人,俘 2 000 余人,收复了阳谷县城。在八路军强大攻势震撼下,巨鹿至冠县的日伪军纷纷撤退。第一、第四、第七、第八军分区部队乘势收复巨鹿、馆陶、广宗、冠县、武城等县城。在豫东地区,第十二军分区部队从扶沟县东北吕潭渡过新黄河,进至西华、商水、上蔡等地区,攻克扶沟县城,共歼日伪军 3 300余人,建立了 5 个县抗日政权,开辟了水西根据地,使豫东解放区得到进一步扩大。八路军第一二九师所属各军区部队在 1945 年春夏季攻势作战中,共歼灭日伪军 3.78 万余人,收复县城 28 座,扩大解放区 1.95 万余平方公里,解放人口 340 多万,进一步把日军压缩到平汉、陇海、津浦、同蒲、正太等铁路线和安阳、石家庄、新乡、太原、济南等大中城市,为尔后进行全面反攻创造了条件。

(三)晋冀鲁豫边区的大反攻

1945 年 8 月上旬,世界反法西斯战争已临近最后胜利。8 月 9

日,毛泽东发表《对日寇的最后一战》的声明,号召全中国的抗日力量进行全国规模的大反攻。10 日,朱德命令各解放区武装部队向附近城镇交通要道之日伪军发出通牒限期投降,对拒降的日伪军予以坚决消灭。遵照八路军总部命令,晋冀鲁豫边区的八路军第一二九师所属部队立即向日伪军发起全面反攻。参加反攻作战的有太行军区、太岳军区、冀南军区(8 月 20 日成立)、冀鲁豫军区共 26 个军分区的部队,计 72 个团、7 个支队约 19 万人,另有民兵 40 余万人配合作战。8 月 10 日,在延安参加中共七大的八路军第一二九师师长刘伯承、政治委员邓小平致电晋冀鲁豫边区各军区,划分了作战任务。8 月 10 日,太行军区主力 7 个团组成的西进部队,向山西省以长治为中心的上党地区进攻,后因第二战区国民党军部队抢占上党,遂转兵北进沁县、武乡地区,歼灭日军独立第十四旅团及伪华北"绥靖"军第十二集团各一部,控制白晋铁路段。第七、第八军分区部队组成道清支队,于 14 日起向道清铁路沿线日伪军发动进攻,17 日占领河南省博爱县城,歼灭日军第六独立警备队及伪军共 800 余人,19 日攻占辉县等地,并切断了道清铁路。太岳军区主力 5 个团,攻占大小据点 50 余处。冀鲁豫军区 13 个团组成的中路军,歼灭日军第六独立警备队及伪第五方面军各一部共 3 500 余人;另 3 个团组成的南路军,向日军第十二军和伪第五方面军发动进攻,一度占领开封两侧陇海铁路。冀南军区 11 个团及地方武装收复了河北省平乡、鸡泽、曲周、广平县城,同时向山东省夏津、清平方向发起进攻。该军区其他各部队向济南、徐州逼近。

　　8 月 15 日,日本宣布无条件投降,日本驻中国派遣军总司令官冈村宁次遵从蒋介石的指令,等待国民党军队受降。第二战区国民党军 3 个师于 8 月下旬进占上党地区,企图抢占整个晋东南。8 月 20 日,中共中央决定成立晋冀鲁豫军区,刘伯承任司令员,邓小平任政治委员。为了保卫解放区,刘伯承、邓小平决心集中太行、太岳、冀南3个军区的主力部队进行上党战役,同时以冀鲁豫军区部队及太行、太岳、冀南军区各部兵力对拒绝投降的日伪军发动进攻,夺取中小城镇。8月下旬,太岳军区主力攻占了平遥县城东南的邢村镇、张兰镇等据点。同蒲铁路南段沿线的铁路也被各军分区部队控制,阻止了临汾、运城等地日军的北撤。太行军区主力部队攻克山西省武乡县城后,向长治地区进军。平汉铁路各军分区部队,攻克许多据点,破击了河北省元氏至邯郸段铁路。冀南军区5个团越过平汉铁路向西进发,开赴上党作战;其余各部队攻下长清、清平、临清、隆平、尧山等县城。冀鲁豫军区中路军攻下长垣县城、道口、新镇等据点,并围攻滑县;南路军则收复了黄河以东地区的通许、杞县、民权等县城。9月2日,日本政府在投降书上签字,但日军仍拒绝向中国共产党领导的抗日武装力量投降。为歼灭新乡至元氏间平汉铁路沿线伪军,冀鲁豫军区第一、第二纵队,太行、冀南军区靠近平汉铁路的各军分区,与日伪军激战月余,先后攻克河南省滑县、汤阴及河北省内丘、高邑、邢台、磁县、邯郸等19座县城。太行军区道清支队和太岳军区一部兵力在八路军游击支队配合下,先后攻克河南省焦作、修武、孟县、沁阳等城,占领道清铁路及黄河北岸大片地区。冀南、冀鲁豫军区各一部兵力连续作战,先后攻克刘河、夏津、高唐、曹县、菏泽、宁阳等县城。在大反攻中,晋冀鲁豫军区部队在广大群众支援下,"共歼灭日伪军10万余人,缴获步枪7万余支、轻重机枪1 600多挺、各种炮130门,收复县城80余座,使太行、太岳与冀南、冀鲁豫边区连成一片,整个晋冀鲁豫解放区得到大发展"。①

---

① 萧景祥主编:《八路军第一二九师暨中国人民解放军第二野战军征战图集》,北京:长城出版社2004年版,第92页。

第二章 晋冀鲁豫抗日根据地建立

第一节 中共中央建立晋冀鲁豫抗日根据地的决策

抗日战争全面爆发后,在民族危机日益严重的形势下,中国共产党倡导的抗日民族统一战线形成。

为在国共两党合作的基础上,建立全国各党各派各界各军的抗日民族统一战线,中共中央政治局于 1937 年 8 月 22 日至 25 日在陕北洛川召开扩大会议,会议根据国内外形势确定了中国共产党在抗日战争中的纲领、路线、方针、任务,这就是发动全民族抗战,坚持统一战线中的独立自主原则,放手发动群众,开展游击战争,创建敌后抗日根据地。

根据国共两党达成的协议,中共中央军委于 1937 年 8 月 25 日作出决定,将陕北主力红军改编为国民革命军第八路军(9 月,按照全国统一战斗序列改编为第十八集团军),下辖第一一五师、第一二〇师、第一二九师。随后,八路军第一一五师、第一二〇师、第一二九师相继进入晋东北、晋西北和晋东南,一面以主力配合国民党军队进行平型关战役、忻口战役、保卫太原战役,一面派出工作团协助地方党组织进行群众工作,组建抗日群众团体和自卫队。

一、八路军出师华北的战略布局

1937年11月太原失陷后,八路军迅速进入五台、管涔、太行、吕梁等山地,在这些山地开始创建敌后抗日根据地,依托山区易守难攻的有利地形对日展开游击战争,至1938年10月武汉失守时,开辟、创建了晋西北、大青山、晋西区,晋察冀的北岳、冀中、冀东区,晋冀豫的太行、冀南区,冀鲁豫的直南、鲁西南区,山东的鲁西、湖西、冀鲁边、清河、鲁中、胶东区,华中的苏南、皖中区。

在日军大举进攻华北的形势下,八路军深入华北敌后,开展独立自主的山地游击战,建立敌后抗日根据地。八路军第一一五师一部依托恒山、太行山北部开辟晋察冀抗日根据地;第一一五师另一部、第一二九师依托太行山南部开辟晋东南抗日根据地;第一二〇师依托管涔山、吕梁山北部开辟晋西北抗日根据地。在总体战略布局上,八路军的3个师背靠背,肩并肩,互可应援,进可迅速出击山前平原地带,破袭日军控制的重要交通线和据守的城镇及据点;退可隐蔽深山密林,养兵蓄锐,发展人民群众武装。这一战略造成了陷敌于灭顶之灾的人民战争汪洋大海,最终战胜日本侵略者,夺取抗日战争的胜利,并使这个胜利成为人民的胜利。

(一)整个华北工作以游击战争为唯一方向

1937年9月25日,周恩来在太原与阎锡山商议国共两军配合的事宜,毛泽东给周恩来并转刘少奇等的电报中指出:"甲、整个华北工作,应以游击战争为唯一方向。一切工作,例如兵运、统一战线等等,应环绕于游击战争……乙、除山西部署已告外,应令河北党注全力于游击战争,借着红军抗战的声威,发动全华北党(包括山东在内)动员群众,收编散兵散枪,普遍地但是有计划地组成游击队。为此目的,周是否应与冯治安、黄绍竑等再谈一次,请酌。丙、为此目的,应着重于高级干部之分配及独立领导的党政军集体机关之组织。要设想在敌整个占领华北后,我们能坚持广泛有力的游击战争。要告诉全党(要发动党内党外),今后没有别的工作,唯一的就是游击战争。为此目的,红军应给予一切可能的助力。"①

1937 年 9 月 17 日,毛泽东在致电朱德、彭德怀等电中"判断敌攻华北大约分为四路,总兵力约 15 万至 20 万人。一路山东,现未出动。又一路津浦线,约一个半师团,现攻至马厂。又一路平汉线,约一个师团,现在涿州以北未动。又一路平绥、同蒲线,约三个师团,为其主力,以大迂回姿势,企图夺取太原,威胁平汉线中央军而最后击破之,夺取黄河以北。以此姿势,威胁河南、山东之背,而利于最后夺取山东,完成其夺取华北五省之企图。其总的战略方针,是采取右翼迂回。至于上海进兵,于破坏中国经济命脉外,又钳制中央军之主力,以便利其夺取华北。以上是对日寇第一期作战计划之基本判断"。②

侵略华北日军"右翼之主力,又分为三路,均以追击姿势推进。一路沿平绥东段、同蒲北段攻雁门关,判断约一师团,占大同后,现未动。一路由天镇占广灵后,向灵丘、平型关进攻,系向晋绥军行右翼迂回。一路由张家口占蔚县后,有攻涞源之势,系向卫立煌军及紫荆关部队行左翼迂回。此两路判断系组成联合兵团,至少两师团,以第一步中央突破之姿势,达成其第二步分向两翼迂回之

---

① 毛泽东:《整个华北工作应以游击战争为唯一方向》(1937 年 9 月 25 日),《毛泽东军事文集》第 2 卷,北京:军事科学出版社、中央文献出版社 1993 年版,第 57 页。

② 毛泽东:《关于敌情判断及我之战略部署》(1937 年 9 月 17 日),《毛泽东军事文集》第 2 卷,北京:军事科学出版社、中央文献出版社 1993 年版,第 46 页。

目的"。①

"蒋以卫立煌军处于敌之包围中,令其向平汉线撤退。阎以灵丘为山西生命线,拟集中十四个团在平型关以北举行决战。判断如决战胜利,则敌之南进可稍延缓,但必增兵猛攻。"②如决战失败,日军必"速攻平型关、雁门关,待后路预备兵团到达后,主力直下太原,使绥远西境之晋绥军,恒山山脉南段五台等处之各军,平汉北段之各军,均不得不自行撤退,彼可不战而得上述各地"③,太行山的重要关隘娘子关天险也将失去其拒敌入晋的作用。

河北涞源、山西灵丘将成为"敌必争之地。阜平、五台、盂县如无南北公路,或可暂时不被敌占;如有南北公路,敌有出一支向南切断正太路之可能。不论如何,恒山山脉必为敌军夺取冀、察、晋三省之战略中枢,向此中枢出动主力,此点已为浑源、蔚县、广灵之被占所证明……晋阎指挥下之傅、杨、刘、汤④各军均失锐气,使我们不能作出这些军队能够在现阵地根本破坏敌人战略计划之结论……红军此时是支队性质,不起决战的决定作用。但如部署得当,能起在华北(主要在山西)支持游击战争的决定作用……过去决定红军全部在恒山山脉创造游击根据地的计划,在上述敌我情况下,已根本上不适用了。此时如依原计划执行,将全部处于敌之

---

① 毛泽东:《关于敌情判断及我之战略部署》(1937 年 9 月 17 日),《毛泽东军事文集》第2 卷,北京:军事科学出版社、中央文献出版社 1993 年版,第 46—47 页。

② 毛泽东:《关于敌情判断及我之战略部署》(1937 年 9 月 17 日),《毛泽东军事文集》第2 卷,北京:军事科学出版社、中央文献出版社 1993 年版,第 46—47 页。

③《毛泽东关于敌情判断及八路军之战略部署致朱德等电》(1937 年 9 月 21 日),《中国人民解放军历史资料丛书》编委会编:《中国人民解放军历史资料丛书·八路军文献》,北京:解放军出版社 2016 年版,第 33 页。

④ 傅、杨、刘、汤,指当时分任国民党军第七集团军总司令、第六集团军总司令、第十五军军长、第十三军军长傅作义、杨爱源、刘恩茂、汤恩伯。

战略大迁回中,即使第二步撤向太行山脉,亦在其大迁回中(设想敌占太原之情况下),将完全陷入被动地位……为战略上展开于机动地位,即展开于敌之翼侧,钳制敌之进攻太原与继续南下,援助晋绥军使之不过于损失力量,为真正进行独立自主的山地游击战,为广泛发动群众,组织义勇军,创造游击根据地,支持华北游击战争,并为扩大红军本身起见,拟变更原定部署,采取如下之战略部署:(1)我二方面军应集结于太原以北之忻县待命,准备在取得阎之同意下,转至晋西北管涔山等地区活动。(2)我四方面军于适当时机,进至吕梁山脉活动。(3)我一方面军则以自觉的被动姿势,即时进入恒山山脉南段活动,如敌南进,而友军又未能将其击退,则准备依情况逐渐南移,展开于晋东南之太行、太岳两山脉中。(4)总部进至太原附近,依情况决定适当位置"。①

　　针对侵略华北日军的进攻态势,毛泽东提出了"坚持独立自主的山地游击战"②的对敌作战方式。1937年9月21日,毛泽东致电彭德怀:"阎锡山现在处于不打一仗则不能答复山西民众,要打一仗则毫无把握的矛盾中,他的这种矛盾是不能解决的。"③"你估计他放弃平型关,企图在沙河决战的决心是动摇的,这种估计是完全对的。他的部下全无决心,他的军队已失战斗力,也许在雁门关、平型关、沙河一带会被迫地举行决战,然而大势所趋,必难持久,不

①《毛泽东关于敌情判断及八路军之战略部署致朱德等电》(1937年9月17日),《中国人民解放军历史资料丛书》编委会编:《中国人民解放军历史资料丛书·八路军文献》,北京:解放军出版社2016年版,第33—34页。

②毛泽东:《坚持独立自主的山地游击战原则》(1937年9月21日),《毛泽东军事文集》第2卷,北京:军事科学出版社、中央文献出版社1993年版,第53页。

③毛泽东:《坚持独立自主的山地游击战原则》(1937年9月21日),《毛泽东军事文集》第2卷,北京:军事科学出版社、中央文献出版社1993年版,第53页。

管决战胜败如何,太原与整个华北都是危如累卵。个别同志对于这种客观的必然的趋势,似乎还没有深刻认识,被暂时情况所诱惑。如果这种观点不变,势必红军也同阎锡山相似,陷入于被动的、应付的、挨打的、被敌各个击破的境遇中。"[1]毛泽东指出:"今日红军在决战问题上不起任何决定作用,而有一种自己的拿手好戏,在这种拿手戏中一定能起决定作用,这就是真正独立自主的山地游击战(不是运动战)。"[2]要实行独立自主的山地游击战方针,八路军"就要战略上有有力部队处于敌之翼侧,就要以创造根据地发动群众为主,就要分散兵力,而不是以集中打仗为主。集中打仗则不能做群众工作,做群众工作则不能集中打仗,二者不能并举。然而,只有分散做群众工作,才是决定地制胜敌人、援助友军的唯一无二的办法,集中打仗在目前是毫无结果可言的。目前情况与过去国内战争根本不同,不能回想过去的味道,还要在目前照样再做。我完全同意你十八日电中'使敌虽深入山西,还处在我们游击战争的四面包围中'这个观点。请你坚持这个观点,从远处大处着想,对于个别同志不妥当观点给与深刻的解释,使战略方针归于一致。林彪同志来电完全同意我十七日的判断与部署,他只想以陈旅集中相机给敌以打击,暂时不分散。这种一个旅的暂时集中,当然是可以,但如许久还无机可乘时,仍以适时把中心转向群众工作为宜。王震率一个团暂时到五台也是可以的,但请注意到适当时机仍以转赴晋西北为宜。依情况判断,林率陈旅即使能打一二个

---

① 毛泽东:《坚持独立自主的山地游击战原则》(1937 年 9 月 21 日),《毛泽东军事文集》第 2 卷,北京:军事科学出版社、中央文献出版社 1993 年版,第 53 页。
② 毛泽东:《坚持独立自主的山地游击战原则》(1937 年 9 月 21 日),《毛泽东军事文集》第 2 卷,北京:军事科学出版社、中央文献出版社 1993 年版,第 53 页。

胜仗,不久也须转向五台来的"。①

　　毛泽东的上述电报,实际上指出了在日军大举进攻河北、山西等省情况下,八路军出师华北抗战前线,应以开展独立自主的山地游击战争为唯一方向,深入敌后,在太行、管涔、吕梁等山区开辟敌后抗日根据地,以坚持持久的抗战,用人民战争克敌制胜。

　　(二)坚持华北平原地区的游击战争

　　1937 年 11 月太原失陷后,以中国共产党为主体的游击战争在华北上升到主要地位。11 月 13 日毛泽东在《过渡期中八路军在华北的任务》中指出:"目前正处青黄不接危机严重的过渡期中……正规战争结束,剩下的只是红军为主的游击战争了。"②1938 年 4 月,中共中央决定将原在山西山区的八路军三大主力分别向河北和山东的平原地区挺进,开辟新的根据地。

　　1. 开展平原游击战争的战略方针

　　鉴于河北、山东等省既有山区亦有广阔平原的地形特点,1938 年 4 月 21 日,毛泽东等对坚持平原地区的游击战的可能性和可行性进行了论述。毛泽东明确提出:"根据抗战以来的经验,在目前全国坚持抗战与正面深入的群众工作两个条件之下,在河北、山东平原地区广大地发展抗日游击战争是可能的,而且坚持平原地区的游击战争也是可能的。"③

---

① 毛泽东:《坚持独立自主的山地游击战原则》(1937 年 9 月 21 日),《毛泽东军事文集》第 2 卷,北京:军事科学出版社、中央文献出版社 1993 年版,第 53—54 页。

② 毛泽东:《过渡期中八路军在华北的任务》(1937 年 11 月 13 日),《毛泽东军事文集》第 2 卷,北京:军事科学出版社、中央文献出版社 1993 年版,第 116 页。

③ 《毛泽东等关于发展平原游击战问题给朱德等的电报》(1938 年 4 月 21 日),中共中央文献研究室、中央档案馆编:《建党以来重要文献选编(1921—1949)》第 15 册,北京:中央文献出版社 2011 年版,第 266 页。

坚持平原地区的游击战是可行的,"党与八路军部队在河北、山东平原地区应坚决采取尽量广泛发展游击战争的方针,尽量发动最广大的群众走上公开的武装抗日斗争。秘密的抗日斗争,只有在敌人统治的城市与铁道附近,才成为主要的方式……根据上述方针,应即在河北、山东平原划分若干游击军区,并在各区成立游击司令部,有计划地系统地去普遍发展游击战争,并广泛组织不脱离生产的自卫军……在收复的地区应即建立政府,设法多少恢复当地的抗日秩序,这些政府由上级或司令部委任,或由民众团体推选,都跟随一个游击队行动,发布简单的布告与法令,组织民众抗日斗争,镇压汉奸,保护民众利益,帮助部队筹拨给养等……在范专员、丁专员[1]地区,仍有原来的政府,应即经过统一战线的推动,迅速改造与加强政府,使之成为人民的抗日政府,吸收坚决有能力的分子参加进来,洗刷腐化无能的分子,使政府、部队、人民密切联系起来"。[2] 动员争取吸收民间的枪支弹药,以这些武器装备抗日游击队与军队,"要采用宣传说服及借枪(可给借枪证)的办法,或发动民众自带枪支来当游击队,筹粮筹款以自愿及公平摊派为原则,并注意逮捕城市及车站的大汉奸筹款……以人民自卫军为主要的群众组织形式,可能时在[再]组织农会及青年团体……对于会门、土匪采取慎重的态度去应付,依据具体可能条件去改造

---

[1] 范专员、丁专员,指范筑先、丁树本。
[2] 《毛泽东等关于发展平原游击战问题给朱德等的电报》(1938 年 4 月 21 日),中共中央文献研究室、中央档案馆编:《建党以来重要文献选编(1921—1949)》第 15 册,北京:中央文献出版社 2011 年版,第 266 页。

他们"。① 在发展党组织方面,一般情况下要保守秘密。

1938 年 5 月 30 日,毛泽东所著《抗日游击战争的战略问题》一文,在本日出刊的《解放》第 40 期发表。文章指出,由于中国这个大而弱的国家被一个小而强的国家所攻击,由于中国有共产党领导的坚强的军队和广大的人民群众,"所以抗日游击战争主要地不是在内线近距离地直接地配合正规军的战役作战,而是在外线单独作战,不是小规模的而是大规模的,这样在整个抗日战争中虽然仍处于辅助地位的抗日游击战争,就必须放在战略观点上加以考察"。② 毛泽东还在文章中分析了抗日游击战争的 6 个具体战略问题。《抗日游击战争的战略问题》一文,对统一全党全军对抗日游击战争战略地位的认识,促进抗日游击战争的迅猛发展,起了重要作用。

5 月,毛泽东在《论持久战》中指出:"中国抗日战争中的游击战,决不是可有可无的。它将在人类战争史上演出空前伟大的一幕。为此缘故,在全国的数百万正规军中间,至少指定数十万人,分散于所有一切敌占地区,发动和配合民众武装,从事游击战争,是完全必要的。被指定的军队,要自觉地负担这种神圣任务,不要以为少打大仗,一时显得不像民族英雄,降低了资格,这种想法是错误的。游击战争没有正规战争那样迅速的成效和显赫的名声,但是'路遥知马力,事久见人心',在长期和残酷的战争中,游击战争将表现其很大的威力,实在是非同小可的事业。并且正规军分

---

① 《毛泽东等关于发展平原游击战问题给朱德等的电报》(1938 年 4 月 21 日),中共中央文献研究室、中央档案馆编:《建党以来重要文献选编(1921—1949)》第 15 册,北京:中央文献出版社 2011 年版,第 266 页。

② 中共中央文献研究室编:《毛泽东年谱(1893—1949)》(修订本)中卷,北京:中央文献出版社 2013 年版,第 76 页。

散作游击战,集合起来又可作运动战,八路军就是这样做的。八路军的方针是:'基本的是游击战,但不放松有利条件下的运动战。'这个方针是完全正确的,反对这个方针的人们的观点是不正确的。"①

与此同时,徐向前在《开展河北的游击战争》一文中指出:开展河北(包括冀南)游击战争,在中国的持久抗战与取得抗战胜利上,具有伟大意义。开展河北平原的游击战争的有利条件主要有三:

第一,平汉、津浦两大南北平行的铁路干线,连贯于河北境内,日军向中国的腹地侵略,这两条干线已成为转运兵力的重要枢纽。为牵制日军的前进,截断日军的运输,分散日军的兵力,所以开展河北的游击战争,具有非常重大的意义。

第二,河北有3 000万以上广大人口,日军想实现其"以华制华"的阴谋与应付独霸东亚的大战,是需要大批的中国人民来替他做牛马、当炮灰的。日军在河北所占各县,成立伪组织维持会、清乡军,并强迫群众成立护路队等,便是明显的表现。为着持久抗战,增强抗战力量,削弱日军的力量,开展游击战争,配合主力军作战,也必须要把河北的3 000万以上的同胞推动到抗战的阵线中来。

第三,河北是华北物产丰富之区,不仅有大量的粮食和其他物产,而且有居中国首位的棉花生产。棉花是制造火药的原料,也是日本国内特别发达的轻工业——纺织工业的原料,所以开展河北的游击战争,在打击日军的资源掠夺上,也有很重要的意义。

"河北游击战争的展开,可以破坏日寇在平汉、津浦两大铁路干线的交通运输,使日寇的资源掠夺,物质补充,兵力转移,陷于麻

---

① 毛泽东:《论持久战》(1938年5月),《毛泽东军事文集》第2卷,北京:军事科学出版社、中央文献出版社1993年版,第328页。

痹的状态；可以使日寇利用中国人打中国人的阴谋归于泡影；而且在扩大抗日的阵地，充实抗日的力量，即在供给抗日的资源上，对全国的抗战有极大的帮助。"[1]

徐向前认为，河北的地形，除西、北两面的一部分是山地外，其余都是广漠无垠的平原。如单从战略眼光看，游击队在平原上的活动，自然没有像山地那样多的地形上的便利，相反日军的机械化兵运或骑兵，倒有较便利条件。因此，可能会对开展平原游击战争持怀疑态度。有些人说，游击队既无山的依托与隐蔽，自然地形上的帮助是很少的，而人的两条腿又哪能跑过机器的汽车或坦克车呢？尽管在平原地带开展游击战争，以上困难确实存在，但是不能因此作出平原地区无法进行游击战争的结论。

平原游击队的经常胜利，不仅保全了千百万人的生命财产，而且还予日军以大大小小的打击，更提高了人民抗战胜利的信心，增加了人民参加游击战争的勇气。河北地区民间枪支很多，在日军大举侵华形势下各地武装组织迅速扩大，这都是八路军在河北开展游击战争的有利条件。

2. 平原游击战争中克敌制胜的战略战术

（1）创造平原地的"人山"。游击队活动的依托，一面是地形上的便利条件，如山地、森林等，另一面是与广大人民的结合。但游击队要自己能巩固和发展，并进行机敏的灵活的游击作战，其主要条件是取得广大人民的拥护与帮助。过去宝贵的经验，都是这样告诉共产党和八路军的。

"军队与游击队是鱼，而人民是水。"人口较稠密的区域，假如

---

[1] 徐向前：《开展河北的游击战争》（1938 年 5 月），《群众》周刊第 1 卷第 23 期，1938 年 5 月。

能"把广大的人民推动到抗日战线上来,把广大的人民造成游击队的'人山',我想不管什么样的山,也没有这样的山好"。① 一切的游击队必须有良好的纪律,具有抗日的高度积极性,在一切行动中,真正表现自己是为民族利益而斗争,真正站在保护人民的利益上,就能造成真正的"人山"。

"人民的力量是最伟大的力量,也只有这伟大无比的活动的人的力量,是日寇无法战胜的力量。我们要在平原地开展游击战争,就必须把广大的人民造成人山。但是如何能把散漫的人民造成团结的人山呢? 那就必须在人民中进行泛的深入的教育说服、宣传组织等的艰苦工作,提高人民的民族意识与政治觉悟,使人民本身的利益与抗日的利益联系起来,使每个人民认识要想自己不受日本的蹂躏,那就只有为中华民族的自卫战争而牺牲一切,为民族的生存而奋斗到底! 这是每个人民的天职,自是每个人民应担负起的责任。凡是苟安贪生,把个人利益看得比国家民族利益高的观念,是极端有害的。殊不知'皮之不存,毛将安附?'整个民族亡了,个人还有什么……只要我们有正确的政策,有艰苦卓绝的工作精神,把我们的工作重心放在争取每一个中国人、每一个武装部队到抗战道路上头的立场上,只要我们有决心去组织与进行河北的艰苦的游击战争,我们便一定能够创造广大的'人山',创造出许多平原游击战争的经验与英勇奋斗的光荣篇幅,最后的配合主力,葬送日本帝国主义",收复全部的失地。②

(2)挖路拆堡分割平原。在平原地区开展游击战,就须造成利

---

① 徐向前:《开展河北的游击战争》(1938 年 5 月),《群众》周刊第 1 卷第 23 期,1938 年 5 月。

② 徐向前:《开展河北的游击战争》(1938 年 5 月),《群众》周刊第 1 卷第 23 期,1938 年 5 月。

于游击队活动的外部环境,如破坏道路,拆毁已攻克的敌人碉堡、城墙,空舍清野,使入侵日军找不到吃、喝、用、住的。游击队再把道路破坏掉,使敌人来无进路,去无退路,处处被困挨打。破路还有其战略上的意义。随着战线的拉长,敌人兵力需补充,其转移兵力,就要依靠铁路和公路;交通便利了,日军调兵可"朝发夕至",如果交通线被切断,加上切实实行了空舍清野,日军吃没有吃的,喝没有喝的,打败仗是必然的。

　　日军交通线这种"链"和保垒这种"锁"连在一起,束缚着八路军游击活动的发展,所以必须把它破坏掉。刘伯承在《关于平原游击战争诸问题》中说:"平原上挖路的方法是把横直的路挖下去大概50米□□①曲线形的沟,宽五六尺,并在高[沟]的中间,有一个阶,可供我军袭击敌人;宽只可以通大车,敌人的汽车不能从里边走;每隔相当远,还挖有一个错车的车站,以便来往互相错车。还挖有水坑,使下雨后的水流到里边去。在冀南水淹的机会很多。利用这种深沟,还可以调剂那里的水淹。而且更重要的却是我们利用这样的地形,以手掷弹去袭击敌人,敌人却不能用枪很直的打击我们。当然在那样的平原上,沟里不能走汽车,平地仍然能走,但问题不在这里,而在我们可以利用这种地形,隐蔽起来,袭击敌人,使敌人不易接近我们,追击我们。所以挖路分割平原在战略上是有很重大的意义的。"②

　　3. 冀南平原游击战及根据地的开辟巩固

　　从1938年11月开始,日军按照其先控制平原,后进攻山地的方针,发动了以冀南平原为重点的进攻。至年底,日军对晋冀豫山

---

① 原文这二字难以辨认。

② 刘伯承讲,荣一农记:《关于平原游击战争诸问题》(1939年4月),《群众》周刊第3卷第11期,1939年8月13日。

地,在铁路沿线附近地区进行了5次局部性的短期"扫荡"。对冀南平原,则于11月15日至30日,抽调独立混成第三旅团及第一一四师团各一部共3 700余人,采取长驱直入战术进行"扫荡"。徐向前副师长率部在16天中作战28次,毙俘日伪军600余人,迫敌撤出了冀南中心区。但根据地边沿之宁晋、永年、故城、恩县、高唐等城镇则为敌所占,鲁西北的聊城等地同时失陷。与此同时,国民党河北省主席鹿钟麟以其所属胡和道、赵云祥等部时与八路军磨擦。11月7日,胡和道指使反动封建会道门包围枣强县城,并提出"撤换县长,驱逐八路"的要求。11月中旬,日军对冀南的"扫荡"开始后,赵云祥部将新河县战委会、工作队、基干队包围缴械。在冀南党政领导机关由南宫县城转移到农村后,鹿钟麟以"不知去向"为借口,宣布"取消"冀南行政主任公署,另行委派国民党的专员、县长。日伪顽军夹击,冀南抗日根据地情势十分严重。12月4日,国民党豫北专员郭仲隗部竟在博爱东北之许河村,伏击独立游击支队第二大队,使该大队损失500余人。

为巩固冀南抗日根据地,坚持鲁西北地区的斗争,支援第一一五师向冀鲁豫及山东发展,1938年12月21日,刘伯承师长奉八路军总部指示,率第一二九师师部、第三八六旅补充团、先遣支队三大队等部从太行到达冀南(陈赓率第三八六旅新编第一团、第三四四旅第六八八团已先期到达),直接领导冀南及鲁西北的斗争。同时,为了加强地方武装的领导,发展游击战争,将冀南抗日游击军区改称冀南军区,并与东进纵队分开。东进纵队由陈再道任司令员,冀南军区由宋任穷任司令员。

1938年12月30日,第一二九师在南宫县的落户张庄召开军政干部会议,邓小平在延安参加中共六届六中全会后返回师部,在会上传达了中共六届六中全会决议。会议根据冀南的斗争形势,确定了依靠工农群众、依托广大乡村、坚持冀南平原游击战争、巩固抗日民主阵地的斗争方针。为实现这一方针,第一二九师一方面协助冀南地方党政机关继续实行减租减息和合理负担政策,改造乡村政权,加强对群众的教育与组织工作;一方面分遣部队积极向日军出击,掩护根据地军民屯粮扩兵,拆城墙、拆围寨、挖道沟、改造地形,准备反"扫荡"作战,与敌作长期艰苦的斗争。

从1939年1月到3月,冀南部队在刘伯承师长、邓小平政治委员和徐向前副师长直接领导下,在冀南党、政府和广大人民的支援下,进行了较大战斗100余次,毙伤敌伪军3 000余人,粉碎了敌人控制冀南平原的计划。

刘伯承在总结平原游击战争经验教训时说:"平原游击战争一般说来,平原地形的条件比较山地要差一些,是不是可以开展呢?事实已经证明了是可以的。河北是大的平原,群众工作有了相应的基础,这是事实上的证明。平原上四面八方敌人都可以来,同样的我们也四面八方的可以机动。一般人把敌人四面八方来进攻看得太重了,而没有看到我们在平原上的机动,我们在平原上和敌人作战时,我们少一歪偏,敌人就找不到我们了。再一说河北村庄很密,树也不少,沙丘也不少,河也有几条,敌人若来了,我们的群众工作,已经有了相当好的基础,更加部队组织要小一点,很容易和敌人作战。到了青纱帐起的时候,比山地的条件还要好一点……到相持阶段到来的时候,我们的群众力量更加加强,使太行山和泰山之间有着强化的平原游击战争卷入,广大群众为保卫祖国而战。我们利用丰富的平原游击战争的经验教训与伟大的群众力量,一定可以担负起这种重大的任务。"[1]

---

[1] 刘伯承讲,荣一农记:《关于平原游击战争诸问题》(1939年4月),《群众》周刊第3卷第11期,1939年8月13日。

坚持冀南平原游击战争,是八路军开展"独立自主的山地游击战争"的发展。中共中央审时度势,逐步确立了开展平原游击战争的战略方针,作出在河北、山西、河南、山东等省的山区和平原地带,发挥天时、地利、人和的优势,广泛发动群众,开展人民战争等一系列指示,为晋冀鲁豫抗日根据地的建立指明了方向,奠定了理论基础。

二、晋冀鲁豫抗日根据地的开辟

1937 年 10 月,八路军总部率领第一二九师挺进晋东南,依托太行山逐步建立起晋冀鲁豫抗日根据地。

《中国敌后抗日民主根据地概况》(延安新华书店 1944 年版)"晋冀鲁豫边区"概况部分,开宗明义地说:"晋冀鲁豫抗根据地在行政上是统一的,成立有晋冀鲁豫边区政府。但在军事上为作战指挥方便,最近划分了两个战略单位,即晋冀豫(包括太行、太岳)与冀鲁豫(包括原来的冀鲁豫和冀南)两个单位。"①这个表述非常准确到位,贴合 1944 年 10 月该书出版时的情况(基本反映 1944 年春天情况)。《中国敌后抗日民主根据地概况》的新版本(《中国现代史资料丛刊·抗日战争时期解放区概况》,人民出版社 1953 年版)是由延安新华书店 1944 年版改写的,但改写中删掉了"最近"二字,很不准确。

在相当长的时间内(从 1937 年至 1943 年 11 月),从军事指挥上说,太行、太岳、冀南三区是属同一个战略单位,都是由八路军第一二九师统一指挥的。而 1943 年 11 月之前的冀鲁豫军区(不包括

---

① 延安新华书店编:《中国敌后抗日民主根据地概况》,延安:延安新华书店 1944 年版,第 10 页。

冀南区),是另一个战略单位,由八路军总部直接指挥。1943年11月之后,原来的冀鲁豫和冀南才合并为新的冀鲁豫,成为一个战略单位。

(一) 创建晋冀豫抗日根据地

晋冀豫抗日根据地包括晋东南、冀西和豫北地区,北至正太铁路,东至平汉铁路,西至同蒲铁路,南迄黄河,依托太行、太岳山脉,是华北的战略要地之一。辖区内有井陉、获鹿、元氏、赞皇、高邑、临城、内丘、邢台、沙河、武安、涉县、磁县等12县在今河北省境内。早在1936年,中国共产党与阎锡山在山西省就建立了"牺盟会"这一特殊形式的统一战线关系。全面抗战爆发后,薄一波率领山西青年抗敌决死队第一纵队到晋东南沁县地区,戎子和率领山西青年抗敌决死第三纵队到晋东南长治地区,发动群众开展抗日游击战争。1937年10月中旬,当忻口激战之际,第一二九师师长刘伯承、政治委员张浩奉命率部由晋北驰援太原、娘子关,进入正太铁路南侧山西省平定地区,配合第一一五师主力阻击由石门(石家庄)沿正太铁路西犯的日军。10月26日至11月7日,连续在平定县七亘村和昔阳县黄崖底、广阳、户封等地伏击日军,歼敌1 000余人。随后,第一二九、第一一五师第三四四旅转入晋东南,与中共冀晋豫省委(10月中旬由平汉线省委改组而成)一起,担负依托太行山,开辟晋冀豫抗日根据地的任务。"11月13日,第一二九师在山西和顺县石拐村召开干部会议,史称石拐会议。"①会议传达毛泽东关于依托太行、太岳山脉创建抗日根据地的指示,部署开展敌后抗日游击战争。会后,以营、连为单位,分别在平汉、正太、同蒲

---

① 中共河北省委党史研究室编:《中国共产党河北历史》第1卷,北京:中央文献出版社2001年版,第456页。

铁路沿线打击敌人,并抽调大批干部和一些连队,组成工作团和游击支队,分散到各地,配合中共地方组织,发动群众,创建抗日根据地。同时,根据中共中央北方局决定,撤销中共平汉线省委,成立中共冀晋豫省委,李菁玉任书记,李雪峰任组织部部长,徐子荣任宣传部部长,统一领导晋冀豫边区党的工作。1938年1月15日,陈再道、李菁玉率第一二九师东进纵队开赴冀南,李雪峰接任中共冀晋豫省委书记。1938年1月18日,邓小平接任第一二九师政治委员。2月,在山西辽县召开第一二九师军政委员和团以上干部会议,进一步部署战略展开,创建根据地的任务。到3月,中共冀晋豫省委以下,建立起晋中、冀晋、冀豫、晋东南、晋豫等特委,党的组织恢复和发展起来。薄一波领导牺盟会在山西第三、第五行政区内委任县长,使大部分县政权掌握在共产党员手里。各地普遍建立农救会、妇救会、青救会等群众抗日团体和游击队、自卫队等人民抗日武装。

在冀西,杨秀峰(共产党员)于1937年10月初,在河北省井陉县成立国民政府革命军事委员会委员长保定行营民训处冀西民训指导特派员办事处(冀西民训处),向冀西各县派出工作组,结合中共地方组织,开展抗日工作。在八路军先遣支队配合下,很快收编十几股溃兵,建立冀西游击队。12月初,第一二九师骑兵团在赞皇县北马寺村消灭日军140余人,烧毁汽车18辆。同时,杨秀峰率领冀西游击队,解决了勾结日军、欺压百姓的内丘县民团团长张允明(张仁雄)。到1938年二三月间,赞皇、内丘、高邑、元氏、井陉、邢台、沙河等县建立了抗日民主县政府。与此同时,1938年11月,在中共冀鲁豫边特委领导下,建立磁县抗日民主县政府;在第一二九师工作团帮助下,成立中共武安县委。

在豫北地区,1937年8月中共豫北工委成立,领导各县抗日工作。9月,中共中央北方局和八路军总部派朱瑞、唐天际在新乡建立"第一战区司令长官部联络处",一面与豫北国民党当局联络,一面结合中共地方组织,开展抗日工作,11月成立中共晋冀鲁豫边区省委,初步打开了豫北地区的抗战局面。

1938年二三月间,第一二九师第三八六旅和第七六九团在游击队配合下,先后在长生口、神头岭、响堂铺伏击日军,三战三捷,共歼日军2000余人,烧毁汽车180辆,粉碎了日军打通邯(郸)长(治)大道的计划,对晋冀豫抗日根据地的开创,起了关键作用。4月初,侵华日军华北方面军以第一〇八师团为主力,集中3万余人,由平汉、正太、同蒲铁路和邯长大道各据点出动,分9路围攻晋冀豫抗日根据地。八路军及时将分散游击的部队集中起来,以一部兵力钳制多路敌军,集中主力破敌一路。各地抗日政府、游击队和民众配合八路军作战。第二战区友军协力对敌作战。至4月27日,粉碎了日军的围攻,并乘胜收复晋东南18座县城。根据中共中央军委和八路军总部命令,4月下旬,晋冀豫军区在山西省辽县正式成立,倪志亮任司令员,黄镇任政治委员。全区基干武装由几千人发展到近2万人。晋冀豫抗日根据地的开创,为敌后抗日根据地向平汉路以东平原地区扩展,准备了巩固的前沿阵地。

1938年3月3日,中共中央北方局军委书记朱瑞向中共中央北方局书记刘少奇、副书记杨尚昆电报报告晋豫边开展敌后游击战情况,并告中共中央书记处书记张闻天、毛泽东。朱瑞在电报中说:"游击战布置如下:1.组织晋豫边军政委员会,由我负责,豫北特委、晋东南中心县委书记、县长李敏之及唐天际均参加,执行秘密领导。2.县长以兼晋豫边区游击司令名义领导,以公安局、自卫队及豫北党的小组武装合编为一、二支队,参谋长、政治部主任及各队长、政指、政治工作员,均以随带之干部与学生充任。3.以沁水、翼城、曲沃、垣曲、济源、博爱及晋城之间地带为游击区域,如沁水晋城之自卫队可取得联络,将增至五个支队。"①

1938年3月6日,毛泽东致电朱瑞并告朱、彭、胡、杨,作出开展晋豫边游击战争的指示,该指示说:"晋豫边甚重要,望有计划地部署沁水、翼城、曲沃、垣曲、济源、博爱、晋城地区的游击战争,配合主力在西北两面之行动……应令阳城李县长②将布置七县游击战争及自兼晋豫边游击司令计划,派人绕道至吉县,报告阎主任,求其委任,并接济枪支、子弹、经费……朱、彭率东路军在榆社、辽县地域,卫③率南路军在吕梁山脉,卫本人在河津,傅作义率北路军在汾阳、离石以北,阎在吉县,胡、杨向大宁、隰县转进。"④

1939年1月11日,朱瑞在《论建立晋冀豫抗日根据地》一文中说,建立根据地是争取抗战胜利中最有决定意义的任务,晋冀豫区将是华北最重要的抗日根据地,"在地理上,晋冀豫区是包括晋东南、豫北及冀西而成,它范围了三省,毗连区域70余县,东西阔约300公里,南北长约340公里,幅员十余万方里。在本区内,东障太行,西峙太岳,南北盘结嵯峨巨岭,如析城、王屋、鹿台、中条、八赋诸山,在作战上说是十分险要和便于机动的。太行与太岳间,间以清浊二漳、丹河水诸流。夹河地区,土地平旷,人口繁多,连豫北与

---

① 朱瑞:《关于晋豫边工作布置情况的报告》(1938年3月3日),中共河南省委党史工作委员会编:《中共河南党史资料丛书·太岳抗日根据地》,郑州:河南人民出版社1990年版,第6页。

② 李县长,指李敏之。

③ 卫,指卫立煌。

④ 《毛泽东关于开展晋豫边游击战争致朱瑞等电》(1938年3月6日),《中国人民解放军历史资料丛书》编委会编:《中国人民解放军历史资料丛书·八路军文献》,北京:解放军出版社1994年版,第152页。

冀西,人口号称 1 200 万,在对日抗战上说,极利生聚与持久"。①
从位置上来说,晋冀豫区东北西三面包围着平汉、正太与同蒲铁
路,其南终于黄河。对日军奴化政策而言,晋冀豫区是日军在华北
存在的极大威胁。从对敌作战上来说,东南西北四面的任何一面,
都威胁着日军的作战线,对任何一面的进击,都随时可以截断及麻
痹日军在华北与进攻西北的交通和运输。该区的外围,东有冀南、
冀中、河北平原游击区,西有晋西的吕梁山抗日根据地,南有晋西
南及豫北游击区与豫中隔河响应,尤其有比较成熟与巩固的晋察
冀边区的抗日根据地。"因此在坚持抗战上说,本区又是华北游击
战的心脏与战略中枢。敌人没有剪除四围各区,想进行对本区的
最后肃清是十分困难的。反之,敌人对本区的外线围攻,将遭受四
围各区有力的外线的环击。这一个形势,将使敌人举措为难。当
然不是说敌人因此便不来进攻本区了,相反的,本区之重要,将成
为敌人进攻的主要对象与显著的目标。"②

在经济上,晋冀豫区物产丰富,在沁、漳二水流域号称米粮川,
产米最多;太行、太岳各山随地都是煤铁和硝磺,这是根据地建设
的动力和源泉。此外,毛、皮、棉、纱、土布、盐、药材、果木、肉类食
品……都可自给,有些还是输出的主要产物。1937 年七七事变以
后,"虽然地方工业与生产是破坏了,但因持久战的需要,又在逐渐

① 朱瑞:《论建立晋冀豫抗日根据地》(1939 年 10 月 11 日),魏宏运主编:《抗日战争时期
　晋冀鲁豫边区财政经济史资料选编》第 1 辑,北京:中国财政经济出版社 1990 年版,
　第 52 页。
② 朱瑞:《论建立晋冀豫抗日根据地》(1939 年 10 月 11 日),魏宏运主编:《抗日战争时期
　晋冀鲁豫边区财政经济史资料选编》第 1 辑,北京:中国财政经济出版社 1990 年版,
　第52 页。

恢复起来（如土布、硝磺、挖煤、冶铁及各种输出事业）"。① 在经济上，该区也是自给自足可以持久的。

在政治上，晋冀豫区自 1937 年 7 月全面抗战爆发以后，群众已广泛组织起自己的抗日救国团体（如自卫队、工救、农救、儿妇与青年文化等组织），所组织的群众总数在 100 万以上。地方政权除部分地区十分落后外，一般已经过改造与充实（如洗刷腐败和顽固分子，吸收了进步有为的青年和抗日积极分子群众领袖），比较适合于领导民众坚持抗战。在晋东及冀西的大部地方政权都初步实行了民主政治（如成立行政会议），部分政权实施了改善民生的法令（如废除苛杂，实施合理负担，灾难民的救济，抗属的优待，合作社的建立），区村政权部分地使用了民选制度。军队中不仅有晋绥军的新军（决死队）、八路军的主力，各地还广泛生长与锻炼着地方基干游击队，有着数十万的农民半武装的自卫组织，守卫、放哨、游击、侦察、骚扰，直至小部分的决战，在近敌区及日军间隙中不时地开展，每日都有新的战斗与新的胜利。

晋冀豫区还有一年多的坚持抗战的经验与教训，尤其有了国民党、共产党、牺盟会组织之开展和工作，有中央军、八路军、晋绥军的指挥部以及党政军民的统一战线的团结，这些都是坚持抗战的最有利的条件。因此，晋冀豫区不仅可能建立为坚持巩固的根据地，而且必须创造其为支持华北抗战的一个主要根据地。

日军在侵略过程中采用了以下手段：

第一，日军通过广泛筑路方式，一方面保持其交通联络与运

---

① 朱瑞：《论建立晋冀豫抗日根据地》（1939 年 10 月 11 日），魏宏运主编：《抗日战争时期晋冀鲁豫边区财政经济史资料选编》第 1 辑，北京：中国财政经济出版社 1990 年版，第 53 页。

输,另一方面增强其运动性与机动力,并保障其进退自如与攻守迅速的便利。第二,占据某些最重要城镇,长期控制市街关卡隘道,以麻痹敌后抗日根据地,限制其发展。同时,控制交通要道(如公路河道),构筑封锁线,割裂及隔离抗日根据地,断绝或阻塞抗日根据地中各区间的联络与交通,企图使八路军主力军与游击队窒息而死。第三,实行烧杀奸掳,破坏根据地建设,灭绝资财,实行经济封锁,以达其征服政策。第四,日军大批派遣敌探制造伪组织,利用汉奸挑拨离间,企图分化抗日阵营与统一战线。此外用物质的利诱,政治的欺骗,金钱的收买,散布谣言与武断的宣传,利用群众封建思想与迷信心理,组织及利用各种会门与秘密或公开封建社团,进行瓦解破坏及欺骗活动,以达其政治上征服抗日根据地的企图。

为粉碎日军对晋冀豫及其他区域的长期围攻,巩固发展与扩大抗日根据地,需要创造如下条件:

第一,要建设数十万有战斗力、有政治工作、有纪律、有持久鏖战精神的基干武装,组织及训练百万以上真正能起作用的人民自卫的半武装组织——自卫队,组织训练数百万以上的各种群众(农、工、青、妇、儿、文化等)的抗日救亡团体,并且切实开展其工作与发挥作用。切实建立真正代表人民的县区乡各级的民主政治,实现人民的参政,实施进步法令,改善群众生活,建设普及的群众义务教育,进行广泛锄奸教育与宣传,严密各级军队政权与群众团体中的锄奸组织与工作,彻底肃清日军的侦察奸细与内应。这一切都是八路军在军政建设上必不可少的最低限度的建设。

第二,厉行自给自足的财政经济建设,发动富户及国内外工商业家投资设厂,挖煤冶金,建设晋冀豫与各分区中心规模的造枪制弹厂与炼制硝磺厂,以利抗战。奖励纺纱、织布、熬盐、发展日用工业,组织出入口贸易,开办合作社,筹设信用借贷机关,以增加群众购买力,充足根据地内消费品,保护发展劳动大众的生产力以粉碎日军的经济奴化政策。扩大上党银行,禁绝伪币,扩充银行基金,经营附属的生产及消费事业(如工厂、商店、借贷、出入口贸易等),整理税收(主要是出入口税、营业税及土地税);建立廉洁政府,裁减预算,反对浪费……以增加收入,减少支出及减轻群众负担。妥当安置灾难民,救济抗日家属,恢复及开辟耕地,奖励植树造林,广种蔬菜,多饲家畜与牛羊以提高根据地内群众收入、充裕生活。这一切都是八路军在财政经济上持久的必不可少的准备。

第三,深入开展广泛的抗战准备与参战动员。动员成千上万的热血青年参加基干部队,增加战斗力。储蓄百万担公粮,准备持久抗战中食用。动员一切男女,于必要时进行空舍清野,做到不给日军一粒米、不给日军一滴水、不给日军一根柴、不给日军一条路,以困扰及灭绝日军。严密组织自卫队、儿童团守卫、放哨、封锁、侦察,杜绝日军一切瓦解、欺骗、侦察与捣乱的阴谋,积极配合各游击区的游击队与正规军的活动,打击日军,迷惑日军,暴露与破坏日军一切进袭的计划。

第四,创造根据地的一切工作与建设深入化、实际化、战斗化与统一化。坚持华北抗战是与侵华日军血肉的搏斗,一切工作与建设又是长期的苦斗,一切工作与建设,又只有从克服战争的困难中及在战争中准备与完成。同时,在创建根据地的领导上,取得在一切工作与建设中的统一更为重要,因此,在创建晋冀豫根据地工作中,向着统一的军事指挥、统一的行政领导、统一的财政经济建设及统一的群众组织与运动奋斗和迈进。

第五,各党各派互信互谅,互助互商,建立精诚团结的抗日民族统一战线,这是为实现在晋冀豫区创造根据地、坚持持久抗战的最后与最高保证。

1939年,由于日军打通了白晋铁路交通线,八路军路东、路西两地区联系出现困难。中共中央北方局和八路军总部决定,将晋冀豫抗日根据地分为两部分,以白晋路为界,路东为太行抗日根据地。1940年6月太行军区成立,第一二九师机关兼该军区机关。

1. 晋冀豫抗日根据地的初创

晋冀豫抗日根据地包括太行区、太岳区。1937年11月中旬,八路军第一二九师的主力部队"分别在同蒲路东侧、正太路南侧和平汉路石家庄至磁县段以西地区展开,并派出部分干部和分队,赴平(定)和(顺)公路以东,正太路以南、平汉路石家庄至内丘段以西的晋冀地区,辽县以东、平汉路邢台至磁县段以西,漳河以北的冀豫地区;白(圭)晋(城)公路以东、漳河以南、平汉路以西的太南地区以及山西的榆社、武乡、襄垣、黎城地区发动群众,组织游击支队,开展游击战争"。① 在当地中共党组织的领导和配合下,经过4个月的艰苦努力,以太行山为依托的晋冀豫地区基本上为八路军所控制,奠定了晋冀豫抗日根据地的基础,为坚持晋冀豫地区的抗日斗争和继续向平原发展创造了条件。

由于晋冀豫抗日根据地地处同蒲路以东、正太路以南、黄河以北,包括晋东南、冀西、豫北地区,太行、太岳山脉纵贯其间,历来是兵家必争的战略要地,也是中国共产党创建敌后山区根据地的理想之地。晋冀豫抗日根据地的创建是第一二九师挺进太行和名将朱瑞建议结合的结果。

1937年11月10日和13日,"第一二九师和中共冀豫晋省委

---

① 河北省地方志编纂委员会编:《河北省志·军事志》,北京:军事科学出版社2000年版,第488页。

先后在昔阳县吴家庄、和顺县石拐镇两次召开干部会议,传达毛泽东和八路军总部的指示和决定,研究确定分兵发动群众、开展游击战争和创建根据地等工作"。① 会后,师部和省委移驻辽县,由师参谋长倪志亮负责筹组冀豫晋军区和4个军分区,参谋处处长李达着手开办游击干部训练班。从1937年冬到1938年春,第一二九师通过两次分兵,组成工作团和游击支队,分片深入到晋东南各县区及冀西、豫北部分地区,独当一面地展开根据地的创建工作。1938年4月,晋冀豫军区在辽县成立。在抗战过程中,第一二九师得到很大发展,组建了独立旅及补充团、骑兵团等;并以第七六九团、独立团、汪乃贵支队合编为新三八五旅;另将各基干游击支队分别合编为先遣支队、独立支队和独立游击队。到1938年10月,第一二九师发展到5万多人。

2. 晋豫边抗日根据地的巩固

晋豫边区倚山带河,地势险要,黄河蜿蜒其南,能控制河津、往口、垣曲、太阳、茅津、风陵等渡口,西界同蒲路,可以随时切断其交通,阻止和出击进攻风陵渡之敌,而太行、王屋、中条、太岳等山脉,纵横交卧其间。晋豫边区以阳城南部为后方,以沁阳、夏县、翼城为前沿阵地,成为粉碎日军进攻,坚持华北抗战,争取相持阶段到来的重要战略支点。尤其在日军自开封至新乡衔接道清线铁路,已开始准备以10个师团进攻西北抗日阵地的情况下,这一边区的重要意义更为增加。

晋豫边区是由豫北3县、晋南14县组成的,行政上属于两省,人民风俗习惯、言语性格各不相同,但因日军的进攻,两种不同的

---

① 中共山西省委党史办公室编:《中国共产党山西历史(1924—1949)》第1卷上册,北京:中共党史出版社2012年版,第298页。

典型互相接近团结起来。

晋豫边区自 1937 年至 1939 年遭受过 3 次进攻,全区被切成数块。各县常因此切断关系,如豫北的沁阳、济源、晋西南的绛县、曲沃、闻喜、夏县。而安邑、芮城、解县、永济,则全部被日军占领。

"豫北之沁阳中心县区原属豫北特委,自大革命时即有党的组织,曾有过光荣的斗争历史。因数次武装起义的失败,遭受到严重的屠杀与镇压,一般的恐怖心理尚未完全克服"①,所以存在陈旧腐朽的工作方式。一般说来,豫北人民性情强悍,文化水准较高,地方枪支众多,并具有武装斗争的风气传统。抗战开始后,因日军烧杀淫掠的残暴兽行,更引起广大民众的愤恨,自动袭击日军、打汉奸者,屡见不鲜。如沁阳尚庄一带,自卫团以 500 支枪配合八路游击队袭击日军,即其显著的事实。固然环境极艰难,但是正确把握与运用统一战线的武器,来争取千百万的武装群众走上抗日的阵地,并创造一部分相当强大的抗日武装部队,这还是有很大可能的。

夏县中心县区原属河东特委的一部,党组织在该区已有悠久的光荣历史,广大群众因不堪日军的铁蹄蹂躏,自发组织起来,英勇抗敌。

煤铁遍地的阳城,常遭敌袭击的翼城,党的建立较晚,而工作开辟则较早,虽然缺乏革命的传统与斗争的经验,但因环境较为适合开展抗日武装斗争,已奠定了建立敌后抗日根据地的相当基础。

晋豫边区环境较为复杂,但以这一区广大民众对八路军和共

---

① 《巡视晋豫特委各县工作的总结》(1939 年 1 月 19 日),山西省档案馆编:《太行党史资料汇编(1939 年 1 月—1939 年 12 月)》第 2 卷,太原:山西人民出版社 1989 年版,第29 页。

产党的信仰,沁阳、夏县群众抗日情绪的高涨,以及晋城、阳城广大民众反汉奸反贪污及要求改善生活斗争的兴起,把各种斗争汇成抗日斗争的大浪潮,建立起根据地的可行性很高。只有运用所有的优越条件,首先争取创造抗日根据地工作的胜利,才能粉碎日军新的进攻,坚持华北抗战。

晋豫特委对创造根据地与紧急动员工作有不少成绩与优点,最显著的是:

(1)自1938年1月豫北沦陷后,晋南在1938年先后遭到日军三次进攻(第一次2月进攻,第二次7月进攻,第三次9月进攻),社会秩序几经混乱,人心惶惶,汉奸伪组织分子相当活跃。党组织很快挽救了残破局面,恢复了社会秩序,以说服教育的方式争取与瓦解了一些豫北的汉奸伪组织,安定与振奋了人心,提高了群众的抗日情绪。支撑起抗日根据地新局面。

(2)建立与组织了相当强大的武装部队,配合主力军粉碎了日军的进攻,并或大或小地不断扰乱和袭击日军,消灭了一些汉奸,保护与掩护了广大群众和抗日政府,并配合友军袭击日军,以自己的模范战斗精神,坚定与振奋了友军,提高友军的战斗力(夏县第七大队)。党直接领导下的有数千基干队,还有相当数量的县干队,不少的脱离生产的自卫队、政治保卫队、游击队,及12万不脱离生产的自卫队;建立了不少的游击小组,动员了相当数量的新战士补充主力部队,并成立了几个小规模的兵工厂,制造一些武器。

(3)直接建立、协助了几个县的政权,提高巩固了抗日政权的威信,并运用政权机构与合法关系,展开与组织民运工作、经济建设。开办与恢复了多个民族革命小学(特别是翼城),训练了大批群众干部。建立了贸易编制局(建立了国民参政会筹备会(阳城、沁水),开始民选村长(翼城、晋城、阳城民选后的县长还要考试,这是不合民主精神的）。

4. 建立与组织了相当雄厚基础的工会（阳城、晋城、翼城、夏县、平陆、绛县），农救、青救、妇救、儿童团均已成立。晋南的总工会和农救总会，尤其阳城的工会，已建立了许多生产合作社，救济了不少失业工人。翼城的工会在工厂中建立了劳资管理委员会，加强劳资抗战团结，其优点独具。农救工作活跃而有力，并开始组织生产合作社，开发了几个煤窑，这是晋城的特色。另外，如阳城、晋城的青救、妇救，吸收了广大的劳动青年和妇女，并做了不少教育、慰劳、缝纫等工作，开展了广大群众反日、反汉奸、反贪污及要求改善生活的斗争（特别是晋城），获得不少或大或小的胜利，使群众认识了组织的力量，提高了抗日斗争的胜利信心，提高了群众团体的威信。

5. 沁阳特别是闻喜会门工作取得了一定的成绩，使之变质而走上抗日战场，并创造许多新经验。曲沃、绛县已建立了敌区工作，争取与瓦解伪组织，杀死不少汉奸，大大提高了敌区广大群众的抗日情绪。

6. "创造了党的组织，已完成并超过区委所指示的 9 月的发展数量，先进县将占人口 51％，全区占人口 2％。建立与健全了领导机关，建立了初步的组织与生活制度，特别是建立了妇女支部（沁阳）。"①特委与中心县委普遍开训练班，训练了大批党员干部，提高了党员干部的政治认识、工作能力及热情，翻印了大批文件，并加强了对外宣传工作，创办了公开刊物（《火炬》《大众》等），大大提高了党在群众中的影响与威信。一般的党员干部，在创建根据地与

①《巡视晋豫特委各县工作的总结》(1939 年 1 月 19 日)，山西省史志院编：《太岳抗日根据地重要文献选编》，北京：中央文献出版社 2006 年版，第 82 页。

紧急工作中,表现出对革命事业无限的忠诚与热忱,起了领导与推动作用。

晋豫工作是晋冀豫区中的后起之秀,以稳扎稳打的精神沉着迈进,抗战工作在几个月之中有了飞跃的发展,发展的方式方法上未出现严重错误和毛病。全区工作可分为三种类型:沁阳、夏县党的历史最久,工作开拓的慢,基础薄弱,此为第一种类型;晋城、翼城、阳城党建立得晚,工作开辟得快,已有相当基础,此为第二种类型;曲沃、沁水、绛县、垣曲等县,党(组织)建立得晚,工作开辟得慢,基础脆弱,尚待猛烈开辟,此为第三种类型。

(二)开辟冀鲁豫抗日根据地

冀鲁豫抗日根据地包括原来的冀鲁豫和冀南两个单位。抗日战争时期,八路军开辟的冀鲁豫抗日根据地,其隶属关系、辖区范围经历过多次变化。1940年2月之前,八路军在冀鲁豫边区的部队——冀鲁豫支队,建制上隶属于八路军第一一五师,但作战上归第一二九师指挥。1940年2月之后,八路军在冀鲁豫边区的部队——冀鲁豫支队、第二纵队、冀鲁豫军区,归八路军总部直接指挥,即此后冀鲁豫边区成为一个独立的战略单位。冀鲁豫边区的范围,1941年6月之前,包括直南、豫北、鲁西南;1941年7月,山东抗日根据地鲁西区(湖西地区除外)与冀鲁豫边区合并,组成新的冀鲁豫边区;1942年10月20日,山东抗日根据地湖西地区(微山湖以西地区)划归冀鲁豫边区领导;1942年冬华中抗日根据地水东区(新黄河以东的豫东地区)划归冀鲁豫边区领导;1943年11月中共中央决定成立冀鲁豫分局(也称平原分局),直属中共中央北方局,统一领导冀鲁豫、冀南两区,原冀鲁豫、冀南合并为辖区更广的新的冀鲁豫边区。不过,抗日战争胜利后,1945年10月冀鲁豫边区重新分为冀鲁豫、冀南两区。

　　1. 开辟冀南抗日根据地

　　冀南平原抗日根据地位于河北省南部,大致包括平汉铁路以东,卫河、运河以西,德石铁路以南,漳河以北的广大平原地区,是连接晋冀豫、冀中、冀鲁豫、山东等抗日根据地的枢纽。

　　早在1935年7月,中共河北省委在冀南地区组织发动了反抗国民党反动统治的武装暴动,刘子厚担任滏阳河以西地区的暴动指挥。八九月间,冀南地区成立了"中国工农红军平汉线游击队",滏阳河以西地区由刘子厚带领。同年底,中共河北省委书记高文华同滏西和滏东地区负责人商定,将"中国工农红军平汉线游击队"扩建为"华北人民抗日讨蒋救国军第一军第一师",刘子厚任师长,王光华任副师长。救国军人员近千,枪支近800条。到1936年初,冀南武装暴动扩大到10多个县。1937年7月卢沟桥事变后,中共临时直南特委(不久改称直南特委,书记马国瑞)在这一地区积极恢复和发展党的组织,到1937年底共产党员发展到700余人,并在任县、隆平、南宫、威县、广宗等地建立了抗日武装。第一二九师先遣队于11月进入沙河、邢台等地;孙继先、胥光义率领第一二九师挺进队(由30名干部组成)于12月进入冀南。陈再道、李菁玉率领东进纵队(3个步兵连、1个机枪连、1个骑兵连)又于1938年1月15日到达隆平县,大力开辟冀南平原抗日根据地。第一二九师东进纵队、挺进队在中共地方组织和游击队配合下,很快收复尧山、隆平,建立两县抗日政权和救亡团体,并乘胜进军巨鹿、南宫,争取改编了伪保安队,取消了"维持会",建立起两县"战地总动员委员会"(简称战委会)。接着,以南宫为中心,在枣强、冀县、新河、广宗、清河、威县等地打击日军,攻克了土匪武装刘磨头、邱庆福部盘踞20多年的老巢环水村,争取日军清水部队威县伪警备旅1 000人全部反正。同时,向北进军,收复晋县、宁晋两城。

　　当时,冀南有多股游杂武装,较大者有活动在武邑、衡水、冀县、景县、武强地区的赵云祥部晋冀鲁豫抗日根据地民军第二路近万人,段海洲部青年抗日义勇军6 000余人。为争取和解决这些游杂武装,经八路军提议,1938年3月,由赵云祥、段海洲与八路军三方代表在南宫举行会议,成立统一战线性质的军政委员会,推举陈再道为主任,协调冀南各抗日武装。这对于进一步争取改造游杂武装有重要的意义。冀南抗日武装在人民支持下,3月29日将伪军赵山峰部大部消灭。4月初,全歼土匪刘磨头部。5月中旬,段海洲部接受八路军改编,改称"八路军青年抗日游击纵队",段任司令员。6月下旬,赵辉楼部民众抗日自卫军接受八路军改编,改称冀豫游击第一支队,赵任司令员。至年底,先后收编、改编大小数十股游杂武装和20余县民团、保安队。

　　根据中共中央北方局指示,1938年3月20日,中共冀南省委(4月20日改称中共冀鲁豫边区省委,8月又改称冀南区党委)在南宫成立,李菁玉任书记,于光汉任组织部部长,马国瑞任宣传部部长,先后设立第一、第二、第三和鲁西、鲁西北、直南、冀鲁边等特委,统一和加强了党的领导。"4月底,在南宫召开有近40个县的县长、'战地总动员委员会'主任参加的会议,成立了冀南军政委员会筹备会,推举巨鹿县名绅乔铭阁为主任。随即,冀南区总战委会、农救总会、民先总队、总工会和妇救总会等抗日群众团体相继成立。"①8月,冀南军区成立,宋任穷任司令员,并建立了5个军分区,统一了冀南区的军事指挥。至此,冀南平原抗日根据地初步形成。

---

① 严兰绅主编,谢忠厚著:《河北通史》(10)民国下卷,石家庄:河北人民出版社2000年版,第27—28页。

晋察冀、冀中、晋冀豫、冀南等抗日根据地的开创,使华北敌后抗战成为中国抗战的主要战场之一,并积累了在山岳和平原地带创建敌后抗日根据地的成功经验。

八路军第一二九师和晋察冀军区部队分别在太行山脉南段、北段实行战略展开、开创根据地之后,中共中央军委、八路军总部于1937年12月16日提出了向平汉路以东发展的战略构想,要求第一二九师和晋察冀军区部队分别派出精干支队向冀南、冀中平原发展。

冀南地区指平汉路以东、卫河以西、沧石公路以南、漳河以北的广大平原地区,是河北省连接山西省和山东省的纽带,又是控制南北交通的重要地区。

全国抗战初期的冀南地区情况异常混乱。河北省的石家庄、邢台,山东的德州失陷后,侵华日军继续南下,相继占领了冀南地区的大部分县城,并建立伪政权。在日军沿平汉路大举南侵的形势下,国民党南逃军队、土匪、民团、游杂武装、各种道会门等为了扩大实力,抢占地盘,使冀南平原一片战乱、破败景象。

冀南抗日根据地处冀南平原,1937年8月,中共直南临时特委在清河县野庄召开会议,加紧了恢复地方各级党组织和发动群众开展游击战等工作。不久,在南宫县一带组成了八路军别动大队和藁城、赵县、栾城一带的第五路军,为创建冀南抗日根据地做了一定的准备。12月13日,第一二九师由教导团抽调30余名干部组成八路军挺进支队,由支队长孙继先、政治委员胥光义率领,过平汉路,进入冀南了解地方党组织的恢复和开展武装斗争的情况。

根据中央军委和八路军总部的指示,第一二九师司令部决定成立东进纵队,"以第三八六旅副旅长陈再道为司令员,以中共晋冀豫省委书记李菁玉为政治委员"[1]，率领第三八五旅第七六九团的3个步兵连、1个机枪连和第三八六旅的1个骑兵连，挺进冀南平原，开辟抗日根据地。

1938年1月15日，东进纵队越过平汉铁路，来到河北省隆平县(今隆尧县)魏家庄，与挺进支队会合。准备进一步深入冀南平原腹地——巨鹿、南宫县。不久，东进纵队以政治瓦解、收编改造、军事打击等方式顺利解决当地土匪与保安队的火并，进驻巨鹿县城，建立了半政权性质的战地总动员委员会。

2月8日，东进纵队进驻南宫城。3月19日，第一二九师政治部副主任宋任穷率骑兵团到达南宫与东进纵队会合，加强了冀南地区军事工作的领导和作战力量。为贯彻毛泽东关于开展平原游击战争的指示，第一二九师根据八路军总部的命令，于4月23日将全师主力编为左、右纵队；左纵队(路东纵队)，以第一二九师第七六九团、第一一五师第六八九团及曾国华支队组成，在徐向前副师长率领下向冀南平原挺进；右纵队(西路纵队)以第三八六旅主力组成，由旅长陈赓率领向邢台、沙河一带展开，配合左纵队行动。5月2日，徐向前率部与先期到达冀南的陈再道、宋任穷部会合。6月10日，第三八六旅政治委员王新亭率第七七一团，由太行进入永年、肥乡、成安一带。11日，第一二九师汪乃贵支队奉命开赴赵县、宁晋地区。至此，八路军进入冀南的部队全面展开。随着工作的开展，冀南区党政领导机关相继建立，4月，建立了冀鲁豫省委、冀南军政委员会筹委会、冀南抗日游击军区。

八路军在南宫县城积极争取威县伪军警备旅反正，并将其改

---

[1] 张树军：《图文中国共产党抗战纪事》上册，石家庄：河北人民出版社2015年版，第308页。

编为"冀南抗日游击第二师",将冀南一部分地方势力武装改编为游击第二支队,还将活跃在武邑、衡水、枣强、景县、阜城、故城、武强一带的河北民军赵云祥部、青年抗日义勇军段海洲部两股势力团结在"冀南抗日军政委员会"旗帜之下。与此同时,东进纵队积极争取群众,发展地方党组织,抗日队伍迅速壮大,顺利打开了冀南的抗日局面。

到 1938 年 8 月,东进纵队发展到 2 万余人,冀南平原有近 30 个县建立抗日民主政权。8 月 14 日在南宫县城召开了全区各界代表会议,决定撤销冀南军政委员会筹委会,成立冀南行政主任公署,选举杨秀峰为主任,宋任穷为副主任。8 月 20 日,杨秀峰、宋任穷宣誓就职,行署正式成立。行署下辖 5 个专区,51 个县。至此,以南宫县为中心,西起平汉铁路,北至沧石公路,南跨漳河,拥有800 万人口的冀南抗日根据地基本形成。

太原失守后,八路军第一二九师第三八六旅在正太路进行的连续不断有效袭击,对日军造成了严重的威胁。驻太原之日军第二十师团长川岸文三集中平定、昔阳、榆次、阳泉、太谷、寿阳等地步骑兵 5 000 余人,附平射炮、曲射炮 10 门,在 3 架飞机的掩护下,于 1937 年 12 月 22 日,由昔阳、平定、阳泉、寿阳、榆次、太谷等地分六路出动,以马蹄形的阵势向正太路以南、同蒲路榆次至太谷段以东、平定至昔阳公路以西寿阳东南地区内的第一二九师部队进行围攻,企图合击八路军第一二九师主力,以保障正太铁路的交通安全。

鉴于平汉路以东地区空虚,毛泽东、彭德怀向朱德、任弼时发出指示,要求第一二九师和晋察冀军区各派出两个支队到平汉路以东地区开展工作,承担侦察情况;扩大抗日统一战线,发动民众与组织游击队;破坏伪组织;收集遗散武器,扩大人民武装等任务。

彭德怀命令第一二九师以步兵一个营附骑兵一个连,深入河北省的磁县、沙河、赵县一线以东的永年、广平、曲周、隆尧、广宗、清河、平乡、南宫、新河、枣强广大地区活动。晋察冀军区以步兵两连、骑兵一连组成支队,深入石家庄、保定、定县之线以东,沧石公路以北,天津、霸县至定兴公路以南地区活动。同时,朱德、彭德怀、任弼时即致电刘伯承、徐向前,令其由第三八六旅副旅长陈再道率领一支队深入冀南。

面对日军的围攻,师长刘伯承命令陈赓指挥第七七二团进行内线作战,第七六九团等部在外线配合作战。陈赓部在松塔数次挫败日军的进攻。激战至黄昏,陈赓发现日军不断增兵,乃率主力南移,准备在和顺西北的独堆山进行侧击,只留少量部队在横岭一带阻击日军,牵制对方。但是日晚抵达独堆山时,由阳泉出动的 500 日军正在那里搭锅造饭,遂再绕至南、北军城一带山地布阵。

12 月 23 日凌晨,横岭日军认为陈赓部已经撤往和顺西北的马坊镇,遂全力追扑。当发现扑空后,会合由榆次出犯日军 700 余人,猛扑南、北军城。陈赓正准备摆开阵势与之对抗时,发现由山西太谷出犯日军 1 200 余人已进至彭温庄,并向南、北军城方向运动。为使日军合围落空,八路军主力于当晚转移至榆树坪、龙王村一带,跳出了日军的包围圈,再留少数兵力钳制日军。

2. 冀鲁豫抗日根据地建立

冀鲁豫抗日根据地北与冀南抗日根据地毗邻,南与豫皖苏抗日根据地相连,西至平汉铁路,东邻津浦铁路,是华北与华中联系的枢纽。"该区除平阿山区、泰肥山区及大峰山等形成了鲁西周围二百里的山区(此外仍有孤立的丘陵,在军事上无意义)外,余大都为一望无际之大平原。"①

全国抗战开始后,根据中共中央北方局指示,1937 年 11 月组建河北民军第四支队。1938 年 1 月在清丰县正式成立中共直南特委,朱则民任书记(后为王从吾),刘大风为副书记。4 月间,通过与国民党河北省政府濮阳专员丁树本的统战关系,建立了冀鲁豫抗日救国总会,并先后成立县区村基层组织。五六月间,八路军东进纵队和第一一五师第六八八团到达该区。8 月下旬起,八路军与地方武装配合,先后攻克敌据点多处,消灭伪军郭清部 4 000 余人。之后,第四支队编入东进纵队,中共直南特委又组建了黄河支队。

1939 年 2 月,杨得志、崔田民率领第一一五师第三四四旅进入冀鲁豫边区,将黄河支队等地方武装与主力合编为冀鲁豫支队,统一了抗日武装的领导。

1939 年春,冀鲁豫支队活动于冀南、豫北、鲁西南。国民党在此地区设有 5 个专员公署,以南乐、清丰、濮阳、东明、长垣等县为直南专署,专员丁树本,有正规军万余人。丁树本当时还抗日,比较进步,抗日动员委员会、抗日救国会等抗日群众团体尚能公开合法活动。丁树本与八路军冀南军区有统战关系。八路军在濮阳县(丁树本所在地)设有办事处,办事处主任唐克威是直南地委组织部长。河南以内黄、滑县、安阳、汤阴、延津、封丘等县为豫北专署,专员龚伯令,有杂顽五路军及会门武装,人数不多,战斗力不强,对八路军各抗日群众团体采取不让住房子,不给粮食等限制办法。民权、考城等县是河南省的一个专署,有地主土匪武装张盛太、马逢乐等部,既是顽军也是伪军和土匪,对八路军和群众的抗日团体

---

① 人民出版社编:《中国现代史资料丛刊·抗日战争时期解放区概况》,北京:人民出版社 1953 年版,第 40 页。

也采用限制政策。山东菏泽地区专员卢翼之,有地方武装近万人,坚决反对八路军,不让八路军入境,不允许群众进行抗日活动。曹县、成武地区专员徐国杰,也是坚决反对八路军,不允许群众抗日,但他没有武装,依靠杂牌军朱世勤旅,寄居于成武县内。

冀鲁豫边区地处三省交界,也是日军津浦、平汉、陇海三条铁路线的结合部,敌、伪、顽、匪及会道门的情况十分复杂;这一地区也是中共冀南、鲁西、湖西几个区党委领导的地区,既不统一,力量也无法达到控制全部。冀鲁豫支队与冀南、鲁西、湖西党委均无领导关系。根据以上敌、伪、顽、匪的情况,共产党领导的抗日武装以直南为依托,作为后方迂回地区(背靠冀南,党的工作、群众基础比较好),发展与丁树本的统战关系;坚持豫北游击活动(三、四大队主要活动在豫北),掩护开展地方群众工作,对龚伯令的武装采取"人不犯,不犯人,人若犯,必犯人"的方针;坚决打击山东卢翼之、徐国杰(主要卢翼之),开辟鲁西南,建立抗日游击区。

根据这一行动方针,冀鲁豫支队成立之后,一、二大队由濮、内、滑地区开到菏泽西南一千王、大黄集、毕寨、曹县西北之桃园集一带,发动群众,建立群众抗日组织和抗日武装。3月,二大队去曹县东南活动,歼灭高辛庄汉奸地主武装,缴迫击炮1门、长短枪200余支,活捉高圣君,罚款万余元。又袭民权以北王桥镇之日伪军据点,歼伪军1个中队。利用国民党曹县县长王贯一与该县国民党部李文斋地主武装的矛盾,杨得志司令员率领一大队,于四五月间,从曹县西北出发,南越陇海铁路,到杞县、睢县地区活动,然后由南向北,经柳河、仲堤圈,奔袭青堌集(曹县国民党地主武装所在地)。崔田民率二大队,沿定陶、曹县边界向东南前进,经九女集、冉堌集,袭击黄岗集,歼灭区武装,尔后奔赴青堌集与杨得志司令会合,全歼了曹县国民党地主武装,开辟曹县地区的工作,建立了

抗日游击区。曹县县委刘齐宾、王健民等先后建立陇海支队、五大
队以及宋励、郭心斋、王道平、杨立谦、周惠兰等抗日武装。他们曾
坚持"三村斗争",与国民党顽军对峙数月,度过最困难的时期。这
些地方武装游击队和民兵联防,对开辟、发展、坚持、巩固鲁西南抗
日根据地,起了重要作用。

　　1939年五六月间,冀鲁豫支队一、二大队继续在曹县、定陶、成
武、金乡、巨野、菏泽等县进行游击活动,一大队袭击了定陶西郊张
弯村杂顽军张子刚部的一个营,该营大部被歼,残部从西门逃窜。
二大队在曹县东南苗提圈、刘胡同、刘高台一带活动,驻曹县日军
司令河野亲率日伪军300余人,配山炮1门,向苗堤圈进袭,被二大
队分兵合击,毙日伪军200余人,俘伪10余人,缴获山炮1门,只
有河野带30余人狼狈逃回曹县城内,日、伪、顽、匪的猖狂气焰
被打击。6月30日,一大队攻占定陶县,全歼该县武装,只有县
长姚崇礼潜逃。共产党的政治影响不断扩大,引起了日军的惊
慌。顽军卢翼之更加反动,7月1日集结近万地方武装逼近定
陶,向冀鲁豫支队进攻。共产党组织正在定陶城内开干部大
会,纪念"七一"建党18周年,同时动员消灭卢翼之。约到下午
4时会议正在进行时,侦察员报告:"成武、曹县方向发现日军机
械化部队3 000余人向定陶前进。"会议组织者立即作了简短的
动员,宣布散会,干部回部队准备作战。此时,东南方向炮声隆
隆,前线部队与日军激战,一直到黄昏时分才撤出战斗,"当晚
分散转移,三大队向东明、长垣方向转移,北渡黄河,进入濮、内、
滑地区活动;二大队利用青纱帐从日军间隙穿绕,转移到曹县、单
县地区活动;支队直属队同一大队,亦得利用青纱帐在曹县、考城
之间,从日军间隙穿过南下(日军从南向北来,他们由北向南去),
转移到陇海路北侧地区活动。驻扎在菏泽东南一千王的支队被服

厂、医院寅夜转移,分散隐蔽"。① 次日拂晓,日军包围一千王扑空。部队、机关、医院、工厂都安全转移,使日军企图"渔人得利"之计完全失败,日军的"扫荡"被粉碎。

因为八路军开赴冀鲁豫边区的任务是"整编扩大部队,待命回山西",所以部队与地方党没有正式关系。当时直南、豫北的党组织归冀南区党委领导,上下关系很密切,各种抗日群众组织能够公开活动,组织了不少抗日游击队。但在 1939 年春,国民党的洛阳会议决定采取反共反人民的措施后,丁树本的态度逐渐逆转,取消抗日群众组织,克扣抗日经费和限制抗日活动。冀鲁豫支队支持和援助抗日群众组织的活动。鲁西南党的组织归湖西区党委领导(与直南地委有横的关系),但是关系很不密切,仍是地下秘密活动,工作比较困难。冀鲁豫支队与曹县县委刘齐宾、王健民等取得联系,帮助他们开办训练班,训练党、团员及群众抗日积极分子,建立抗日群众组织、抗日游击队、民兵和民兵联防等,并在经济上给予帮助。随着游击区扩大,党和群众工作的开展,8 月间鲁西南地委成立,书记戴晓东,组织部部长王健民,宣传部部长袁复荣,统战部部长刘齐宾,军事部部长宋励华,民运部部长于子元,地委秘书袁觉民。建立曹县、成武、定陶、菏泽、东垣、东明、考城、民权等 8 个县委,仍属湖西区党委领导。

9 月,苏鲁豫支队、湖西区党委指令说,鲁西南地委是"托派组织",逮捕区以上干部。杨得志等研究后,一方面复电说,历史教训值得注意,没有证据不能捕,请将具体人,具体事详告,以便研究帮助;另一方面发电报给第一一五师及山东分局,请速派人解决湖西

---

① 崔田民:《冀鲁豫支队小史》,常连霆主编:《山东党史资料文库》第 17 卷,济南:山东人民出版社 2015 年版,第 177 页。

"肃反"问题,同时通知地委戴晓东,湖西现在"肃反",暂不要派人去湖西区党委,区党委通知开会也不要去。不久,第一一五师政委罗荣桓和山东分局郭洪涛到湖西,纠正了该区"肃反"的错误。因原任务是"整编、扩大部队,待命回山西",所以9月间,他们给中央军委和八路军前方总部发报,建议一是东过津浦铁路去山东归第一一五师建制,以泰山为依托,建立抗日根据地;或者是"西过平汉铁路,以太行山麓为依托,建立抗日根据地。中央军委复电指示说,"冀鲁豫边区是山西和山东、华北和华中的结合部"[①],是交通枢纽,在战略上有重要意义。坚持冀鲁豫边区抗日游击战争,建立冀鲁豫抗日根据地对整个华北抗战意义重大。从此,"明确了坚持冀鲁豫边区平原抗日战争,建立冀鲁豫边区平原抗日根据地的任务"[②],开始建立曹县抗日政府,另在东(明)、长(垣)、菏(泽)、濮(阳)、滑(县)五县交界,设立了政权性质的五县联防办事处,委任当地抗日民主人士杨立谦为主任,冀鲁豫抗日根据地逐步得到了巩固和发展。

早在七七事变后,中共山东省委即传达了党中央关于开展敌后游击战争的指示,号召党脱下长袍,拿起枪参加游击队。1937年冬,日军打到山东,国军第二十九军仓皇南退,在韩复榘不抵抗政策下,黄河以北行政官吏搜刮民枪、民财渡河南退,鲁西北更是空前大水灾,敌伪猖獗,人心恐惶,社会秩序异常混乱。

在外敌入侵、地方势力自保的局面下,冠县共产党组织采取打入土匪内部的方式,致使一些党员作了土匪的尾巴。另有以党员

①　八路军第一一五师暨山东军区战史编辑室编:《中国人民解放军战史丛书·八路军第一一五师暨山东军区战史》,北京:解放军出版社2017年版,第74页。

②　崔田民:《冀鲁豫支队小史》,常连霆主编:《山东党史资料文库》第17卷,济南:山东人民出版社2015年版,第178页。

为骨干的一批平津流亡学生到了鲁西北。聊城地区的范筑先专员在此混乱局面下发生动摇,在韩复榘的命令督促下,范筑先带一个保安营从聊城南退,此时共产党和青年学生、民先队员坚决不退,以20余支破枪镇压了汉奸活动,守住了聊城。事实证明,当日军正面进攻的时候,中共领导的抗日力量在敌后是可以生存的。经过共产党组织说服与争取,范筑先又回到聊城。

为开展敌后游击战争,坚持鲁西北抗战,中共党组织积极推动范筑先在敌后抗战,同样范筑先为了在敌后生存,接受共产党的主张,依靠爱国青年学生开展抗日斗争。因此,与范筑先建立抗日统一战线的工作在1937年底就开始,共产党在范筑先部队中建立了政训处,各县组织了政训办事处,作为组织动员群众抗日的领导机关,创造了共产党直接领导的武装十支队。在柳林、博平的几次抗日战斗中,十支队给日军以打击,取得了范筑先的信任,争取了民众。游击战争从此很快的开展了起来。

1938年,鲁西北的局面逐渐安定,共产党集中力量发展党、组织群众,先后争取了阳谷、莘县、观城、冠县等县长,经范筑先的上层统一战线,开展整军建军,建立了共产党领导下的军事教育团、政治干部学校,培养了数百名军事政治干部,使中国共产党在鲁西北取得了半公开的地位,成为领导鲁西北抗战的中坚力量。鲁西北抗日根据地初具规模。

另一方面,由于范筑先的参谋长王金祥、副官长赵洪奎很顽固,尤其山东省主席沈鸿烈到鲁西后,更是挑拨离间,分化收买,不断破坏统一战线,这使统一战线中的斗争日益激烈。

在泰西山区,在省委领导之下,1937年底便开展了泰西的游击战争,以土枪、土炮、大刀作武器,组成100余人的抗日游击队,首战仓丘,再打界首(车站),予日军以较大的杀伤。虽然沈鸿烈派来一区的专员郁仁志百般设置障碍，但抗日队伍在战斗中逐渐壮大，后来成为八路军六支队，奠定了创建泰西抗日根据地的基础。

1938年武汉失守后，日军开始分兵"扫荡"敌后，11月15日聊城失守，范筑先殉国。由于敌伪猖獗，地方武装骚扰，中共地方党开展敌后抗日的政策失误，鲁西北又呈混乱状态。王金祥勾结沈鸿烈取得专员地位后，公开反对，直到武装冲突，鲁西北的抗日民族统一战线局面从此破裂。不久，第一二九师抗日先遣纵队进军鲁西北，从此地下活动的党公开了，个别地区的群众组织得以恢复。以地方组织名义的抗日武装一律改为八路军，摘掉过去的"滥帽子"。为掌握整个鲁西，统一黄河南北的抗日领导，1938年12月底鲁西区党委正式成立。

1939年一月（阴历），第一一五师主力一部也开到鲁西，经过樊坝战斗，开辟了郓城一带的抗日工作。在师部直接帮助下，传达了中共六届六中全会精神，带来了北方局、集总关于创造泰西抗日根据地的指示，从此开始了党政军民全面掌握鲁西，树立了建立根据地的观念。5月，经陆房战斗，泰西抗日工作进一步展开，梁山战斗更是打下郓城一带工作的基础。经民主民生斗争（选举、借粮），泰西驱逐了顽固分子，先后建立了长清、肥城、泰安等县抗日民主政权，郓城、寿张一带在反"扫荡"中也普遍地建立了县政权。10月，以冠县、馆陶、丘县等县为中心，成立了鲁西行政委员会；11月又成立了泰西行政委员会。

1940年初，冀鲁豫支队展开讨顽战役，将石友三、丁树本等部数万顽军驱逐出冀鲁豫边区。在南乐、清丰、濮阳、东明、长垣直南五县，肃清了日伪顽匪军武装力量，普遍建立抗日民主政权。至四五月间，根据中共中央北方局指示，先后成立冀鲁豫边区党委（书记王从吾未到职，下辖4个地委，后合并为3个地委）、冀鲁豫边区行署、冀鲁豫军区。冀鲁豫边区党委副书记张玺(后任边区党委书记),直南地委书记郭超,豫北地委书记赵紫阳,鲁西南地委书记戴晓东。冀鲁豫边区行署主任晁哲甫,副主任贾心斋、崔田民,秘书长罗士高。行署下辖3个专署,共15个县。至此,冀鲁豫抗日根据地成功创建。

3. 八路军冀鲁豫军区成立

1940年4月30日,冀鲁豫军区正式成立(成立时不包括冀南区),黄克诚担任第二纵队兼冀鲁豫军区司令员,政委由崔田民担任。同年6月,黄克诚南下华中后冀鲁豫军区司令员由杨得志兼任。冀鲁豫军区下辖直南、豫北、鲁西南三个军分区。

早在1938年3月中旬,中共冀鲁豫边区省委在南宫县成立,统一领导指挥西起平汉铁路、东至津浦铁路、南到陇海铁路、北达石德路广阔区域的对日抗战。同年11月,冀鲁豫边省委改称冀南区党委,八路军第一二九师负责指挥这一地区的抗日军事斗争。

中共中央北方局于1940年3月底决定成立中共冀鲁豫区委员会,加强了对冀鲁豫边区的领导,密切了华北与华中抗日根据地的联系。同年4月,黄克诚率领的第三四四旅、华北抗日民军第一旅与杨得志率领的八路军冀鲁豫支队组成新的第二纵队。杨得志任八路军第二纵队司令员,黄克诚任政治委员。后成立八路军冀鲁豫军区,黄克诚、杨得志曾先后兼任司令员,崔田民任政治委员,谭甫仁任副司令员,卢绍武兼任参谋长,唐亮任政治部主任。下辖第一军分区(直南),赵遵康任司令员,王凤梧任政治委员;第二军分区(豫北),周桂生任司令员,谢富林任政治委员;第三军分区(鲁西南),张耀汉任副司令员,张应魁任政治委员。

1941年7月,冀鲁豫军区与第一一五师鲁西军区合并。1941年上半年,冀鲁豫、鲁西两区对敌斗争形势更趋紧张。为统一力量,长期坚持冀鲁豫、鲁西平原抗日游击战争,经中共中央北方局、八路军总部批准,冀鲁豫、鲁西两区党委于1941年7月1日合并为新的冀鲁豫区党委,张霖之任书记,张玺任副书记兼组织部部长,张承先任宣传部部长。7月7日,合并后的冀鲁豫军区正式成立,两区所属主力部队统一编为八路军第二纵队。杨得志、杨勇分别任纵队正副司令员;"崔田民任军区司令员,苏振华任纵队政治委员兼军区政治委员,卢绍武任纵队参谋长兼军区参谋长,唐亮任纵队政治部主任兼军区政治部主任。9月初,边区各界代表开会选举成立合并后新的行政主任公署,晁哲甫任主任,段君毅、贾心斋任副主任。边区党、政、军主要负责人组成新的军政党委员会。"①

冀鲁豫军区部队于1941年12月和1942年6月进行了两次精简整编。第一次是将营级单位从团的建制中撤销。第二次是撤销八路军第二纵队番号,武装力量由军区统一领导,基干团或独立团由军分区建立。由杨得志、崔田民(兼)任军区司令员,苏振华(兼)、张霖之、黄敬任政治委员,杨勇任副司令员。下辖第一军分区(泰西),刘贤权任司令员,李冠元、袁振任政治委员;第二军分区(运西),周桂生任司令员,刘星、关盛志任政治委员;第三军分区(鲁西北),刘汉、赵健民任司令员,王乐亭、张希才任政治委员;第四军分区(运东),刘致远任司令员、石新安任政治委员;第五军分区(直南),朱程任司令员,王凤梧任政治委员;第六军分区(豫北),唐哲明任司令员,张应魁任政治委员;第七军分区(鲁西南),张耀汉任司令员,赵基梅任政治委员;第八军分区(巨南),赵基梅任司令员,赵基梅(兼)任政治委员;湖西军分区由胡芸生任司令员,郭影秋任政治委员;南进支队由赵承金司令员,谭冠三任政治委员;

---

① 冀鲁豫边区革命史工作组编:《冀鲁豫边区革命史》,济南:山东大学出版社1991年版,第268页。

回民支队由马本斋任支队长,李钰任政治委员。

1943年1月,冀鲁豫军区主力部队与军分区合并(主力部队地方化)。从1942年12月开始,冀鲁豫军区部队进行第三次精简整编,主要是实行主力军地方化,旅与军分区合并,精简机关。由杨得志任冀鲁豫军区司令员,黄敬兼任政治委员,杨勇任副司令员,苏振华任副政治委员。下辖的第一军分区,刘致远任司令员,石新安、袁振任政治委员,该军分区是由第一(泰西)军分区与第四(运东)军分区合并而成;第二军分区,曾思玉任司令员,政治委员段君毅,该分区是由原教导第三旅与第二(运西)军分区合并;第三军分区,马本斋任司令员,刘星、王幼平任政治委员,该军分区由回民支队与原第三军分区合并而成;第四军分区,赵承金任司令员,张国华任政治委员,该军分区由南进支队与直南军分区、豫北军分区合并而成;第五军分区,赵基梅任司令员,张承先任政治委员,该军分区由教导第七旅与原第七(鲁西南)军分区合并而成;第六军分区,邓克明任司令员,唐亮任政治委员,该军分区由教导第四旅与湖西军分区合并组成;水东独立团,张刚剑任团长,韩钧任政治委员。

1944年4月,冀鲁豫军区与冀南军区合并。由于1944年2月8日,杨得志奉命率领冀鲁豫军区第三、第十一、第十六、第十九、第三十二团及回民支队赴延安后冀鲁豫军区兵力减少不利于对敌斗争,于是在1944年6月,中共冀鲁豫分局(平原分局)成立的同时将冀鲁豫军区与冀南军区合并组成了新的冀鲁豫军区,仍隶集总。宋任穷任冀鲁豫司令员,黄敬任、苏振华任政治委员,杨勇、王宏坤任副司令员,苏振华任副政治委员。下辖第一(泰运)军分区(原冀鲁豫第一军分区),刘致远任司令员,邓存伦任政治委员;第二军分区(原冀南二分区),杜义德任司令员兼政委;第三军分区(原冀南一、三分区),王幼平任司令员,高厚良任副司令员;第四军分区(原

冀南四分区），雷绍康任司令员，乔晓光任政治委员；第五军分区
（原冀南五分区），牟海秀任司令员，陈登坤任政治委员；第六军分
区（原冀南六分区），周发田任司令员，赵一民任政治委员；第七（鲁
西北）军分区（原冀南第七军分区），赵健民任司令员，许梦侠任政
治委员；第八（运西）军分区（原冀鲁豫第二、第三军分区合并），曾
思玉任司令员，段君毅、万里任政治委员；第九（直南、豫北）军分区
（原冀鲁豫第四军分区），张国华任司令员兼政委；第十（鲁西南）军
分区（原冀鲁豫第五军分区），赵基梅、吴大明任司令员，刘星任政
治委员；第十一（湖西）军分区（原冀鲁豫第六军分区），王秉璋、尹
先炳任司令员，潘复生任政治委员；第十二（水东）军分区（原水东
独立团改称水东军分区），余克勤任司令员，袁振任政委；第十三
（水西）军分区，汪家道任司令员，李士才任政委。

　　晋冀鲁豫军区成立后的冀鲁豫军区。1945 年 8 月 20 日，晋冀
鲁豫军区成立，刘伯承任司令员，邓小平任政治委员，滕代远、王宏
坤任副司令员，薄一波、张际春任副政治委员，李达任参谋长，张际
春（兼）任政治部主任。下辖太行、太岳、冀南、冀鲁豫 4 个军分区。
冀鲁豫军区是其中之一，王秉璋任司令员、张玺任政治委员、刘致
远任副司令员、赵健民任副政治委员。下辖第一军分区，周桂生任
司令员，申云甫任政治委员；第二军分区（原第八军分区），张刚剑
任司令员、郭超任政委；第三军分区（原第十一军分区），郭影秋任
司令员、郝中士任政治委员；第四军分区（原第九军分区），李静宜
任司令员、赵紫阳任政治委员；第五军分区（原第十军分区），赵基
梅任司令员、刘星任政治委员；第六军分区（原第十二军分区），金
绍山任司令员、袁振任政治委员；第二十二军分区，何光宇任司令
员、万里任政治委员。

第二节　八路军总部与晋冀鲁豫抗日根据地

一、八路军总部的组建

1937 年 8 月 25 日,西北红军主力 3 万人改编为八路军。

八路军指挥机关组成如下:"司令部秘书长舒同,参谋处处长彭雪枫(后为阎揆要),副处长边章伍;下辖作战科、情报科、通信科、机要科;副官处处长唐延杰,副处长余忠良;政治处主任李文楷。政治部:宣传教育部部长陆定一,副部长黄镇;组织部部长谭甫仁;敌工部部长蔡孝乾;保卫部部长杨奇清;地方工作部部长傅钟。供给部:部长赵尔陆,副部长谢今古。兵种部:部长叶季壮,副部长周玉成。卫生部:部长姜齐贤。随营学校,校长韦国清,政治委员张平凯。特务团,团长朱水秋,政治委员邱创成。"①1937 年 9 月 11 日,根据国民革命军战斗序列,改称第十八集团军(习惯仍称八路军)。八路军总部简称集总,由司令部、政治部、供给部组成。总司令朱德,副总司令彭德怀,叶剑英任参谋长,左权任副参谋长,任弼时任政治部主任,邓小平任政治部副主任,杨立三任供给部部长。

为宣传贯彻团结抗日的主张,党随之先居在西安、南京、太原、广州、武汉、洛阳、长沙、桂林、乌鲁木齐、兰州、重庆、贵阳等地设立了公开的办事机关——八路军办事处或联络处、交通站等机构。中共中央于 1937 年 8 月在陕北洛川县冯家村召开政治局扩大会议,这次会议在历史的转变关头,正确地估计了政治形势,通过了

---

① 张立华、董宝训:《八路军史》,青岛:青岛出版社 2009 年版,第 41 页。

《关于目前形势与党的任务的决定》和《抗日救国十大纲领》，为八路军确定了正确的政策和行动方针，指出了独立自主地开展游击战争，建立敌后抗日根据地，是夺取抗战胜利的一条光明大道。8月25日，中共中央派周恩来、彭德怀等到山西，同阎锡山就八路军进入山西抗日前线，到华北进行抗日作战及与阎锡山合作抗日等问题进行谈判。

8月29日，"中国共产党在华北敌后的军事领导机构——中共中央军事委员会华北分会成立，朱德为书记、彭德怀为副书记"，[①]委员有：任弼时、张浩、林彪、聂荣臻、贺龙、刘伯承、关向应。同日，组成第一二〇师军政委员会，贺龙任书记。在参加陕北洛川政治局扩大会议上，他们坚决拥护毛泽东关于留部分兵力保卫陕甘宁边区的意见，确定了从第三五九旅抽一个团和师部直属的5个营担负这一任务。

8月30日，八路军先遣部队第一一五师的第三四三旅等部渡过黄河，进入山西省的万荣县。当日，刘少奇领导的中共中央北方局迁来太原，领导华北地区的抗日斗争。八路军驻晋办事处在太原公开办公。9月，第一二〇师由关中出动，第一一五师先遣队抵晋南侯马镇。2日，贺龙在陕西省富平县庄里镇举行抗日誓师大会。3日，贺龙率第一二〇师主力从富平县庄里镇地区出发。6日，八路军总部由距西安60公里的泾阳县云阳镇出发，向关中东进。途经陕西省瓦窑头（9月6日）、陶池（9月9日）、澄城（9月13日）、合阴（9月14日），于9月15日渡过黄河。"12日，国民革命军第八路军又按战斗序列改番号为第十八集团军，故八路军总部简

---

① 李志宽、王照骞编：《八路军总部大事纪略·转战华北期间》，北京：解放军出版社1985年版，第4页。

称'集总',八路军野战政治部称'野政'。"①8月31日,第一一五师从韩城县芝川镇东渡黄河开赴山西抗战前线;9月3日,第一二〇师从芝川镇东渡黄河进抵侯马镇。6日,朱德、彭德怀、邓小平、任弼时、左权率领八路军总部,由陕西省韩城县芝川镇东渡黄河到达山西万荣县荣河镇。同日,八路军第一二九师奉命进抵陕西富平县庄里镇地区。20日,八路军总部由万荣县西畅村、稷山县东阳城、新绛县三家店、曲沃县侯马镇等地,到达灵石县水头村。21日,朱德、邓小平率总部进抵太原,驻在成成中学内八路军太原办事处。同日,毛泽东主席向华北八路军发出《关于独立自主山地游击战争的指示》。

二、八路军总部在晋冀鲁豫指挥抗战

八路军总部、八路军前方总指挥部,在指挥晋冀鲁豫抗战和开辟发展晋冀鲁豫根据地过程中作出了巨大贡献。

1937年8月,中国工农红军主力改编为国民革命军第八路军后,在朱德总司令的率领下东渡黄河,开赴华北抗日前线,深入敌后,开辟敌后抗日战场。八路军总司令部驻扎在晋察冀抗日根据地的山西省五台县南茹村、潞城北村。1939年7月,八路军总部各机关从山西潞城北村迁到砖壁村。10月,总部又迁到山西省武乡县王家峪村。

1938年12月,八路军前方总指挥部(简称"前总")成立于晋东南,朱德、彭德怀为正副总指挥,左权任参谋长。"一二九师在太行山,他的师部在涉县的赤岸,和我们总部联系是比较好的,那时总

---

① 李志宽、王照骞编:《八路军总部大事纪略·转战华北期间》,北京:解放军出版社 1985年版,第5页。

部和一二九师师部在一条沟里头。"①1940 年 5 月,朱德总司令返回延安,中央军委任命罗瑞卿接替傅钟任野战政治部主任,王若飞任八路军副参谋长。1941 年 2 月 14 日,叶剑英仍兼八路军参谋长,王若飞调任中共中央秘书长。1942 年 5 月 25 日,左权在战斗中牺牲。8 月 25 日,滕代远任八路军副总参谋长兼前总参谋长。1943 年 9 月 10 日,杨立三任前总副参谋长。10 月 6 日,第一二九师与总部合并,彭德怀任前总总指挥,滕代远任参谋长,罗瑞卿任政治部主任,杨立三任副参谋长;中共太行分局合并为北方局,邓小平任北方局代理书记,主持八路军前方总部工作。1945 年 8 月,晋冀鲁豫中央局和晋冀鲁豫军区成立,中共中央北方局和八路军前方总部被撤销。

八路军总部在晋冀鲁豫抗日根据地指挥第一二九师参加百团大战。1940 年 7 月 22 日早晨,八路军总部朱德、彭德怀、左权致电刘伯承、邓小平等,指出由于国际形势的变动,中国西南国际交通线被截断,国内困难增加,日军企图于 8 月进攻西安的消息,使一部分大地主大资产阶级更加动摇,投降危险也随之严重,八路军应积极的行动,在华北战场上开展较大胜利的战斗,破坏日军进攻中国大西北的计划,创立显著的战绩,影响全国的抗战局势,兴奋抗战的军民,争取时局好转。于是,八路军总部决定发动百团大战,破击华北日军控制的几个重要交通要道和沿线据点。战役目的是彻底破坏正太线,消灭部分敌人,收复若干重要名胜关隘据点,截断交通线,并乘胜扩大战果。八路军总部命令第一二九师派出 8 个团兵力参加战斗。

1940 年的 7 月 23 日,八路军总部朱德、彭德怀、左权致电第一二

---

① 何廷一:《与朱总、彭总在八路军总部》,张军锋主编:《八路军老战士口述实录》,北京:
　中央文献出版社 2005 年版,第 4—5 页。

九师邓小平、刘伯承等，提出在正太战役中进行侦察是保证战役成功的首要工作，侦察重点应以正太沿线以及石家庄南北之平汉线等。

1940 年 8 月 8 日，八路军总部朱德、彭德怀、左权致电刘伯承、邓小平，命令第一二九师破击平定至榆次段正太铁路。破坏重点为阳泉张净镇段。对元氏以南至安阳段平汉线、德石路、邯大路、榆次至临汾段、同蒲线平遥至壶关段、白晋线、临屯公路，同时分派足够部队正面破袭，阻止日军向正太路增援，相机收复一些据点。

1940 年 8 月 18 日，八路军总部彭德怀、左权致电刘伯承、邓小平，在达到正太战役预定目的时，应尽量争取破击时间之延长，持久、连续地执行任务，不是扑一下就跑。但必须注意敌情侦察，以便在情况有基本变化时及时进行新的机动作战。

1940 年 8 月 20 日，八路军总部朱德、彭德怀、罗瑞卿、陆定一致电刘伯承、邓小平，指出正太路为主的战役计划已开始为保障该战役胜利后继续开展工作，坚持游击战争，趁着军事胜利兴奋群众，着重注意加紧游击队的组织，派得力政治军事干部领导，认真培养地方干部，准备在敌占区生根，长期坚持。

1940 年 8 月 23 日，八路军总部朱德、彭德怀、左权、罗瑞卿、陆定一致电刘伯承、邓小平，指出尽量争取战役时间之延长与战果之扩大，对敌后以数百人或一个大队来援之兵力，应有坚定决心集结绝对优势兵力消灭之。因为只有这样才能使敌不敢轻易出援。"使敌顾此失彼，忙于往返，逐渐分散兵力。再者，雨不停，山水暴发，应利用山水流冲破路，更应发动沿线民众参战破路与搬运一切器材。"[1]

---

[1]《各线出击部队积极阻滞敌增援正太》(1940 年 8 月 23 日)，中国人民革命军事博物馆《百团大战历史文献资料选编》编审组编：《百团大战历史文献资料选编》，北京：解放军出版社 1991 年版，第 29—30 页。

1940 年 8 月 26 日，八路军总部朱德、彭德怀、左权致电刘伯承、邓小平等，指出"在正太路不能继续坚持作战或未彻底完成正太战役任务之情况下，我之行动方针，应是乘胜开展正太线两侧之战果，去收复敌深入各该根据地内之某些据点，继续坚持正太线之游击战，缩小敌占区，扩大战果，同时以一部兵力进行休整"。①

1940 年 8 月 27 日，八路军总部彭德怀、左权致电刘伯承、邓小平等，"百团大战展开后已历复一星期，敌点线占领及兵力不足与分散之弱点，更显明露出。截止昨 26 日止仅有敌千人之兵力，从石家庄逐渐向西增援"。②"百团大战对整个战局改变敌我形势均有极大意义，我在正太沿线能坚持愈久破坏愈是彻底，可能逼使敌人改变其某些部分之兵力部署，从其他点线上抽调兵力增援正太"。③

1940 年 8 月 29 日，八路军总部彭德怀、左权致电刘伯承、邓小平等，指出正太线作战集团的行政行动方针，主要是打击日军增援部队和不放弃继续破坏交通线。

1940 年 8 月 31 日，彭德怀致电贺龙、关向应、刘伯承、邓小平等，认为"此次百团战役胜利中已暴露敌之严重弱点，是兵力不够分配，华北战场上之兵力缺乏，已抽调出去不少。因此，引起我们

---

① 《开展正太线两侧作战之战役部署》(1940 年 8 月 26 日)，中国人民革命军事博物馆《百团大战历史文献资料选编》编审组：《百团大战历史文献资料选编》，北京：解放军出版社 1991 年版，第 31 页。

② 《正太线破坏愈彻底则我愈主动》(1940 年 8 月 27 日)，中国人民革命军事博物馆《百团大战历史文献资料选编》编审组：《百团大战历史文献资料选编》，北京：解放军出版社 1991 年版，第 32 页。

③ 《正太线破坏愈彻底则我愈主动》(1940 年 8 月 27 日)，中国人民革命军事博物馆《百团大战历史文献资料选编》编审组：《百团大战历史文献资料选编》，北京：解放军出版社 1991 年版，第 32 页。

考虑以下问题,彻底毁灭正太路和彻底毁灭同蒲路之忻县、朔县段,如能达到目的,使三个基本根据地连成一片,在任何方面与我有利,并可引起华北战局某些变化,你们认为可能时请即电告并同时准备继续扩大之".①

1940 年 9 月 2 日,八路军总部朱德、彭德怀、左权致电刘伯承邓小平等,指出日军增援正太铁路兵力已经到八路军执行第二步方针,敌增援正太兵力已到,八路军则进入执行第二步作战方针阶段。9 月 7 日,朱德、彭德怀、左权致电刘伯承、邓小平等在华北平原积极进行交通战。10 月 1 日,八路军总部朱德、彭德怀、左权致电刘伯承、邓小平等,指出第一二九师因疲劳过剩,伤亡过大,第一二〇师在太原西南部队应积极向前方活动,钳制日军,应援刘伯承、邓小平部。

1940 年 10 月,八路军总部朱德、彭德怀、左权致电刘伯承邓小平等,指出百团大战第二阶段之作战从上月 20 号开始战役结束后,各兵团则应适当集结主力,进行战后整理,努力整训,培养体力,总结百团大战经验。10 月 2 日,八路军总部彭德左权,罗瑞卿、陆定一致电参加百团大战的各兵团,指出百团大战第二阶段已基本告一段落。百团大战"开辟了华北大规模进攻的新纪录,证明了敌人的交通线与据点不是牢不可破的,大大的削弱、沮丧与疲劳了敌人,兴奋了全国,提高了我党、我军的地位,打击了投降派,巩固与开拓了根据地,锻炼了党政军民,提高了部队战斗力,保证了秋收秋耕,缴获了许多军需资材。对于百团大战胜利任何估计上的

---

① 《令继续扩大战果》(1940 年 8 月 31 日),中国人民革命军事博物馆《百团大战历史文献资料选编》编审组编:《百团大战历史文献资料选编》,北京:解放军出版社 1991 年版,第 34 页。

悲观失望都是极端错误的"。① 10 月 19 日,八路军总部彭德怀、左权致电刘伯承、邓小平等,指出日军此次"扫荡"太北教训之一,就是日军残酷的烧杀,企图变共产党八路军抗日根据地为焦土,由于八路军战斗动员不够深入,民众受害极大。为配合晋察冀边区反"扫荡"作战,第一二九师应以不少 3 个团的兵力逼近并破击正太路。

以上八路军总部指挥百团大战中发给刘伯承、邓小平的电报表明,在晋冀鲁豫根据地的八路军总部对晋冀鲁豫边区第一二九师就近指导,严密部署,在创建敌后抗日根据地和对日作战等方面功不可没。八路军总部非常重视第一二九师和晋冀鲁豫抗日根据地的各项建设,并且对第一二九师和晋冀鲁豫敌后抗日根据地存在的问题作了一系列的指示,破解难题,指明了根据地军事经济斗争的方向。

针对太平洋战争爆发后中国抗日战争出现的军事斗争新形势,八路军总部和第一二九师司令部都曾就 1942 年的斗争形势进行研判,"一二九师刘伯承师长称为'变敌进我退,为敌进我进'。八路军总部迅即将这一口号推向全华北:'敌进我进!''向敌后的敌后进军!'成为突破敌后最艰难岁月的号角"。②

八路军总部在晋冀鲁豫抗日根据地指挥抗战,甚至有一些高级将领流血牺牲。1942 年 5 月 25 日,左权在晋冀鲁豫抗日根据地反"扫荡"战斗中壮烈牺牲。当时日军 6 架飞机空袭麻田,来回地交叉俯冲轰炸。日军包围了八路军总部。总部机关在突围到十字

---

① 《百团大战第二阶段结束后部队中应有的解释与准备》(1940 年 10 月 2 日),中国人民革命军事博物馆《百团大战历史文献资料选编》编审组编:《百团大战历史文献资料选编》,北京:解放军出版社 1991 年版,第 53 页。

② 高朝廷:《名将风云录》第 1 卷,北京:华文出版社 2005 年版,第 120 页。

岭的时候敌人追上来了,左权参谋长让彭德怀先走,结果就在这时左权被一颗炮弹击中,壮烈牺牲。为纪念左权参谋长,山西辽县改名左权县。左权参谋长牺牲以后,罗瑞卿任政治部主任,滕代远任参谋长,原后勤部部长杨立三任副参谋长。

彭德怀在《关于敌占区与游击区的工作》(1945 年 1 月)一文中对群众的斗争智慧和胆量赞叹不已,说道:"人民群众由于客观环境的要求,凭其固有的机智,有许多天才创造。办法之多,运用之妙,远非局外人所能想象。"①"武装工作队在一个地区活动得久了,在老百姓中间生了根,就创造了隐蔽的根据地,把日军占领的土地,再从日军的口中挖出来。"②

晋冀鲁豫抗日根据地位于潼关、徐州、德州、太原之间,控制着津浦、平汉、同蒲、正太、德石、陇海等铁路,战略地位十分重要。晋冀鲁豫抗日根据地军民在中国共产党、晋冀鲁豫中央局、边区政府和军区的领导下,同侵华日军进行了长期的殊死搏斗,与其他抗日根据地一起,迎来了抗日战争的胜利。

三、八路军前总关于晋冀鲁豫抗日根据地建设思想

八路军总部、八路军前总对晋冀鲁豫抗日根据地建设非常重视,作过很多指示,提出了巩固抗日根据地的军事指导原则和思想观点。

1939 年 7 月 6 日,八路军副总指挥彭德怀在《八路军军政杂志》第 1 卷第 11 期发表《巩固敌后抗日根据地》一文,认为自广州、

---

① 彭钢编:《人民的怀念:彭德怀纪念文集》,北京:解放军出版社 2000 年版,第438 页。
② 李灿东、王绍军:《中国抗日战争战场全景画卷·敌后八路军:八路军抗战影像全纪录》,北京:长城出版社 2015 年版,第355 页。

武汉失陷以后,凶险的日军,一面积极地施行诱降政策,企图分化抗日民族统一战线,分裂国共合作,故意暂缓其正面战场的进攻;一面则回师后方,大举进行疯狂"扫荡",企图确保占领地,建立伪政权,消灭中华民族的民族精神,进行经济开发以实行"以战养战""以华制华"之毒计。1937—1938 两年来,敌后地区,特别是华北,经历了残酷的连续的苦战,陷入严重的紧张的战争局面之中。

由于敌后所处战略地位的重要——尤其是华北,它是决定最后胜负之重要战场。这种敌后严重的紧张的战争局,必将随全国战局的发展而继续发展,随正面抗战相持局面的到来而更紧张。因此,其严重性只会日益增加,一直到反攻阶段开始,才会逐渐改变。由于全国的进步不够,力量的增加不够,敌强我弱的基本形势,还不易迅速改变,如此在日军不断的连续"扫荡"之下,在一定阶段之中,敌占区的面积一时可能有若干扩大,日军的据点可能随军事进展而有若干增多,不仅是平原,甚至山地都可能钉上斑斑蹄躇。因为山地虽然是八路军游击基本根据地,但同时也是日军"扫荡"的主要目标,"在最近缴获的敌酋桑木师团长的训话中,便曾明白道破其企图,他说:'华北治安枢纽,实在山地,如山岳地带未能彻底肃清,则明朗华北之实现还是难说',因之,敌后抗战的坚持是全国战略相持阶段的一个组成部分,而且是一个重要的组成部分。没有敌后的坚持,就不会有全国的相持阶段"。①

（一）以围攻与反围攻相配合

由于华北敌后地区辽阔,日军兵力的基本弱点不易克服,其对

---

① 彭德怀:《巩固敌后抗日根据地(节选)》(1939 年 7 月 6 日),中共中央文献研究室、中央档案馆编:《建党以来重要文献选编(1921—1949)》第 16 册,北京:中央文献出版社 2011 年版,第 425 页。

敌后各地的围攻,一般只能被迫采取集中兵力分区"扫荡"的办法。如此便利于八路军以围攻与反围攻配合起来,即被围攻的抗日根据地反对日军的围攻,未被围攻的抗日根据地可从四周围攻日军,相互配合起来,粉碎日军围攻。日军因为消耗过大,疲劳过度,困难增多,形势不利,不能不被迫退出围攻区域,而以一部兵力防守固有交通线与城市据点,以及重新修复铁路、公路、堡垒等交通线和据点。而其他区域抗日游击队,又大肆活动,敌又不能不转移兵力另行"扫荡"他区。八路军一些部队一度被围攻恶战的某抗日根据地,由此便取得了战役上的相持局面。八路军便可乘此间隙时间,整理和巩固各种被摧残的组织,恢复和加强各种工作,扩大根据地,配合邻区,打击日军,生息新的力量,并且彻底肃清日军"以战养战""以华制华"的毒计,准备迎接和粉碎日军的再次围攻。由于日军连续施行"扫荡",地区不断被分割,战役上相持局面的过程会缩短,相持的区域缩小,但是基本地区与局面仍然是存在着的。

1939 年华北敌后总的形势,是日军一般只能占领一些交通要道和大小城市(若干小城市,无法长期占领),而以这些交通线和城市包围着抗日根据地;八路军则占领广大乡村和一些小城市,而以这些乡村和小城市包围着日军,形成犬牙交错的形势。日军由交通线和大城市出发,不断向根据地进行围攻和"扫荡",根据地军民则凭借广大的乡村、农民的雄厚力量,再接再厉,一再粉碎日军的围攻和"扫荡",形成此来彼往的拉锯式的战争局面,因之敌后战争是长期的、持久的,而且是非常艰苦的。这种敌后战争与正面战场配合,阻击日军的正面进攻,是造成全国战局转入相持阶段的重要因素。而在继续长期坚持以至最后与主力配合反攻中,构成度过相持阶段、争取反攻胜利的重要条件,亦即有力地打击妥协投降派阴谋破坏的重要条件之一。

只有在敌后坚决坚持,吸引日军力量向根据地反复围攻与"扫荡",同时又不断将其粉碎,严重打击日军,才能造成全国抗战的相持阶段。因此,只有彻底肃清隐藏于抗战营垒内投降妥协分子,清洗顽固腐朽分子,巩固抗日民族统一战线,实行民主政治,改善人民生活,动员组织全民族一切有生力量,加紧充实旧军队,创建新军队,改善军队装备,从正面和侧翼不断打击日军,才能迅速消耗日军力量,增加敌人困难。只有自己的努力和进步,才能增强自己的力量,克服自己的困难,迅速地改变敌强我弱的基本形势,争取相持阶段上的优势,也只有这样才能缩短抗战的过程,实现反攻的胜利。

无论从哪一方面来说,晋冀鲁豫等华北敌后抗日根据地的坚持抗战,是决定战争形势的转变和抗战胜利的重大因素。如果一切留处敌后的抗日政党、抗战部队、政府机关、民众团体都能够长期坚持不懈,肩负起全民族抗战的实际的战斗任务。共产党、八路军、新四军更不避一切艰辛,不顾一切牺牲,与敌后全体人民,与敌后的友党、友军、地方政府、民众团体,共同毅然肩负起艰苦而又光荣的华北敌后抗战重任。敌后长期的苦战和艰苦的坚持,是鉴定政党政策正确与否的尺度,考验留处敌后抗战部队本质优劣的标志,也是考验和锻炼共产党、八路军每一个党员、每一个指战员和政工员的熔炉。

(二) 巩固敌后抗日根据地任务

根据华北敌后战争的形势,"敌后的战争是长期的、持久的,较诸全国其他战场更为长期和艰苦,同时,战事是紧张的、剧烈的,较诸全国其他战场更为紧张和剧烈。敌人的围攻和'扫荡',在全国战局转入胜利的反攻之前,绝对不会停止,将一次又一次,一次更比一次严重和残酷。因之,要在敌后坚持,粉碎敌人的连续围攻与

'扫荡',克服一切困难,渡过这一长期的艰难困苦的时期,绝非仅仅凭借军事力量所能见效,其中心一环,首在巩固各个抗日根据地。只有巩固根据地,树立强固的作战后方,实行崭新的进步的作法,以保障物质的供应和兵员的源源不断的补充,才能支持长期的持久的战争。否则,敌后抗战的坚持便无从设想。也只有巩固根据地,坚持敌后抗战,确保敌后人力财力以及一切物质资源勿为敌人利用,打击敌人'以战养战'计划,抑留敌人进攻和'扫荡'敌后的大量兵力,才能使敌人无法向全国无限度的进攻,才能造成全国抗战的相持阶段的局面。巩固根据地是坚持敌后抗战的最基本任务,也是争取全国战局得到转机的重要任务之一。我们要以巩固根据地的积极行动,来粉碎敌寇连绵不绝的围攻与'扫荡',同时要在反围攻反'扫荡'的连续的胜利战斗中,力求根据地的巩固,要做到经过一次围攻和'扫荡',根据地的巩固程度更增加一分,最后成为敌后坚持长期战争的坚强堡垒。同时敌后长期艰苦的战争是与全国抗战不可分离的,我们还希望全国各友军,从正面、侧翼以一切有效办法打击敌人;全国人民给敌后以各种有力的援助,使敌后抗战不至陷于孤立,这才能使敌人肃清后方、掌握占领地的梦想,永远无法实现。也就是征服中国的梦想,无法实现"。①

　　巩固华北敌后的根据地,必须克服巩固根据地过程中必然会发生的若干严重困难,首先遇到的主要困难,就是亡国论的危险与速胜论的危险。亡国论者一般过高估计日军的力量,过低估计自己的力量。他们肯定敌强我弱的基本形势是固定不变的,没有看

---

① 彭德怀:《巩固敌后抗日根据地(节选)》(1939 年 7 月 6 日),中共中央文献研究室、中央档案馆编:《建党以来重要文献选编(1921—1949)》第 16 册,北京:中央文献出版社 2011 年版,第 427—428 页。

到日军所进行的是非正义的侵略战争，战争的发展，必然会使其力量逐渐削弱；没有看到中国所进行的是正义的反侵略战争，战争的发展，必然会使中国的力量逐渐增强。亡国论者看到日军占领中国许多大城市，掠夺这些大城市中的财富，而没有看到日军在占领这些城市和财富中所费的代价实远超过其所获；亡国论者只看到日军"以战养战"的强盗掠夺，而没有看到这种掠夺不能供给战争消耗的主要部分，而只能供给战争的一个部分。特别是没有看到敌后游击战争的广泛开展，使敌之掠夺有限，而且其在占领这些城市以后，兵力分散的困难更加增加。"亡国论者没有看到我们自身的力量的发展。因之亡国论者充满着悲观失望情绪，在他们看来，抗战前途是漆黑的一片，毫无胜利的希望，以致在抗战转入更艰苦的时期，敌人施行诱降毒计，强调'防共''反共'口号，来分裂我抗日民族统一战线，并压迫英国等帝国主义反动派制造'东方慕尼黑'阴谋时，他们便剧烈动摇，随声附和，高唱'防共''限共'，暗杀共产党员和八路军、新四军人员，主张取消共产党、八路军、新四军、陕甘宁边区，或限止八路军、新四军的发展，故意制造磨擦，破坏国共合作，以为其向日军投降作准备。"①这些民族失败主义分子，有的已成为汉奸，公开向日军屈膝投降，如汪精卫、周佛海之流。有的还隐藏于抗日营垒内部，从内部来进行破坏，如若干专事制造惨案的顽固分子。他们一方面进行投降的实际准备工作，一方面则鼓吹国际环境孤立、中国无力继续抗战等思想，以为他们他日变卦时的根据。

　　"亡国论反映到敌后方，便是对坚持敌后抗战、巩固抗日根据

---

① 彭德怀：《巩固敌后抗日根据地》(1939 年 7 月 6 日)，彭德怀传记编写组编：《彭德怀军事文选》，北京：中央文献出版社 1988 年版，第 58 页。

地缺乏信心。"①在敌后战争日益严重,困难日益增多的情况下,可能发生一种畏怯动摇情绪,他们不知迎接战争,而是躲避战争,不知克服困难,而是向困难投降;不知巩固根据地,而是贸然放弃根据地,甚至有些顽固分子任意摧残根据地。其结果将使自己更加困难,整个敌后抗战更加困难。

速胜论恰恰和亡国论相反,速胜论者一贯地过高估计自己的力量,过低估计日军的力量,无视敌强我弱的基本特点,无视日军是帝国主义国家,对于战争有长期的准备和组织,中国是半殖民地弱的国家,对于战争缺乏准备和组织。速胜论者过分夸大我们自己的进步和力量的增强,而忽视日军在军队装备与战术技术的进步。速胜论者夸大日军财政经济的困难,而忽视敌人"以战养战"计划在某种程度上所起的作用。速胜论者机械地以历史事实作例,而否认中日战争和过去历史上不同的环境。速胜论者过分夸大日本国内的阶级矛盾及其困难,而没有见到法西斯统治的另一面。总之,速胜论者从表面现象的观察出发,从主观愿望出发,否认中国抗战必然将要经历的 3 个阶段和中国抗战的长期性、持久性,他们忽视自力更生的重要,而把希望寄托在别人身上,侥幸地期待日本内部立即革命和别国出兵打日本,他们自己不在争取进步、增加力量上努力,他们甚至幸灾乐祸地制造磨擦,抵消中国内部的抗战力量。

速胜论反映到敌后抗战方面来,"便是否认敌后抗战的长期性、持久性和未来战局的严重性、残酷性,因之他们满足于现状,满足于一切浮面的、肤浅的、形式上漂亮的工作,不愿意耐心地进行

---

① 彭德怀:《巩固敌后抗日根据地》(1939 年 7 月 6 日),彭德怀传记编写组编:《彭德怀军
　事文选》,北京:中央文献出版社 1988 年版,第 58 页。

深入的动员来巩固根据地"。① 在军事方面,速胜论者不知道以游
击战和部分的运动战去逐渐地局部地疲惫日军,打击日军,消耗日
军的实力,以求得最后战胜敌人。而是用分兵把口或机械的集中
兵力硬拼的办法,一下与日军拼斗完结,结果战斗力蹶竭,无法
继续作战。在地方工作上,速胜论者只注意若干城镇,满足于
几道命令,而不知道深入穷乡僻村,更不愿意深入敌后方开展
抗日工作,也不会真正了解民众的痛苦和困难,为群众解除痛
苦和困难。速胜论者不能进行长期的连续的战争和保证长期
连续战争的胜利。

　　速胜论和亡国论,都会妨害晋冀鲁豫敌后抗日根据地的巩固,
妨害敌后抗战的坚持。要巩固根据地,坚持敌后抗战,克服一切困
难,应付严重的复杂局面,必须首先和这两种倾向作斗争,击败亡国
论和速胜论,彻底肃清失败情绪和速胜观念。唯有真正认识战争的
性质,正确地掌握战争、领导战争、组织战争、指挥战争,动员一切力
量与日军进行长期的坚持持久的战争,胜利的目的才能达到。

　　巩固根据地的基本任务主要有以下几点:

　　第一,巩固抗日民族统一战线是巩固根据地的首要任务。只
有巩固抗日民族统一战线,才能巩固抗日根据地,抗日民族统一战
线不仅仅是政党的合作,上层团体的联系,其基础尤在于各阶级、
各阶层在抗战中的相互团结,相互合作。特别是在敌人后方,在与
侵华日军进行苦战中,统一战线下层的基础巩固是最重要的。自
然,共产党、八路军要由民主、民生两方面来着手努力,而艰苦抗战
形势下最主要的还在于改善下层群众的生活。农民所负的租税过

----

① 彭德怀:《巩固敌后抗日根据地》(1939 年 7 月 6 日),彭德怀传记编写组编:《彭德怀军
　　事文选》,北京:中央文献出版社 1988 年版,第 59 页。

重,借贷的利息过高,"工人的工作时间过长(此地煤矿工人每天作16 小时工作,雇农、牧童从拂晓工作起一直到黄昏才止),工资过低,低到不能养活一个人,这样,民族的团结绝对不会增强。反之,阶级的纠纷只会更多。敌后方若干地区的地方政权都颁布了比较进步的法令,如五一减租、减息至分半……以及规定一定的工作时间等等。但是,真正深入下层过细检查,这些法令大多没有被执行,或者是表面上执行了,实际上穷人所纳的租税利息和负担没有得到应有的减轻。若干顽固的地主、资本家,他们想出许多花样来剥削农民、雇农和工人。"①阎锡山的合理负担,虽有"牺盟会"和民众团体想好好地执行,执行得真正合理,但很多地方因被一部分土豪劣绅操纵,发生种种营私舞弊的现象。按照合理负担的原则,有钱出钱,但是被土豪劣绅操纵的地方恰恰相反,有钱的不出钱,他们把负担推在穷人头上,没有钱的反而要摊到不合理的负担。这样,增强民主团结也就难以达到了。要巩固抗日民族统一战线,首先便把上述现象纠正过来,严格实行减租减息、增加工资的法令,真正使负担归于合理,并以实际有效的办法来制裁豪绅,保障其执行。这是为了劳动人民的利益,也是为了抗战的民族利益,是与三民主义及"抗战建国纲领"相符合的。

第二,实现民权主义,改善行政机构。巩固抗日根据地"民主政治是动员全民族一切生动力量的推进机。这是由抗战的实践证明了的,只有实现民主,才能提高人民的抗战热情,参战热忱;才能密切政府和人民的关系;才能建立廉洁政府,提高政府的威信。只有政权掌握在大多数人手里,政治才能刷新,一切工作才能顺利地

① 彭德怀:《巩固敌后抗日根据地》(1939 年 7 月 6 日),彭德怀传记编写组编:《彭德怀军事文选》,北京:中央文献出版社 1988 年版,第 61 页。

开展。孙中山先生的民权主义在抗战期间，特别在敌后方，应赶速
实行。应确实赋予人民以民权主义所规定的选举权、罢免权、创制
权、复决权，让大多数人民确切运用这四种权利，改善县、区、村政
权。①"实行民主政治，改善行政机构，根据当时抗日根据地的困难
情势，"应首从下层做起，先要建立起若干的模范村区政权，然后以
之来推动全县、全区、整个抗日根据地，以至整个敌后方，以及全
中国"。②

　　第三，武装民众，开展广泛的群众性游击战争。"强大的民众
武装和广泛的群众性的游击战争，是坚持敌后方抗战的必要条件
之一。没有这个条件很难支持长期的连续的战争。"只有以游击战
和运动战配合，游击战和正规战配合，不断困扰日军，打击日军，才
能最后战胜日军。"没有民众武装和游击战，正规军便失去了耳
目，失去了羽翼，它的力量将会大大减弱，它的困难将会增多。"民
众武装，在后方可以镇压汉奸，维持地方秩序；"在前线它可以袭击
敌人，配合作战。它的力量是伟大的。同时，民众武装和游击队又
是补充正规军的重要源泉之一。我们一方面要不断地繁殖游击
队，同时要帮助和推动游击队向正规军发展"。③

　　第四，发展生产合作事业，经济上自足自给。"敌人围攻和'扫
荡'各个抗日根据地重要手段之一，是施用经济封锁和商品倾销。

---

① 彭德怀：《巩固敌后抗日根据地》(1939 年 7 月 6 日)，彭德怀传记编写组编：《彭德怀军
　事文选》，北京：中央文献出版社 1988 年版，第 62 页。

② 彭德怀：《巩固敌后抗日根据地(节选)》(1939 年 7 月 6 日)，中共中央文献研究室、中
　央档案馆编：《建党以来重要文献选编(1921—1949)》第 16 册，北京：中央文献出版社
　2011 年版，第 429 页。

③ 彭德怀：《巩固敌后抗日根据地(节选)》(1939 年 7 月 6 日)，中共中央文献研究室、中
　央档案馆编：《建党以来重要文献选编(1921—1949)》第 16 册，北京：中央文献出版社
　2011 年版，第 429—430 页。

凡是必要的日用品和必需品,它封锁起来不让进口;凡是不必要的奢侈品和消耗品,则以汽车运输大量倾销。以这种经济的窒息和破坏,来瓦解我们的根据地。我们要冲破敌人的封锁,排挤敌人的商品倾销政策,基本的是发展我们的生产合作事业,求得经济上的自足自给,巩固自己的经济基础。简单说来,便是发展农业生产和工业生产,开办生产合作社和消费合作社,自己生产必需品,自己来运销。敌后方的全体军、政、民应该把此看作是巩固根据地的重要事业之一。要知道保护生产工具,增加生产,节省物力,调剂金融。军队方面自己要进行生产,更要鼓励人民生产,政府机关、民众团体要研究增加生产办法,并奖励人民生产。"[①]在这一方面,晋察冀边区有着很优良的成绩,在1938年一年不但做到自给自足,一切服装等用土布,而且还争取出超,把消耗品输出,吸收沦陷区货币流入,谨慎地发行必要的地方流通券抵制伪币,稳定根据地市场和物价。晋察冀边区之所以这样巩固和强大,绝不是偶然的。

第五,加紧锄奸,揭穿日伪围攻根据地的阴谋。1939年侵华日军在围攻华北抗日根据地的同时,以各种方法来欺骗麻醉民众,企图消灭我民族精神。侵华日军宣称:要实现明朗华北之建设,中心在于掌握民心。在此口号之下制造出了许多欺骗民众的新奇花样。八路军必须抓住每一个具体事实,向民众宣传解释,揭破日伪的阴谋,使其不但不能起任何作用,而且反激起民众的厌恶与反

---

① 彭德怀:《巩固敌后抗日根据地(节选)》(1939年7月6日),中共中央文献研究室、中央档案馆编:《建党以来重要文献选编(1921—1949)》第16册,北京:中央文献出版社2011年版,第430页。

感,增加抗日军民"对敌寇的仇恨心理,提高其民族自尊心与自信心"。[①] 因此,对汉奸活动的提防和铲除汉奸,也是粉碎日军围攻晋冀鲁豫抗日根据地阴谋的步骤之一。八路军采用各种方式暴露汉奸的真面目,揭破汉奸的罪恶,把开展广泛的群众锄奸运动作为急切的工作之一。对于汉奸的处理,依照中共中央的有关政策,按不同情形而有差别。争取个别不自觉的汉奸,打击甘心为虎作伥的大汉奸,瓦解汉奸组织,灵活运用这些办法。

第六,严整部队的纪律和提高部队的战斗力。抗日战争是中华民族全民族反对外敌入侵的民族战争,人民战争是克敌制胜的重要法宝,八路军军队脱离了民众,便会无法生存。八路军纪律严明,是保持部队和民众良好关系的基本条件。"在战争期间一切决心在敌后方坚持的部队都应极度改善自己的纪律。部队内都应加紧纪律教育与建立纪律检查制。不但做到不侵犯群众利益,而且要能处处为群众打算,为群众利益着想。以资军民融成一家。"[②]

华北敌后处于严重的战斗环境之中,八路军必须加速完成上述政治、军事、经济等方面基本任务,以求得根据地的巩固。同时,还必须坚决反对投降派、顽固派所采取的"防共""反共""限制异党"的阴谋,巩固和发展抗日民族统一战线。放松这些巩固根据地的工作,便等于放松对敌后抗战的坚持。

---

① 彭德怀:《巩固敌后抗日根据地(节选)》(1939 年 7 月 6 日),中共中央文献研究室、中央档案馆编:《建党以来重要文献选编(1921—1949)》第 16 册,北京:中央文献出版社 2011 年版,第 430—431 页。

② 彭德怀:《巩固敌后抗日根据地(节选)》(1939 年 7 月 6 日),中共中央文献研究室、中央档案馆编:《建党以来重要文献选编(1921—1949)》第 16 册,北京:中央文献出版社 2011 年版,第 431 页。

（四）进入战略相持阶段的华北抗日战争与根据地建设

1939 年 10 月 25 日,彭德怀在晋东南沁源县举行的决死队、牺盟会、山西第三行政专署干部会上作了题为"克服目前政局主要危险,坚持华北抗战"的演讲,演讲共四部分,全文发表于《八路军军政杂志》第 1 卷第 12 期。① 彭德怀在演讲中分析了华北抗日战争的形势,提出华北抗战进入新阶段,即战略相持阶段,其主要特点表现在以下几个方面:

1. 在整个华北,日军占领的主要是大城市和交通要道,八路军占领的主要是乡村和较小的城市。日军的大城市和交通要道包围着根据地,乡村和小城市又包围住了日军。这就是毛泽东在《论持久战》中所说的犬牙交错的形势。中国的乡村同资本主义发达的国家不同,一般的可以不依存于大城市而独立。过去的经验证明了这点,农村是可以持久的。

2. "华北占有广大面积,众多人口,敌人因兵力不足,想同时'扫荡'整个华北是绝对不可能的。因此,采取了分区'扫荡'。"②从 1938 年 9 月日军"扫荡"晋察冀边区开始,日军已经用分区"扫荡"办法进行了一年多。八路军利用敌人不能同时"扫荡"所有抗日根据地的弱点,当日军进攻一个区时,别的区即可起配合作战。比如,当一区举行反敌人围攻时,四周各区就可以追随敌后,围攻日军,这叫作"围攻与反围攻的合一",使敌腹背受敌。

3. 在日军的不断"扫荡"中,八路军采取不同的军事和政治的方法打击日军。战争一天比一天严重,八路军的经验也一天比一

---

① 彭德怀:《进入新阶段的华北战争》(1939 年 10 月 25 日),彭德怀传记编写组编:《彭德怀军事文选》,北京:中央文献出版社 1988 年版,第 67 页。

② 彭德怀:《进入新阶段的华北战争》(1939 年 10 月 25 日),彭德怀传记编写组编:《彭德怀军事文选》,北京:中央文献出版社 1988 年版,第 67 页。

天丰富，日军的消耗也必然一天比一天增多。等到日军在"扫荡"中消耗到一定程度，再加上疲惫不堪，它就不得不退返交通线和据点休息，准备再一次的进攻。八路军则乘此期间休养整补，增加力量，扩大占领区，准备应付下一次日军的进攻，形成战役上的相持局面。由于战争紧张，相持地区可能缩小，相持时间可能缩短，但无论如何，战役的相持局面是必然的。

4. 日军在进攻时，如遇到大的抵抗，遭到严重的打击时，就采取步步为营，稳扎稳打的办法。如果所遇到的抵抗不大，那么日军就采取跃进，甚至长驱直进，横冲直撞。日军在战役和战术上的运用是颇为灵活的。在八路军主力所在的区域内，日军的进度是很慢的，在非八路军主力所在区，日军的进度就快。"一般地说，我们应当消灭敌人一个大队（营）为主，使敌人至少要以一个联队（团）为单位作一路进攻，倘若少于此数，比如以连为单位，那么敌人一个师团就可以出几十路兵，将大大增加我们的困难。"[1]

5. 日军在长期围攻"扫荡"中，占领的据点和封锁线逐渐增多，而且联络较前严密，这对八路军是不利的。但另一方面，日军兵力也因之愈分散，愈容易疲劳，增加了八路军打击他们的便利，更容易接受八路军的瓦解宣传。但是，在这种情形下，"我们的大兵团运动将感到很大的困难，游击战、分区战和支队战的需要就要增加。为了适应这个需要，大量培养团、营、连级干部的独立作战能力，是异常必要的"[2]。

6. 华北地区的抗日战争是长期艰苦的，犬牙交错的，此来彼去

---

① 彭德怀：《进入新阶段的华北战争》（1939 年 10 月 25 日），彭德怀传记编写组编：《彭德怀军事文选》，北京：中央文献出版社 1988 年版，第 68 页。

② 彭德怀：《进入新阶段的华北战争》（1939 年 10 月 25 日），彭德怀传记编写组编：《彭德怀军事文选》，北京：中央文献出版社 1988 年版，第 69 页。

的,拉锯式的。这种现象要继续相当长久,不到战略反攻阶段是不会变更的。这是中国抗战的独创,在历史上找不到,在其他各国也是找不到的。

长期坚持敌后抗战,一是必须有优良的正规军和普遍的游击队。正规军要质量上精,其中政治质量是主要的。有些队伍不打仗,而多方扰害民众,这无异与日军开路,这种正规军是不需要的。为坚持敌后长期抗战,必须有普遍的地方武装,每个村要有自己的几支枪,一方面抵制日军的别动队及经常袭扰敌人,另一方面可以镇压汉奸。地方武装逐渐扩大为地方上的子弟兵,发展到一定程度,可以转变为正规军。但是必须避免过早的转变,也不能吞并。二是还必须有抗日民主政府。这个政府是抗日民族主义的政府,它必须坚持抗战到底;这个政府是民权主义的政府,"它必须实行民主政治;这个政府是民生主义的政府,它必须适当地改善人民生活。农民是敌后坚持抗日的基本力量,占人口百分之八十以上,这个政府只有充分地考虑到这些基本人民的利益,才能算为真正的抗日政府"。① 三是还必须把一切人民动员起来,组织起来。"必须灵活地采取不同的方式和方法,不论在敌占区或我占区,不论男、女、老、幼,都要深入地动员和适当地组织起来。抗日军队、抗日政权和抗日民众三位一体的互相配合,是长期坚持敌后抗战的最重要因素。"②四是要自力更生。"抗日民族战争将来可能更加困难。坚持敌后抗战,不能专门依赖外面的接济。在军队中,每个兵士不仅应当是战斗员、组织员、宣传员,同时还应当是生产员。在敌人

---

① 彭德怀:《进入新阶段的华北战争》(1939 年 10 月 25 日),彭德怀传记编写组编:《彭德怀军事文选》,北京:中央文献出版社 1988 年版,第 70 页。

② 彭德怀:《进入新阶段的华北战争》(1939 年 10 月 25 日),彭德怀传记编写组编:《彭德怀军事文选》,北京:中央文献出版社 1988 年版,第 70 页。

后方,不仅应当筹设小规模机器工业,同时还应当提倡手工业和农民的家庭副业。只有用尽各项方法进行生产,才能在敌人后方长期与敌周旋。"①要加紧铲除汉奸,与日军阴谋活动作斗争。群众的政治警觉性必须提高,必须造成群众锄奸的热潮。抗日的党派和军队之间,更应当加以警惕,不令汉奸打进自己的队伍里来。汉奸混进抗日营垒中的事情,已经层出不穷了。

巩固华北抗日根据地的军事指导原则如下:

1. 军事指导上的基本原则,是保存自己,消灭敌人。有人想保存自己,却不去想法子消灭日军,结果连自己也保存不了。在日军后方,想不打日军而保存自己是不可能的。只有把日军打怕了,才有存在和休息的机会。有人骂八路军"游而不击",倘若八路军真的游而不击,那么他早就不能在华北存在了,更不用说发展。

2. 敌后作战指导原则,是游击战,但不放松有利条件下的运动战,"以消耗敌人为主,但不放弃一切可能消灭敌人的机会。在敌后进行长期无后方的战争,物质补充异常困难,再加上技术不如人,是不能采用以运动战为主的指导原则的。如果在这种情形下进行以运动战为主的战争,恰好给了敌人以消灭我们的条件。游击战经常打击敌人,消耗敌人,积小胜为大胜,作用是极大的。运动战则在有利条件下进行消灭敌人,游击战帮助运动战造成有利条件"。②

3. 力争主动,避免被动。日军来犯,分兵把守以拒敌,这是被

---

① 彭德怀:《进入新阶段的华北战争》(1939 年 10 月 25 日),彭德怀传记编写组编:《彭德怀军事文选》,北京:中央文献出版社 1988 年版,第 70 页。

② 彭德怀:《进入新阶段的华北战争》(1939 年 10 月 25 日),中共中央文献研究室、中央档案馆编:《建党以来重要文献选编(1921—1949)》第 16 册,北京:中央文献出版社 2011 年版,第 719 页。

动防守,是敌后战争所最忌的。但是,"在我们这里偏偏时常有人这样做。真正善指挥的不只能力争主动,避免被动,而且必须能指挥自己操纵敌人,善于脱离被动转入主动。"①要做到这一步,固然有赖于指挥员英明,尤有赖于军队的良好素质。一般人看到拿破仑打了很多胜仗,就以为这只是由于拿破仑指挥的优良,殊不知拿破仑倘若没有他那支从法国资产阶级革命中得到了利益的农民队伍,他是不能如此打胜仗的。八路军欲求在抗日战争中永远争取主动地位,首先就必须有一支政治、军事素质优良的军队。同时,指挥员必须从死背操典中解放出来,必须认真从抗战的具体环境里,从中日战争的规律性里,研究出真正主动灵活的抗日战略战术来。只有切合华北作战实际的战略战术,才能与狡猾的日军长期周旋,血战到底。

4. 反围攻"扫荡"时,八路军采取内线作战和外线作战相结合的原则。八路军虽居于内线作战地位,但不应为此种情势所束缚。主力要适时运动到日军侧背后方,正面则以小股节节抗退,就是所谓"运动防御"的办法。八路军的目的是使日军分进合击,扑一个空,在敌之运动中间选择敌之弱点,集中主力歼灭其一路或数路。如果各路日军已进至利害变换线,而没有暴露可乘之机,那就要丝毫不犹豫地坚决变换地位,要避免任何被迫进入战斗的情况,要用自己的积极动作,打乱日军的部署,为八路军造成有利的战机,打击消灭敌人。

5. 敌后战场上的指挥员必须富于自动性。"一个良好指挥员

① 彭德怀:《进入新阶段的华北战争》(1939年10月25日),中共中央文献研究室、中央档案馆编:《建党以来重要文献选编(1921—1949)》第16册,北京:中央文献出版社2011年版,第720页。

必须富于自动性,自动配合友军,自动打击敌人。指挥员不仅要顾
到自己的局部,而且要顾虑到全局。在共同作战的友军陷入危险
的时候,必须不待命令,自动地驰往应援,不然吃亏的也是自己。"[1]

6. 上级指挥员应给下级以较大机动,不要令下级事事都待命
令。在敌后抗战的环境下,事事等待命令就会失掉许多打击日军
的有利战机。上级对下级因机动专行去消灭日军而吃了亏时,也
不应过分责备,应当鼓励这种自动性。同时,上级给下级的命令不
应过分死板,要给以较大的活动可能,一般最好给以训令。下级对
上级的报告,应当忠实,以便给上级以正确判断全局的可能。瞒上
虚报的恶习应当彻底铲除。

在战术指挥原则上,袭击为主要战斗手段,主要是:(1) 在未与
敌接触时,必须秘密隐蔽,使敌不发觉,一接触时,要突然投入战
斗,白刃冲杀,与敌混战,使日军的优良武器不能发挥作用。(2) 火
力要与运动密切配合,在运动时集中火力与攻击点。但是,一般应
避免运动前的火力准备阶段。装备条件不完备的军队,去与装备
优良的敌军作战,实施火力准备(特别是袭击战)是不利的。
(3) "袭击不奏效,估计无法奏效时,应当机动灵活地适时地退出战
斗。"[2]向某攻击点冲锋,亦不应超过 3 次,如冲锋 3 次而不奏效时,
应另择弱点袭击。如果可能奏效,不要放走机会,要坚决消灭日
军。(4) 袭扰不同于袭击,袭扰目的在于扰乱日军,袭击目的在于

① 彭德怀:《进入新阶段的华北战争》(1939 年 10 月 25 日),中共中央文献研究室、中央
　档案馆编:《建党以来重要文献选编(1921—1949)》第 16 册,北京:中央文献出版社
　2011 年版,第 720 页。

② 彭德怀:《进入新阶段的华北战争》(1939 年 10 月 25 日),中共中央文献研究室、中央
　档案馆编:《建党以来重要文献选编(1921—1949)》第 16 册,北京:中央文献出版社
　2011 年版,第 721 页。

消灭日军。但当袭扰有机可乘时,即应变为袭击,不要放过消灭日军的机会。

进攻时选择日军弱点。在战术上进攻,应当先找弱一点的消灭,如此,强的亦将变为弱的。倘若先攻强的,就是攻得下,损失也必大;攻不下,则弱的也变为强的,更难攻了。所谓弱,指的是日军在兵力上比较弱,配备上比较弱,素质上比较弱,或者处于不利地形。为了消灭敌人,战术上应保持以多胜少。就是双方兵力相等,也应用小部队牵制日军的大部,而集中大部力量消灭其一小部分。这样,敌我兵力虽相等,结果亦变成敌比我少了。

牵制与突击。牵制是以少数兵力吸引多于自己的日军,而使日军误认为主攻。因此,牵制的队伍必须积极动作,尽量吸引日军于自己的当面,使突击方面易于奏效,而不是假攻;当牵制的队伍看到有机可乘时,可以变为真正的突击。"在突击方面要集中优势兵力,打击敌之劣势兵力,保证以多胜少的原则。切忌平均使用兵力。"[①]战斗胜负决定于主要的方向,到处顾虑,结果没有一处打得好。

火力袭击是在有利目标的条件下,用高度密集的火力,突然给日军以重大打击,在几分钟或几秒钟内大量杀伤日军。但火力袭击必须事先有周密的、充分的准备。最好的时机是日军集合时,通过险路时,或开始进入宿营地时等。如由火力袭击能够造成消灭日军可乘之机时,就应坚决投入进攻,一举消灭日军。

警戒与侦察的配合。警戒是消极的,侦察是积极的,但二者不

---

① 彭德怀:《进入新阶段的华北战争》(1939年10月25日),中共中央文献研究室、中央档案馆编:《建党以来重要文献选编(1921—1949)》第16册,北京:中央文献出版社2011年版,第722页。

可偏废，应配合使用。部队应当经常派出侦察队，接近敌人，袭扰敌人，以积极方式侦察敌情，出没无常，使日军一举一动都在八路军洞悉之中。要以侦察队消灭敌之别动队、游击队。

疲惫日军。在日军驻扎时，应当经常派出小部队，不论昼夜，不论风雨，在四面袭扰日军。八路军只用少数部队便使得日军多数疲惫。当日军退走时，八路军则经常在日军侧翼扰击，使得日军行止不得安宁，创造集中主力消灭日军的机会。

麻痹日军。这就是使日军对八路军的情形捉摸不定，疑神疑鬼。八路军的主要办法是："昼伏夜动，声东击西，有意暴露，及时隐蔽。"这使日军神经错乱，而造成八路军主动消灭敌人的条件与机会。

伏击日军。首先，伏击事先必须有严密而周详的计划，必须有详尽的布置；其次，侦察哨关系整个伏击的成功与失败，最好由最高指挥官亲自担任；最后，在选择伏击地的时候，最好不要有房子及其他建筑物可为敌利用来做支点，封锁消息，出其不意，攻其不备。

（三）坚持华北敌后抗战靠人民战争

1943 年 7 月 3 日，八路军副总司令、中共中央北方局任代理书记彭德怀在《解放日报》发表《我们怎样坚持了华北六年的抗战》一文，论述了华北军事形势及如何坚持敌后抗战。

1. 打破日军疯狂进攻靠人民战争

在敌强我弱形势下坚持华北敌后抗战，人民战争是无敌的力量。

彭德怀的文章认为："日寇无时不希望'征服'华北，以便进一步向我中原及大后方进攻，同时也企图利用华北丰富的资源与人力，补充其在太平洋战场上的巨大消耗。因此，日寇使用大量兵力于华北,如今即有第十七、二十六、二十七、三十二、三十五、三十六、三十七、五十九、六十九、百十①等共 10 个师团,还有第一、二、三、四、五、六、七、八、九及十五等共 10 个旅团,总共在华北有 15 个师团。此外,伪治安军、伪和平救国军、伪剿共军及伪蒙军等,至少16 万人,虽其中大部民族意识尚未完全消失,且有不少同情抗日者,表现伪军中的动摇不巩固,然而被日寇与汉奸强制为敌服务,替日本法西斯屠杀中国人,增加敌后抗战不少困难。"②但是日军侵占华北的阴谋在华北抗日军民打击下不仅没有实现,而且被拖住了进攻中国大后方的后腿。因华北战事胶着,侵略华北的日军已几易统帅。

日本军部于 1938 年初任命寺内寿一代替原华北派遣军司令官香月清司为华北方面军总司令,"但为时不久,于是年 8 月就撤换了。其时华北游击战争正蓬勃开展,抗日军不惟未被消灭,反大为增加。继任华北方面军总司令官者是杉山元。当时抗日民主政权与游击队已在各地发展与建立,到处翻车破路,伏击截击,予敌以极大威胁……敌已控制的铁路交通仍然经常为我袭击而中断。如是,又不能不在其上任周年之际(1939 年 9 月)让位于多田骏。多田到任不久,即提出所谓'囚笼政策',沿铁路公路两侧挖成深沟高垒,实行严密封锁,隔绝我平原与山地交通,割裂我抗日根据地,敌寇依据这些占领之点线,向我各根据地压缩。当时敌我斗争已非常紧张,敌自以为得计,高叫'竭泽而渔'。我乃乘敌不意,隐蔽集结百团兵力,突然指向平汉路、津浦路、北宁路、平绥路、正太路、

---

① 百十,即日军第一一〇师团。

② 彭德怀:《我们怎样坚持了华北六年的抗战》(1943 年 7 月 3 日),《解放日报》1943 年 7 月 3 日,第 4 版。

同蒲路、白晋路，同时进攻，击破其堡垒，并毁其沟墙，烧毁其车站、仓库，炸毁其铁路、桥梁，将多田得意之'囚笼政策'击得粉碎。八路军不仅占领了这些铁道，而且进逼平津。半年后敌始将铁道交通全部恢复。这就是著名的百团大战，回答了敌寇'肃清华北、确掌华北'的迷梦"。①"多田在这一惨败的教训下，提出改变老套战法，实行所谓'牛刀子战术'，即'集结极优势兵力突击一点'之意，结果又被我神出鬼没分散之游击战所粉碎。敌寇复提所谓'分散配备、灵活进剿'，依然无效。华北八路军、游击队、民兵仍然驰骋山岳、平原，如鱼在大海，虎居深山，活动极为自若。至此，多田骏就不能不计竭势危，宣告退休，于1941年7月代以号称日本军阀三杰之一的冈村宁次。"②"他是屠杀朝鲜民众及我东北同胞的血腥魔王。他到任时即提出交通建设，其办法就是深挖封锁沟，高筑封锁墙，强化堡垒政策，于是年秋集中10万以上兵力，指向我晋察冀边区，构成宽正面、大纵深，进行所谓'铁壁合围'，企图以此表示他上马威风。可是，我们晋察冀边区之人民子弟兵毫不留情面地打得他人滚马翻，焦头烂额而退出边区了。'铁壁'既被打碎，敌寇复于1942年5月以所谓'铁桶合围阵'用之于太行山，以'铁环封锁阵'用之于冀中及山东"，③但均以战略受挫而告终。

　　冈村宁次推行"惨绝人寰的'三光'政策，以杀光、抢光、烧光的兽行来镇压我们的反抗。这不过表示黔驴技穷的狂妄幻想而已。

---

① 彭德怀：《我们怎样坚持了华北六年的抗战》(1943年7月3日)，《解放日报》1943年7月3日，第4版。

② 彭德怀：《我们怎样坚持了华北六年的抗战》(1943年7月3日)，《解放日报》1943年7月3日，第4版。

③ 彭德怀：《我们怎样坚持了华北六年的抗战》(1943年7月3日)，《解放日报》1943年7月3日，第4版。

我们虽有不少的美丽村庄被烧毁而成为废墟瓦砾,虽有不少的男女同胞被屠杀,但是我们华北军民并未被'征服',反而更加英勇善战了。安达十三(冈村宁次的参谋长)夸耀他在华北有11 100余公里的封锁沟,有近万的堡垒,但这并不能吓倒我们共产党、八路军与华北人民"。①

依靠人民,开展人民战争,军民团结,弥补了八路军武器落后的弱点,打破了日军疯狂进攻,造成陷敌于灭顶之灾的汪洋大海。

2. 壮大人民力量,争取抗日胜利

中国共产党的正确领导,人民战争是坚持华北敌后抗战的法宝。华北军民没有被日军嚣张、疯狂、惨无人道所吓倒,他们擦干身上的血迹,面对敌人烧杀、抢掠、苛律、暴行,英勇奋斗,坚持抗战到底。"事实证明,自 1939 年起,黄河即被封锁,我军与大后方隔绝,孤悬敌后,粮弹两缺,靠着自己生产和民众协助,解决了粮食、被服,依靠指战员的英勇攻袭敌之据点堡垒以及反'扫荡'之胜利,夺取了敌人无数弹药武器,补充了自己。正因为如此,才能屹立敌后,坚持 6 年。这绝非偶然侥幸所获得,而是从 6 年来军民合作,共同努力,不惜牺牲,不怕艰苦,英勇奋斗中获得的。"②

晋冀鲁豫民众反抗日军侵华暴行而奋不顾身的壮举数不胜数。如 1942 年"太行区反'扫荡'战争中的辽县(后改为左权县)一个区,就有:后柴城村的财政委员吕振芳,敌以开水将他全身烫烂,仍守口如瓶,始终不肯供出公粮存放地方,最后被敌砸死。上南会

---

① 彭德怀:《我们怎样坚持了华北六年的抗战》(1943 年 7 月 3 日),《解放日报》1943 年 7 月 3 日,第 4 版。

② 彭德怀:《我们怎样坚持了华北六年的抗战》(1943 年 7 月 3 日),中共左权县委、左权县政府编:《八路军总部在麻田:纪念八路军总部进驻麻田五十周年》,太原:山西人民出版社 1990 年版,第 22—23 页。

村的民兵王慕戌，被敌以针刺指甲，挖去两眼，最后被敌将其头击碎，仍不屈服，始终不报告出公物埋存地方及民众隐藏在哪里。大林县村的农会代表李福全，民事主任李倍嬗，财政主任赵光礼，因伤被俘，在敌严刑拷打之下，始终未说出半句有利日军的话"。[①]

　　根据地军民流血奋斗的上述事实证明，晋冀鲁豫抗日根据地"人民已具有高度爱国热情，不仅有这种爱国热情，而且已经武装起来，组织民兵自卫队，造成了千千万万类似太行山刘二堂式的神枪射手。刘二堂的枪百发百中。敌人'扫荡'时，每次都被刘二堂打死人马和指挥官。因此，日军恨之入骨，去年大'扫荡'时，敌以千数人专门围山搜捉，刘二堂之弟假称刘二堂被敌惨杀。当时辽县各地民兵尚不知真相，即自动为刘二堂报仇，亦有自称刘二堂者，一时到处都是叫刘二堂的民兵，闹得日军很奇怪。为什么杀了一个刘二堂，反而会产生这样多的刘二堂。民众英勇杀敌的类似事实，在其他各战略地区，亦不可胜数。如在鲁南沂河区肖家庄一个不满40家的村庄，竟和包围的数百敌人激战3日，敌犹强攻不下，最后竟无耻地施放毒气，而农民以手巾浸湿围在嘴上继续沉着应战。孩子很多中了毒，但母亲却仍然搬石头给自卫队准备最后的武器，一直坚持到弹尽时，自卫队才乘夜掩护全村老弱妇孺转移"。[②]

　　惨酷的现实进一步激发了人民抗日斗争的意志和血战到底的

① 彭德怀：《我们怎样坚持了华北六年的抗战》(1943 年 7 月 3 日)，中共左权县委、左权县政府编：《八路军总部在麻田：纪念八路军总部进驻麻田五十周年》，太原：山西人民出版社 1990 年版，第 24 页。

② 彭德怀：《我们怎样坚持了华北六年的抗战》(1943 年 7 月 3 日)，中共左权县委、左权县政府编：《八路军总部在麻田：纪念八路军总部进驻麻田五十周年》，太原：山西人民出版社 1990 年版，第 24—25 页。

英雄气概,这是夺取抗战胜利的重要精神力量。战争教育了民众,民众学会了战争,学会了在战火中生存,"各根据地的民众已学会了地雷战。在敌人'扫荡'时,民众自动地在厨房、土地以至牛粪堆、厕所旁埋设地雷,所以到处都有触发之危险。此次敌'扫荡'太行区,即触发了 1 900 个地雷,即以每个地雷平均炸死一个敌人计算,这数目字是多么可观。至于各级抗日民主政府中的工作人员,英勇壮烈的行为同样的也多不胜举"。① 晋冀鲁豫抗日根据地的抗日民主政府、八路军总部,积极动员人民抗战,紧紧依靠人民,团结一致,奋勇杀敌,不断壮大人民力量,这是夺取抗日战争最后胜利的根本。

（四）坚持平原游击根据地

在抗日战争进入相持阶段以后,八路军在敌后山区建立的抗日根据地不断巩固,侵略华北日军则加紧围攻、"扫荡"八路军的山区根据地,这样,山前平原地带的斗争空前激烈。"我平原抗日根据地在某些地区性质上已起了变化,成为游击根据地……我大块根据地被敌逐渐分割成为许多小块。敌依据其密布的公路、碉堡、封锁沟、墙,随时可以对某一地区进行'扫荡';而我军在敌之点、线、沟、墙封锁之下,大兵团活动受到极大限制,甚至于根本成为不可能。因此,必须在平原地区结束运动战,进行分散的、普遍的、群众性的抗日游击战争。"②怎样坚持平原游击根据地,能否

---

① 彭德怀:《我们怎样坚持了华北六年的抗战》(1943 年 7 月 3 日),中共左权县委、左权县政府编:《八路军总部在麻田:纪念八路军总部进驻麻田五十周年》,太原:山西人民出版社 1990 年版,第 25 页。

② 彭德怀:《关于平原抗日游击战争的几个具体问题》(1942 年 7 月 15 日),中共中央文献研究室、中央档案馆编:《建党以来重要文献选编(1921—1949)》第 19 册,北京:中央文献出版社 2011 年版,第 372—373 页。

坚持持久,摆在晋冀鲁豫边区抗日军民面前。

1. 坚持平原游击根据地的有利条件

1941 年 6 月 12 日,彭德怀在《冀南形势与坚持平原根据地的方针》的电报中指出:"只要政策是正确的游击战能够坚持山区根据地斗争仍然是继续的而且可能的,也是必须坚持的,但游击性与困难大大增多,山区根据地之人口补充将要进到严重的困难,为长期坚持山区根据地着想,战争预备队的蓄积是十分必要的,除直接爱护节约山区人力外,适当的将平原正规军部分转入山地,在平原根据地坚持时勿使过早过大被迫消耗主力,减少将来坚持山区的人力困难。"①

八路军坚持平原根据地与公开的武装斗争的条件在于,侵占华北的日军兵力不足,无法同时向全华北平原抗日根据地发动全面进攻,只能实行分区"进剿",即对某个战略区发动"扫荡""清剿"。这表明侵华日军占地越多,兵力越紧张,与晋冀鲁豫抗日根据地的八路军比较,并非占有绝对优势。"敌人的优势主要表现在技术与战术方面,其政治素质随着战争的持久而降低,战斗力不如以前,军队数量亦较前减少。但由于敌人掌握了交通要道,所以能够在一定地区内集中相当大的兵力,取得暂时优势。这种优势是有时间性与地域性的。以敌人兵力衡量,不可能在全华北普遍地取得这种优势,即在平原地区,亦不能同时取得这种优势。这样,敌人虽然对我一定的地区可以进行极疯狂的'扫荡',但在另一些地区,兵力又感不足,顾此失

---

① 彭德怀:《冀南形势与坚持平原根据地的方针》(1941 年 6 月 12 日),中国人民解放军国防大学党史党建政工教研室编:《中共党史教学参考资料》第 17 册,北京:国防大学出版社 1985 年版,第 116—117 页。

彼,予我军有可乘之机。这是敌人进行战争最苦恼的事,且是它不能克服的弱点。我应及时地掌握敌人这一弱点,相互密切配合,争取主动,有力地打击与消耗敌人。这是完全可能的,且是事实证明了的。这是我能够坚持华北,坚持平原游击根据地的主要根据与有利条件。"①

　　日本军国主义者发动的侵华战争是一场反人类的侵略战争,日军的残暴行径,更激起晋冀鲁豫抗日军民的反抗斗争。"敌人进行的是非正义的侵略战争,残酷的掠夺,军队纪律的败坏,更易激起我全民的反抗,造成深刻的民族矛盾。这一矛盾非但不会降弱,相反的,将随敌人各种压迫的加紧而加剧,屈服的只是极少数,这亦是我能坚持敌后斗争在政治上的主要根据与有利条件。"②晋冀鲁豫军民救亡图存同仇敌忾的民族精神,铸就了八路军坚持华北敌后抗战的政治优势。

　　尽管八路军在华北的军事实力与日伪比较,占相对劣势,但在政治上占绝对优势。"所谓敌强我弱,只限于军事方面。因敌我军事实力的不平衡,目前难以甚至不可能在军事上给敌人应有的或决定性的打击,只能采取积极的游击战争,对敌弱点给以必要的打击,从各方面去削弱敌人,达到熬时间的目的。这种分散作战的形势,在平原较山地更为困难;山区根据地在一定条件下,还可以集中较大兵力,予敌人某些歼灭的打击(这

---

① 彭德怀:《关于平原抗日游击战争的几个具体问题》(1942 年 7 月 15 日),中共中央文献研究室、中央档案馆编:《建党以来重要文献选编(1921—1949)》第 19 册,北京:中央文献出版社 2011 年版,第 373—374 页。

② 彭德怀:《关于平原抗日游击战争的几个具体问题》(1942 年 7 月 15 日),中共中央文献研究室、中央档案馆编:《建党以来重要文献选编(1921—1949)》第 19 册,北京:中央文献出版社 2011 年版,第 374 页。

种形势今天在山地亦较前大大的减少了）。敌我军事实力虽是如此，由于我们在政治上占绝对优势，所以不但在山区根据地可以坚持，即在平原被敌分割的小块游击根据地，在不违反政策、不犯错误的情况下，亦肯定是可以坚持的。"①

共产党领导的平原抗日根据地，由于一时间局面较为困难，抗日斗争更为复杂，"这就要求平原地区的领导同志更细心地研究具体对策，一定能够熬过时间，直到最后胜利"。②

2. 抗战新形势下平原游击战注意的问题

抗日战争新形势下的游击战争要注意以下诸方面：

"（1）由于敌之兵力不足，故敌人对我之'扫荡'与'清剿'，在地区上、时间上表现的局限性，其特点为此起彼落，此落彼起，具有极大的变化性。我们必须善于掌握具体的变化，及时灵活地改变某些过高的斗争策略，抛弃死硬公式，进行灵活的游击战争，配合各种斗争方式，才能顺利坚持，得到胜利。（2）全华北领土我占1/3强，绝大部分是落后的农村，一般地说来，我能自由回旋行动，无多大拘束，与敌作战可以采取无固定战线（有固定的地区）的游击行动。虽有的地区，敌军在数量上占着绝对优势，亦不可能消灭我们。敌人点线的飞速发展，增加了对我'扫荡'的某些便利，但这也增加了敌人的困难和暴露了敌人的弱点。如兵力愈益分散，更难集中绝对优势的兵力对

---

① 彭德怀：《关于平原抗日游击战争的几个具体问题》（1942年7月15日），中共中央文献研究室、中央档案馆编：《建党以来重要文献选编（1921—1949）》第19册，北京：中央文献出版社2011年版，第374页。

② 彭德怀：《关于平原抗日游击战争的几个具体问题》（1942年7月15日），中共中央文献研究室、中央档案馆编：《建党以来重要文献选编（1921—1949）》第19册，北京：中央文献出版社2011年版，第374页。

付我们。兵力不足是敌人先天的弱点,这一矛盾不仅现在存在,即是将来,敌人也无法解决的。(3)游击战争必须要有根据地,否则游击战无力,且难持久。今天无根据地的游击战争,实质乃是单纯的军事行动,其作用仅等于军事别动队或武装侦察,这将使武装斗争与非武装斗争脱节。游击队的斗争,必须与群众的政治、经济要求密切结合起来,才能取得群众的拥护与援助,才能有力坚持,才能持久与发展,才能完成一定的政治任务。"①那种认为在华北平原应以合法斗争为主、隐蔽斗争为辅的意见,实质上是不承认八路军创建的游击根据地的存在,取消了敌后军民的公开武装斗争,其结果必然是无法在平原地区立足,甚至退出平原地区,所谓的"坚持平原"则成为一句空话。

3. 开展抗日根据地对日抗战的隐蔽斗争

在侵华日军法西斯刺刀与残暴殖民统治之下,"不应幻想存在合法斗争为主,因为客观上不存在这种事实。过去有些地方自己解除民兵武装,组织黑团;取消抗日政府,代以维持会,这都是严重的错误。在某些地区,根据具体情况,估计敌兵久占,我实无法再坚持公开的斗争,一切公开的抗日组织亦不能继续公开存在,我们必须转入地下或撤退。在此情况下,我们应预作准备,设法打入伪组织,掩护抗敌工作的进行,侦察敌人,收集情报,协助公开的武装斗争。利用伪组织的两面政策,对敌是公开的、合法的,对我是秘密的、非法的,但两面政策是

---

① 彭德怀:《关于平原抗日游击战争的几个具体问题》(1942 年 7 月 15 日),中共中央文献研究室、中央档案馆编:《建党以来重要文献选编(1921—1949)》第 19 册,北京:中央文献出版社 2011 年版,第 375 页。

利用敌人所许可的合法的组织形式，进行欺骗敌人的非法斗争，因此，这并不是合法斗争。如果错认两面政策是合法斗争，在政治上是麻痹了自己，在工作上也会弄出乱子来。但合法斗争亦非绝无可能。如利用敌伪矛盾及敌人的怀柔阴谋：敌在某一时期、某一地点（敌占区）为麻痹我们，故意惩戒民愤极大的个别汉奸时，我即去领导人民请愿，反对最坏的奸伪，利用这种办法打击其他汉奸，使其觉得没有出路。敌寇如不允许，我则揭破敌人假面具，增加民族仇恨。这样做是可能的，是必要的。但一般说，足资我利用为合法斗争的机会是很少的。敌人是要灭亡我们，奴役我们，绝不会允许什么合法的反日斗争，如果不了解这一点，就会陷到机会主义的泥坑里"。①

共产党地下抗日工作者打入伪军、伪组织开展工作问题。在抗日斗争中，分化瓦解"伪军、伪组织中的工作绝不应放松，要利用一切可能去进行，目的在于争取伪军，利用伪组织，对敌欺骗应付，对我诚恳帮助。这种打入敌人合法组织里的工作，不能叫做合法斗争。因为敌人绝不会允许抗日分子进入其统治的武装力量与组织里进行抗日工作，所以对敌伪是非法的。至于将自己的抗日武装改编成伪军的意见与做法，那是把自己合法的抗日权利取消，换得不合法的地位，这是非常错误的。这种思想与做法发展下去，可能走到所谓'曲线救国论'的危险道路，必须加以反对。已在敌占区建立的小型秘密武装，直接依靠于群众中政治觉悟最高的分子和得到广大群众的同情，是

---

① 彭德怀:《关于平原抗日游击战争的几个具体问题》(1942 年 7 月 15 日)，中共中央文献研究室、中央档案馆:《建党以来重要文献选编(1921—1949)》第 19 册，北京:中央文献出版社 2011 年版，第 376 页。

可以存在的。他们可以采取隐蔽的伪装方式,与敌人进行武装斗争,镇压汉奸;可以减少群众的负担,打击敌伪的骚扰、苛索与威胁,使敌伪改变某些态度"。[1]

晋冀鲁豫抗日根据地对日抗战中的隐蔽斗争,不是大张旗鼓进行,而是要采取所谓的伪装斗争,即具体的行动中要尽量减少用八路军或公开抗日政府的名义,缩小目标,以便利进行长期的斗争。平原抗日游击根据地的斗争方式是复杂多样的,是各种斗争密切的配合,主要是将公开的武装斗争与秘密的各种斗争相结合,利用一切有利时机,缜密谋划,隐蔽获动,迅速出击,使日伪防不胜防。

(五)坚持与巩固抗日民主根据地

坚持与巩固抗日民主根据地,需要组织保障和正确的策略方针。

1. 巩固、健全四种组织

为了贯彻北方局关于坚持巩固敌后抗日根据地的指示,1943年彭德怀在太行区军队营以上、地方县以上干部会上作了题为《怎样继续坚持与巩固抗日民主根据地》的报告。彭德怀认为:"在某些地区(如北岳区、太行山、山东)有了革命的武装、革命的政权、革命的群众组织、革命的政党——共产党(而且前面的三种组织都在共产党领导之下),这四种组织在一定地区能够公开的合法的存在,各自执行自己的职权(如政权执行自

---

[1] 彭德怀:《关于平原抗日游击战争的几个具体问题》(1942年7月15日),中共中央文献研究室、中央档案馆编:《建党以来重要文献选编(1921—1949)》第19册,北京:中央文献出版社2011年版,第376—377页。

己的法令、纪律、各种制度),这样的地区,就叫做革命根据地。"①"上述的四种组织,必须明确分工,而且各种组织内部又应有它自己的分工,如政权中有民政、财政、实业、教育等工作,党里面有宣传、组织、青年、妇女等工作,各种组织各有其一定的任务,起一定的作用,又相互配合,密切联系,在共产党统一的领导与计划下,对敌进行斗争。革命根据地的巩固不巩固、健全不健全,就决定于上述四种组织巩固不巩固、健全不健全。如果四种组织都是巩固的、健全的、有能力的,那么这个根据地也就是巩固的:健全的、坚强的。但是除了这四种组织必须巩固、健全与坚强有力以外,还有另一个决定革命根据地能否坚持的条件,这就是党的路线与党的领导正确与否。"②

"由于敌后战争的长期性,与我装备不如日军,得不到大后方的接济,我方军事指导原则主要只能是游击战争。在平原,已完全是游击战争;在山地,虽然还有部分的、一定限度内的运动战,但由于我们技术落后,物质困难,可能性已更缩小了,主要也是用游击战争打击进入根据地的敌人,疲惫它,消耗它,经过一定时间之后,迫使敌人退出根据地。我山地还有一定限度的运动战,如出敌不意,乘敌疲惫,集中适当的兵力,予敌打击。这一定限度的运动战也是可能与必要的。在平原则不同,因为

---

① 彭德怀:《论革命根据地与武装斗争》(1942 年 12 月 18 日),中共中央文献研究室、中央档案馆编:《建党以来重要文献选编(1921—1949)》第 19 册,北京:中央文献出版社 2011 年版,第 586 页。

② 彭德怀:《论革命根据地与武装斗争》(1942 年 12 月 18 日),中共中央文献研究室、中央档案馆编:《建党以来重要文献选编(1921—1949)》第 19 册,北京:中央文献出版社 2011 年版,第 587 页。

敌人碉堡主义的发展,我之装备不如敌人等,运动战已不可能了。"①八路军是处在敌后,日军武装力量的顽强,是超过中央苏区第五次"围剿"时的国民党军队的。"那时,阶级敌人的军队,武装配备虽也是现代化的,但士兵在政治上的顽强性,则远不如日本士兵。苏区时期敌军的许多士兵同情土地革命;而日本帝国主义的军队,则受武士道的麻醉相当深(敌虽顽强,数量少),虽经 5 年抗战使他们一天天觉醒过来,毕竟还未到应有的动摇时候。""敌人在华北修筑的封锁沟、封锁墙的长度,已远超过中央苏区时代了。……抗战开始不久,毛泽东就提出坚持敌后军事斗争的指导原则,'基本的游击战,及有利条件下的运动战',以代替内战时代的旧原则,这是完全正确的。可惜,在华北各个地区,对这一新的指导原则,或多或少地都认识得不深刻。华北各地对加强地方武装的忽视,吞并地方武装的行为,即是对这一军事指导原则了解不够的明证。这就是把游击战争估计过低,把运动战估计过高所犯的错误。今天敌后,无论山地或平原,尤其在平原,只有正规军分散的游击战,与老百姓的群众游击战密切结合,打击敌人,才是最有效的办法。关于群众游击战,是从平型关战斗之后,更加认识到其重要性。""敌兵的这种顽强性,启发了我们的认识。如果不是群众发动起来,组织游击战,民众大家来打它,要想随便歼灭它,是不那样容易的。只有群众的力量,才能削弱敌军的顽强性,群众性的游击战,当时就强调的提了出来。这是斗争中的教训,可是,还

---

① 彭德怀:《论革命根据地与武装斗争》(1942 年 12 月 18 日),中共中央文献研究室、中央档案馆编:《建党以来重要文献选编(1921—1949)》第 19 册,北京:中央文献出版社 2011 年版,第 587 页。

有未能认识这些教训者。在今后的斗争中……只有正规军的
分散作战与群众武装密切结合才行。群众武装,特别在初期,
如果没有正规军帮助与领导,则是脆弱的;而没有群众武装的
协助,正规军要给予敌人重大打击,也是不容易的。只有群众
武装发展起来,正规军才有所依托。群众武装的发展,是坚持
根据地的必要条件,群众武装不仅仅给予正规军许多帮助,而
且有维系民心的作用。群众的抗战信心和积极性,是需要有武
装作基础的,有了武装,胆量才会大,精神才会振奋,他的力量
也才会有所表现。哪个战略地区能使正规军与群众武装结合
更好,则打击敌人的成绩就最大,积蓄力量也较多。敌人一旦
深入,就会'行不安,坐不稳',在疲惫消耗之后,就不能不退出
根据地,我们的党、政、军、民四种组织,仍能公开合法存在。这
样,根据地是仍未变质的,只是战争频繁而已。如果没有地方
武装打击敌探奸细及敌之袭扰,掩护群众,根据地就可变质。"①

　　根据地游击性增加,这就是战争既然频繁,党、政、军、民四
种组织形式和机构,以及各种建设事业,都应力求适合这种客
观环境,适应游击性,适应频繁的战争,否则,就会遭到严重的
损失。游击根据地不同于根据地游击性的增加。华北主要的
是从大块根据地变为无数小块游击根据地。所谓根据地变质,
是有一定限度的,虽有变为敌占区的可能,但不一定变为敌占
区。"这要看在根据地里党、政权、武装、群众四种组织健全的
程度如何,也要看坚持该地区的领导的具体策略如何。如果领

① 彭德怀:《论革命根据地与武装斗争》(1942 年 12 月 18 日),中共中央文献研究
　　室、中央档案馆编:《建党以来重要文献选编(1921—1949)》第 19 册,北京:中央
　　文献出版社 2011 年版,第 589—590 页。

导是正确的,四种组织也是健全的,那么,不一定变成敌占区;也可能在经过一定时期后,由游击根据地恢复为根据地。"①

　　某一地区变质的表现,是武装斗争的形式受到各种限制的结果。由于堡垒、封锁沟、封锁墙的增加,八路军正规军不能不更加分散,甚至分散到以班、排、连为单位,进行游击战争;同时地方与公开的、半公开的、隐蔽的群众武装相结合,进行广泛的群众性的游击战争;甚至群众武装的活动更多于八路军正规军的分散活动,而运动战在客观上已根本不可能。至于抗日根据地的党、政、军、民四种组织的公开大规模的活动,也受到严重限制,甚至不可能;也要采取分散活动,更多地帮助下级抗日组织。至于如何具体运用,就完全取决于各地领导机关的机动性、灵活性,甚至在某些地区还有两套办法(公开的与秘密的),一套专门用于应付日军。这都说明,在抗日游击根据地里,人民基本上仍在共产党领导下,但斗争方式非常复杂,有时还须采取革命的两面政策,依据具体情况,对侵华日军作临时性的或断续的应付。当然这种方式只是斗争方式的一部分,绝不是全部,而且也不是主要的部分。

　　2. 变游击根据地为根据地

　　根据地和游击根据地在斗争方式上的区别。第一,在根据地里,是党领导各种组织进行全部公开的对敌斗争;在游击根据地里,主要的斗争方式也是如此,不过游击根据地中,某些区域在一定时间,需要革命的两面政策。第二,"武装斗争上,在

---

① 彭德怀:《论革命根据地与武装斗争》(1942 年 12 月 18 日),中共中央文献研究室、中央档案馆编:《建党以来重要文献选编(1921—1949)》第 19 册,北京:中央文献出版社 2011 年版,第 591 页。

根据地里虽以游击战为主,但还有某种限度的运动战;游击根据地则完全是分散的游击战,且群众游击战是主要的"。① 要运用隐蔽的武装,打击汉奸。根据地游击性增加,各种机关需要缩小,而游击根据地的各种机关需要更分散。第三,根据地内除了侦察敌人的特务活动外,不采用秘密的斗争方式,而游击根据地某些斗争是要采取隐蔽性质的。"游击区即是一切抗日组织均不可能公开存在,只有隐蔽的地下抗日组织,其形式与根据地根本不同。"②根据许多经验教训,必须采取灵活的组织形式,也可采取民族的联合组织形式,不分阶级,不分职业,不分性别,自愿的自由结合的方式,还可以利用当地的各种合法形式,进行隐蔽的抗日活动,秘密协助抗日,以不妨害其秘密为主。这些地下抗日组织,可以掩护武装游击队的活动,武装工作队深入敌占区进行宣传,可以为根据地送情报;而游击队的活动,则可以积极配合地下组织与敌进行斗争,并促成某些合法斗争的开展。在党有工作基础的地区,此处还可以作为游击队、武装工作队临时休息之所。但游击队与武工队必须注意不能经常去,以防暴露,而遭到敌人的破坏。另外,"还有一种游击区,那里没有秘密的抗日组织,武装游击队和武工队要利用各种机会进行临时性的、并且是经常性的游击,使敌伪组织不

① 彭德怀:《论革命根据地与武装斗争》(1942 年 12 月 18 日),中共中央文献研究室、中央档案馆编:《建党以来重要文献选编(1921—1949)》第 19 册,北京:中央文献出版社 2011 年版,第 592 页。

② 彭德怀:《论革命根据地与武装斗争》(1942 年 12 月 18 日),中共中央文献研究室、中央档案馆编:《建党以来重要文献选编(1921—1949)》第 19 册,北京:中央文献出版社 2011 年版,第 592 页。

能巩固,促其动摇"。① 这一种意义,往往为游击队、武工队忽视,只有老百姓才知道这种临时性、经常性的游击意义之重大。我游击队、武工队应利用机会,深入我没有秘密组织的地区去打击伪组织,建立秘密工作基础。提出武装工作队这个名称,就包含着这一重大意义,要经过他们,把游击区变为游击根据地,把游击根据地变成根据地,这是一个具有战略意义的任务。

　　根据地与游击根据地的斗争形式,主要是武装斗争,配合其他斗争。"根据地总是产生与生存于反革命的包围中的,甚至在根据地内,也还有敌人(内战时是阶级敌人,现在是民族敌人),因之,要创造根据地与保卫根据地,主要是依靠武装斗争。"②"敌人采取武装来进攻,我也必须以武装来回答,这种武装斗争,就是革命与反革命斗争的最高形式。但这只是主要的形式,而不是唯一的形式。如果武装斗争不与改善民生、实行民主斗争相结合,不与生长武装的群众运动相结合(群众是生长武装的母亲),那就孤立了武装斗争,就是把主要的形式看成唯一的形式。这是错误的。如果注意民生、民主的斗争,而不注意党的路线和统一战线的方针以及掌握具体政策,不在武装斗争中去建立党,那同样也是错误的。必须深刻认识到武装斗

---

① 彭德怀:《论革命根据地与武装斗争》(1942 年 12 月 18 日),中共中央文献研究室、中央档案馆编:《建党以来重要文献选编(1921—1949)》第 19 册,北京:中央文献出版社 2011 年版,第 592—593 页。

② 彭德怀:《论革命根据地与武装斗争》(1942 年 12 月 18 日),中共中央文献研究室、中央档案馆编:《建党以来重要文献选编(1921—1949)》第 19 册,北京:中央文献出版社 2011 年版,第 593—594 页。

争是创造根据地的,也是创造党的。"①武装斗争培植了党,而又服从于党的领导,否则就成为单纯军事主义。单纯的武装斗争是非常危险的,脆弱无力的,更谈不上发展,一定会失败,历史上这种单纯武装斗争,没有不失败的。

如果没有八路军就不会有敌后根据地,也就不会有华北几十万党员。有了八路军,就有了根据地,有了党;党又来领导这个武装,成为党的革命的武装力量。但是,"不关心群众运动,不关心群众利益,不关心群众生活,不去解决群众的问题"②,单纯军事主义必然失败。"上面两种偏向,一种是忽视武装斗争,另一种是只晓得武装斗争,认为'武装斗争是唯一的',不注意群众运动,那是不懂得中国革命的特点,不懂得党与群众的关系,这必须认真引起我们注意,都须要纠正。"③

第三节　第一二九师巩固发展抗日根据地的策略方针

八路军第一二九师在华北敌后抗击侵华日军,建立巩固发展抗日根据地,在战争实践中不断探索晋冀鲁豫抗战规律,形成了克敌制胜的军事、政治、经济等方面的策略。

---

① 彭德怀:《论革命根据地与武装斗争》(1942 年 12 月 18 日),中共中央文献研究室、中央档案馆编:《建党以来重要文献选编(1921—1949)》第 19 册,北京:中央文献出版社 2011 年版,第 594 页。

② 彭德怀:《论革命根据地与武装斗争》(1942 年 12 月 18 日),中共中央文献研究室、中央档案馆编:《建党以来重要文献选编(1921—1949)》第 19 册,北京:中央文献出版社 2011 年版,第 594 页。

③ 彭德怀:《论革命根据地与武装斗争》(1942 年 12 月 18 日),中共中央文献研究室、中央档案馆编:《建党以来重要文献选编(1921—1949)》第 19 册,北京:中央文献出版社 2011 年版,第 594—595 页。

一、坚持平原游击战争

1939 年 3 月 22 日，八路军第一二九师师长刘伯承、政治委员邓小平在《关于坚持平原游击战争的指示》中提出在晋冀鲁豫地区抗战中开展平原游击战争的主张。

第一，八路军第一二九师在开辟晋冀鲁豫抗日根据地的斗争中，1939 年 3 月平汉铁路以东敌我的态势是：（1）日军企图控制平原，以便进攻西北，在短期内，不致减弱其"扫荡"。（2）敌之作战为尽量减少城市防守兵力，加强"扫荡"的出击兵力。（3）第一二九师的游击战尚不普遍，以致主力兵团缺乏手足，而更疲劳减员。（4）由于疲劳减员，特别由于对任务的认识不足，信心不够，所引起的悲观情绪可能增长，某些干部的责任心及党政工作群众纪律可能减弱。

第二，八路军第一二九师出师华北抗日前线后，"在任何严重情况下均有坚持平原游击战争之任务"。① 因为（1）坚持华北抗战，击破与迟阻敌之进攻西北、巩固华北及灭亡全中国的计划。（2）扩大全国政治影响与政治地位，巩固已得阵地。（3）已坚持两月半之久，且距小麦长成和青纱帐不远，八路军坚持条件日益优良，且在青纱帐起后，便能收复某些城市。

第三，在日军重兵包围"扫荡"下，为了坚持冀南抗战及保持与发展力量，八路军第一二九师的工作与作战特别注意以下几个方面。一是采取下列办法，实现普遍的游击战争：（1）基干

---

① 《关于坚持平原游击战争的指示》(1939 年 3 月 22 日)，军事科学院《刘伯承军事文选》编辑组：《刘伯承军事文选》第 1 卷，北京：军事科学出版社 2012 年版，第 193 页。

兵团抽出小部队,以连或排为单位,加强干部及政治领导,分头活动或发展游击队,补充正规军。(2)由部队抽出存枪,由各县、区党部有计划地组织游击队,可能时由部队派干部指挥游击队。(3)地方党有计划地组织小游击队及游击小组。二是各小游击队及游击小组积极向日军袭扰,即使是夜间到日军驻地打几枪、投手榴弹、安地雷、放爆竹,给日军以精神打击都是重要的,同时应保证党的路线进行群众工作,以求得部队的扩大与补充。三是基干兵团不可拥挤一处,而是分区,在小游击队积极活动掩护下,机动地转至适当地域,以求休整。在战略相持阶段之初不宜与敌硬拼,只宜在有把握的条件下给敌以打击。四是部队所存枪支妥善保管,或设法派部队采取游击方式送过平汉路西。五是加强部队指战员解释工作,深入传达贯彻中共六届六中全会精神,提高信心与责任心,反对悲观动摇,甚至逃跑,背叛民族的可耻行为。干部以身作则和团结成为坚持困难局面下抗战的基本条件。

坚持华北平原游击战争,要动员全体人民参加抗战。1939年4月20日,刘伯承在《对目前战术的考察》一文中提出,打胜仗的战术要靠不断的政治工作。形成部队的良好政治情绪与饱满的战斗精神。无论现代新式武器——飞机、坦克、化学兵器、新式火炮、机关枪之类,怎样精良到了不得了,但这都是死的,都要靠活的人来使用;如果人的质量(包括政治的、军事的与纪律的训育和素养)不强,那么只有打败仗,只有为对方作武器的运输队。八路军是工农的军队,同时又是民族的军队,工农占全民族人数的90%以上,对全民族负有重大的责任,应成为团结全民族反对日本帝国主义,实现独立、自由、幸福新中国的先锋。动员广大人民群中参加平原游击战,并使其与抗战的军队、政府成为牢不可破的整体，进行有组织有配合的斗争。八路军在日军后方的华北作战，广大人民群众，无论哪一阶级、哪一党派，都同样处于日军直接的奸掠、烧杀与奴役的威胁之下，都特别感觉到自己的身家乡土与民族国家的利害存亡是完全一致的，并且知道只有千千万万的民众与军队和政府团结奋斗，才能求得一致的生存与解放。在此条件下，更有利于动员全体人民，一致参加抗战。七七事变后曾根据"有钱出钱、有力出力"的原则，侵华日军在以武装进攻为主要的灭华手段的时候，一刻也没有放松其"以华制华"的阴谋，在日军以"招降""诱降"为灭华的主要手段的时候，更加紧其"以华制华"的阴谋了。日军提出"三分军事、七分政治"甚至"九分政治、一分军事"，这就是明显的例证。

侵华日军"以华制华"手段主要有：政治上强化伪政权，着重于抽壮丁，组织伪军，抓红枪会，组织自卫队；密布特务机关，要各村设情报联络员，侦察抗日组织、人员的活动；用"防共"口号，向国民党诱降，企图破坏抗日民族统一战线；利诱威胁抗战军人家属，到处破坏抗战的秩序，等等。经济上极力搜刮中国的资材，采用军事与经济相结合的营业方式（如随军商店），向中国企业强迫插股，普招华工，开办工业，强迫使用伪钞，调查地亩征粮，勒令普种棉花、鸦片，禁种高粱，封锁军用品流入抗日根据地，等等。凡应有尽有的亡国阴谋和手段，侵华日军没有不使用的。然而，在抗战中竟有极小部分的顽固分子，不知不觉地受其挑拨，也在那里应声"防共"，专造谣言，专找磨擦。这些都要求八路军在动员民众参加抗战中，随时揭穿日军的侵略阴谋，讲明八路军的政策，从整个民族利益出发，团结抗战，争取胜利。

为坚持华北平原游击战争，八路军第一二九师加紧民众抗日运动，组织广大居民，团结斗争，特别组织自卫队、游击队有机地配合正规军队，深入广泛地开展平原游击战。动员全民族一致抗战，这是保障第一二九师打胜仗的条件之一，有了这个条件，才算发扬了八路军传统的"综合群力"的战术。

二、扩大日军反战和伪军反正

日本军国主义者驱策其全国的人力财力，发动灭亡中国的野蛮战争，这不但是迫使中国全民奋起抗日，而且也迫使日本国内劳苦大众尤其前线士兵与它对立。在事实上弄清这一战争的实质，只是日本少数军阀财阀的冒险趋利，而大多数人民，只是出钱送命，陷于有害无利的苦难深渊。日本国内、军中的反战运动日益发展，原因就在于此。虽然日本军国主义者以"皇风万里""东亚主人"这一类骗人的口号，来蛊惑其军民，但终究不能掩盖日本军民在切身痛苦中所得到的教训与真理；相反，随着中日战争的持久化，侵华日军战斗力日益减弱，日本国内自杀率上升，反战运动不绝，日军拖枪向八路军投诚者增多，这有利于八路军瓦解日军。建立太平洋反日统一战线，共同反对日本帝国主义，促进了世界人民的反法西斯斗争。敌后抗日根据地动员全体军民，普遍进行公开的秘密的对敌宣传工作，尤其是总结发扬八路军以往经验。八路军要着重搜集与研究日本国内及军队中实际的政治经济生活的情形，提出切合实际的口号，以达到瓦解日军的目的。

伪军死心塌地当汉奸的还是占少数，伪军官兵遭受日军奴役待遇及前驱作战中，亦开始激发其民族意识与羞恶观念。日军反战和伪军反正行动的扩大，是保障八路军第一二九师打胜仗的一个条件，也是保障八路军攻无不克的重要因素。

　　侵华日军在实行其三分屠杀、七分愚弄的"国家总力战"中，有灭亡人心的所谓"思想战"，有结合武装掠夺的所谓"经济战"，有利诱威胁的所谓"政治战"，有伪装打扮实行独吞中国的所谓"外交战"。

　　知己知彼是开辟敌后抗日根据地的重要方面，不知己则不知自己优势之所在，不知彼则不知敌方劣势之所在，知己知彼方能顺利开辟敌后抗日根据地。

　　侵华日军作战部署态势总体上分为"守备队"与"讨伐队"。

　　1. 守备队与讨伐队的区分。守备队是使用后备役兵老弱的队伍来防守要点与铁路的部队，讨伐队是使用常备军来进击八路军的部队。

　　2. 华北分区围攻与每区分进合击。抗日战争进入相持阶段之后，整个华北都在八路军游击战争笼罩之下，日军因为兵力不敷分配和围攻需要大量兵力，所以不得不实行"分区围攻"；因为八路军采用游击战与运动战，所以侵华日军华北方面军不得不采取捕捉队形的"分进合击"，以消灭战的"战法"进攻抗日军队，企图在华北分区包围和消灭八路军的有生力量，以便节约其后方守备兵力，抽出更多的军队去进攻中国西北地区。日军大本营曾这样说过：把握着消灭战略与消灭战术，可以给中国军队各个击破。这说明日军在华北采用地区围攻与每区"分进合击"方案是极其恶毒的。

　　3. 纵深配备。日军围攻某区必须依靠铁路交通，才有军械军需的接济，才能支撑作战，才能把伤病人员向后输送。因为日军是分区围攻与对付八路军游击战和运动战的关系，经常有后顾之忧，所以日军的作战部署，除铁路及守备队外，还要作纵深配备。

　　针对日军进攻抗日根据地的战略战术，八路军的作战部署是：融合游击战和运动战并调剂其分量。

抗日游击战与运动战在战术上的分界在于，抗日游击队的兵力小（通常千人以下），军实缺乏，灵动性大，隐蔽容易，突击力小和顽强性弱。因此，游击队应特别把握主动地位，发扬巨大的灵动性，以突然的袭击消耗日军为趋利，以避免日军的捕捉为避害，只有胜利地进攻，绝少防御，行动通常急转直下，也难于集中指挥。它的战术，通常是突然袭击运动或驻止之敌，特别是袭击运动之敌，所谓伏击与奇袭是其中最好的战术动作，虽对优势日军也可采用。破坏日军的军实资源，尤其是交通，在游击队一切动作中，都是很重要的。游击队策动日军反战及伪军反正中注意以下4点：

一是政治主张要公开、明确，军事行动要秘密、诡诈。如果游击队的政治主张不公开，不明确，则不能组成为广大民众的武装斗争，就不能实现民族解放的政治任务。如果军事行动不秘密，不诡诈，则不能作趋利避害的机动，就不能达到消耗日军、发展自己的目的。如行动于富饶的平原与人烟稠密之地，则便于从政治上组织广大的民众，以强化抗日游击战争，特别容易发展成为大量的正规军队。但在日军大举"扫荡"时，则游击队的编成要小，分遣要疏，特别要深入于广大群众掩护之中行动。如行动于偏僻的山岳森林地带，则便于在军事上作趋利避害的机动，但兵员补充、资材征集都较困难。这都要求八路军根据实际情况，善于调节政治与军事、公开与秘密相互为用的关系。

二是要游要击，并使游与击相互配合。"游"所以掩护自己的弱点，寻找日军的弱点；"击"所以发扬自己的特长，撇开日军的特长，应使"游"与"击"巧为配合。如果游击队游而不击，只是游来游去，无论在军事上政治上都失去了它的发展前途；但若反其所为，主张"击来击去"，击而不游，这也是不对的。因为游击队武装力量小，且多系老百姓初步结合起来的队伍，不但要打有把握的胜仗，以提高及巩固其情绪,而且打了要在"游"的空隙中来实行政治工作和军事训练。即是积蓄力量,才好再击。因此,游来游去不对,击来击去也不对,必须游来击去或游去击来才对,在游击战中游而不击要不得,击而硬拼还是要不得。

三是把握主动权,灵活而有计划地袭击。在广大民众及自卫队配合与掩护之中开展抗日游击战争,机动自由,是具有主动的基本条件的。紧紧把握主动权,灵活机动地创造或寻找日军的弱点,并抓住不放,给侵华日军以有计划地突然袭击,这是把握主动权最好的方法。

四是积极声东击西,利诱威胁日军。隐蔽自己的真实行动,使日军误解八路军的行动,并在布置兵力时对付八路军的刀尖不能向着抗日根据地,而是将其松懈的弱点向着晋冀鲁豫抗日军队,给八路军以袭击它的战机,这就是创造日军的弱点。如日军正在行军并未准备打仗,此时又无堡垒,八路军得以乘机伏击,即是寻找了日军的弱点。倘若八路军偶然陷于被动,特别在不利状况时,则毫不犹豫地机动于新的有利方向,变被动为主动。常驻一地,将遭袭击;常走一路,将遭伏击,这是最有害的。必须根据敌情、我情、地形与时间,灵活地计划和决定游击队袭击的动作,并且秘密而周到的准备,迅速而突然的袭击。八路军多是由农民组成的游击队,自然需要炼成迅速而突然的袭击动作,特别是指挥员养成秘密而周到的计划与准备,并使之成为习惯。如已计划实行袭击,忽然情况大变,以致胜利没有希望时,则抗日游击队就应灵活机动地停止袭击或急速退出战斗。这是有根据的灵动,并不是随便的妄动。八路军正规军队的兵力大,军实充足,隐蔽较难,突击力与顽强性都大。因此它通常发扬运动战的威力,以主动的进攻与追击消灭日军为趋利,以避免日军突击其弱点以至变成防御退却为避害。

且其侦察警戒亦较游击队为有规律。无论作战或行军宿营,都着重于协同动作,也多采用集中指挥。

晋冀鲁豫地区小部队的游击战与正规军的运动战,其趋利避害的原理是一致的。游击战向运动战发展具有连贯性,但是两种分量哪一种占多少,要严格综合、估计和对比,根据敌我的政治力量的强弱,军队数量、质量以及技术条件的优劣,乃至地理经济条件如何运用来决定,适时调剂游击战与运动战的分量。例如日军在冀南平原占领各县据点,运用快速部队,尤其是装甲车队、炮兵、飞机,对八路军围攻"扫荡",则八路军正规军分遣部队,发展与强化各区的游击战,以消耗该敌,借此可以大量繁殖游击队并扩充抗日军队。又如山西山岳条件和日军状况与冀南相反,则八路军正规军即以较多的时间集结兵力,在军区游击动作掩护之下,抓紧开展备战整训或作运动战以消灭日军。但就战略阶段来看,则是游击战的分量占主要地位,运动战的分量只占辅助地位。一般说来,在华北日军后方的游击战,在相持阶段是逐渐向运动战发展着的。待八路军抗日力量变强、敌力量变弱的局面下,不但运动战的分量要升到主要地位,游击战的分量要转到辅助地位,而阵地战也要出现于华北。这种正规战分量的日益增加,是随着"变日军后方为前方",乃至"把日本强盗打出中国"的实际情况而是灵活变动的。与此同时,要在抗日根据地组织开展自卫队、游击队配合基干部队作战。

三、组织自卫队、游击队配合基干军队作战

巩固发展晋冀鲁豫抗日根据地,不仅要有八路军正规武装的英勇抗战,还须发展壮大配合正规部队作战的自卫队、游击队。

晋冀鲁豫各军区、军分区以及各县、各区的军事行政系统,层

层负责动员组织自卫队、游击队配合基干军队作战。军区、军分区在指导诸游击集团行动,尤其在日军分进合击时,要利用民众性及其地方性做好抗战工作。

八路军基干军队随时随地指导游击集团,进行配合作战的工作,在基干军队的统一作战意旨之下部署游击集团可以胜任的任务,有时还要派出小部队领导它们游击。

寻找战机,集中主力各个击破日军。一般情况下,八路军预先令游击集团分头抓紧对日军可能合击的各路线严密侦察、破路、游击扰乱、分散疲惫与迷惑抑留,以便八路军主力适时机动打击敌人,先发制人。如八路军第七六九团在日军六路合击平定娘娘庙时,即适时转到泥澄口,击破了日军一路的步兵大队。这是一典型战例。

截断交通,困死日军。日军后方的铁路、公路,特别是铁路,是它运送兵员、弹药、汽油、被服、粮食(特别因八路军空室清野要运粮食)和后运伤病员等的一条生命线。如果日军的交通线被截断了,日军不但不能打仗,而且不能活命,"使它血管不能流通,手脚不能动弹,而走到困死"。用重兵破路,或用游击队、军民联合乘夜全线破毁兵站辎重,断敌接济。

八路军在华北日军后方作战,游击战占主要地位,运动战处于辅助地位。游击战与运动战在战术上连贯的一环,就是趋利避害的机动,正如俗话所说:"不管黄猫黑猫,咬得到老鼠的才算好猫。"①游击战与运动战之间并无一条鸿沟。在战略相持阶段,自卫队、游击队配合基干军队作战,是实现战略目标,巩固发展晋冀鲁

---

① 刘伯承:《对目前战术的考察》(1939 年 4 月 20 日),军事科学院《刘伯承军事文选》编辑组编:《刘伯承军事文选》第 1 卷,北京:军事科学出版社 2012 年版,第 213 页。

豫敌后抗日根据地的重要法宝。

四、实行主动、灵活、实效的军事战略战术

敌后抗日根据地的作战和巩固要讲求实效。所有战术、战法的运用与创造，或者游击战、运动战所实施的奔袭，都要从战争实际出发，审时度势，灵活机动。

1942年10月10日，刘伯承在人民武装干部测验大会上阐述了麻雀战方法：麻雀仗就是游击战最小最散的战斗队形，其打法是用袭击、伏击、急袭，不仅要白天打，而且要黑夜打。日军白天行军疲劳，黑夜睡下像死猪一样，是最好打的。"能够打到它就坚决打，如打不到就走，游击战争就是：游，要拖垮日军；击，要打垮日军。要使日军处处挨打，日军是越打越少，八路军是越打越发展。不论黄猫黑猫，谁咬住老鼠是好猫。"①

日军有强点也有弱点，日军的兵力不敷分配，其转移兵力依靠铁路和公路。日军为了维持其占领区，就非具备现代交通条件不可，同时也非切断八路军交通线不可。倚仗现代化武器装备的日本侵略军曾叫嚷，只要交通有保障，灭亡中国绝对不成问题。刘伯承明确指出，日军是以战略眼光来组织它的交通的，铁路乃是它的大运兵线，公路乃是它的小运兵线，据点乃是它的兵站。在日军想来，凭着铁路、公路以及据点的逐渐巩固和扩展，便可以灵活地调集机械化的现代大军，并源源接济军实，而便于连续"扫荡"，摧毁华北敌后抗日根据地，使广大民众变成亡国奴隶。敌人要用铁路

①　刘伯承：《在人民武装干部测验大会上的讲话》（1942年10月10日），军事科学院《刘伯承军事文选》编辑组编：《刘伯承军事文选》第1卷，北京：军事科学出版社2012年版，第506页。

作柱子,公路作链子,据点作锁子,来造成一个囚笼,把共产党领导的抗日军民装进里边去,凌迟处死。日军用心险恶,同时也使暴露了它的致命弱点。日军现代化武器装备的效能,只有在良好的交通保障条件下才能充分发挥作用。否则就只能是瘫子、跛子、一堆摆设。积极开展交通斗争,是扬长避短的高明战术。

在敌强我弱的形势下,晋冀鲁豫抗日军民实行了主动、灵活、实效的军事战略战术,打破了日军的"囚笼政策",壮大了人民力量,使根据地不断巩固壮大。

五、开展对日交通战和反"扫荡"作战

刘伯承指挥八路军第一二九师抗战的实践中,对每一种作战形式,都十分重视,并善于从战略上去宏观它,从战术上去微观它。他对交通斗争的论述和运用即最为典范。

（一）宏观微观相结合谋划交通战

从抗日战争战略意义的高度,刘伯承对交通斗争进行了深刻的剖析。

第一,交通战是敌我争夺战略优势的斗争。所谓交通斗争,简单说来,就是八路军要想尽一切办法,用尽一切力量,以求畅通我之交通,斩断敌之交通,反之,在敌人方面,也是如此。畅通我之交通,斩断敌之交通,从而取得我之战略上的优势,破坏敌之战略上的优势,这就是交通斗争的实质所在。基于此,如将敌人交通破坏1/3 或 1/2,敌人即无法维持。因此,交通线是敌我双方注目的焦点之一。积极开展交通斗争,是扬长避短,克敌制胜的一着高棋。敌人愈要保障其交通线,八路军就愈要向其致命处给以猛击。

针对日军企图华北地区"以战养战"的阴谋,刘伯承明确指出,华北"敌人'以战养战'政策的进行,必须依靠交通。在这一点上,

铁路公路之于日寇有如人体上之大小血管,据点则好比淋巴结"。①
他号召根据地军民"到处展开交通斗争,切断敌人大小血管"②,并
指出:"倘使我们完全切断敌之大小血管,使其无法伸展于中国乡
村来吮吸我们的血液,完全困厄于城市之中,这样才可以缩短乡村
战胜城市的过程,使抗战的胜利得以早日到来。"③刘伯承在许多次
论述中,都这样从战略上着眼,反复阐明交通斗争的战略意义。这
对于根据地军民充分认识交通斗争的战略价值,其意义无疑是巨
大的。

　　刘伯承不仅在理论上对交通斗争作了明确的分析,还组织指
挥晋冀鲁豫敌后抗日根据地军民不停息地展开交通战。正因为这
种连绵不断的交通斗争的开展,加快了八路军由战略上的劣势向
战略上的优势的转变进程。

　　第二,交通斗争具有总力战的性格。要想通过交通斗争来争
夺战略上的优势,那就必须注意到一系列与交通斗争的胜负紧密
相联的各种条件。这些条件的产生、存在和变化,影响着交通斗争
的胜负,以至于影响到整个战局。刘伯承在论述交通斗争对于争
夺战略优势的重大意义的时候,常常连同分析这些条件在交通斗
争中的重要作用,他认为,交通斗争不是单纯含有军事意义,而且
包括有政治的、经济的、文化的重要意义。这种含有各种意义、包
括各种力量的斗争形式即为"总力战"。交通斗争是各种力量汇聚
的总和,而斗争方式又是复杂多样的。

　　刘伯承从战略的高度观察交通战,指出交通战具有总力战的

---

① 杨国宇等编:《刘伯承元帅大军指挥手记》,北京:海军出版社 1989 年版,第291 页。
② 杨国宇等编:《刘伯承元帅大军指挥手记》,北京:海军出版社 1989 年版,第291 页。
③ 杨国宇等编:《刘伯承元帅大军指挥手记》,北京:海军出版社 1989 年版,第291 页的

特点,因而能够知敌入木三分,知己了如指掌,能以战略家的高瞻远瞩正确决策,指导战争,且战而必胜。

正确的战略决断来源于正确的分析。依据敌我特点及抗战局势,刘伯承提出积极开展交通斗争的总力战,挫败敌人的阴谋。要对广大军民从政治上动员,强化全面的、全力的、一元化的斗争。以军事为核心,以政治进攻为主,结合党政民的力量,正确执行政策,将日军孤立起来。打胜交通斗争总力战,需要认识其基本特征,调动总力战范畴之内的所有积极因素,用全面的、综合的眼光来看待交通斗争,充分认识其重大战略意义。

第三,从战术上破击兼用,机动灵活。刘伯承细密筹划交通战歼敌之策,精细严谨、缜密、果敢。交通斗争,最根本的是致力于斩断敌之交通。而要达到这个目的,最有力的斗争形式,一是破,二是击。二者交互使用,密切配合,是交通斗争基本的也是有效的斗争手段。交通斗争中破与击是辩证统一消灭敌人的真正手段,要靠利用敌人处于这种状况的时间,进行机动的勇猛的战斗。也只有用这样的战斗消灭敌人,才能粉碎敌人的囚笼政策。但如果单纯军事作战,而不实施破路拆堡、空舍清野,那简直是蠢笨。破与击兼用,灵活机动,从而取得对敌斗争的胜利。

晋冀鲁豫抗日根据地广大军民在破与击的结合中,怎样对付乘火车及装甲车之敌,如何对付敌人步兵出击,这需要通过破击战的成功战例进行宣传。如1940年进行的白晋铁路南段破击战,八路军军乘着敌人注意于白晋铁路被破之际,突然将驻赵城东北刘家庄的日军全部消灭,弹药、文件也全部夺获。刘伯承对此高度评价说,这种眼快手快,抓到敌人弱点给以痛击的战术,需要在全军中发扬起来,以使日均陷于顾此失彼的窘状。

破与击相结合的战术,在晋冀鲁豫抗战中显示了巨大威力。

破,截断侵华日军之手足、血管,击,直接歼灭侵华日军之有生力量,破与击兼用并使,最大限度地发挥了八路军灵活机动的战略战术,从而把侵华日军陷于走投无路的绝境。

第四,群众性的破与技术性的破相结合。八路军所进行的抗日战争,是人民的战争。它的基本性质,决定了必须依靠人民群众。交通斗争则尤其需要动员群众。在抗日战争的艰苦岁月中,就是因为动员了浩浩荡荡的人民群众的破路大军,配合正规军,开展如火如荼的交通破击战,有力地打击了日军。在白晋铁路大破击战役胜利结束后,刘伯承曾指出,这次胜利,是在华北的八路军决死队协同民众在一起并肩作战艰苦奋斗的结果。人民群众在交通斗争中显示出的巨大作用表明,依靠人民群众使八路军越战越强,侵华日军越战越弱。

刘伯承不仅要求部队深入动员群众,严密组织群众,而且要求部队与民众不断提高破击技巧。他自己也对破击问题作过深入的研究,不断总结破击经验,找出规律,提出巧妙的技术性的破击之策。如在《平汉铁路总破击的经验教训》一文中,就总结了破击日军铁路的具体细节。

"使火车出轨是一个费力小、收效大的好办法。我们实行这个办法应该做到下述事项:(一)要熟记每段铁路的组成是铁轨两条,枕木13根,道钉52个。(二)破坏时不需要把道钉完全拔去,只需要把轨内或轨外的道钉拔去某一边就行了。(三)拔去道钉后,稍微把铁轨一头外移一二分就行了。两铁轨接合部,只要把夹板取下,就能稍微向外移动。假如要火车出轨往某边倒,则拔去某边之道钉就行了。"①

---

① 秦基伟等:《刘伯承指挥艺术》,北京:解放军出版社1984年版,第250页。

群众性的破与技术性的破相结合,就使八路军的破击战如虎添翼,大显神通。1941年秋季和冬季的大破击战役中,晋冀鲁豫抗日根据地动员了广大群众,展开声势浩大的破击运动,取得了显著战果,有力地粉碎了日军的"囚笼网"。

第五,劳力和武力相结合。交通斗争中的破路等工程需要大量的劳动力,这对于主要肩负战斗任务的部队来说是远远不足的,因此必须依靠群众。刘伯承强调,民众是粉碎敌人"囚笼"政策的主要力量。他要求野战军的民运人员、分区地方武装协同地方机关适时进行民众的动员组织工作,使其参加破路拆堡、搬运器材的交通斗争。

在交通斗争中,不但要调动民众的回天之力,而且要使劳动力与战斗力很好结合。破路要有纵深的配备(前面破坏,后面分站运输),交互休息。部队注重战斗,参战民众注重劳力。部队与民众各显神通,各司其职,相互配合,密切协作,这便是交通斗争中劳力和武力的有力结合。民众担负起破路的主要工作,就可以使部队腾出手来,具有更大的机动来打击敌人。而部队对敌具有更大的打击力,又可以相对地延长破路时间,更有效地保护破路的劳动力。如此反复,扩大了对敌交通斗争的战果。

第六,突击性的大破大击与经常性的小破小击相结合。日军对华的侵略战争,军事上的显著特点是借助现代化交通,尽力发挥其现代化武器装备的效能,以填补其兵员的不足。要克敌制胜,八路军就必须彻底摧毁其交通网,切断其生命线,使其身体支离,血管爆裂,然后再给以致命一击。要达到这个目的,其有效手段,就是组织强大的破路大军,以迅雷不及掩耳之势,对敌交通线实施突然性的大破击,以造成范围广大的破坏。这种大规模的突击性的破击战,可以在很短的时间里,给敌人以措手不及的打击。无疑这是晋冀鲁豫部队经常开展交通斗争的主要形式之一。但是仅仅有这种痛快的迅猛的大破大击还不够,还必须辅之以经常性的小破小击相结合。在战役基本任务完成之后,除主力移集纵深休整外,又分遣小部队配合敌占区秘密工作,继续领导与掩护群众作小规模的不断的破坏,打击与袭扰敌网,小规模的破击则使其不得痊愈,使敌人交通永远处于残缺以至瘫痪状态。因而部队和民众在进行大破大击的时候,要积极结合开展小破小击。

第七,破铁路、公路与修小路、山路相结合。八路军开展对敌交通斗争,敌人也必然以相同的办法来对付八路军,同八路军争夺战略上的优势。八路军破,日军就会竭尽全力保护和修复,并且想方设法要切断八路军的交通。由于装备上的差别,决定了敌我双方交通需要的不同,也决定了敌我双方进行的交通斗争所具有的不同特点和方式。敌人拥有现代化武器装备,需要铁路、公路这样的运输线。我们装备落后和我们出敌不意、机动歼敌的战略战术以及对山川地形的熟悉,又决定了八路军最有利的通途是小路、山路。因此,敌我双方总是最大限度地要使对方的路不通,使自己的路畅通,破与修辩证施策,正是达到这个目的的两个截然相反、又完全统一的手段。正如刘伯承所说的,八路军破坏道路主要是着重铁路和汽车路,以及敌人必经的道路都要破坏,但是日军不到的地方的小路,还要保存着它。

刘伯承不仅对各种破击方法作过精辟的描绘,而且对修路和挖路也给以启发性的指示。"我们可以利用这种地形,隐蔽起来,袭击敌人,使敌人不易接近我们,追击我们,所以挖路分割平原在战略上是有很重大的意义的。"①破与修的结合,反映了交通斗争的

① 冀南革命根据地史编审委员会编:《冀南党史资料》第 2 辑,1986 年编印,第 97 页。

根本特性。只有将破铁路、公路与修小路、山路很好地结合起来，才能实现完全意义上的交通斗争，从而取得战略上的真正优势。

所以一般战争的原则都不外乎是从各种不同的特殊战争中总结、提炼出来的。优秀的指挥员都善于从特殊的战争入手，又在一般战争上着眼，尽可能发掘特殊战争之中所蕴含的普遍意义，用来指导一般战争。刘伯承就是这样优秀的指挥员。在交通斗争的问题上，他不只是就交通斗争论交通斗争，而是从对交通斗争的指挥中得出了许多一般战争的指挥原则。如他深刻论述的侦察、机动、战斗形式的转换、协同作战、集中统一指挥等一般指挥原则，都与交通斗争有着密切的关联。

刘伯承关于交通战的论述，从一个侧面丰富了毛泽东军事思想的宝库，在抗日战争中正确地指导了当时的交通斗争，沉重地打击了敌人，而且对现代战争有着很高的军事学术价值。

（二）粉碎日军"扫荡"的作战方法

为了粉碎日军的"扫荡"计划，自1938年10月起，八路军进行了战争紧急动员，充分准备，从以下方面反击日军对抗日根据地的"扫荡"。

1. 破路

为了坚持冀南的游击战争，八路军首先就注意到如何补救平原地形这一缺陷问题，当于1938年10月发布战争紧急动员令的时候，把破坏道路列为主要工作之一，初步试行人造山川，以阻止敌人横冲直接的快速部队。最初规定："各汽车路牛车路一律破坏，每隔十丈按长宽各六尺深五尺之壕中间所留以仅能通行中国大车为度。凡敌人汽车可能绕越之要道，在田亩中多掘长沟。"①当这一

---

① 杨秀峰：《冀南行政主任公署对冀南行政区参议会的工作报告》（1939年9月18日），
　《杨秀峰文存》，北京：人民法院出版社1997年版，第141页。

办法实行后,检查成绩却不太好,原因是:第一,办法不彻底,一段段的破路法并不能给予敌人汽车活动很大的限制;第二,田亩中掘些长沟有碍农民生产;第三,宣传鼓动工作不够,命令式动员方式,没能激起民众的工作热潮。根据这几点经验和教训,1938 年 12 月又改定了破路办法:"一、所有通行之大车路,须一律掘成沟,以仅能在内通行大车为度。二、沟底须铲平。三、沟深二尺(下层一尺,须挖成斗壁,上层一尺渐向外展挖挖,以能通过大车轴头为度,按市尺计算)。四、沟底宽三尺六寸。五、沟上口宽四尺八寸。六、掘出之土培于沟之两岸则沟深(连所培之土)可四尺余。七、斟酌路的情形每隔若干丈(不得过百丈)掘一错车宽沟。八、错车沟底宽一丈二尺,上宽一丈三尺,长四丈。九、每路距村二里许处应横截大车道,挖十字形沟深宽均四尺,蜿蜒至与左近天然障碍地形(如大坑深沟土草丛墓树林等),接连为止;如遇平原,左近实无天然障碍地形时须横截该道(与道成十字形),向两方挖直长沟,深宽亦均四尺,各延至一里以外为止,总以敌人汽车不能在农田内轧新道进村为度。十、动员各村民众,须用政治方式,说明破路的必要,凡十五岁以上五十岁以下者均须参加工作。"①这次破路的工作进行比较顺利。至 1939 年 1 月,因地冻而暂行停止。2 月,又发布了破路办法:"一、各县自二月二十五日起,一律开始破路。二、除按照上次办法外须掘错车站及排水沟,并于水坑相近处,挖通泄水路。三、已破之路应即修理使之能通牛车。四、未破之路应从速破坏。五、村长须负责严禁在已破之路旁另轧大车路,致毁田禾。六、为便于春耕起见,应在路两旁酌挖通两旁田地车路,但须错综。七、

---

① 杨秀峰:《冀南行政主任公署对冀南行政区参议会的工作报告》(1939 年 9 月 18 日),《杨秀峰文存》,北京:人民法院出版社 1997 年版,第 141—142 页。

应建立竞赛制度。八、破路以村为单位,负责破坏本村附近之道路,甲村与乙村相隔之里数,二村各破一半(但须其斟酌村之大小分别远近)。九、政权机关与群众团体,合组破路突击队,切实推动协助,注意政治动员及分工。"①这次动员令颁布后,一方面由于突击比赛,另一方面敌人的暴行教育了群众:凡是破路好的村庄,敌车不易驶入,反之,则易遭扰害,所以各地民众都积极破路,一时形成了破路狂潮。就这样,不只大大地限制了敌车的活动,八路军并且利用这些复杂地形,时常伏袭了敌人——这种人造山川,在冀南抗战过程中,已经起了绝大作用。最初,各县对执行破路工作方式方法,也曾发生过个别的错误,比如二专区有的县份曾以罚馒头罚钱、戴高帽子等方式,制裁反对破路者。这种不使民众了解工作意义,忽略了政治动员的方式,是不对的。还有的县份是施行地多的多破,地少的少破的办法,也是错误的,因为这不只违反了"有钱出钱有力出力"的原则,并且容易引起贫富的对立。发觉这些错误后,很快地就纠正了。此后民众对破路工作,确已由被动而变为自动,有些接近敌区的道路,白天被敌人迫修起来,晚上民众便又自动挖掘了,并且把日军苦心经营的汽车路,乘机破坏了。像临清到清河王官庄的汽车路就始终没修通。又如曲周六区破路之前,敌人的汽车没有一天不去,但自3月以来,曲周六区主要的路都破了,敌人的汽车就一个多月没有去过。敌人又想办法让老百姓修汽车路,东通临清,西达威县,横贯这一区,但刚刚修到六区西部,估计再有5天就可打通六区了,想不到六区10个村子有2 000多人,一夜的工夫就把修了一月多汽车路破坏了。这种例子很多,举

---

① 杨秀峰:《冀南行政主任公署对冀南行政区参议会的工作报告》(1939年9月18日),
《杨秀峰文存》,北京:人民法院出版社1997年版,第142页。

不胜举。7月不完善统计,全冀南共计破路21 900余里,其中能通过大车者约5 000里,以枣强、威县、南宫成绩为最好,武邑、文宗、故城、景县、阜城次之。[①]

2. 拆城拆寨拆堡

侵华日军炮火优于八路军,而其兵力不够分配,不能不借优势炮火固守据点。八路军在敌后坚持游击战争,炮火弱于敌人,不能固守据点,然而敌人却利用这些城寨,凭险死守,八路军、游击队袭击退据城寨、碉堡中的日伪军感到困难很大,所以从1938年9月发布拆城、拆寨、拆堡令计起,冀南平汉与津浦路间的城已先后拆除23座,各村碉堡也已拆掉全数2/3以上,只有平汉路西和津浦路东,因为环境关系或是开拓晚的关系,还没有拆许多。日军虽然想修复已拆去的城寨,但成效甚微。

3. 开展人民战争

为了使民众积极自动地参加抗战工作,一方面加紧政治动员,一方面进行改善民生工作和实施民主政治。当日军进攻南宫县时,巨鹿县的民众和自卫队,自动地组织起来截击敌人的给养车,帮助了八路军抗日部队作战。当八路军攻巨鹿城时,全县民众都热烈参加战斗,像带路慰劳,组织担架队,看护伤兵等。又如,隆平、南宫、威县、邯郸游击队,得到民众的配合,或袭入城内,或袭截给养,或剿捕伪警缴获枪械。另外,在曲周香城固之役、巨鹿黄家屯之役、北无尘之役,民众自动组织救护队、担架队、运输队……亲临火线,予八路军以有利的协助。香城固之役,逃脱了的十几个敌人,完全被民众缴枪俘获。1938年7月,枣强北崔浒的民众,自动

①　杨秀峰:《冀南行政主任公署对冀南行政区参议会的工作报告》(1939年9月18日),
　　《杨秀峰文存》,北京:人民法院出版社1997年版,第143页。

袭杀了敌人20多人。8月,清河的敌人强迫民众刘高粱,被民众用菜刀红枪杀伤数十个。各地民众自动侦探敌情,为八路军军政机关报信领路,并且指出可以利用的地形地物,帮助军队消灭敌伪。南宫、威县、广宗一带的民众,组织了50多个锄奸队和游击小组。威县的游击小组和锄奸队,给侵华日军以沉重打击。冀南各县,津浦路东和平汉路两路中间各县,群众抗日游击小组已普遍发展起来。

4. 动员军装鞋袜

冀南行政主任公署对于各抗日军队的协助,除量力筹协军费、动员鞋袜、战后赠送慰劳物品外,并于1939年春统筹土布军衣数万套,按比例分配给各抗日部队。县游击队的则由各县府自行筹集。动员办法也是公平负担,以有布出布无布出钱的原则,分配各县制造。各县奉令,用突击竞赛的方式准期完成。

5. 增加战时生产

在持久抗战中,农村是八路军人力、物力、财力的总发源地。在游击开始前,八路军就注意发展农村经济,增加战时生产。一是组织代耕团。凡因为避乱而搬走了的农户,有地无人种的抗日军人家属,以及没有力量买牲口的贫农,都由各该村的代耕队替他耕种,以免荒芜田地影响战时食粮的生产。二是提倡春耕运动。除由代耕团为抗属义务耕种外,军政机关人员亦组织代耕队,公假协助劳作,并于不妨害公务范围内,尽量将骡马借予农民使用,此外,禁屠耕牛,限制种棉,提倡多种五谷,实行春耕贷款、借贷种子等。事先经过政府和民众团体的号召与宣传,威县、南宫、巨鹿等县的农村,已收获实效。三是提倡农村工业,如抵制仇贷,提倡土布、造纸、卷烟等手工业,并劝禁用海盐,因地制宜,提倡改良小盐生产。卓有成效者有南宫新设的土布工厂,曲周等碱硗地带,已大宗晒制小盐,品质较前也大有进步,更把土布和小盐运销其他抗日区域,一方面增加生产,同时又可抵制仇货。

除以上三项外,还要发起保护秋收,由军政民组织收割队,接近敌区地带,并由军队警戒,一面帮助农民迅速完成秋收工作,一面防止敌人武装抢秋。

六、改善民生,动员广大民众参战

欲支持长期抗战,只有动员一切有生力量参加战争,才能达到驱逐日本侵略者出中国的最终目的。而动员广大群众参战,又必须本"有钱出钱有力出力"的原则,注意阶级团结,改善人民生活,发挥其参战的积极性和自动性,才能把这伟大的力量组织起来,汇集到全民族的抗战上来。1938 年一年,在不妨害阶层团结及事实可能的限度内,冀南抗日根据地颁布并推行了公平负担、减租减息、优待抗属等项政令,有效地改善了民生,在原则上、方式上或方法上,都考虑了贫富双方的利益,调整他们的关系,加强阶级团结,以达到出钱出力帮助抗战的目的。

（一）公平负担

原则上照顾到社会各阶层的利益,一面禁止不合理的摊派制度,一面禁止富户捐。方式上采用政治说服,以消弭斗争。全国抗战初期的按亩摊派制度,是不论土地的肥瘠,家庭人口的多少,都用每亩同等的数量来摊派粮款,结果造成:地多人少,土质肥沃之富有者越为富有;而地少人多,土质瘠薄之家,就日趋破产且负担不起。由于办法的不公平致成贫富悬殊,久而久之,不但影响抗战军需的征取,而且影响社会秩序。为了防止这些弊病,以使钱多者多出,负担合理且能发挥抗战力量,乃公布了"村公平负担实施办法",成立村公平负担评议会,调查审定各户之动产不动产及收入确数,按人口数目平均资产总额,再查照公平负担累进分数表,议定应得分数,比例负担村中应征粮款。这个办法公布后,因为调查统计比较繁难,各村一时不易做到,所以各县便自拟简易办法施行。办法既多,实行上更难统一,个别难免发生流弊,为了纠正缺点统一办法,广为征求士绅民众的意见,参考各方的材料,又拟定公平负担暂行办法,颁布实行。这办法是以村为单位,以地亩为标准,视每人平均地亩之多少划分等级,每人除去1亩半地不计负担外,多余地亩均按累进法计算(每3亩为1级,共6级,第1级每亩按1亩计,第2级每亩按1亩2分计,第3级每亩按1亩4分计,第4级每亩按1亩6分计,第5级按1亩8分计,第6级及6级以外之地亩,每亩按2亩计,6级累进之总合再乘人口数,即为应负地亩数,以此地亩数按比例负担本村应纳粮款)。这暂行办法的内容,大部分是迁就旧习惯,所以并不十分合理,但在客观条件不可能实施前颁办法时,自然这是一个比较合理的办法。为了便于推行,曾令各县召开训练班,培养公平负担工作人员,指示各县以模范区、模范村为中心,逐渐推广,使冀南各县普遍实行。公平负担办法公布推行后,有人反对这种办法,说公平负担共产初步,是不公平的,是挑拨阶级斗争的。在山西的一个会议上,有人向阎锡山说"合理负担办法是共产党的主张。"阎说:"这办法是我颁布的,怎么是共产党的呢? 你反对合理负担,难道你主张不合理负担吗?"这个例子值得玩味。那种有成见无理由地反对一个法令是不对的,应当考虑这一法令的原则和办法是否公平,是否对广大群众和抗战有利。公平负担办法,是根据"有钱出钱有力出力"的原则而拟定的,是比较公平的一个办法。

(二)减租减息

冀南行政主任公署为了禁止高利贷款和高价租地,曾根据各县实际情形,召集财政会议,决定实行"五一"减租、"分半"减息。同时,由政府保证贷款人与佃户不得抗租抗息拖延不交,以维持双方权利,改善民生并调剂贫富关系。规定:(1)地主土地之收入,不论租佃半种,一律照原租额减少20％至25％。(2)钱主之利息收入,不论新债旧欠,年利一律不得过1分5厘,月利不得过1分2厘。(3)严禁庄头剥削及大粮、杂租、小租、送工等额外附加。(4)禁止现扣利、剥皮利、臭虫利、印子钱等高利贷——这办法颁布后,因为政治动员不够,许多县未能切实执行。

（三）优待抗属

在持久的残酷的抗日战争中,正规军与游击队有很大的减员现象,为了争取最后胜利,补充新战士、扩充新武装就成为一个迫切的任务,而优待抗属、抚恤抗属工作执行的正确与否,对扩补军额工作影响很大。冀南行政主任公署对此曾拟定优待抗日军人家属及抚恤办法,规定凡抗属家道富裕不需经济优待者,应予以名誉匾额或奖章旗帜等。贫困之抗日军人家属,除予名誉奖励外,并予以下各种优待:(1)不负担任何作战临时摊派;(2)其子女或弟、妹免费求学;(3)所负之债务,得展至抗战胜利后偿还之,以年息6厘计算;(4)所租之地,属于地主者,准减地租1/4,属于公共者,准减地租1/2,在抗战时期,保证地主或公家,不得收回或转租他人。此外抗属有病时,得免费或减费优待,抗属之田地无力耕耘时,由村农会商请富户或组代耕队代耕。冀南各县均已普遍执行了以上规定,在广大的民众中,造成了参加抗日军是光荣的一种热潮,有些县把优待抗属当作群众运动,政府或群众团体寻找那些贫困的抗属,尽量在物质上和劳力上帮助他们。成立抗属肥料所,发动儿童帮助抗属捡粪,并规定儿童团向抗属敬礼,表示尊敬,使得群众都觉得当抗日军人是自己的责任,当抗日军是光荣的,表现了群众参战的热烈与积极。据统计,冀南各县被优待的抗属有 8 748 户,以藁城县为最好,南宫、束鹿、广宗、威县次之。

（四）取消苛杂

关于废除苛捐杂税工作,在原则上确定,凡危害民生及与全部税收无重大影响之苛细捐税,一律废除,以利民生。计已取消之苛捐杂税有:土布牙税、木牙税、砟炭牙税、花籽牙税、油饼牙税、山药牙税、油牙税、麻牙税、猪羊牙税、菜蔬牙税、柴草牙税、轧花牙税、车行税、红牙税、估衣牙税、芦苇席牙税、麻席牙税、白货牙税等18 种。

（五）救济灾民难民

全面抗战爆发后,不久冀南各县沦于敌手,广大民众在敌伪烧杀抢掠下,或田园荒芜,或家破人亡,流离颠沛,无家可归者甚众。1939 年春侵华日军开始"扫荡"后,又占据了各个城市,骚扰烧杀倍甚于前。冀南行政主任公署对被灾被难民众,无不尽力设法救济收容,加以训练,并介绍工作,使他们参加抗战生产。对于遭受敌人烧杀的难民,都是随时发放急赈,比如威县郭楼,山东飞地前大葛寨,巨鹿北无尘村,广宗杜杨庄、核桃园、韩家庄等数十村之被害户主,都曾经加以慰问和救济。1939 年 7 月间,日军为了缩小八路军活动范围,制造饥荒迫害民众,乘着山洪暴发河水上涨的时候,先后掘开了濮阳河、运河、滹沱河堤,水淹了隆平、清河、任县、枣强、故城、南和、宁晋、景县、平乡、衡水、巨鹿、栾城、晋县、武邑、阜城、广平、肥乡、曲周、鸡泽、南宫、柏乡、永年、东光、赵县、威县、束鹿、藁城、新河、内丘、冀县等 30 县,淹没村庄 3 082 个,地 55 096顷,灾民 300 余万,直接遭受饥寒迫害者有 171 万余人,内丘、赵县、冀县之灾民尚未列入。除水灾外,1939 年秋还有虫灾,受灾县份有威县、南宫、广宗、巨鹿、广平、枣强、武邑、故城、阜城、景县、东光、新河、冀县、藁城、衡水等 15 县，轻重不等，影响秋收甚巨。此外，故城、景县、阜城及津浦路东等县还有旱灾，禾苗枯萎籽粒无收，被灾难民亦约有 50 万，对于所有被灾的广大灾民，除收容慰问疏散施粥赈并酌量减免田赋及各种负担外，且电请中央及晋冀鲁豫抗日根据地省府华洋义赈会请予救济。八路军第一二九师及共产党冀南区党委会等，均捐助巨款。各县亦分别募捐就地发放。动员文化界及各群众团体，扩大救灾宣传，说明日军掘堤毒计，揭穿敌掠壮丁及使伪钞的企图，并号召各阶层捐助资财，扩大救灾运动。设立灾民收容所教育壮丁妇女及儿童。争取壮丁参加队伍，或采以工代赈办法。禁止食粮资敌，奖励食粮入境。控制粮价过快上涨，设立平粜局。保护灾区耕牛。设立小本借贷所，并代借麦种等。发起组织各界救灾委员会，邀请各党各军各界参加，群策群力搞好救灾运动。

七、整理财政，实行战时经济政策

晋冀鲁豫抗日根据地的农村经济存在先天不足，七七事变后，由于敌伪的搜刮，战祸的摧残，农村经济又遭到致命打击。在此环境下，树立起战时自给的财经基础，是建立巩固抗日根据地的重要条件。冀南行政主任公署成立后，为了巩固冀南抗日根据地，坚持平原游击战争，保证军事政治的顺利发展，在财经工作上下了很大的力气，特制定和颁布施行战时财经政策。在建立适当的赋税制度方面，整理田赋，废除摊派，实行公平负担；根据有钱出钱原则，废除苛杂，推行累进税率；严厉执行出入境税，以巩固游击区的经济基础。形成战时财政制度：(1) 会计制度统一收支；(2) 确定预决算制度，财政绝对公开；(3) 力求节省，严惩贪污，禁止各种提成；(4) 取消薪饷制度，规定最低生活费。形成战时金融制度：(1) 整理地方土票,逐渐收回;(2)坚决打击伪钞,严防敌伪收买硬币现金;(3)限制法币流通范围,以免为敌伪所吸收;(4)成立地方银行编制货币,改造冀南本位币以调剂金融。在贸易方面:(1)设立贸易局实行统制贸易,以防敌货之大量输入,并限制重要特产之资敌;(2)有计划地输出土产,吸收敌区物资,活跃农村经济;(3)有组织的进行各游击区产物交换。在推广合作事业方面:(1)发展合作事业,有组织的实行农产运输;(2)调剂物品之供给,平衡物品价格;(3)办理低利及无利贷款。在调剂粮食方面:(1)设立粮食管理机关;(2)编制粮食生产消费,运销及市价;(3)实行合理分配,有计划的储藏粮食;(4)给养统筹。采取下述举措发展农村经济:(1)增加战时生产;(2)发展农村副业,提倡手工业。

实行战时财政经济政策,保证了抗日根据地军费的供给,支持了平原游击战争,粉碎了华北日军的经济掠夺和扰乱金融的阴谋,奠定了根据地初步的财政经济基础。

第三章　晋冀鲁豫抗日根据地政权建设

第一节　改造旧政权与建立抗日民主政权

一、中共中央的决策与部署

在全面抗战刚刚爆发的历史转折关头，中共中央政治局扩大会议于 1937 年 8 月 22 日至 25 日在陕西省洛川县冯家村（红军总部驻地）举行，会议通过《关于目前形势与党的任务的决定》《抗日救国十大纲领》等决议。毛泽东在会上作军事问题和国共两党关系问题的报告，并作结论。毛泽东在报告中"分析了抗日战争的形势、任务及国共两党关系……强调共产党在统一战线中的独立自主原则"。"红军的基本任务是：创造根据地；钳制和相机消灭敌人；配合友军作战（战略支援任务）；保存和扩大红军；争取民族革命战争领导权。红军的战略方针是独立自主的山地游击战，包括在有利条件下消灭敌人兵团和在平原发展游击战争。"[1]会议提出改良

① 中共中央文献研究室编：《毛泽东年谱（1893—1949）》（修订本）中卷，北京：中央文献出版社 2013 年版，第 15—16 页。

人民生活,减租减息,救济事业,赈济灾荒。

为进一步解决全党全军对抗日游击战略的认识问题,在此前后,毛泽东着重阐明了 3 个问题:

(一) 坚持华北独立自主山地游击战的原则。毛泽东于 1937 年 9 月 12 日致电彭德怀,指出:"'独立自主的山地游击战争'这个基本原则……包含:依照情况使用兵力的自由……红军有发动群众创造根据地组织义勇军之自由,地方政权与邻近友军不得干涉……南京只作战略决定,红军有执行此战略之一切自由……坚持依傍山地与不打硬仗的原则。"①这样,八路军才能充分发挥伟大作用。

(二) 游击战争的战略地位。毛泽东于 1937 年 9 月 21 日致电彭德怀,强调:"今日红军在决战问题上不起任何决定作用,而有一种自己的拿手好戏,在这种拿手好戏中一定能起决定作用,这就是真正独立自主的山地游击战(不是运动战)。"因此,"就要战略上有有力部队处于敌之翼侧,就要以创造根据地发动群众为主。"这是"决定地制胜敌人、援助友军的唯一无二的办法"。② 毛泽东在 9 月 25 日致电周恩来并刘少奇等,再次强调:"整个华北工作,应以游击战争为唯一方向。一切工作,例如兵运、统一战线等等,应环绕于

① 毛泽东:《关于坚持华北独立自主山地游击战争的战略方针和部署》(1937 年 9 月、11 月),中国人民解放军军事科学院编:《毛泽东军事文选》,北京:中国人民解放军战士出版社 1981 年版,第 81 页。
② 毛泽东:《关于坚持华北独立自主山地游击战争的战略方针和部署》(1937 年 9 月、11 月),中国人民解放军军事科学院编:《毛泽东军事文选》,北京:中国人民解放军战士出版社 1981 年版,第 84 页。

游击战争。"①

（三）八路军在华北的作战部署。八路军出师华北时，中共中央预定全部主力进至恒山山脉，建立根据地，配合国民党保卫华北。当八路军向恒山地区开进时，日军已闯入晋北，华北战场国民党军队的溃败已见端倪。9 月 16 日、17 日，毛泽东致电八路军总部，改变原计划，决定 3 个师分散配置：第一一五师进至晋东北，以五台山为活动中心；第一二〇师开赴晋西北，以管涔山和吕梁山为活动中心；第一二九师转至晋东南，以太行山为活动中心。这样，便于八路军在战略上展开于日军的侧翼和后方，真正开展独立自主山地游击战，钳制日军进攻太原和南进。10 月 21 日，八路军总部又决定第一一五师主力于适当时机南移，聂荣臻率一部兵力，以五台山为中心，在晋察冀三省边区创建抗日根据地。太原失陷后，八路军总部根据中共中央、毛泽东在 11 月 8 日、9 日、13 日关于分兵深入敌后，实行战略展开的指示，进一步调整了部署：第一一五师主力转至吕梁山脉，创建晋西南抗日根据地；第一二〇师进入管涔山脉，创建晋西北抗日根据地；总部率第一二九师转至太行山脉，创建晋冀豫抗日根据地。

河北省地处华北抗战的前哨与纽带地位，北部有燕山山脉，西北部有恒山、五台山脉、太行山脉，并与冀东、冀中、冀南大平原相连，物产丰富，交通便利，工商业和文化教育较为发达。在人力、物力和资源上，平原可以支援山地；在地形上，山地可以掩护平原。平原与山地互相支撑、互为依托，为建立敌后抗日根据地提供了地形和物质条件。

---

① 毛泽东：《关于坚持华北独立自主山地游击战争的战略方针和部署》（1937 年 9 月、11 月），中国人民解放军军事科学院编：《毛泽东军事文选》，北京：中国人民解放军战士出版社 1981 年版，第 85 页。

中国共产党在晋冀鲁豫等地有长期的工作基础,群众有很好的革命传统和经验。从 20 世纪 20 年代起,在李大钊等人领导下,就以北平、天津为中心,在冀东、冀中、冀西、冀南等地建立了中国共产党的组织。在中国共产党领导、影响下,晋冀鲁豫爆发了多次工农群众反帝反封建的英勇斗争。至全面抗战爆发前,河北等地共产党组织得到恢复和发展,华北城乡已有共产党员 7 000 余人,其中在京东地区发展为 460 余人,在保定地区发展为 800 余人。七七事变后,晋冀鲁豫人民首先遭到日本侵略者的践踏和蹂躏,工人、农民和各阶层人民强烈要求保家卫国、武装抗日。

全面抗战开始后,尽管中国军队奋起抗日,但北平、天津、河北等地很快沦为敌占区。日军大举进攻,急于南下、西进,战线的不断拉长导致其兵力不足,无暇后顾。因此,在铁路干线及重要城市以外,晋冀鲁豫的广大农村,国民党旧政权迅速瓦解,而日军无法经常占领,敌伪统治秩序尚未建立起来,一时间成为空隙地带。这种状况,恰是建立敌后抗日根据地的有利时机。

河北、山西等省的战略地位极为重要。八路军深入敌后建立的晋察冀、晋西北、晋冀鲁豫等抗日根据地,相互呼应,密切配合,把华北日军的后方变为抗日前线,在战略上形成犬牙交错的包围态势;可以控制平汉、平绥、同蒲、津浦、正太、北宁等铁路干线,阻断日军的运输大动脉,威胁日军华北大本营北平、天津及唐山、张家口、保定、石家庄、太原等战略要点;可以北越长城,威胁伪满洲国,扼住山海关之日军的咽喉要道。这如同在华北日军的心脏插入一把尖刀,使它忍受巨大威胁和痛苦。华北敌后抗日根据地钳制了侵华日军的大量兵力,成为坚持敌后抗战的坚强堡垒,给国民党军队正面战场以有力的战略支援;还可以成为反攻作战,收复东北失地的重要的前沿阵地。

　　鉴于全面抗战爆发前后的政治局势和晋冀鲁豫交界地带的重要战略地位,中共中央认为在晋冀鲁豫边区建立抗日根据地有着重大战略意义和光明前途。还在七七事变前夕,中共中央在延安召开的白区工作会议上就决定:派李运昌到天津组建新的河北省委(敌后),李运昌任书记,马辉之任组织部部长,李大章任宣传部部长,统一领导冀东和平津地区党的工作;派李菁玉在石家庄组建平汉线省委,由李菁玉任书记,组织部部长刘秀峰,宣传部部长李雪峰,统一领导平汉铁路北平至安阳段两侧地区党的工作。七七事变的第二天,《中共中央关于卢沟桥事变后华北工作方针问题给北方局的指示》中指出:"立即在平绥、平津以东地区开始着手组织抗日义勇军,准备进行艰苦的游击战争,在平汉线、津浦线亦应准备组织义勇军,注意与各界爱国分子合作。"①9月3日,毛泽东致电周恩来等,请他与彭德怀同阎锡山交涉八路军的活动地区,提出:河北省的石家庄、山西省的太原、察哈尔的张家口之间21个县的全部或部分地区,为第一一五师、一二〇师的活动地区。八路军到达抗日前线后,毛泽东根据华北战局的急剧变化,在9月24日给中共中央军委华北军分会转北方局的指示中又指出:"应以全力布置恒山、五台、管涔三大山脉之游击战争,而重点于五台山脉。"②毛泽东于9月25日在《关于整个华北工作应以游击战争为唯一方向的指示》中强调:"应令河北党注全力于游击战争,借着红军抗战的声威,发动全华

---

①《中共中央关于卢沟桥事变后华北工作方针问题给北方局的指示》(1937年7月8日),政协河北省委员会编:《晋察冀抗日根据地史料汇编》(上),石家庄:河北人民出版社2015年版,第5页。

②《毛泽东关于整个华北工作应以游击战争为唯一方向的指示》(1937年9月25日),《晋察冀抗日根据地》史料丛书编审委员会、中央档案馆编:《晋察冀抗日根据地》第1册(文献选编·上),北京:中共党史资料出版社1989年版,第46页。

北党(包括山东在内)动员群众,收编散兵散枪,普遍地但是有计划地组织游击队。""要设想在敌整个占领华北后,我们能坚持广泛有力的游击战争。"①朱德、彭德怀、任弼时在 10 月 25 日联名向毛泽东提交《关于冀察晋绥军事部署的报告》,首次提出:"平绥以南、同蒲以东、正太以北、平汉以西为晋察冀军区";"正太路以南、同蒲以东、平汉以西、黄河以北为晋冀豫军区";在"晋西南成立军分区"。② 次日,毛泽东代表中共中央,正式批准了这一具有重要历史意义的决策。

根据中共中央的部署,以刘少奇为首的北方局指示各级党委撤出城市,迅速转入农村进行工作,发展抗日武装,开展游击战争,建立敌后抗日根据地,建立抗日民主政权。

二、晋冀豫边区第一次党代表大会

早在武汉会战之际,中共中央就于 1938 年 8 月 24 日发出《关于目前晋冀豫党与八路军的任务的指示》,指出:"摆在冀晋豫全区面前的中心任务,是以最快的速度创造冀晋豫边区成为坚持抗战的巩固根据地。"要求:"(一) 建立完全在党领导下的有战斗力的若干游击兵团(如荣臻同志的游击支队)及地方游击队。(二) 广泛组织不脱离生产的自卫军,并使他们担任侦察、警戒、放哨、坚壁清野等。(三) 争取改造友军,特别是准备永久留华北打游击的友军,成

---

① 《毛泽东关于整个华北工作应以游击战争为唯一方向的指示》(1937 年 9 月 25 日),《晋察冀抗日根据地》史料丛书编审委员会、中央档案馆编:《晋察冀抗日根据地》第 1 册(文献选编·下),北京:中共党史资料出版社 1989 年版,第 47 页。

② 《朱德、彭德怀、任弼时关于冀察、晋绥军事部署的报告》(1937 年 10 月 25 日),《晋察冀抗日根据地》史料丛书编审委员会、中央档案馆编:《晋察冀抗日根据地》第 1 册(文献选编·上),北京:中共党史资料出版社 1989 年版,第 49—50 页。文中"晋冀鲁豫军区",应为"晋冀豫军区"。

为坚强进步的抗日军。(四)逐渐改造政权机关,使之成为广泛人民阶层的抗日民主政权,但同时是国民党政权,各级动员委员会吸收真正人民团体及武装部队代表参加,使之成为实际的各级政府委员会,逐渐洗刷机关中的腐败分子,尤其是汉奸动摇分子。""逐渐求得军事政治的统一指挥与领导,采取必要过渡办法,以准备将来召集冀晋豫边区政府代表大会,成立边区临时政府。""在统一战线方针下,坚决执行动员武装群众及肃清汉奸的政策。""设法召集全边区或若干县联合的群众团体的代表会议,以动员群众参战及建立真正有广大群众的团体在抗日的大前提下,依照阎①之法令解除人民一些痛苦,满足人民的一些迫切要求……大大发展党,建立与健全各级党的领导机关,办一两个较大的学校。"②

中共晋冀豫区党委于 1938 年 12 月召开各特委及部分县委负责人参加的扩大会议,传达中共六届六中全会精神。会上,中共中央北方局书记杨尚昆作了《六中全会总结与我们的任务》的结论报告,阐明了六届六中全会的基本问题与基本精神,提出了在坚持华北抗战中的晋冀豫边区的任务。通过学习与讨论六届六中全会精神,各级党委与干部提高了对抗日战争的领导责任感和在统一战线中坚持独立自主原则的自觉性。会议根据中共六届六中全会精神,讨论决定了边区新的任务:"坚持抗战,坚持持久战,巩固与扩大统一战线,克服困难,停止敌人进攻,准备力量,实行我之反攻。"③

---

① 阎,指阎锡山。

② 《关于目前晋冀豫党与八路军的任务的指示》(1938 年 8 月 24 日),中央档案馆编:《中共中央文件选集》第 10 册,北京:中共中央党校出版社 1985 年版,第 567—568 页。

③ 《六中全会的总结与我们的任务——杨尚昆在晋冀豫区委扩大会上的闭幕词》(1938 年 12 月),政协河北省委员会编:《晋冀鲁豫抗日根据地史料汇编》(上),石家庄:河北人民出版社 2015 年版,第 455—456 页。

为了总结创建和巩固根据地的工作，胜利地进行反"扫荡"、反"磨擦"的斗争，1939 年 9 月 10 日至 28 日，中共晋冀豫区党委在山西省武乡县东堡村召开了全区第一次党代表大会。出席会议的正式代表 129 名，列席代表 137 名，代表全区 30 150 名共产党员。会上，中共北方局书记杨尚昆作了政治报告，朱德、彭德怀分别发表重要讲话或报告，区党委书记李雪峰作了工作报告，组织部部长何英才作了党的建设报告。会议总结了两年来在区党委领导下，对敌斗争所取得的成绩："经过全党努力，在区委领导下，大大地发展了党。几年前，根据地初建，全区不及 30 党员，今天到会每个代表所代表的党员已超过原数若干倍。那时，连县委也没有，今天各级党都建立起来了。开始抗战时，全华北党员不及今天晋冀豫党三分之一，只及今天一个大地委，而今天晋冀豫党已成为华北最大的党组织。"①"培养了成千上万干部，大批干部是几年中生长起来的。在几年创造根据地工作中，党在政权、群众、武装工作上起了好大作用。毫不夸张地讲，没有全区党，就没有今天的根据地。"②创造了许多武装，"军区部队、县干队、各机关卫队……帮助了正规军发展"，③许多主力是由地方部队改编的。坚持了在山西建立模范统一战线的方针，帮助了友军、政权，帮助了决死队、卫立煌、川军等友军。大会分析了进入战略相持阶段后华北和晋冀豫边区的形势，确定了全区党的任务：严密与巩固党的组织，中心是深入巩固

---

① 杨尚昆：《在一次区代表大会上的政治报告》(1939 年 9 月 11 日至 13 日)，太行革命根据地史总编委会编：《党的建设》，太原：山西人民出版社 1989 年版，第 178—179 页。

② 杨尚昆：《在一次区代表大会上的政治报告》(1939 年 9 月 11 日至 13 日)，太行革命根据地史总编委会编：《党的建设》，太原：山西人民出版社 1989 年版，第 179 页。

③ 杨尚昆：《在一次区代表大会上的政治报告》(1939 年 9 月 11 日至 13 日)，太行革命根据地史总编委会编：《党的建设》，太原：山西人民出版社 1989 年版，第 179 页。

工作，具体切实领导；发展游击战争，建设军区，扩大正规军；大胆
开展民主运动，改造村政权，建立参议会；适当改善民生，巩固社会
统一战线；开展生产运动，进行经济建设，发展合作事业；囤聚爱国
公粮，厉行节约，筹集资材；统一领导，统一行动，军民联系，深入下
层；巩固根据地，努力开展敌占区工作。会议选举李雪峰、何英才、
徐子荣、黄镇、彭涛、安子文、王卓如、张玺、王孝慈、赖若愚、王维
纲、李哲人、张晔、程式兰为中共晋冀豫区委员会委员。

　　会议还根据抗日、反顽斗争的紧张形势，通过了《告全区同胞、
各抗日部队、各抗日党派及全区党员同志书》，指出：全区新的任务
是巩固抗日根据地，粉碎敌人围攻，准备反攻力量。号召全体共产
党员继续发扬党的坚苦卓绝、英勇奋斗的光荣传统，确实地深入工
作，埋头苦干，加强马列主义学习，以坚定的政治立场，去克服一切
困难，粉碎日军的围攻，打退顽军的磨擦。

　　中共中央北方分局代表大会和中共晋冀豫边区党代表大会，对于
克服投降危险，巩固和建设抗日根据地，具有重要的历史意义。

第二节　边区抗日民主政权的建立

一、冀南区参议会召开和冀太联办的成立

　　在抗日根据地，旧政权的改造与新政权的建立，采用了两种不
同的方法：在日军进攻下国民党旧政权已经瓦解的地方，则由共产
党、八路军与地方抗日分子合作，建立统一战线组织"战地动员委
员会"，然后逐步过渡到民选的抗日民主政权；对尚存在的国民党
旧政权，根据广大群众的要求，按照统一战线的政策，实行民主改
革，逐渐使之成为适合于抗战需要的民主政权。

　　冀南行政主任公署于 1938 年 8 月成立后,在日军 11 路"扫荡"的环境下,于 1939 年 1 月在广宗县件只镇召开行政座谈会,各县政府、民众团体和士绅代表 200 余人与会。这次会议研究并确定召集冀南人民代表大会。同年 7 月,颁布《冀南人民代表大会组织暂行章程》,规定:"本会为本区最高民意机关。举凡本会言行悉以民意为依归,并遵守统一战线与抗战建国纲领之最高原则。"①同年 9 月,在广宗县杜杨村和威县郭草村,召开冀南人民代表大会,全区 52 个县 250 名人民代表与会。首先,由冀南总战委会召集代表大会预备会,一致决议将冀南人民代表大会改称"冀南参议员大会",以遵照国民政府的宪法规定,使冀南抗日民主政府合法化。9 月 18 日,冀南行政区参议会正式开幕。会上,冀南行政主任公署主任杨秀峰作了《冀南抗日民主根据地开创经过和今后施政方针》的报告。会议收到各种提案 200 余件。

　　会议讨论通过了冀南行政工作计划,包括:团结各阶层人士参加根据地建设,减租减息,改善民生;优军优抗,动员参军,加强自卫队建设,开展游击战争;加强财政工作,整顿税收,推行合作社工作,提倡农村生产;健全司法工作,开展文化教育;健全各级行政机构,实行村长普选等。会议经民主选举,改组了冀南行政主任公署,增设了行政委员会,推举杨秀峰、宋任穷、孙文淑、岳一峰、唐哲明、刘建章、刘铁之、范若一、傅充间、邢仁甫、刘啸东、李泊等 13 人为行政委员会委员,杨秀峰、宋任穷为正、副主任。民主选举王乃堂、平杰三、刘雨臣、张贯一、张浩天、艾秀峰(艾大炎)、张仲儒、王维仁、张若萍、李吉平、彭天汉为驻会参议员,王乃堂、平杰三为正、

---

①《冀南人民代表大会组织暂行章程》(1939 年 7 月),冀南革命根据地史编审委员会编:《冀南党史资料》第 3 辑,1988 年印。

副议长。会后,根据冀南行政主任公署的部署,在各专区、县建立了参议室,聘请抗日士绅、教育界人士为参议,代表民意,协助专员、县长筹划工作。与此同时,冀南区党委、行署从 1939 年 7 月起开始部署村政权的改造工作,先后颁布了《冀南区县政府组织规程》《冀南各县区公所组织规程》《冀南各县村选举暂行条例》《冀南各县村政权改进办法》等,同年 12 月又颁布了《冀南各县村政权改选办法》。经过改造,冀南各县村政权,在原村公所基础上普遍建立村政委员会制度,村政委员会由村民大会直接选举产生,村政委员会由村长、副村长及各群众团体负责人组成,村政委员会所辖村公所,由村长、副村长和财政、动员、粮秣、教育干事组成。并在人员分配上贯彻"三三制"原则。至此,在冀南区普遍建立了村民大会和村政委员会,民主政治建设步入一个新阶段。

　　1940 年 5 月,根据中共中央北方局黎城会议的建党、建军、建政的决定,冀南行政主任公署主任杨秀峰、副主任宋任穷与晋东南第三专署专员薄一波、第五专署专员戎伍胜会商,决定成立冀南行政区、太行行政区、太岳行政区行政联合办事处(简称冀太联办)。8 月 1 日,冀太联办在河北省涉县东辽城村正式成立,冀太联办主任为杨秀峰,副主任为薄一波、戎伍胜。冀太联办,是冀南、太行、太岳抗日根据地统一后的最高行政领导机关,又是行使权力的机关。冀太联办设行政委员会,以主任的名义,聘请各抗日党派、抗日军队和各界领袖人物、地方士绅、名流学者和专家组成,一切大政方针和重要法令的制定必须经过行政委员会会议。并组织了教育、水利、经济等各专门委员会,来协助行政委员会工作。冀太联办的任务是:"团结冀太区人民,建立坚强的抗日民主政权,巩固敌后抗日根据地,坚持抗战到底,反对投降妥协;巩固统一战线,开展民主政治;加强财政经济统一和建设;密切山地与平原的配合,发展生产,促进经济交流,改善广大人民的生活;促进各区间文化教育工作的配合,培养各种专门技术人才,建立正规的教育制度,开展大众的文化运动,聘请各种专家开展各种研究工作。"①

冀太联办辖冀南、太行、太岳3个行政区、15个专区、115个县。

太行区是冀太联办的直辖区,有5个专区、36个县,其中涉及今河北省的有第一、五专区:第一专区即冀西专区,辖内丘、临城、赞皇、获鹿(今鹿泉市)、元氏、井陉、邢(台)西、沙河、武(安)北和山西省的平(定)东、昔(阳)东、和(顺)东等12县;第五专区即漳北专区,辖涉县、武安、磁县和河南省的林(县)北、安阳和山西省的偏城(今属河北涉县)等6县。

冀太联办成立后,冀南行政主任公署改称冀南行政公署(简称冀南行署),主任宋任穷,副主任刘建章。冀南行署辖6个专署、47个县:一专署②"辖临漳、成安、大名、魏县、元城、漳河等6县;二专署辖柏乡、隆平、尧山、任县、巨鹿、新河、平乡、南和、宁晋等9县;三专署辖鸡泽、曲周、永年、邯郸、肥乡、永(年)肥(乡)、广平、邱县、馆陶等9县;四专署辖南宫、威县、广宗、企之、广(宗)曲(周)、垂杨、清江、临清等8县;五专署辖冀县、衡水、武邑、故城、阜(城)东、枣(强)南、枣(强)北、景县等8县;六专署③辖山东省的清河、夏津、高唐、平原、恩县、武城、德县(今德州市)等7县"。④

---

① 严兰绅主编,谢忠厚著:《河北通史》(10)民国下卷,石家庄:河北人民出版社2000年版,第73页。

② 原冀南第一专署的束鹿、晋县、藁城、赵县、栾城、宁晋等6县,于1940年6月30日,划归冀中,与深(县)南县组成冀中区第1专署。

③ 原冀南第六专署即冀鲁边专署,改由晋冀鲁豫抗日根据地军政委员会直接领导。

④ 严兰绅主编,谢忠厚著:《河北通史》(10)民国下卷,石家庄:河北人民出版社2000年版,第74页。

冀太联办于1940年8月颁布施政纲领，即《冀南太行太岳行政联合办事处施政纲领》。该施政纲领分民族、民生、民主三大部分，共20条。它将中国共产党倡导的抗日民族统一战线理论与晋冀鲁豫边区的实际相结合，制定了建设新民主主义社会的纲领，并把这个纲领的精神作为建设敌后抗日根据地的重要方针。根据北方局党的高级干部会议精神，冀太联办又陆续制定颁布了《修正合理负担征收款项实施条令》《征收救国公粮暂行办法》《冀太联办关于颁发村财政交接办法的通令》等法规。冀太联办的成立和施政纲领出台及一些法规的颁布，对于统一冀太区的政权领导，巩固和建设冀太地区抗日根据地，坚持敌后抗日战争，都发挥了重要作用。

二、晋冀鲁豫边区政府成立

1941年3月16日，受中共中央北方局委托，邓小平在冀太联办第二次行政会议上提议，在全国抗战四周年时，举行晋冀豫边区临时参议会，并按照中共中央倡导的"三三制"原则，民主选举产生边区临时参议会，由晋冀豫临时参议会通过，成立晋冀豫边区政府。自4月起，各地选举参议员的工作全面展开。4月5日，中共中央北方局提出了《关于晋冀豫边区目前建设的主张》，包括如下15项："（一）坚持华北抗战，誓死与晋冀豫边区人民共存亡……誓死与日寇汉奸亲日派奋斗到底。""（二）与一切抗日党派亲密合作，坚持抗日民族统一战线到底。""（三）为彻底实现三民主义与抗战建国纲领而奋斗。""（四）加强与扩大武装力量，实行全民武装自卫"。"（五）加紧民主政治建设，逐步实现民选各级政府"。"（六）坚决镇压死心塌地的汉奸，贯彻保障人权。""（七）保障一切抗日人民之财产所有权。""（八）调节劳资双方利益，增加工业生产。""（九）加强农村阶级团结，增加农业生产。""（十）为确保抗日根据地之自足经济,打击敌人'以战养战'之企图,应逐渐建立统一的财政制度,实行统一的所得累进税。""(十一)对敌实行统制贸易,根据地内实行自由贸易。""(十二)加强文化教育运动,提高民众文化政治水平。""(十三)保障女权,实行男女平等。""(十四)面向敌占区,缩小敌占区。""(十五)边区内所有各民族在政治、经济、文化、教育上一律享有平等自由权利。"①4 月 15 日,中共中央北方局机关刊物《党的生活》第 35 期发表邓小平《党与抗日民主政权》的文章,邓小平在这篇文章中指出:"三三制的抗日民主政权原则,为我党中央所提出的真实政策……这种政权表现为几个革命阶级对汉奸、亲日派、反动派的联合专政,既能合乎统一战线原则,团结大多数以与日寇、汉奸、亲日派、反动派进行斗争,又能保证由共产党员与进步势力结合起来的优势,所以这不仅是今天敌后抗战的最好政权形式,而且是将来新民主主义共和国所应采取的政权形式。"②邓小平认为:"三三制政权的实质是民主问题。党在领导政权工作时,必须贯彻民主的精神。否则,即使你努力保证了党员不超过三分之一,也还是表现着对三三制的怠工。"③党对政权是采取指导和监督政策党的决策,要经过行政机关或民意机关中的党团(党在群众组织中建立的党的领导机构),"使党决定的政策成为政府的法

---

① 《中共中央北方局对晋冀豫边区目前建设的主张》(1941 年 4 月 5 日),政协河北省委员会编:《晋冀鲁豫抗日根据地史料汇编》中,石家庄:河北人民出版社 2015 年版,第 1117—1120 页。

② 邓小平:《党与抗日民主政权》(1941 年 4 月 15 日),《邓小平文选》第 1 卷,北京:人民出版社 1994 年版,第 8 页。

③ 邓小平:《党与抗日民主政权》(1941 年 4 月 15 日),《邓小平文选》第 1 卷,北京:人民出版社 1994 年版,第 9 页。

令和施政方针"。①"党团没有超政权的权力,没有单独下命令下指示的权力,它的一切决议,只有经过政府通过才生效力。要反对把党团变成第二政权的错误。"②邓小平强调,要在民主政治斗争中,保证党对政权的领导,更要在民主政治斗争中,使中国共产党成为群众的党。

1941年7月7日,在山西辽县桐峪镇,晋冀豫边区临时参议会隆重开幕。会议根据中共中央北方局建议,同意将冀鲁豫区与鲁西区合并,划入晋冀豫边区,将冀鲁豫边区临时参议会改为"晋冀鲁豫边区临时参议会",并民主选举成立晋冀鲁豫边区政府。出席边区临时参议会大会的133名参议员中,共产党员共有46人,占1/3。彭德怀在临时参议会上作《目前形势与抗日根据地的各种政策》的报告,杨秀峰作了《工作报告》。会议制定并通过了《晋冀鲁豫边区临时参议会组织条例》《晋冀鲁豫边区政府组织条例》和《晋冀鲁豫边区政府施政纲领》及各项政策。大会民主选举边区临时参议会驻会委员15人,八路军方面参议员申伯纯为议长,副议长有宋维周、邢肇棠(国民党方面参议员)。大会民主选举晋冀鲁豫边区政府委员14人、候补委员4人,杨秀峰当选为晋冀鲁豫边区政府主席,薄一波、戎伍胜当选副主席,高等法院院长为浦化人。8月15日大会结束。

晋冀鲁豫边区政府下设秘书处,财政、民政、建设、教育厅以及公安总局等。晋冀鲁豫边区政府辖区为太行区、太岳区、冀南、冀鲁豫区等4个行政区,共21个专区,154个县。

---

① 邓小平:《党与抗日民主政权》(1941年4月15日),《邓小平文选》第1卷,北京:人民出版社1994年版,第13页。

② 邓小平:《党与抗日民主政权》(1941年4月15日),《邓小平文选》第1卷,北京:人民出版社1994年版,第19页。

　　晋冀鲁豫边区临时参议会的召开和晋冀鲁豫边区政府的成立,实现了边区政权的统一领导,对晋冀鲁豫边区和各敌后根据地的民主政治建设,产生巨大的影响。

　　依照中共中央的决定,北方局太行分局于1942年9月1日成立。邓小平任分局书记兼组织部部长(后由李雪峰任组织部部长),李大章任副书记兼宣传部长,刘伯承、蔡树藩、李雪峰为委员。太行分局统一领导晋冀豫、冀南、太岳、冀鲁豫4个区党委的工作。为根本扭转晋冀鲁豫边区困难局面问题,太行分局于1943年1月25日至2月20日,在涉县温村召开高级干部会议。邓小平在会上作了《五年来对敌斗争的概略总结与今后对敌斗争的方针》的报告,并作了会议结论。邓小平在报告中指出,要掌握住持久战与敌强我弱的特点。"我们的原则应是削弱敌人,保存自己,隐蔽积蓄力量,准备反攻……敌我斗争的胜负决定于人民,首先是敌占区人民的态度。"①"建设根据地(包括武装、政权、群众和党的建设)与对敌斗争,具有不可分离的联系性。经验证明:没有根据地,就不能坚持对敌斗争;没有对敌斗争,企图关门建设根据地,也要影响到根据地的存在。今后要更加加强爱护根据地的观念,努力建设根据地,进行顽强的保护根据地的斗争;同样要在敌占区组织强有力的斗争,以保护根据地。"②"敌我斗争形势是敌进我进。我们作战的指导原则是基本的游击战,不放松有利条件下的运动战。敌人对我实行'总力战',我们对敌亦提出了'一元化'的斗争……每一个干部在自己的工作中,对党中央和上级的指示,必须精细的研

---

① 邓小平:《五年来对敌斗争的概略总结》(1943年1月26日),《邓小平文选》第1卷,北京:人民出版社1994年版,第40页。

② 邓小平:《五年来对敌斗争的概略总结》(1943年1月26日),《邓小平文选》第1卷,北京:人民出版社1994年版,第42页。

究，并使之适合于自己的工作环境，这将成为今后克服严重困难，取得抗战胜利与战后建国的重要保障。"①李大章在会上所作的《过去群众工作的简单回顾与今后工作的方针》报告中提出："群众是革命的人力物力滋生的源泉，群众有着无限的潜伏力，群众是我们克服困难，发展生息力量的唯一寄托，群众是革命的母亲，坚持与建立根据地的基础。哪里的党依靠了群众，它就可以建立武装，建立政权，建立根据地与壮大党的力量，不但经得起敌人任何进攻与摧残而不垮，而且任何困难都可以依靠群众力量得到克服。反之，哪里的党没有取得群众的拥护，就无法建立武装与政权，即使建立了武装与政权，表面的形式虽然很热闹，但如果不进一步的与发动群众、组织群众、教育群众、武装群众的工作联系起来，结果也是经不起敌人的打击，和无法支持艰难困苦的斗争局面的。"②戎子和在《进一步加强经济建设开展对敌经济斗争》的报告中提出："1943年我们应该确定这样的方针：开展全面的经济斗争，反对敌寇掠夺粮食和棉花，积蓄物质力量。"③；彭德怀、罗瑞卿在会议作了重要讲话。会议确定边区工作的基本方针：坚持华北抗战，坚持根据地和抗日游击战争，从各方面积蓄力量，为反攻和战后做准备。明确提出坚持抗战和巩固发展抗日根据地的具体任务是："巩固抗日民族统一战线，调动人民抗日积极性；加强武装建设，发展群众性抗日

---

① 邓小平：《五年来对敌斗争的概略总结》(1943年1月26日)，《邓小平文选》第1卷，北京：人民出版社1994年版，第43—44页。

② 李大章：《过去群众工作的简单回顾与今后的工作方针——在太行分局高干会上的报告》(1943年2月)，太行革命根据地史总编委会编：《太行革命根据地史料丛书之七·群众运动》，太原：山西人民出版社1989年版，第183—184页。

③ 戎子和：《进一步加强财经建设，开展对敌经济斗争——在太行分局高干会上的报告》(1943年2月)，太行革命根据地史总编委会编：《太行革命根据地史料丛书之七·财政经济建设》上，太原：山西人民出版社1987年版，第169页。

游击战争；加强根据地财政经济建设，打下自给自足的基础；加强敌占区对伪军伪组织工作，建立小型、隐蔽的游击根据地"；①加强党的一元化领导，深入全党整风，彻底实行精兵简政。这次会议，为全面开展对敌斗争和根据地各项建设，根本扭转困难局面，奠定了思想政治基础。

敌后的经济战线斗争尖锐复杂，不亚于军事战线。1943 年 7 月 2 日《解放日报》发表邓小平《太行区的经济建设》一文，明确提出："战争、生产、教育，是敌后的三大任务。我们一切为着战争的胜利，生产正所以保障战争的胜利，教育则为战争、为生产而服务，把三者密切地结合起来，就是不可战胜的力量。所以，百倍地加强经济建设的领导，应该是今后始终贯彻的方向。"②

三、抗日根据地"三三制"政权普遍建立

边区的"三三制"政权建设是在中共中央指示精神指导之下进行的。1940 年 3 月，中国共产党在总结抗战以来根据地政权建设经验的基础上，为了更好地贯彻执行抗日民族统一战线的战略策略，争取和团结各界人士共同抗战，首次在党内正式提出了"三三制"政权建设思想，指出："在抗日时期，我们所建立的政权的性质，是民族统一战线的。这种政权，是一切赞成抗日又赞成民主的人们的政权，是几个革命阶级联合起来对于汉奸和反动派的民主专政。"③"根据抗日民族统一战线政权的原则，在人员分配上，应规定

---

① 谢忠厚等编著：《近代河北史要》，石家庄：河北人民出版社 1990 年版，第 443 页。

② 邓小平：《太行区的经济建设》(1943 年 7 月 2 日)，《邓小平文选》第 1 卷，北京：人民出版社 1994 年版，第 85 页。

③ 毛泽东：《抗日根据地的政权问题》(1940 年 3 月 6 日)，《毛泽东选集》第 2 卷，北京：人民出版社 1991 年版，第 741 页。

为共产党员占三分之一,非党的左派进步分子占三分之一,不左不右的中间派占三分之一。"①"必须使党外进步分子占三分之一,因为他们联系着广大的小资产阶级群众。"②"给中间派以三分之一的位置,目的在于争取中等资产阶级和开明绅士。"③同年7月,毛泽东为延安《新中华报》写的纪念抗日战争三周年的文章《团结到底》,首次公开向全国人民提出了建立"三三制"政权的主张,指出:"在政权问题上,我们主张统一战线政权,既不赞成别的党派的一党专政,也不主张共产党的一党专政,而主张各党、各派、各界、各军的联合专政,这即是统一战线政权。共产党员在敌人后方消灭敌伪政权建立抗日政权之时,应该采取我党中央所决定的'三三制',不论政府人员中或民意机关中,共产党员只占三分之一,而使其他主张抗日民主的党派和无党派人士占三分之二。无论何人,只要不投降不反共,均可参加政府工作。任何党派,只要是不投降不反共的,应使其在抗日政权下面有存在和活动之权。"④此后,根据上述"三三制"原则,具有统一战线性质的"三三制"政权在敌后各抗日根据地相继建立起来。

在晋冀鲁豫边区临时参议会和晋察冀边区参议会召开前后,边区各抗日根据地进一步掀起新的民主建政热潮,普遍建立健全了各级"三三制"政权。

---

① 毛泽东:《抗日根据地的政权问题》(1940年3月6日),《毛泽东选集》第2卷,北京:人民出版社1991年版,第742页。

② 毛泽东:《抗日根据地的政权问题》(1940年3月6日),《毛泽东选集》第2卷,北京:人民出版社1991年版,第742页。

③ 毛泽东:《抗日根据地的政权问题》(1940年3月6日),《毛泽东选集》第2卷,北京:人民出版社1991年版,第742页。

④ 毛泽东:《团结到底》(1940年7月5日),《毛泽东选集》第2卷,北京:人民出版社1991年版,第760—761页。

村政权是抗日民主政权的基石。根据冀太联办专员、县长会议的决定,冀南区1940年11月至1941年3月完成了村选,在抗日根据地1/3以上的村庄建立起民选的抗日政权。太行区1941年上半年完成村选,普遍建立了村政委员会(村公所)。晋冀鲁豫边区政府成立后,各地加紧村政权的改造。1942年和1943年,以村选为主要内容的大规模民主选举运动,与以减租减息为主要内容的民生运动相结合,使冀南、太行、冀鲁豫区广大农村政权得到普遍的改造和巩固。同1941年比较,村政权真正体现了"三三制"原则,贫雇农的比例上升,中农比例略有下降,富农受到保护,开明士绅占一定比例,具有了更广泛的群众基础。

县政权是独立领导对敌斗争和各项建设的战斗堡垒。晋冀鲁豫边区在推选参议员的过程中,冀南、太行、冀鲁豫区对县一级政权,按照"三三制"原则进行了调整。晋冀鲁豫边区政府成立后,各地对县政权又作了大量调整工作,吸收一批民族资产阶级和开明士绅参加民意机关和政府机关,从而使县政权更好地团结各抗日阶级和阶层。晋察冀边区政府1943年3月9日发出《关于县议会改选和县议会工作的指示》。据此,以北岳区为主开展了第二届县议会选举运动,冀中、冀东视战争环境而灵活进行。各地召开了各种座谈会,听取各界人士的意见。人们踊跃参选、竞选,各县参选人数均在90%以上。

区不是一级政权,但它是县领导村的桥梁和纽带。因此,边区各根据地都很重视区民代表会和区公所的加强和改善,选派优秀干部担任区的领导,使区能够独立工作和斗争。

村政权是抗日民主政权的基石。晋冀鲁豫边区经1938—1940年村政建设,广大乡村实现了由村长制到村民委员会制的过渡,大批抗日分子走上了村长的岗位。为动员全民族抗战,1941年之后的晋冀鲁豫边区村选贯彻了"三三制"思想，在更加扩大的民主范围和统一战线的基础上进行村政建设。"三三制"是几个阶级联合的抗日民族统一战线的抗日民主政权，是中国共产党人政权观发展日渐成熟的表现。晋冀鲁豫边区"三三制"村政权建设具有鲜明的中国特色，它是新民主主义民主政治的在村政建设上的集中体现，适应了全民族总动员的抗日斗争的客观需求，适应中国阶级构成"两头小中间大"的国情，使各抗日阶级、阶层、党派代表进入基层抗日民主政权的领导机构，行使议政从政的权利，从而极大地激发了抗日救国的积极性，为夺取抗日战争的胜利发挥了十分重要的作用。

边区各抗日根据地各级"三三制"抗日民主政权的普遍建立，从政治上巩固与扩大了抗日民族统一战线，调动了各阶级、阶层的争取抗战胜利积极性，为解放区和新中国成立后村政建设积累了经验，树立起"模型"。

四、游击区抗日政权建设

1941 年后，由于日军的"蚕食""扫荡"，华北各抗日根据地的巩固区大大缩小，游击区不断扩大。因此，加强游击区政权建设，成为开展游击区人民抗日斗争，粉碎敌人的"蚕食"政策，恢复和发展抗日根据地的一个关键。

1942 年 9 月，中共中央北方分局召开的高级干部会议确定了"向敌后之敌后挺进"的方针，并对游击区实行"两面政权"策略作了明确的阐述，指出：它的实质是以合法的形式掩蔽非法的斗争，纠正了游击区工作中"左"的关门主义和右的合法主义等错误倾向。在 1942 年底、1943 年初，普遍完成了游击区抗日政权的组织形式和斗争策略的转变。游击区包括接敌区和游击根据地，当时存在 3 种"两面村政权",因而采取了不同的建政方针和策略:一种是抗日的两面村政权,主要存在于游击根据地和接敌区,大部由抗日一面村政权应变而成。对此种村政权,必须坚持抗日行政村建制和村公所组织,村民代表会因过于暴露可以暂时停开。为应付敌人,可以另设伪组织和人员,如伪村长、保甲长等,但必须控制在抗日的村公所之下。还必须掌握民兵游击小组,使之掩蔽在伪组织内,以合法形式掩护抗日武装斗争。待时机成熟,这些村政权应转变为抗日的一面村政权。再一种是中间的两面村政权,主要存在于接敌区敌我力量均薄弱的地方。这种村政权,往往被地主、流氓把持,对敌我两面应付。我们的策略是,以争取为主,打击和削弱其亲日的一面,争取和发展其抗日的一面,逐渐改造其成分,使之由中间两面转变为抗日两面或抗日一面政权。第三种是亲日的两面村政权,实质是日伪政权,但有时也不得不对我应酬。对这种村政权,要以分化、打击为主,加强群众工作和武装工作,通过对亲日的上层分子实行孤立、打击、动摇、争取,或由改变人事而改变组织,或由改变组织而改变人事,逐渐使它由亲日两面政权变成中间两面村政权或抗日两面村政权。同时,对日伪在游击区推行的"大乡大村制",能拒绝的就拒绝,能迟缓的就迟缓,能打击的就打击,不能拒绝、迟缓、打击时,则掌握其人物,削弱其组织,准备将来摧毁它。1942 年 12 月初,即太平洋战争爆发一周年时,北岳区军民发动对敌政治攻势突击周,并依靠小部队和民兵游击小组,逮捕游击区日伪政权人员 6 000 多人,基本上摧毁了各伪大乡公所,敌后武工队乘胜在游击区恢复重建 1 200 多个抗日村政权。在冀东区,1943 年基本区初步恢复后,开始恢复和建立健全抗日村政权,当时,有抗日的一面政权,抗日的"两面政权"、中间的"两面政权"和日伪控制的"两面政权"及日伪政权,到 1944 年抗日游击根据地进入巩固阶段,各地加强了基层政权的转化工作,据 15 个联合县统计,在 8 201 个村庄中,彻底摧毁旧政权的抗日一面村政权占 22%,抗日的"两面村政权"和中间的"两面村政权"占 60%。

冀南、太行、冀鲁豫区的游击区抗日政权建设起步较早,尤其是敌后武工队发挥了重要作用。1942 年 3 月 14 日,刘伯承、邓小平指示冀南军区:"对特别严重的地区,必须依照北方局指示组织武装工作队,深入到敌占区、接敌区、三角区进行工作。这种工作队以 50 人为一队,以营特派员为队长,好的县委书记或委员为政委、书记。队长和队员质量要非常优良,都能懂得政策。"①据此,冀南派出了首批武工队,并发出《武装工作队初次出动到敌占区工作的指示》。第一二九师政治部于 1942 年 9 月 3 日发出《关于武装工作队的几项规定》的训令,要求各军分区政治部加强对武工队的政治领导,武装工作队的任务和准则是,切实照顾和保护群众利益,发动和依靠群众进行抗日斗争。由武装作依托,坚持斗争,保持优势。惩治死心塌地的汉奸、特务。加强武工队的自身建设。

武工队在敌占区、接敌区以团结农村各阶层开展对敌斗争、减轻人民负担为主。他们领导群众进行反勒索、反劳役、反抓丁的斗争,并以合法形式实现减租、增资,还说服富户借粮帮助灾民渡荒。在群众的拥护和支持下,武工队镇压汉奸,瓦解伪组织人员,运用革命的"两面政策",建立隐蔽的抗日政权,逐步变敌占区为游击区和小块抗日根据地。在冀南区,武工队先后镇压了巨鹿县伪警备大队长和情报主任、南和县伪军大队长等,抓捕了 22 个敌探,破获一个特务机关。到 1943 年底,冀南区攻克和逼退敌据点 140 多处。在晋冀鲁

---

① 李新芝、王月宗主编:《伟大的实践,光辉的思想——邓小平革命活动大事记》,北京:华龄出版社 1990 年版,第 41 页。

豫全区,由武工队和小部队恢复发展的抗日根据地约占 3/5。

五、晋冀鲁豫抗日根据地的精兵简政政策

1941 年 12 月 17 日,中共中央提出精兵简政的政策,规定根据地脱产人员不得超过负担人口的 3%。"精兵简政是一项积极的而不是消极的政策。它一方面节约了财政开支,减轻了人民负担,加强了根据地的军事建设,同时改进了机关作风,达到了精简、统一、效能、节约和反对官僚主义的目标,进一步密切了与人民群众的关系。"①这是减轻人民负担,克服财政经济困难的一项极其重要的政策。

（一）精兵简政是坚持敌后抗战的需要

1. 变化了的形势要求转换政策,实行精兵简政

太平洋战争爆发后,中国对日宣战,国际国内战争形势发生了变化,共产党领导的敌后抗日根据地的对日作战进入最艰苦的阶段,晋冀鲁豫边区需要调整转换政策,以适应抗日战争形势的新变化。

1941 年 11 月,陕甘宁边区第二届参议会在延安举行,著名党外民主人士李鼎铭在会上提交了"精兵简政"的提案。此提案得到毛泽东的赞赏。中共中央根据李鼎铭先生的这一建议,于 1941 年 12 月 17 日发出《中央关于太平洋战争爆发后敌后抗日根据地工作的指示》,提出了为战胜困难、争取抗日战争胜利,实行"精兵简政"。中共中央指示强调:"为进行长期斗争,准备将来反攻,必须普遍的实行精兵简政。敌后抗战能否长期坚持的最重要条件就是这些根据地居民是否能养活我们,能维持居民的抗日积极性,敌后

---

① 何理:《中国人民抗日战争史》,上海:上海人民出版社 2005 年版,第 362 页。

抗日根据地的民力财富一般的说已经很大减弱"，因此，"精兵简政，节省民力，是目前迫切的重要的任务"。① 各抗日根据地"政权、党、民众团体脱离生产的人数亦应缩减，务求全部脱离生产人数不超过甚至更少于居民的 3%。根据地的财政政策必须注意量入为出与量出为入的配合，一切工作应求质量，坚决肃清浪费，铺张，不节省民力的现象，严厉惩办党政军系统内贪污敲榨民财的恶棍。我党政军均应了解，假若民力很快的消耗完，假若老百姓因为负担过重而消极而与我们脱离，那末不管我们其他政策怎样正确，也无济于事"。② 《解放日报》于同年 12 月 6 日发表《精兵简政》的社论。12 月 28 日《中央、军委关于一九四二年中心任务的指示》中，再次要求各敌后抗日根据地"坚决执行中央十二月十三日指示，精兵简政，发展经济，发展民运，发展敌占区工作"。③

　　中共中央军委在 1942 年 4 月 1 日再次发出指示，强调精兵简政的目的不仅在于节省与培养精力，而且能提高工作效率。因此，"在组织上、机构上力求精干，力求合理，注意效率，爱惜时光"；"在干部的配备与使用上，是抽调上层，加强下层，务使配备适当，各得其所，人尽其才，才尽其用"；"在财政上注意取之合理，用之有

---

① 《中央关于太平洋战争爆发后敌后抗日根据地工作的指示》（1941 年 12 月 17 日），中央档案馆编：《中共中央文件选集》第 11 册，北京：中共中央党校出版社 1986 年版，第798 页。

② 《中央关于太平洋战争爆发后敌后抗日根据地工作的指示》（1941 年 12 月 17 日），中央档案馆编：《中共中央文件选集》第 11 册，北京：中共中央党校出版社 1986 年版，第798 页。

③ 《中央、军委关于一九四二年中心任务的指示》（1941 年 12 月 28 日），中央档案馆编：《中共中央文件选集》第 13 册，北京：中共中央党校出版社 1991 年版，第272 页。

节"。① 中共中央办公厅于 1942 年 4 月 22 日又发出《关于总结精兵简政经验的通知》,指出:"精兵简政包含两方面问题:一是要求从长期坚持根据地着想.注意节省与积蓄民力。二是要求从战争与农村环境着想,注意组织精干,分工合理,使政策能贯彻下去,使工作效率能大大提高,使军事行动能灵活便利。"②通知要求各根据地从节省与积蓄民力和组织精干与增强效率两方面总结"精兵简政"的经验,并提出总结的具体事项。8 月 23 日《解放日报》发表题为《精兵简政当前工作的中心环节》的社论,批评"某些地区或工作部门,对于这一政策的执行,是很勉强的,被动的,因而也就不能贯彻。甚至还有很少数的地方不管中央如何决定,仍然'原封不动','我行我素',把自己的地区或工作部门看成是'例外'"。③ 号召把精兵简政作为工作的中心一环,"调整组织,调整干部,裁并机关,缩减冗员,以提高工作效能,增进解决问题的速度"。④ 倡导"简政论",反对"繁政论"。针对精兵简政提出后一年里有些根据地对这项政策认识不够,没有认真执行,毛泽东于 1942 年 9 月为《解放日报》写了《一个极其重要的政策》的社论。社论指出,根据地现在面临极端严重的物质困难,根据地已经缩小,"在今后的一个时期内还可能再缩小,我们便决然不能还像过去那样地维持着庞大的机构。在目前,战争的机构和战争的情况之间已经发生了矛盾,我们

---

①《中共中央军委关于精兵简政方针的指示》(1942 年 4 月 1 日),《中国抗日战争军事史料丛书》编审委员会编:《中国抗日战争军事史料丛书·新四军·文献》7,北京:解放军出版社 2016 年版,第 228 页。

②《关于总结精兵简政经验的通知》(1942 年 4 月 22 日),中央档案馆编:《中共中央文献选集》第 12 册,北京:中共中央党校出版社 1986 年版,第 63 页。

③《精兵简政当前工作的中心环节》,《解放日报》1942 年 8 月 23 日,第 1 版。

④《精兵简政当前工作的中心环节》,《解放日报》1942 年 8 月 23 日,第 1 版。

必须克服这个矛盾"。① 为了进一步引起各根据地的重视,促进根据地精兵简政政策的实行,1942 年的 12 月,毛泽东又在陕甘宁边区高级干部会议上作了《抗日时期的经济问题和财政问题》的报告,要求各根据地对精兵简政"必须是严格的、彻底的、普遍的,而不是敷衍的、不痛不痒的、局部的。在这次精兵简政中,必须达到精简、统一、效能、节约和反对官僚主义五项目的"。② 中共中央、毛泽东的一系列指示,对边区精兵简政彻底实行起了巨大的推动作用。《解放日报》在 1942 年 8 月 19 日发表题为《精兵简政在晋冀鲁豫边区》的文章,随后延安新华广播电台全文广播。《解放日报》社论《精兵简政的模范》在 8 月 24 日发表。该社论说:"今春以来,各抗日根据地,根据我党中央指示实行精兵简政,晋冀鲁豫边区军政机关,在敌后战争的环境下,认真周密,彻底地执行了中央这个指示,在工作上创造了不少的成绩,所以这篇晋冀鲁豫边区精兵简政经验的总结,不仅值得每个党员去细心研究,而且足供各抗日根据地借镜与效法。"③1944 年 5 月 7 日,《解放日报》又发表《太行区三次简政总结》,文章指出:晋冀鲁豫抗日根据地的太行区"已进行了三次简政,且得到了不少宝贵经验和教训"。④ 按着中共中央部署和要求,晋冀鲁豫边区的精兵简政在党政军各级组织机构中展开。

---

① 毛泽东:《一个极其重要的政策》(1942 年 9 月 7 日),《毛泽东选集》第 3 卷,北京:人民出版社 1991 年版,第 882 页。

② 毛泽东:《抗日时期的经济问题和财政问题》(1942 年的 12 月),中共中央文献研究室、中央档案馆编:《建党以来重要文献选编(1921—1949)》第 19 册,中央文献出版社 2011 年版,第 620 页。

③《精兵简政的模范》,《解放日报》1942 年 8 月 24 日,第 1 版。

④《太行区三次简政总结》,《解放日报》1944 年 5 月 7 日,第 1 版。

2. 晋冀鲁豫边区面临的困难

百团大战后,日军调集各地兵力向抗日根据地山岳地带大举"扫荡",敌后抗日根据地在日伪疯狂进攻和夹击下,土地面积和抗日武装力量的人数减少,八路军由 1940 年的 40 万人减少到 1942年的 30 万人;新四军由 13 万人减少到 11 万人。根据地也由 1 亿人口下降到约 5 000 万,晋东南抗日根据地缩小了 1/2,晋西北、晋察冀和山东抗日根据地等都缩小了 1/3。1941 年至 1942 年,是世界法西斯势力最猖獗的时期,也是中国共产党领导的敌后抗日根据地处于最困难的阶段。抗日根据地财政经济极端困难,军队的军械、弹药、被服、医药极端缺乏,财政入不敷出的现象越来越严重,根据地开辟过程中设立的各级党政军组织机构已不能适应艰苦抗战的形势。

一面是日军疯狂进攻,一面是自然灾害连绵不断,"寇灾"与天灾叠加,致使 20 世纪 40 年代初的晋冀鲁豫边区步入抗战开始之后最为艰苦的岁月。抗日根据地损失巨大,广大民众生活及其困苦,根据地党政机关和部队的正常财政开支也不能保障,抗日力量的发展壮大受到严重制约,抗日根据地的生存和抗战的前途面临前所未有的威胁。

因战争破坏,人心浮动,劳动力缺乏,农田肥料缺少,投资及改良设施濒于停顿,农产作物减产,而农民负担却在加重。如山西黎城农业生产力降低 1/3,农民生产情绪低落,以往"耕三余一,耕九余三"的现象已不见,耕畜、农具等生产资料均处于对付着使用的状态。1943 年春,土地荒芜现象更进一步呈加重趋势。工业作坊恢复甚少,手工业者大多破产,矿业、林业、牧畜业等均大幅减产。社会积蓄严重匮乏,资本原始积累难觅踪迹。旧的粮食积蓄早已使用净尽,新粮积蓄却进展缓慢。现洋除埋着不动及部分出口外,一般未有新的积蓄。钞票贬值,几乎失去储存手段的作用,而只能充当交换媒介；法币危机日增，几成废纸。作为不动产的土地，质量下降，荒地日增。房屋破坏，用具破毁。公仓、合会等社会公共性积蓄几乎完全消亡。富农无多大积蓄，中农仅够自给，地主、商人的消耗上涨。新的积蓄虽在新富农、新商业中有些增幅，但比之七七事变前差距甚大。私人借贷关系已经基本停止。

由于日货占据市场主要地位，物价变动折射出抗日根据地经济一定程度的依附性，而日伪的经济掠夺和经济封锁，又时时刻刻打击着抗日根据地经济。在贸易上，尽管根据地控制山货出口市场，在禁止奢侈品、抵制日货和掌握外汇等方面做了一定的努力，但并未从根本上改变市场走势。1942年春以后消费性小商业如饭馆、小饭摊等，并没有摆脱1940年以来的不景气现象。商品匮乏，市场上难以买到必需的工业品，如各种布匹、往昔的京杂货。根据地农产品如花椒（易收藏的）等便不愿出售，粮食则因害怕负担而大批走私。商业投机性极大，如涉黎路上的粮食运输，阳邑、桐峪、西营线上的工业用品、盐、布等，货物价格一日数变，甚至有一个牲口"捎脚"能赚千元以上。商业投机波及工业生产，影响着农民生活。

"敌后抗战能否长期坚持的最重要条件，就是这些根据地的居民，是否能养活我们，是否能维持居民的抗日积极性。这就是说，我们如何度过这两年，与如何蓄积力量，准备反攻，最基本的条件，就是要与人民的负担能力来一个总结算，也就是说对于我们根据地建设的成绩，从社会经济与人民生活方面来一个总结算。否则，什么深入、巩固，各种政策都失去了它的基础。"[1]晋冀鲁豫边区的

---

[1] 李雪峰：《在精兵简政会议上的报告》（1942年1月6日），晋冀鲁豫边区财政经济史编辑组等编：《抗日战争时期晋冀鲁豫边区财政经济史资料选编》第1辑，中国财政经济出版社1990年版，第751页。

"精兵简政",主要措施是实行改革编制、建立正规制度与反贪污浪费等;目标是努力克服极端的物质困难,走出"黎明前的黑暗",迎接抗战胜利的曙光。

3. 抗日根据地机关林立,人浮于事,效率低下,"鱼大水小",民力不堪重负

全面抗战爆发后,各抗日根据地逐步形成了比较庞大的战争机构,"政令冗繁,不特于事无补,而且劳民伤财;政权机构庞大,各级机关叠床架屋,浪费力量,又互相掣肘,因此实行简政,不只是简单的减少人员,而是加强行政机构,改善工作制度,提高工作效率"。① 如太行区第五、第六两分区,地区范围不大,而机关林立,因人设事,干部不免有所浪费。为适应游击战争环境,紧缩上层机关,充实下层,减轻人民负担,两军分区政权、党的领导机关的确有合并之必要。需要的是充实上层,加强下层。不必要独立存在或工作可以兼顾的机关,可予合并调整。勤务员、伙夫、马匹可以裁减节省的,编入生产队伍。

太平洋战争爆发后,日军对华北抗日根据地的进攻方式由一口一口的鲸吞或"一举粉碎"变为分隔封锁、逐渐蚕食;日军"扫荡"目标已不只是八路军军事力量和共产党政权组织,而且使用各种各样的方法像栉篦梳头一样地来搜索摧残深入民间的抗日组织和抗日力量,实行残酷的烧光、杀光、抢光"三光"政策。在此严酷的形势下,八路军正规军与地方军需有恰当的比例配置:精干的正规部队更能够完成自己担负的战斗任务;建立更广泛的地方军与不脱离生产的人民武装,可以开展最广泛的群众性游击战争,机动灵活地反抗日军对敌后抗日根据地的蚕食政策,"而我们的政治机

---

① 《精兵简政的模范》(1942 年 8 月 24 日),《解放日报》1942 年 8 月 24 日,第 1 版。

构，也不能不更加精干机动。这即是说：在敌后方，我们的兵，不能不精，我们的政，不能不简"。①

20 世纪 40 年代初中国面临的政治军事形势，需要中国共产党抗战更坚决、团结更巩固、进步更迅速，需要共产党、八路军不仅善于发掘抗战力量，而且要求更恰当、更有效地使用抗战力量，更有计划地积蓄与培植抗战力量。艰苦抗战的客观形势是"精兵简政"提出的主要依据。

这正如 1942 年 9 月 7 日毛泽东在《一个极其重要的政策》中所指出的，中国共产党的一切政策都是为了战胜日军，而七七事变第五年以后的抗战形势，实处于争取胜利的最后阶段。"这个阶段，不但和抗日的第一第二年不相同，也和抗日的第三第四年不相同。抗日的第五年第六年，包含着这样的情况，即接近着胜利，但又有极端的困难，也就是所谓'黎明前的黑暗'的情况……这两年将是极端困难的两年，它同抗日的开头两年和中间两年都有很大的不同。这种特点，革命政党和革命军队的领导人员必须事先看到。如果他们不能事先看到，那他们就只会跟着时间迁流，虽然也在努力工作，却不能取得胜利，反而有使革命事业受到损害的危险……如果现在没有正确的政策，那末极端的困难还在后头，普通的人，容易为过去和当前的情况所迷惑，以为今后也不过如此。他们缺乏事先看出航船将要遇到暗礁的能力，不能用清醒的头脑把握船舵，绕过暗礁。"②抗日航船此后的暗礁，"就是抗战最后阶段中的物质方面的极端严重的困难"，中共中央"指出了这个困难，叫我们提

---

① 《精兵简政》(1941 年 12 月 6 日《解放日报》社论)，中央档案馆编：《中共中央文件选集》第 11 册，北京：中共中央党校出版社 1986 年版，第 783—784 页。

② 毛泽东：《一个极其重要的政策》(1942 年 9 月 7 日)，《毛泽东选集》第 3 卷，北京：人民出版社 1991 年版，第 880—881 页。

起注意绕过这个暗礁"。①

　　善政在于破解时困,精兵简政则是晋冀鲁豫边区坚持敌后抗战的善政良策。残酷的战争形势不容许停留在过去惯常的观点上,边区庞大的、叠床架屋的战争机构虽然曾经是适应全国抗战初期的情况的。但是太平洋战争爆发后的战争形势不同了,敌后抗日根据地已经缩小,在此后的一个时期内还可能再缩小,假若还要维持过去那样庞大的机构,那就会中敌人的奸计。假若缩小自己的机构,使兵精政简,晋冀鲁豫抗日根据地战争机构虽然小了,仍然是有力量的;因而有效克服了鱼大水少的矛盾,使根据地战争的机构适合战争的情况,八路军就将显得越发有力量,就不会被敌人战胜,而要最后的战胜敌人。所以,毛泽东指出,精兵简政是一个极其重要的政策,是以小而精破庞大敌军的精兵主义,"我们就会变成无敌的了"。②

　　(二) 精兵简政的展开

　　晋冀鲁豫边区精兵简政工作阶段划分,有的学者认为是两个阶段,有的学者认为是三个阶段。三段说的具体划分为:第一阶段为 1942 年 1 月至 4 月底,第二段为 1942 年 5 月反"扫荡"到 1943 年初;第三次阶段为 1943 年 3 月至 4 月。

　　笔者认为,"精兵"与"简政"既有联系,又有区别,将二者进行分别研究,然后再统一起来分析,这样可以进一步深入探讨晋冀鲁豫边区精兵简政的历史。

　　就"精兵"而言,两阶段划分依据相对充分一些。1944 年 1 月 28

---

① 毛泽东:《一个极其重要的政策》(1942 年 9 月 7 日),《毛泽东选集》第 3 卷,北京:人民出版社 1991 年版,第 881 页。

② 毛泽东:《一个极其重要的政策》(1942 年 9 月 7 日),《毛泽东选集》第 3 卷,北京:人民出版社 1991 年版,第 883 页。

日邓小平在《师直及太行两次精兵简政情形》的电报指出，八路军第一二九师直属单位和太行区的精兵分为两个阶段，冀南区的精兵共分为三次。而简政则分为三个阶段，特别是太行区的三阶段划分更为明确。1944 年 4 月 5 日，毛泽东在审阅《太行区三次简政总结》一文后批示："此件很有用，请少奇饬党务研究室修改文字，送解放发表，并予广播。"①这篇文章对太行区三次简政活动进行了总结。

1."精兵"政策及其实施

"精兵"主要是针对晋冀鲁豫抗日根据地军队编制调整而言的。第一二九师政委邓小平于 1944 年 1 月 28 日致电在延安参加整风运动的师长刘伯承和政治部主任蔡树藩，把一二九师直属单位和太行军区精兵情况划分为两个阶段：第一阶段于 1942 年 1 月开始，中经 2 月"扫荡"，4 月底全部完成；第二阶段于 1943 年 3 月开始，4 月完成。

"甲、第一次于 1942 年 1 月开始，中经 2 月'扫荡'，4 月底全部完成。

A. 师直属有 41 个单位，减至 19 个单位，共减少 233 人，军分区和旅共减少 158 个单位，6 214 人。

B. 精兵后，统率机关人员占所有人员 25%。

C. 全军区共减少 7 487 人，以当时每人每年 1 000 元计（粮食在外），全年节省开支 750 万元。

乙、第二次精兵于 1943 年 3 月开始，4 月完成。

原有两个野战旅的统帅机关及直属部队一律取消，加强了战斗部队及军分区的组织，同时充实连队，只留一个甲种团、两个乙

---

① 《太行区三次简政总结》（1944 年 5 月 7 日），中共中央文献研究室、中央档案馆编：《建党以来重要文献选编（1921—1949）》第 21 册，北京：中央文献出版社 2011 年版，第 243 页。

种团、余均照缩为丙种团。

紧缩机关：

A. 司令部的作战、训练、通信各科、股合并，队务管理合并，取消很多乘马。

B. 军司令部由160人再减至149人，政治部由250人再减至179人，分区直属所属战斗部队人数最多的是七与一之比，最少的是十与一之比，团的非战斗员也减少。

丙、编余人员的处理，第一次学习的1 550人，送地方工作的320人，退伍安家的3 661人，余皆充实连队。第二次送延安531人，送其安家1 410人，清洗2 242人，均超过定额。

丁、冀南第一次精兵从1942年2月至6月完毕。共分三次进行，精兵后，军直共280人（特务团在外），分区直约减至300人，马匹减少92％。分区完全取消私人勤务，司号、电话员均取消，共节省干部1 017人，清洗战士1 084人。该区第二次精兵无报告。

戊、太岳区可问陈、薄。

己、地方简政工作比较彻底，数目字他们还未开来，精简优缺点你们可估计一般。"①

邓小平的电报以具体数据说明晋冀鲁豫抗日根据地两次精兵的实际成效，但仅反映了第一二九师师直单位及太行区两次精兵情形，而冀南精兵分三次进行。电文明确表示，缺少太岳区、冀南、冀鲁豫区的精兵情况，且没有涉及简政问题。电文提到的"陈薄"，指陈赓、薄一波，当时分别任太岳军区司令员和政治委员。

精兵的方针是提高部队质量，加强战斗实力，巩固内部力量，

---

① 邓小平：《师直及太行两次精兵简政情形》（1944年1月28日），《邓小平军事文集》第1卷，北京：军事科学出版社、中央文献出版社2004年版，第383—384页。

规定一切脱离生产的武装部队,不能超过居民人数 2％,同时发展民兵,培养民兵战斗力,以坚持敌后战争。

具体办法是:

第一,调整编制,一方面缩减编并某些单位,另一方面认真充实连队战斗能力。

第二,有计划地抽调一批有相当能力的地方干部,到地方军与民兵中去,以强化地方武装建设,开展群众游击战争。

第三,紧缩后方机关,减少人员马匹。"规定战斗部队团以上战斗人员与直属队人员数目,应为七与一之比(即战斗员七,直属队工作员一);团以下战斗人员与团直属队人员数目,应为五与一之比;后方机关如学校教职员、杂务人员与学员之比例,应为二与五之比;医院工作人员与休养员,应为四与六之比;工厂职员、杂务人员与工人,应为一与四之比。牲口马匹亦大量减少,转入生产部门,从事耕作运输(如今春军政编余牲口共约 5 000 匹,大都交给地方区政府借给贫苦群众春耕)。减编机构,力求经费减缩,如各修械所长联席会议讨论精兵简政实施时决议:(一)积极增加生产,以最大努力满足前线需要,各工厂非工业生产人员,每人必须完成 200 元之农业生产;(二)加强节约,在经费支出上,以 3 变 2 为原则(估计可省数百万元);(三)缩编不必要的人员,一般老弱工友及年幼学徒,亦可另组工厂;(四)奖励发明,发扬创造精神。"①

第四,"利用战争间隙集中整训,加强政治军事文化等各方面教育,工农干部多学习,知识分子多实习。特别将文化教育成为一般战士的日常必修课;改善教育方式,使教育与实际合一。编印必

----

① 毛铎:《精兵简政在晋冀鲁豫边区》,《群众》周刊 7 卷 19 期(1942 年 10 月 15 日),第
　483—485 页。

要课本,逐步提高文化水平。并经常抽调干部轮训,派优秀干部到陆军校受训"。①

第五,通过经营生产事业,如开办工厂作坊、工艺学校,将老弱战士、荣誉军人安插到工厂、学校,以便从事学艺生产,半工半读。

第六,根据编余人员的不同情况作不同处理。如总部直属队,对于编余人员,根据4个原则处理:"(一)抽调出之人员,如抗战以来,未曾正式入学,或青年战士、事务工作人员,可以造就者,即送入学校学习;(二)过去住过学校,或有专门技术,而其他部门正需要者,即调赴他处工作;(三)老弱残废与有病者,分别另行安置;(四)牲口事务人员,减至最低限度,决不多留一人或一牲口。如太南军分区在第一步整编后,计全分区编余人员×××人,送往学校深造者占27%,投入生产部门者占18%,介绍到武委会工作者占4%,遣散回家生产者占51%。预计可节省粮食10万斤,经费289 700余元。"②实行精兵主义的目的在于蓄积武力,休整民力。

通过精兵,紧缩军队后方机关,充实基层连队,减少人员马匹,晋冀鲁豫边区脱离生产的武装部队(正规军与地方武装)不超过居民人数2%③,战斗部队团以上战斗员与直属队人员为5与1之比。

---

① 毛铎:《精兵简政在晋冀鲁豫边区》,《群众》周刊7卷19期(1942年10月15日),第483页。

② 毛铎:《精兵简政在晋冀鲁豫边区》(1942年10月15日),晋冀鲁豫边区财政经济史编辑组等编:《抗日战争时期晋冀鲁豫边区财政经济史资料选编》第1辑,北京:中国财政经济出版社1990年版,第780页。

③ 毛铎:《精兵简政在晋冀鲁豫边区》(1942年10月15日),晋冀鲁豫边区财政经济史编辑组等编:《抗日战争时期晋冀鲁豫边区财政经济史资料选编》第1辑,北京:中国财政经济出版社1990年版,第780页。

"民兵不得超过当地居民5％"①。农忙时尤要注重节省人力,免除形式主义的自卫工作。总部直属队在紧缩后只留下原有人员4％,其余96％,除有一部分用以充实下面外,都真正裁去了。

2. 简政工作的推进

简政工作是根据抗战形势和争取敌后抗战胜利提出的,"因此简政是准备反攻不可分离的组成部分,是为了保存力量和生息力量,是积极的政策"。② 简政工作开始于1942年2月,但由于环境和对敌斗争形势有了新变化,所以简政工作又遇到许多新的问题,亟待解决。这样就把简政工作分成了两个阶段:从2月起到5月"扫荡"前为第一阶段,从5月"扫荡"到9月是第二阶段。第一阶段简政的方针是更进一步缩小上层领导机构,提高领导质量;更进一步的充实下层,培养各地区单独作战能力。第二阶段简政的方针是不削弱领导,不妨碍完成工作任务,一面缩小领导机构,一面注意整理经验、创造经验;一面加强领导,一面深入工作。太行、太岳区简政主要有以下举措:

(1)"缩小领导机构,裁汰骈枝机关,减少不必要的人员,充实下层,加强敌占区工作。"克服了"过去头重脚轻,上强下弱,一切工作不能很好贯彻的现象。这样纠正了过去编制大,干部不充实,机构多,力量不集中的现象,这样也改变了过去根据地工作与敌占区工作极端不平衡的现象。因此,机构调整不是削弱了力量,而是加

---

① 毛铎:《精兵简政在晋冀鲁豫边区》(1942年10月15日),晋冀鲁豫边区财政经济史编辑组等编:《抗日战争时期晋冀鲁豫边区财政经济史资料选编》第1辑,北京:中国财政经济出版社1990年版,第783页。

② 李一清:《太行太岳区简政工作初步总结报告》(1942年9月),政协河北省委员会编:《晋冀鲁豫抗日根据地史料汇编》(中),石家庄:河北人民出版社2015年版,第1310页。

强了力量,不是减低了效率,而是提高了效率"。①

(2)"调整行政区划,合并县或设立联合县,充实干部,提高行政效率,并实行大区大村制,太行区县由 39 划为 33,合并了 4 个县,两个县不设县政府,偏城不设区。区由 213 划为 133,村由 3 597 划为 2 950。太岳区县由 23 减为 17。"②

(3)提高专署在财粮开支、司法、干部调动等方面的权限,并调整了专署以及县和各专管局的关系。这样解决问题,更迅速敏捷,更有力量,更能适应抗日战争的环境,切实强化一元化的作战力量。此外,还必须建立各种制度,密切上下联系。

(4)废除一切繁文缛节,减少不必要的工作,少下命令,多到下层检查工作,帮助工作,纠正机关主义与官僚主义的领导作风,一切为便民便干部着想。

(5)节省民力,减少不必要的支差,使人民有更多生养休息的机会,能从事生产,提高生产力。

(6)提倡节约,惩治贪污。公布节约办法和惩治贪污的条例,严厉惩处乃至处决贪污分子。

(7)太行、太岳区在简政过程中重点纠正四种偏向。"第一种偏向是:没有认识简政工作的政治意义和各种复杂问题。因此潦草从事,简单化,没有注意简政后的政权建设和提高行政效率的问题。第二种偏向是:本位主义和保守主义,各级领导机关不把强干

---

① 李一清:《太行太岳区简政工作初步总结报告》(1942 年 9 月),政协河北省委员会编:《晋冀鲁豫抗日根据地史料汇编》(中),石家庄:河北人民出版社 2015 年版,第 1311 页。

② 李一清:《太行太岳区简政工作初步总结报告》(1942 年 9 月),政协河北省委员会编:《晋冀鲁豫抗日根据地史料汇编》(中),石家庄:河北人民出版社 2015 年版,第 1311 页。

部放到下面,放到薄弱部门,放到重要岗位。结果,在简政第一个阶段中,充实下层,调整干部,并没有很好的收获,在第二个阶段中,才纠正了这一偏向。第三种偏向是:领导上不注意掌握简政中所发生的各种问题。处理干部不慎重,形成自流现象,因此干部不满,有许多地方干部在简政中脱离工作岗位了。实行大村制,生硬的并村,不解决存在着的问题,以致引起群众不满。第四种偏向是:埋头简政,忽略了组织人民生活和组织战争,忽略了在简政工作中完成各种任务。"①以上四种偏向直接影响着简政工作的开展,太行、太岳区坚持从解决思想认识入手,严格按政策办事,重点解决群众关心的突出问题,在正确的政策方针导向下纠偏扶正。

(8)及时揭穿谣言,阐明简政工作的意义。日军、汉奸和特务分子散布谣言,歪曲晋冀鲁豫抗日根据地的简政工作,他们造谣说:晋冀鲁豫抗日根据地不搞"三三制"了,所以实行简政;八路要走了,抗日政府要垮台了,实行简政是为了便利与转移;某某方面为了"体恤民艰",所以命令不让八路军发展,才有敌后的精兵简政。针对上述谣言,晋冀鲁豫边区政府通过摆事实、讲道理、作比较,以为人民谋利益的实际行动,揭露日军、汉奸、特务分子的造谣和阴谋活动。

3. 简政工作的成效

晋冀鲁豫边区简政工作虽然有许多困难,但是在广大人民群众的拥护下,到1943年顺利完成。在简政中,根据政府各机关工作人员不超过居民人数1%的规定,政府缩减人员40%,节省经费

---

① 李一清:《太行太岳区简政工作初步总结报告》(1942年9月),政协河北省委员会编:《晋冀鲁豫抗日根据地史料汇编》(中),石家庄:河北人民出版社2015年版,第1312页。

46％，按各种条件实行并村、并乡，等等。淘汰冗员，兼理公差，增加不脱离生产的干部，发挥干部的劳动作风。如邢台县二区减少村干部 17 人，全年节省经费不下 2 万余元。

（1）调整区划编制，节省民力。"太行区简政前共有 39 个县，简政后，磁武、平南北、邢东西、元获，由 8 个县合并成为 4 个县，高邑和长治不设县政府，因此由 39 个县减为 33 个县，现在长治工作有开展，新设县政府，又变为 34 个县了，所减之县 2 个按游击县算，可减少 34 人，3 个按丙等县算，可减少 102 人，共减少 136 人。区简政前为 213，简政后为 133（其中 91 为根据地区，42 为游击区），共减少 80 个区。按旧编制每区 10 人，共减少 800 人。村原数为 3 597 个，简政后减为 2 950 个，共减少 647 个村，每村按 2 人算共计减少 1 294 人，按 3 人折 2 人算为 862 人。合计以上由于县区村区划之变更，共计减少人数 1 898 人。"[①]

在民力负担方面，按每人每月不得超过 3 日的标准（大部分地区已做到了）计算，比其他抗日邻近区要轻 2 倍到 3 倍，比敌占区要轻 5 倍，从自己方面比较，简政后比简政前轻，边沿区比腹心地轻，军事支差比村浪费民力轻。

精兵简政工作，配合爱惜民力、培养民力与发展生产同时进行。军政机关动员一切的力量，投入生产，力求自给，处处照顾人民利益。如 1942 年春，晋冀鲁豫抗日根据地编余牲口共约 5 000 匹，大部分交给地方区政府，供给贫苦群众春耕。又如第一二九师某旅，全年生产蔬菜即达 250 万斤、猪肉 1 万斤、菜金 21 万元。根

---

① 李一清：《太行太岳区简政工作初步总结报告》（1942 年 9 月），政协河北省委员会编：《晋冀鲁豫抗日根据地史料汇编》（中），石家庄：河北人民出版社 2015 年版，第 1313 页。

据地注重发展农业生产,增开荒地、滩地,来增加食粮等收获。在工业上奖励私人投资,发展家庭小手工业,使根据地的生产力量得以继续发展,战胜敌人的破坏。

爱护民力,培养与节省民力,是精兵简政的中心问题。晋冀鲁豫抗日根据地有"白天多做事,晚上少点灯","人人要当家,公私都节约","谁不了解民困,不体念时艰,谁就不算好干部"等厉行爱护培养民力的口号,"使爱护民力的运动,在多方面、干部中、群众中、上级下级、内部外部广泛的开展起来"。[1] 爱护与培养民力主要是发展生产,以增加人民收入。各县成立农业指导所专门领导补充农具耕畜,努力施肥,提高农业技术,并于1942年春耕中放出生产贷款130万元(只太行一区)。建立水利局,颁布兴办水利办法。增加工业生产,主要的是以恢复作坊发展家庭手工业,开展工业合作运动,号召热心生产人士,投资生产,兴办各种作坊工厂,并要求全区工人提高劳动热忱,节省原料,提高生产质量与数量。在太行区除公营工厂外,"(一)发展妇女纺织小组18 252人,生产土布10万匹;(二)开造纸池88个,产纸82 400令;(三)增加煤窑6座;(四)增加油房,保证油的自给自足;(五)组织群众熬盐22 500斤,及群众采药,制造陶器。如武乡开办了毛笔厂、造纸社、熬盐厂等……又如涉县建设了100个造纸池,年可造纸200万张,编苇席20万幅,编草帽10万顶。建立运输合作社及消费合作社30个,真正群众性的合作社20个"。[2]

为战胜经济困难,1944年4月1日出版的《新华日报》,以头版

---

[1] 毛铎:《精兵简政在晋冀鲁豫边区》,《群众》周刊7卷19期(1942年10月15日),第484页。

[2] 毛铎:《精兵简政在晋冀鲁豫边区》,《群众》周刊7卷19期(1942年10月15日),第485页。

整版刊登了《滕参谋长、杨副参谋长手订总部伙食单位生产节约方案》全文,也就是所谓的《滕杨方案》。方案详细规定伙食单位的每个战士开荒种地、喂猪养羊等生产的任务量,以及奖励节约的标准和个人分红的办法。《滕杨方案》提出,个人生产中得到的成果,超出应该分配的东西就七三分配,就是个人占七分,公家拿三分,鼓励个人生产。因为个人生活解决了,八路军根据地的经济困难自然解决了。《滕杨方案》一个突出的特点就是,打破长期以来忽视个人利益,允许私有,允许多劳多得,允许个人分红,并且允许分红的东西可以寄回家,这在当时是个很大突破。

(2)厉行节约,反对贪污浪费。晋冀鲁豫边区实行粮食节约、被服节约、公杂费节约、牲畜节约等,收效很大。例如禁止用粮食养鸡养猪,被服每季更换交公家保存,写字用废纸、少点灯等,均有明白的规定。并制定奖惩条例,切实施行,如有贪污,严重治罪。就是违反节约原则,破坏或浪费公物,私人动用公款等行为,亦以贪污治罪。

在节约粮食方面,"不报预算,不发粮票,厉行粮食日报制度。以粮食作菜换菜,或换面换大米者,就是变相贪污。实行集体吃饭,余粮按月交公;不许用饭喂猪养鸡;减少不必要的招待,严格收取粮票饭票;吃麦子自己磨面"。①

在厉行被服登记方面,"无被服表者不予分配工作。规定 5 年 1 床棉被,2 年 1 套棉衣,1 年 1 套单衣。被服按季交公家保管,破烂者交公"。②

---

① 毛铎:《精兵简政在晋冀鲁豫边区》,《群众》周刊 7 卷 19 期(1942 年 10 月 15 日),第 485 页。
② 毛铎:《精兵简政在晋冀鲁豫边区》,《群众》周刊 7 卷 19 期(1942 年 10 月 15 日),第 485 页。

在节约公杂费方面，"墨水、变色铅笔、日记本、纸夹、洋烛、墨汁，不许报销，便条不用白纸，1个信封用4次，1张信纸用2次；旧笔换新笔，1年1个笔帽；尽量少点灯，印刷品少留空白。无故损失或损坏公物者，按价赔偿，字纸收集归公，由勤务员负责，售价提2成作奖金。旅费路粮，节余退还公家。除慰劳抗日军外，赠送品不能报销，无外宾不做宴会。手纸不用净纸。不经行政首长和机关医生批准，自己买药不准报销。提倡用火链节省火柴。私人支用公款，以贪污治罪"。[①]

在节约牲畜方面，"不合编制的牲畜，不得开支公粮公款，牲口疾病死亡，饲养人员管理人员须负行政责任，依照情节，予以批评或处分。保证牲畜肥胖无病者，饲养员半年增发两月津贴，盗卖草料者，按贪污料罚，牲畜粪归公，售价提2成奖励饲养员；牲畜鞍缰装配无故损坏者赔偿，建立牲畜使用登记制，调节劳逸"。[②]

在其他节约方面，"没收品一律归公，违者以贪污论罪。打贵重药针，须经行政首长批准，少铺张（如大修房屋、添设备等）"。[③]

"为使这些节约条文切实的实行，各机关部队均组织有节约委员会，以领导与开展反贪污浪费的斗争，提倡干部勤劳主义，号召干部都能先从自己做起，由日常小处着手，定期总结成绩，对于优者奖励，坏者批评和处分（不管官有多大，地位有多高）。正由于这样的严厉节约，边府节省粮食2万石，并移作减免太行区各敌占区

---

① 毛铎：《精兵简政在晋冀鲁豫边区》，《群众》周刊7卷19期（1942年10月15日），第485页。

② 毛铎：《精兵简政在晋冀鲁豫边区》，《群众》周刊7卷19期（1942年10月15日），第485页。

③ 毛铎：《精兵简政在晋冀鲁豫边区》，《群众》周刊7卷19期（1942年10月15日），第485页。

人民负担之用了！"①

　　在节省民力方面，晋冀鲁豫抗日根据地关于支差运输诸种战时勤务，亦提出"少开会多做事""反对滥用民力"等口号，制订抗战勤务条令，其主要内容为："除参战外，凡党政军民机关团体及公营企业合作社采购处等（军队经营者在内），一律不得用差，规定了用差机关，必须持有旅级以上政治部首长签名及经专署批准的文件，才能由县府拨差。在支差路程与时间上，规定最远 70 里，往返不得超过 4 日，农忙时不得超过 2 日。规定了运输载重（如每人不得超过 60 斤，牛驴骡最多不得超过 160 斤），和必须借给支差人畜一定食用（如每人每日发小米 1 斤 7 两，牲口每日发干草最少 8 斤与料半斤），如不发时农民可以拒绝支差，如支运牲口损失须予以相当数量的抚恤及赔偿，特别规定对于农忙时的乱要差者，不论何人均可扭送政府法办。"②

　　（三）对精兵简政的若干思考

　　精兵简政是抗日战争进入最困难时期提出的，是晋冀鲁豫抗日根据地抗战形势变化的需要。1940 年代初，侵华日军的疯狂破坏与严重的自然灾害给晋冀鲁豫抗日根据地带来巨大损失，边区民众生活极其困苦，根据地党政机关和部队的正常财政开支也难以保障，极端的经济困难严重制约着抗战力量的发展壮大，威胁着敌后抗日根据地的生存，影响着中国抗战的前途。所以，对抗日根据地军队和党政机关进行精简，裁减冗余人员，以缓解群众负担，提高政府工作效率和军队战斗力，就显得非常必要和迫切了。精

---

① 毛铎：《精兵简政在晋冀鲁豫边区》，《群众》周刊 7 卷 19 期（1942 年 10 月 15 日），第 485 页。
② 毛铎：《精兵简政在晋冀鲁豫边区》，《群众》周刊 7 卷 19 期（1942 年 10 月 15 日），第 485 页。

兵简政政策是中国共产党巩固和发展抗日根据地的十大政策之一,在当时抗日根据地日益缩小的情况下,不仅在团结解放区军民度过财政经济的严重困难和休养生息民力都起了重要作用,而且对后来的解放区政权建设、廉政建设有着重要的借鉴意义。

1. 军事行政人事制度改革与党的最高宗旨有机结合

晋冀鲁豫边区精兵简政工作,有一套比较周密、精详而切合实际的办法。在纵的关系上,它从政治动员、工作计划、部署执行到总结检查,都能有条不紊,依次进行;在横的关系上,它能把精兵简政的总方针贯彻于各方面工作,对政权工作、军事工作、财政工作等的精简,都有一个全盘的计划。在精兵简政过程中,中国共产党把军事、行政、人事制度改革与党的最高宗旨有机结合在一起,实现精兵简政与为人民服务的高度统一。可见,共产党、八路军以精兵、简政、高效、为人民服务的崭新作风为抗日战争注入新的活力,充分体现中国共产党在中国抗日战争中的中流砥柱作用。

精兵简政首先在陕甘宁边区产生了很大的影响,然后,中共中央将精兵简政在各个敌后抗日根据地推行。毛泽东在《为人民服务》讲演中指出:"'精兵简政'这一条意见,就是党外人士李鼎铭先生提出来的;他提得好,对人民有好处,我们就采用了。只要我们为人民的利益坚持好的,为人民的利益改正错的,我们这个队伍就一定会兴旺起来。"①毛泽东还指出:"因为我们是为人民服务的,所以,我们如果有缺点,就不怕别人批评指出。不管是什么人,谁向我们指出都行。只要你说得对,我们就改正。你说的办法对人民

---

① 毛泽东:《为人民服务》(1944年9月8日),中共中央文献研究室、中央档案馆编:《建党以来重要文献选编》第21册,北京:中央文献出版社2011年版,第490页。

有好处,我们就照你的办。"①毛泽东把精兵简政的政策与为人民服务的立党宗旨紧密的结合起来,这一点很值得共产党人继承和发扬。

2. 实行精兵主义,意义深远

"精兵",一方面求得战术上的灵活机动,另一方面也是顾及敌后的经济困难,而紧缩部队。毛泽东对精兵主义有很生动形象的论述。他说,根据地要褪去冬衣,穿起夏服,轻轻快快地同敌人作斗争。"何以对付敌人的庞大机构呢?那就有孙行者对付铁扇公主为例。铁扇公主虽然是一个厉害的妖精,孙行者却化为一个小虫钻进铁扇公主的心脏里去把她战败了。柳宗元曾经描写过的'黔驴之技',也是一个很好的教训。一个庞然大物的驴子跑进贵州去了,贵州的小老虎见了很有些害怕。但到后来,大驴子还是被小老虎吃掉了。我们八路军新四军是孙行者和小老虎,是很有办法对付这个日本妖精或日本驴子的。目前我们须得变一变,把我们的身体变得小些,但是变得更加扎实些,我们就会变成无敌的了。"②在边区执行精兵主义,主要的是提高主力部队的战斗力,保证他们的物质供给,保证他们有充分时间进行政治的和军事的教育,更进一步地提高他们的文化程度,更认真地遵守群众纪律,开展群众工作,而在另一方面就要加强少先队和自卫军的训练,提高一般人民对战争和军队的认识,鼓起广大人民爱护军队、保卫边区的热忱。精兵主义是毛泽东军事思想的重要组成部分,在现代化军队建设的新时代仍然具有重要的借鉴意义。

---

① 毛泽东:《为人民服务》(1944 年 9 月 8 日),中共中央文献研究室、中央档案馆编:《建党以来重要文献选编》第 21 册,北京:中央文献出版社 2011 年版,第 490 页。

② 毛泽东:《一个极其重要的政策》(1942 年 9 月 7 日),《毛泽东选集》第 3 卷,北京:人民出版社 1991 年版,第 883 页。

3."简政"不是恢复于"简陋",也不是提倡粗枝大叶的"简略"

精兵简政要防止出现两种倾向,即毛泽东说的:一是"简政"不是恢复于"简陋","简陋"指简单而鄙陋,简单粗陋,不完备,不周全;二是不提倡粗枝大叶的"简略","简略"即内容简单,不详细。这两种倾向实质上都是指边区局部执政中出现的官僚主义、"懒政"、"惰政",办事马马虎虎,不负责任,不关心人民的痛痒。

在晋冀鲁豫抗日根据地的简政,"决不是少做事或者是少用人,反之,我们应该做的事还是太多,而我们现有的人员还远远不够用。今天边区实行简政,主要的该是:行政工作抓中心,行政机构求精干,建立正规工作制度,提高工作效率;在干部使用上不仅要使人人有工作,而且要努力做到人尽其才,才尽其用;在财政工作上不仅要取之合理,而且要用之得当"。①

"我们常说:工作要抓住中心一环;而我们的中心工作却常常是不只一件;我们说:每个人都要站上他自己的岗位,而实际上工作岗位与干部能力却未必适合。"②以战斗的精神来工作,而在实际工作中却常常缺少对工作必要的严肃和紧张。简政不是"无为而治",不是恢复于"简陋";也不是提倡粗枝大叶的"简略",这与加强调查研究工作,提倡实事求是的作风是一脉相通的。也就是"不可平分力量,抓住中心一环"。③"简政"绝不是消极的裁员减政,恰恰相反,必要的人员决不可少,应做的工作还是要做,而且应该比以

①《精兵简政》(1941年12月6日《解放日报》社论),中央档案馆编:《中共中央文件选集》第11册,北京:中共中央党校出版社1986年版,第784页。

②《精兵简政》(1941年12月6日《解放日报》社论),中央档案馆编:《中共中央文件选集》第11册,北京:中共中央党校出版社1986年版,第784页。

③《精兵简政》(1941年12月6日《解放日报》社论),中央档案馆编:《中共中央文件选集》第11册,北京:中共中央党校出版社1986年版,第784—785页。

往做的更好。

4. 建立正规制度和提高工作效率

简政的实行,关键在于建立正规制度和提高工作效率。这是毛泽东的英明论断。靠制度管党,靠制度施政,靠纪律治军,也是精兵简政的重要启示。晋冀鲁豫抗日根据地创建过程中,即制定了一系列规章制度,如 1940 年 1 月 26 日颁布的《冀南行政主任公署关于各级政府不得用烟、酒、肉、馍招待过往军政人员的训令》规定:"各级政府不得用烟、酒、肉、馍招待过往军政人员,只凭粮票证件供给小米饭,菜金由军政人员自备。除分函各抗日部队外,仰即转饬所属,传达到村坚决执行。"①如前文所述,精兵简政过程中又有更加详细的规定。晋冀鲁豫边区的精兵简政,在建立正规制度和提高工作效率方面迈出了可喜的一步。

5. 处理好简政与"三三制"关系

当晋冀鲁豫边区"简政"方案开始提出之际,曾引起一定的误解和疑虑。个别人士误认为:"简政"就是缩小行政机构,裁减工作人员,就是要排斥政权中的非共产党人士,也就是要推翻"三三制",使"三三制"在"简政"口号下化为乌有。甚至有这样令人颇为难堪与不安的呼声:"共产党曾经以'三三制'邀请我们参与政权,现在抗战再有两年就可胜利,共产党却不要我们了。"②言外之意,似乎共产党要独享抗战胜利的果实,所以在接近胜利的时候,就以"简政"来排斥非党人士,独霸政权。这种理解显然是一种误会。这种误会的产生,或许是由于对共产党大公无私的政策缺乏透彻

---

① 《冀南行政主任公署关于各级政府不得用烟、酒、肉、馍招待过往军政人员的训令》
　　(1940 年 1 月 26 日),晋冀鲁豫边区财政经济史编辑组等编:《抗日战争时期晋冀鲁豫
　　边区财政经济史资料选编》第 1 辑,中国财政经济出版社 1990 年版,第 1343 页。

② 张友清:《简政与"三三制"》,《新华日报》(华北版)1942 年 4 月 3 日,第 1 版。

与足够的了解,也有可能是听信一些无中生有的流言所致。为了彻底完成简政工作,消除克服这些误解与怀疑还是必要的。晋冀鲁豫边区的简政,在干部使用调整问题上,规定三项具体办法:(1)不妨碍"三三制"之施行,(2)尽先留用历史久的干部及大后方敌占区来的干部,(3)不是排斥某些人,对妇女干部尤须安插。

"简政"这一合理的方针,不但不与"三三制"相矛盾,而且正可保证"三三制"的严格实行,正是为了联合各党各派及无党派民主人士共同努力政权建设,使人尽其才,才尽其用。毋庸讳言,晋冀鲁豫抗日根据地各抗日民主政权的各级政府,在有些地方共产党员还是占了多数,还是在 1/3 以上,因此或多或少的还有包办的现象。实行"简政",首先就要纠正这类不合理的现象,真正做到选贤与能,任人唯才,使各党各派以及无党无派的各种人才,都能在政权中占有一定地位,发挥一定的作用和力量。"简政"的实行,不是为了削弱和缩小统一战线,而正是为了加强和巩固统一战线。在抗日民主政权中,有 2/3 的党外人士参加,对于抗战建国以及整个革命事业,都是有百利而无一害的。总之,"简政"和"三三制"不仅是不排斥的,而且正是强化"三三制"的有效措施。

晋冀鲁豫边区是执行精兵简政政策的模范区。当时,太行区的负担人口只有 150 万,而有脱产人员 6 万,大大超过了中央规定的比例。1942 年 1 月至 8 月,第一二九师等部队系统由 420 个单位减为 269 个单位、由 26 697 人精简为 20 047 人,使脱产武装人员不超过负担人口的 2%;晋冀鲁豫抗日根据地党政民学脱产人员由 2 万余人精简为 1.5 万人,占负担人口的 1%。1943 年部队系统又精简 118 个单位,政民系统减至 1.1 万人,边区政府本身由 540 人减至 100 人。至此,边区政府先后减员 48%,节省经费 46%。冀南区在 1942 年至 1943 年 6 月多次进行精简。冀南军区司令部只保留4个科、11名干部,部队精编为4 070人,并将骑兵团和第二十一、七七一、十、二十等5个主力团分别调赴冀鲁豫、陕北、太行、太岳等地,冀南只保留第二十六、二十五、二十三、十一、二十七等6个团;县、区游击队也大量精简。冀南区党委系统人员减至2 000人以内,各级政府和群众团体干部减至1万人以内。冀南全区脱产人员减少50%,群众负担1943年比1942年减少2/3。

抗日根据地的精兵简政,是结合增产节约、反对贪污浪费的运动进行的。抗日根据地党政民机关和部队都举办了自给性的生产活动,千方百计从事种菜、养猪、榨油、造纸等养殖和手工生产,尽量增加自给。同时,建立健全审计机关,严格人员编制和经费开支,厉行节约,杜绝浪费,惩治贪污。晋冀鲁豫抗日根据地的精兵简政,被中共中央机关报《解放日报》誉为"精兵简政的模范",在中国抗日战争史上具有重要的地位,而且对后来的政权建设、廉政建设有着重要的借鉴意义。

第四章　晋冀鲁豫抗日根据地的法制建设

为了在抗战时期维护根据地的正常社会秩序,保障人民群众的根本利益,就必须做到全面依法治理。通过法律手段巩固抗日根据地,就要废除封建法律,推行维护人民权益的法律法规。"晋冀鲁豫根据地存在时间长、涵盖范围广、制度建设也较为规范,特别是颁布了施政纲领以及大量的法令、条例、训令、指示、决议等一系列法律性文件,加强对这些根据地法律文献的搜集整理,并对其法制建设的情况进行全面的研究,有利于深化根据地史的研究,更加深入总结党的法制建设的历史经验,为进一步做好当前的依法治国工作提供经验借鉴。"①

第一节　锄奸肃贪民刑法规

一、锄奸法规

全面抗战爆发后,除了与日军主力部队的交锋外,对敌伪军及汉

---

① 陈始发、陈亚先:《晋冀鲁豫根据地的法律文献整理现状与法制建设研究述评》,《理论学刊》2013 年 8 月 15 日,第 26 页。

奸敌探的战斗也在持续进行。为了有序开展工作,晋冀鲁豫边区制定了一部分针对汉奸的法规,主要有:1939 年 1 月的《冀南各县战委会锄奸部敌伪工作细则》、1942 年 8 月 1 日的《晋冀鲁豫边区汉奸财产没收处理暂行办法》《太行区战时紧急处理敌探汉奸暂行办法》。

（一）对汉奸的登记调查

1939 年 1 月,《冀南各县战委会锄奸部敌伪工作细则》印发,对及时侦探汉奸的行动做了详细的工作安排。要求详细调查伪组织机关人员的姓名、住址、出身、社会关系、加入经过、日常的态度,另外要调查伪组织宣抚班工作的情形和宣传欺骗的方法及影响。对于秘密汉奸,主要调查训练和派遣情况,对各种灰色团体的活动情形及主要人员的姓名、住址、出身、社会关系等调查清楚。发现可疑者,尽量调查其行动、言论及盘查等项。该细则对控制冀南各县汉奸活动,探获情报有重要作用。

（二）抓获汉奸的处理

1939 年 1 月,《冀南行政主任公署关于处理特种刑事案件的训令》印发,其中一条针对汉奸等特种案件的处理办法:"关于汉奸、吸毒贩毒、盗匪及军事特种案件,因各县武力单薄,为免生意外起见,可径送冀南游击军分区司令部转送冀南军区司令部依法处理,或转解其他隶属冀南军区司令部之各抗日游击队,或其他抗日部队。拘获依法判结者,尤当由冀南军区司令部负责处理,不得呈由本署核备,以明权限,并免呈转之繁。"[①]可以看出,地方对汉奸的处理十分慎重,由于武装力量薄弱,在捕获汉奸后不敢擅自处理,一

---

① 《冀南行政主任公署关于处理特种刑事案件的训令》(1939 年 1 月),政协河北省委员会编:《晋冀鲁豫抗日根据地史料汇编》(上),石家庄:河北人民出版社 2015 年版,第961 页。

般交由抗日部队处理。另外还有《太行区战时紧急处理敌探汉奸暂行办法》，该办法的印发是战时如何处理抓获的敌探汉奸的法规依据，其中的"紧急处理"指敌人已进攻到十里以内时的情况，并且必须证据确凿，也就是要有人证物证或者自认有汉奸行为的口供者。《太行区战时紧急处理敌探汉奸暂行办法》明确规定："1. 充当敌探刺探军情者。2. 隐藏向敌通报之秘密电台电话者。3. 打黑枪或以其他武器实行暗杀抗日军民者。4. 投毒药毒害抗日军民者。5. 给敌机或敌人指示目标者。6. 带领敌人搜山或挖掘公私资财者。7. 给敌指认我抗日干部或向敌报告干部群众转移地点及公私资财所在地者。8. 放火焚烧食粮资财及房屋者。9. 杀害抗日军民者。10. 主谋暴动者。11. 主动或煽动群众维持敌人者。12. 破坏军事设备及电线者。"[1]以上 12 种情况者都属于敌探汉奸现行犯，如果拒捕或无法捕获时，无论军民都可以将其杀死。如果捕获后证据确凿，可由县或区委托的干部与村指挥部一同召开会议进行处决。"1. 掉队落伍被我捕获者。2. 有汉奸嫌疑而无确凿证据者。"[2]这两种行为者村指挥部不能擅自处置，必须送到县或区指挥部处理。另外，捕获敌人所带的民伕，如果有破坏行为，须送县或区指挥部处理，其他情况在不妨害部队秘密安全条件下，由村指挥部进行教育后予以释放。

（三）汉奸财产的处理

1942 年 8 月 1 日，《晋冀鲁豫边区汉奸财产没收处理暂行办

---

[1]《太行区战时紧急处理敌探汉奸暂行办法》，韩延龙、常兆儒编：《中国新民主主义革命时期根据地法制文献选编》第 3 卷，北京：中国社会科学出版社 1981 年版，第 131—132 页。

[2]《太行区战时紧急处理敌探汉奸暂行办法》，韩延龙、常兆儒编：《中国新民主主义革命时期根据地法制文献选编》第 3 卷，北京：中国社会科学出版社 1981 年版，第 132 页。

法》印发,主要适用经过司法机关判处死刑及没收财产的汉奸犯人,其财产的没收处理按照此办法执行。

1. 汉奸的财产分类

汉奸的财产分为动产、不动产、日用品、解上品四类。动产主要包括现款、存款、有价证券、工商业投资、牲畜、粮食、衣服、棉纱、布匹、山货果实、农具(犁、锄、镢、锹等);不动产包括土地、房屋、池沼、井窖等;日用品包括日常生活必须用品,如食具(锅碗盆筷)、用具(烟袋、笔墨)、陈列品(衣箱桌椅)等;解上品包括成品(工厂、商店、森林)、贵重品(金、银、珠宝、古玩、玉器、首饰、钟表、绸缎、皮貂、药品、书籍)、军需品(枪械子弹、铜、锡、机器、火药、硝磺、电料、通讯器材)、违禁品(毒品、烟具、赌具、伪钞、法币、禁止书报)等。[①] 可以看出,对汉奸财产的分类不仅细致,而且齐全,涉及战斗、生活的方方面面。

2. 汉奸财产的没收

如果汉奸全家附逆,或其本人无家属者,其财产全部没收。汉奸本人尚有父母未行继承者,没收其本人全部自置产及个人衣物。汉奸已行继承者,没收其财产大部,酌留一部予其无辜配偶或子女,但日用品不没收。"汉奸与其兄弟姊妹等同财伙居者,按股均分,没收其应得份。"[②]可以看出,汉奸财产的没收是落实到汉奸本人身上,对无辜的亲友不采取措施。

[①]《晋冀鲁豫边区汉奸财产没收处理暂行办法》(1942 年 8 月 1 日),韩延龙、常兆儒编:《中国新民主主义革命时期根据地法制文献选编》第 3 卷,北京:中国社会科学出版社1981 年版,第 111—112 页。

[②]《晋冀鲁豫边区汉奸财产没收处理暂行办法》(1942 年 8 月 1 日),韩延龙、常兆儒编:《中国新民主主义革命时期根据地法制文献选编》第 3 卷,北京:中国社会科学出版社1981 年版,第 112 页。

3. 没收汉奸财产后的分配

"（1）没收之动产、不动产等，尽量分配予参加反蚕食斗争、锄奸斗争中之抗属、荣誉军人、赤贫农民、斗争积极之贫苦干部、报告人、抓获人、出力干部等一部或全部。（2）没收之动产、不动产、日用品等，因事实不能分配者，拍卖之，拍卖所得之款，分配予上述群众，或以一部购买民兵使用之武器弹药，或作为社会救济之用。（3）不动产土地房屋等之分配，依土地房屋分散情形，不限于分配予一村。（4）没收之土地，政府认为必要时，得将其一部或全部作为地方公产。"①《晋冀鲁豫边区土地使用暂行条例》也对汉奸的土地没收有明确规定："没收归公之汉奸土地，依下列办法处理之：（1）依次分给荣誉军人及其家属贫苦抗属及贫苦人民等，或以较低租额租给之。（2）政府如认为必要时，得将其一部或全部作为地方公产举办公益事业。"②没收的解上品，不得分配，解交专署以上政府处理。按照《晋冀鲁豫边区汉奸财产没收处理暂行办法》分配给群众财务的同时，发放给予证，受政府保障。土地房屋等立契约，并向政府交税。《晋冀鲁豫边区汉奸财产没收处理暂行办法》还规定没收汉奸财产的处理分配权属于县级以上政府，但必要时可委托区公所办理。

---

① 《晋冀鲁豫边区汉奸财产没收处理暂行办法》（1942 年 8 月 1 日），韩延龙、常兆儒编：《中国新民主主义革命时期根据地法制文献选编》第 3 卷，北京：中国社会科学出版社 1981 年版，第 112—113 页。

② 《晋冀鲁豫边区土地使用暂行条例》（1945 年 5 月 16 日），韩延龙、常兆儒编：《中国新民主主义革命时期根据地法制文献选编》第 4 卷，北京：中国社会科学出版社 1984 年版，第 283 页。

二、惩治贪污腐败法规

反腐问题是中国共产党历来重视的一项系统工程,用刑法惩治贪污腐败是历史共识,晋冀鲁豫边区政府对贪污腐败问题十分重视,中国共产党在边区政权法制建设中对贪腐问题进行了专门立法,主要有:1942 年 2 月 11 日,《晋冀鲁豫边区惩治贪污暂行办法》;1942 年 3 月 25 日,《晋冀鲁豫边区司法罚金及没收赃物赃款保管解缴处理暂行办法》;1943 年 2 月 8 日《冀鲁豫行署关于招待客人和禁止会餐的通令》;1943 年 3 月 12 日,《晋冀鲁豫边区冀鲁豫行署关于村政权人员贪污之处理的指示》;1944 年《冀南行署第四次署务会议关于执行晋冀鲁豫边区惩治贪污暂行办法的实施步骤》;1945 年 10 月 10 日,《冀南第二专员公署关于目前惩治贪污办法执行上的意见》。

(一)《晋冀鲁豫边区惩治贪污暂行办法》

1942 年 2 月 11 日印发,适用于晋冀鲁豫边区一切政民人员,战时采取立法方式来认定贪污罪也更便于司法人员执行。制定的目的是整饬纪律,节约物资,根绝贪污,树立廉洁政府。

1. 明确贪污行为

《晋冀鲁豫边区惩治贪污暂行办法》在第三条规定:"(1)没收克扣公款、公粮、公产者。(2)购买军用品器材及一切物品,从中舞弊者。(3)盗卖公粮、公物、公产以自肥者。(4)凭藉势力勒索、强占、敲诈财物者。(5)以公用舟车马匹等运输力,装运违禁物品或漏税物品者。(6)受贿、卖放、徇私、包庇者。"[1]这与同时期的其他

---

[1]《晋冀鲁豫边区惩治贪污暂行办法》(1942 年 2 月 11 日),韩延龙、常兆儒编:《中国新民主主义革命时期根据地法制文献选编》第 3 卷,北京:中国社会科学出版社 1981 年版,第 107 页。

根据地的惩治贪污法规中的内容相似，立法思路接近，多指利用职权进行的经济类犯罪。

2. 明确贪污罪的主体

《晋冀鲁豫边区惩治贪污暂行办法》规定："凡边区一切政民人员，如有贪污情事，依本办法处理之。"①一般来说，贪污罪的主体大多指在部队、机关、公营企业等工作的人员，他们多数有着公职的身份，属于特殊群体。1948 年 1 月，《晋冀鲁豫边区惩治贪污条例》公布："本边区各级机关、团体、工厂、学校、公私合作社，及其他受政府领导或指导办理公营或公益事业的一切人员，犯本条例各罪的，都按本条例治罪。"②另外还提到，各级机关人员发生贪污行为，贪污人员的直接上级也会受到连带的处分；唆使或帮助他人贪污者，以从犯论；诬陷或诬告他人的将依照刑法从重处理。通过平级、上下级之间的连带关系，形成反贪污的互相监督机制，反映了晋冀鲁豫边区政府立法的不断进步。

3. 贪污罪的量刑

《晋冀鲁豫边区惩治贪污暂行办法》对贪污罪判罚是以贪污折算的钱数为基本依据的："贪污达 500 元以上者处死刑。"③"贪污公粮、公物、公产之价值以时价折算。""贪污不足 500 元者处以下列

① 《晋冀鲁豫边区惩治贪污暂行办法》(1942 年 2 月 11 日)，韩延龙、常兆儒编：《中国新民主主义革命时期根据地法制文献选编》第 3 卷，北京：中国社会科学出版社 1981 年版，第 107 页。

② 《晋冀鲁豫边区惩治贪污条例》(1948 年 1 月 10 日)，韩延龙、常兆儒编：《中国新民主主义革命时期根据地法制文献选编》第 3 卷，北京：中国社会科学出版社 1981 年版，第 195 页。

③ 《晋冀鲁豫边区惩治贪污暂行办法》(1942 年 2 月 11 日)，韩延龙、常兆儒编：《中国新民主主义革命时期根据地法制文献选编》第 3 卷，北京：中国社会科学出版社 1981 年版，第 107 页。

徒刑或劳役:(1) 300 元以上未满 500 元者,处 5 年以上 10 年以下之徒刑。(2) 200 元以上未满 300 元者,处 3 年以上 5 年以下之徒刑。(3) 100 元以上未满 200 元者,处 1 年以上 3 年以下之徒刑。(4) 50 元以上未满 100 元者,处 6 个月以上 1 年以下之徒刑。(5) 不满 50 元者,酌处 6 个月以下之徒刑或劳役。"①可以看出中国共产党边区政权在立法时注重民主性,也反映出在抗战时期,中国共产党边区政权尊重民意、调节矛盾、全面兼顾的工作方式,为新中国成立后的民主立法积累了宝贵经验。

4. 赃款、赃物的处理

触犯《晋冀鲁豫边区惩治贪污暂行办法》的罪犯,所得赃款、赃物予以追缴,并分别予以没收,或者发还给受害人赃款赃物的全部或一部分,无法缴还的就没收罪犯的财务进行抵偿。改法非常民主,其中"无论是否足够抵偿其应追惩之价额,均应酌留其家属必须之生活费"。②

从立法程序看,"本办法经临参会通过后由边区政府颁布之"。③"本办法自颁布之日施行之,凡在本办法颁布前之各种临时惩治贪污之规定均属无效,惟其与刑法及刑事诉讼法不相抵触者,

---

① 《晋冀鲁豫边区惩治贪污暂行办法》(1942 年 2 月 11 日),韩延龙、常兆儒编:《中国新民主主义革命时期根据地法制文献选编》第 3 卷,北京:中国社会科学出版社 1981 年版,第 107—108 页。

② 《晋冀鲁豫边区惩治贪污暂行办法》(1942 年 2 月 11 日),韩延龙、常兆儒编:《中国新民主主义革命时期根据地法制文献选编》第 3 卷,北京:中国社会科学出版社 1981 年版,第 108 页。

③ 《晋冀鲁豫边区惩治贪污暂行办法》(1942 年 2 月 11 日),韩延龙、常兆儒编:《中国新民主主义革命时期根据地法制文献选编》第 3 卷,北京:中国社会科学出版社 1981 年版,第 109 页。

得适用刑法及刑事诉讼法规定。"①这里所指的刑法及刑事诉讼法，应当是由国民政府制定颁行的法律法规。《晋冀鲁豫边区惩治贪污暂行办法》定位清晰，是一部立法程序较为严谨的法律。

（二）《冀鲁豫行署关于招待客人和禁止会餐的通令》

1943 年 2 月 8 日印发。在灾区灾情困难时期下发的通令十分重要，目的是要求政民工作人员与民众同甘共苦，共渡难关。"查本灾区灾情日益严重，饥民载道，哀鸿遍野，日不得一饱者有之，卖妻鬻子者亦有之。在此情景下，吾人节衣缩食，与民众共甘苦，是政府职责所在。应即规定今后各级政府招待客人，以政民工作人员之菜金为准，一般客人每餐不得超过 1 倍；特别客人，以不超过 4 倍为原则。并决定今后举凡召开本区各级军政民联席会议或其他任何例会，无论会期长短，一律不准会餐，以资节约，但召开特殊会议或往来友军人员及其他另有规定者始准例外。"②

中国共产党一直坚持艰苦朴素的优良生活作风，冀鲁豫行署在困难时期以文件的形式下发，即是对各级军政民工作人员提出的要求，也反映了中国共产党党风纪律的严肃和强调自律，反映出共产党人在工作上坚持高标准，在待遇上低看齐，不搞特殊化，与群众同甘共苦。

（三）《晋冀鲁豫边区冀鲁豫行署关于村政权人员贪污之处理的指示》

1943 年 3 月 12 日印发，其制定目的是圆满完成反贪污斗争，

---

①《晋冀鲁豫边区惩治贪污暂行办法》（1942 年 2 月 11 日），韩延龙、常兆儒编：《中国新民主主义革命时期根据地法制文献选编》第 3 卷，北京：中国社会科学出版社 1981 年版，第 109 页。

②《冀鲁豫行署关于招待客人和禁止会餐的通令》（1943 年 2 月 8 日），晋冀鲁豫边区财政经济史编辑组编：《抗日战争时期晋冀鲁豫边区财政经济史资料选编》第 3 辑，北京：中国财政经济出版社 1990 年版，第 1343 页。

开展群众运动,团结和巩固农村抗战力量。

1. 适用区域及主体

适用于民主民生工作开展的基本区,各级政府根据实际情形,并参照《晋冀鲁豫边区冀鲁豫行署关于村政权人员贪污之处理的指示》对接敌区及变质地区等进行适当的处理。适用人群为村政权人员,包括村长、管账人员等。相对于《晋冀鲁豫边区惩治贪污暂行办法》适用主体的宽泛性,《晋冀鲁豫边区冀鲁豫行署关于村政权人员贪污之处理的指示》则较为明确地划定了村政人员的范围,可以说是对《晋冀鲁豫边区惩治贪污暂行办法》的具体化。

2. 处理权的规定

区级以上政府,在处理贪污案件时,有处理权和拘押权,但拘押人犯不能超过 24 小时,也有例外,就是受到上级委托的案件。如在拘押期间,贪污案不能结案,应立刻将案件转送到县政府处理。村长、管账等村政权人员,如有贪污行为,人民群众及群众团体有告发权和算账权,但是没有处罚权和拘押权。"但属于倒粮范围内,不须处罚或拘押既可解决者,可不经政府,由群众自行处理。如遇贪污案情重大,且贪污者将有畏罪潜逃[的可能,而又]不及报告政府究办时,可以强制贪污者到政府,并要求处理,亦不得擅自拘押及处罚。"①《晋冀鲁豫边区惩治贪污暂行办法》在处理权上提到:"非经边区高等法院或该院明确委托代核之机关核准,不得

---

①《晋冀鲁豫边区冀鲁豫行署关于村政权人员贪污之处理的指示》(1943 年 3 月 12 日),韩延龙、常兆儒编:《中国新民主主义革命时期根据地法制文献选编》第 3 卷,北京:中国社会科学出版社 1981 年版,第 125 页。

执行。"①

　　3. 贪污犯处理的原则和办法

　　处理原则上提出了因为大多数村政权未改造，在这种实际情况下，除了严办罪大恶极者外，一般采取从宽处理的办法，未严格沿用《晋冀鲁豫边区惩治贪污暂行办法》中规定的"贪污达五百元以上者处死刑"。② 而是撤销其职务并予以适当的处分，给以民主教育，退还赃物，合理分配以改善人民生活。给贪污人员改过的机会，不能参加报复和破坏抗战的活动，必要时要有担保人，立担保书，防止其再次压榨群众。处理办法上贪污退回的赃物要全部或者一部分交还政府以及各村群众。"必要时得处以六倍以下之罚金或罚粮，在决定罚款或罚粮的数目时，对群众中的习惯公约，如见一罚五，见一罚十等，政府应当尊重，作为处罚的参考，以照顾群众情绪，基本上应按贪污者对群众压榨的大小，恶霸贪污轻重，个人挥霍及购置田产多少，个人有财产若干，社会舆论如何，群众真正意见怎样，处理后的政治影响，及贪污者今后前途的估计等具体情况来决定处罚数目之多少，至于浪费公物或公粮无论数目多少，是否退回应视实际情形及群众真正意见来决定。"③

---

① 《晋冀鲁豫边区惩治贪污暂行办法》(1942 年 2 月 11 日)，韩延龙、常兆儒编：《中国新民主主义革命时期根据地法制文献选编》第 3 卷，北京：中国社会科学出版社 1981 年版，第 108—109 页。

② 《晋冀鲁豫边区惩治贪污暂行办法》(1942 年 2 月 11 日)，韩延龙、常兆儒编：《中国新民主主义革命时期根据地法制文献选编》第 3 卷，北京：中国社会科学出版社 1981 年版，第 107 页。

③ 《晋冀鲁豫边区冀鲁豫行署关于村政权人员贪污之处理的指示》(1943 年 3 月 12 日)，韩延龙、常兆儒编：《中国新民主主义革命时期根据地法制文献选编》第 3 卷，北京：中国社会科学出版社 1981 年版，第 126—127 页。

4. 对退回赃物及处罚粮款的处理

(1) 赃物与处罚粮款的处置,"原则上是贪污政府[者]仍全部归还政府,贪污全村群众者,应全数归还全村群众,以作举办公益、增加生产之用途"。[1] 处罚粮款原则上也归政府处理,但是可分出一部分或全部用于村里举办公益,提高生产。这些规定与《晋冀鲁豫边区惩治贪污暂行办法》的规定有相同之处,对赃物赃款都进行没收,或者发还给受害人,但是《晋冀鲁豫边区冀鲁豫行署关于村政权人员贪污之处理的指示》增加了用于举办公益,增加生产的项目,对赃款赃物的分配更加合理充分。

(2) 农村收到退的回赃物及政府拨给处罚物或粮的后,一部分用于本村民兵自卫队购买枪刀、手榴弹;一部分用于组织各种合作社、生产小组,及低利借贷,春耕掘井旱苗种子等生产建设事业;一部分开办夜学、救济灾民等用于全村公益事业。

(3) "如在广大群众中一致要求分用赃物,且劝导无效时,可以提出三分之一至二分之一按原来收敛办法分给群众应用。"[2]

《晋冀鲁豫边区冀鲁豫行署关于村政权人员贪污之处理的指示》指出应视各地实际需要来决定处置办法,如急需武器自卫,可以占用大部分或全部购买武器,如急需进行生产建设,可以占用大部分或全部投入生产建设。具体如何分配"希各专员、县长、办事

---

①《晋冀鲁豫边区冀鲁豫行署关于村政权人员贪污之处理的指示》(1943 年 3 月 12 日),
　韩延龙、常兆儒编:《中国新民主主义革命时期根据地法制文献选编》第 3 卷,北京:中
　国社会科学出版社 1981 年版,第 127 页。

②《晋冀鲁豫边区冀鲁豫行署关于村政权人员贪污之处理的指示》(1943 年 3 月 12 日),
　韩延龙、常兆儒编:《中国新民主主义革命时期根据地法制文献选编》第 3 卷,北京:中
　国社会科学出版社 1981 年版,第 127 页。

处主任,务要切实根据当地具体情形,深入讨论执行为要"。①

（四）《冀鲁豫区惩治贪污暂行办法》

1944 年 4 月 1 日印发,是依据《晋冀鲁豫边区惩治贪污暂行办法》,并根据冀鲁豫区实际情况而制定的。主要包括贪污主体、贪污行为、贪污犯的量刑、赃款赃物的分配。

1. 贪污主体:冀鲁豫区各级政民工作人员,以及政府领导下从事于公营或公益事业之人员。

2. 贪污行为:"侵占公有财物者;为公家买卖物品从中渔利者;拘留克扣应行发给或解交之财物者;违法征收捐税粮饷或募集勒索人民财物者;捏报浮报公有财物之开支(包括损失)或隐瞒收入者;挪用公款供私人营利者;假借机会以公有财物供私人挥霍享受者;因职务行为或违背职务行为收受贿赂或其他不正当利益者。"②

3. 贪污犯的量刑:"贪污数目在 5 000 元以上者处死刑或 7 年以上 10 年以下之有期徒刑;贪污数目在 2 000 元以上不满 5 000 元者处 3 年以上 7 年以下之有期徒刑;贪污数目在 500 元以上不满 2 000 元者处 1 年以上 3 年以下之有期徒刑;四、贪污数目不满 500 元者处 1 年以下之有期徒刑或拘役。伙同贪污者以各个人所得之利益计算。贪污实物者依贪污时当地之市价计算。贪污其他不正当利益,事实上难以计算者,审判机关核定。"③诬告或陷害他人犯

①《晋冀鲁豫边区冀鲁豫行署关于村政权人员贪污之处理的指示》(1943 年 3 月 12 日),韩延龙、常兆儒编:《中国新民主主义革命时期根据地法制文献选编》第 3 卷,北京:中国社会科学出版社 1981 年版,第 127 页。

②《冀鲁豫区惩治贪污暂行办法》(1944 年 4 月 1 日),政协河北省委员会编:《晋冀鲁豫抗日根据地史料汇编》(中),石家庄:河北人民出版社 2015 年版,第 2115—2116 页。

③《冀鲁豫区惩治贪污暂行办法》(1944 年 4 月 1 日),政协河北省委员会编:《晋冀鲁豫抗日根据地史料汇编》(中),石家庄:河北人民出版社 2015 年版,第 2115—2116 页。

贪污罪的人依刑法之规定从重处理。另外还规定"犯本办法之罪于发觉前自首者得减轻或免除其刑；于审判上或审判外自白者，得减轻其刑。"①

4. 赃款和赃物的处理。与《晋冀鲁豫边区惩治贪污暂行办法》相似，罪犯犯罪所得之财产属于公有者应即追还或追缴其价额；属于私人的，应按犯罪性质予以没收或退还受害人一部分或全部；无法追缴时应没收罪犯的财产。同样规定应酌情留给罪犯家属一些生活费。

（五）《冀鲁豫行署、冀鲁豫军区关于机关部队内部生产节约及反贪污等提奖办法的指示》

1944 年 6 月 15 日印发，进一步细化了《冀鲁豫区惩治贪污暂行办法》。特别是第二部分对机关部队的贪污处理办法进行了详细的规定。这一时期，冀鲁豫边区在供给问题上存在着的两个主要偏向："第一就是没有从发扬群众性的自己动手生产中去积极改善生活，只单纯强调了艰苦的一面。第二在节约上，又只是片面地强调了公的一面，忽视了私的一面。因此几年来群众负担，并未因大家生活上的艰苦而得到应有的更多的减轻，在机关部队内的反贪污和节约上形成单纯的自上而下号召与孤立进行，不能与机关部队内群众的切身利益相结合而启发他们自觉地进行。在最近的机关生产中，由于对私人利益的照顾不够，致使群众生产积极性也没能得到正常的发挥。"②基于以上情况，本着发展边区生产、改善

---

① 《冀鲁豫区惩治贪污暂行办法》（1944 年 4 月 1 日），政协河北省委员会编：《晋冀鲁豫抗日根据地史料汇编》（中），石家庄：河北人民出版社 2015 年版，第 2116 页。

② 《冀鲁豫行署、冀鲁豫军区关于机关部队内部生产节约及反贪污等提奖办法的指示》（1944 年 6 月 15 日），政协河北省委员会编：《晋冀鲁豫抗日根据地史料汇编》（中），石家庄：河北人民出版社 2015 年版，第 2125 页。

人民生活及公私兼顾之精神，对各级机关部队内的生产节约及反贪污等问题作出了指示。

1. 开展坦白运动

政民机关在接到该指示后之日起至 4 个月为坦白运动期间，部队与学校应于接到本指示后的 3—4 个月为坦白运动期间。为配合反贪污运动的顺利开展，冀鲁豫边区定于 1944 年 9 月底为各级军政民学经济单位、伙食单位都将过去账目进行一次清算，以便查考。并且规定："在坦白运动期间以内，凡个人或集体（3 人以上直接参加者）贪污分子，应即将其坦运期以前之贪污事实，自动坦白揭发，军政民教各个经济单位、伙食单位对公家财物应交不交而私有埋伏者（如旷额粮、缴获粮食物品及红白条索要之粮食等），亦应向上级坦白报告，过此期间尚不坦白报告者即发动群众进行检举告发。"[1]

2. 鼓励检举举报

个人分子、单位集体贪污的事实被报告检举证实后，不论所贪污的财物是公家或本单位者，一律在其应行追缴数目以内提出 20% 奖励检查报告人，如每人所得奖金超过 1 000 元者，其超过部分即应归公，凡是个人检举报告者，奖金归其个人。如果是由其告发检举后来证实者，可享受奖励的一半，如果由 3 人以上的集体检举报告，奖励由其集体分配，主管人员或直属上级查出下级贪污者，不准提取奖励。

---

[1]《冀鲁豫行署、冀鲁豫军区关于机关部队内部生产节约及反贪污等提奖办法的指示》（1944 年 6 月 15 日），政协河北省委员会编：《晋冀鲁豫抗日根据地史料汇编》（中），石家庄：河北人民出版社 2015 年版，第 2125—2126 页。

3. 贪污人员的处理

凡在坦白运动期间自我坦白揭发者,在坦白运动期之前的贪污事实,予以宽大处理,在坦白运动期间进行的贪污及在这期间不坦白自我揭发的,而是经过别人检举报告或上级查出的人员,按照惩治贪污条例的规定处理。

此外关于集体贪污及各单位埋伏物品应行追缴物品之处理及责任也做了明确规定:"(1)凡系由2人以上共同贪污者,在坦运期间其中有一人或数人自我坦白揭发出贪污情事者,其本人予以宽大处理,其他尚未坦白揭发之分子,应尽量争取其自我坦白揭发,超过坦白期间尚未自我揭发者,即按照条例予以处治。(2)凡系各单位或小集体对应向上级交回的公家财物(如旷额粮、缴获之粮食及各种罚款等)私自埋伏分用者,在坦运期间应凡由其主管人员向上级报告后,其埋伏物品可酌情追缴一部或免追,并不予处罚。如在坦白期间不报告,以后由该单位内人员(如学校中学生,部队中战士,机关中干杂人员)或其他单位人员发现报告者,除应追缴其埋伏物品,报告人按照乙项规定提奖外,该单位之主管人员并应受行政处分。(3)凡系贪污公家财物,其追缴数目除提奖数外,应即全部交回公家,如系贪污本单位群众共同经济利益者,除提奖数外,余均归本单位集体改善生活。"①

(六)《冀南行署第四次署务会议关于执行晋冀鲁豫边区惩治贪污暂行办法的实施步骤》

1944年印发。1944年10月1日是执行边区政府颁布的《晋冀

---

① 《冀鲁豫行署、冀鲁豫军区关于机关部队内部生产节约及反贪污等提奖办法的指示》(1944年6月15日),政协河北省委员会编:《晋冀鲁豫抗日根据地史料汇编》(中),石家庄:河北人民出版社2015年版,第2126页。

鲁豫边区惩治贪污暂行办法》的开始,冀南边区就如何更好的落实边区政府的文件要求,下发了实施文件。该文件共分二部分,第一部分主要是在未执行前,如何进行宣传教育。文件规定:"1. 军政民各个系统进行反贪污浪费的教育,说明爱惜民财民物的重要与危害民生危害敌后抗战的严重性。2. 军政民各系统,从领导上检讨贪污、浪费的各种现象,严加纠正并发扬同艰苦共患难的精神与作风。3. 过去一般地从宽清理,但对个别最严重的贪污分子,从严处理,今后严格执行《惩治贪污暂行办法》。"①第二部分是部署具体工作。为了防止贪污浪费,专署与军分区分别发出布告,以说明抗日政府派有一定的粮款,每次征收都会发串票单据,每吃一顿饭,都必须按规定交付粮票、菜钱,严禁工作人员额外索取,如发现工作人员有不遵守制度及其他不法行为的,可在村中告发或送政府法办,同时严禁村中公款公物招待工作人员。要求军政民各系统的主要负责人及时检查本部门的人数及装备,"对照所造预决算随时登记,遇必要时,须交互检查,严防虚支冒报。各部门并各自清理存粮,防止贪污浪费"。②改各专、县粮秣委员会为财粮委员会,加强财粮公物的检查权限。另开展反贪污浪费厉行节约运动,配合1944 年 9 月至 10 月的财粮征收与改造村政权,要求"各专区报社出版反贪污浪费专号,并经常发表反贪污浪费各种文件。各负责干部分散传达,并定期点验政民各机关团体之人员、装备,并函本

---

① 《冀南行署第四次署务会议关于执行晋冀鲁豫边区惩治贪污暂行办法的实施步骤》(1944 年),政协河北省委员会编:《晋冀鲁豫抗日根据地史料汇编》(中),石家庄:河北人民出版社 2015 年版,第 2139 页。

② 《冀南行署第四次署务会议关于执行晋冀鲁豫边区惩治贪污暂行办法的实施步骤》(1944 年),政协河北省委员会编:《晋冀鲁豫抗日根据地史料汇编》(中),石家庄:河北人民出版社 2015 年版,第 2139 页。

区党、军各机关部门进行点验，在可能范围内，举行反贪污浪费、厉行节约运动大会。及时奖励具有特别艰苦节约作风的各级工杂人员以资观摩"。①

（七）《冀南第二专员公署关于目前惩治贪污办法执行上的意见》

1945 年 10 月 10 日印发，主要对贪污犯的量刑提出了一些执行意见。一是对贪污犯，不一定完全按照 5 000 元的金额立即判处死刑，可按照群众的意见，在贪污犯的财产上加重处罚，并将所罚的粮款供群众分配，用以改善抗属贫民生活。二是因为已在追赃及处罚上对贪污犯予以加重，所以对贪污犯的刑罚以 5 年为原则，不采取长期徒刑，而是更加着重教育，予以贪污犯改过自新的机会。三是追缴所得赃款，不包括罚款，属于公家的归还公家，属于私人的要归还归私人；如果有自愿不要者，就交由群众分配。②

三、民事调解条例

中国的民事诉讼制度"从无到有""从有到优"，经历了波澜壮阔的征程。"中国古代和西方各国差不多，在立法上都是刑民不分，实体法与程序法不分，在司法制度上行政官吏都兼理司法。这种状况是和封建的自给自足的自然经济以及专制集权的政治制度相适应的。我国封建社会时间最长，这种法制状况持续的时间也

---

① 《冀南行署第四次署务会议关于执行晋冀鲁豫边区惩治贪污暂行办法的实施步骤》（1944 年），政协河北省委员会编：《晋冀鲁豫抗日根据地史料汇编》（中），石家庄：河北人民出版社 2015 年版，第 2139 页。

② 《冀南第二专员公署关于目前惩治贪污办法执行上的意见》（1945 年 10 月 10 日），政协河北省委员会编：《晋冀鲁豫抗日根据地史料汇编》（中），石家庄：河北人民出版社 2015 年版，第 2176 页。

最久。直至清末制定的《大清民刑诉讼律》草案中,才开始民刑分立,实体法与程序法分立。民国时期的各种立法尽管是半殖民地半封建法律的性质,但立法形式仍只能走近代法制的轨道。民主革命时期,各根据地和解放区的法制建设,是新型的法制,是在中国第一次出现的体现人民意志、属于人民的法制。"[1]抗战时期中国共产党领导下的晋冀鲁豫边区政府印发的《晋冀鲁豫边区民事诉讼上诉须知》是这一时期的民事条例代表。

《晋冀鲁豫边区民事诉讼上诉须知》于 1942 年 9 月 10 日印发,对晋冀鲁豫边区民事诉讼的上诉注意事项进行了详解。晋冀鲁豫边区的民事诉讼是三级三审制度,"县政府为一级一审机关。专员公署为二级二审机关。高等法院为三级三审机关。但对边区直属县兼行二审机关职权"。[2] 民事诉讼须按照审级进行上诉,就是说先经一审终局判决后,才能上诉到二审,经二审终局判决后才能上诉到三审,不可越级上诉。提起上诉应该在第一审或第二审判决送达后的 20 日内进行,"因战争关系,未能进行上诉者,其受战争波及之时间,不在 20 日计算之内"。[3] 提起上诉如逾上诉期间,第一、二审机关可以裁定驳回上诉。上诉人提起上诉时必须经原审机关逐行送呈上级审判机关,否则视为不合法,并且要在上诉状上表明当事人及法定代理人、对第一审判决的不服程度,及如何废弃

---

① 王怀安:《论民事诉讼法的重要性》,《学习与辅导》1988 年第 5 期。

②《晋冀鲁豫边区民事诉讼上诉须知》(1942 年 9 月 10 日),韩延龙、常兆儒编:《中国新民主主义革命时期根据地法制文献选编》第 3 卷,北京:中国社会科学出版社 1981 年版,第 404 页。

③《晋冀鲁豫边区民事诉讼上诉须知》(1942 年 9 月 10 日),韩延龙、常兆儒编:《中国新民主主义革命时期根据地法制文献选编》第 3 卷,北京:中国社会科学出版社 1981 年版,第 405 页。

或变更的声明，另外需提供新的事实及证据。当事人对于第三审的判决不得上诉，但认为援用法律错误，或发现诉讼新材料时，可申请再审。

"民事纠纷，又称民事争议，是法律纠纷和社会纠纷的一种。所谓民事纠纷是指平等主体之间发生的，以民事权利义务为内容的社会纠纷。"①民事纠纷的社会普遍性促使民事诉讼制度逐渐形成和发展。根据敌后特殊情形而订定的《晋冀鲁豫边区民事诉讼上诉须知》详解了边区人民进行民事诉讼的基本程序法则，对于保护当事人的合法权益、化解矛盾冲突有着重要作用。

第二节　经济法规条例

一、土地问题法规

抗日战争时期，为了团结一切可以团结的力量抗战，结合根据地实际情况，晋冀鲁豫边区出台了一系列的土地政策。主要包括《晋冀鲁豫边区土地使用暂行条例》《晋冀鲁豫边区冀鲁豫行署修正清理黑地奖惩暂行办法》《土地使用暂行条例太行区施行细则草案》《太行区租佃契约订立规则》《太岳区地权单行条例》《太岳区关于典地、旧债纠纷、押地问题之处理办法》。

（一）《晋冀鲁豫边区土地使用暂行条例》与《土地使用暂行条例太行区实施细则草案》

《晋冀鲁豫边区土地使用暂行条例》（以下简称《暂行条例》）于

---

① 陈永革、张斌、李志萍、刘海蓉、潘庆林、崔霞：《民事诉讼法教程》，成都：四川大学出版社 2017 年版，第 1 页。

1941 年 11 月公布,随后在 1942 年 10 月 11 日、1943 年 9 月 29 日、1945 年 5 月 16 日又进行了修补颁布,《暂行条例》分 9 章共 98 条,是晋冀鲁豫边区带有根本性的土地法规,对根据地各种形式的土地所有权及土地的使用进行了明确的规定。该条例制定的目的是团结抗战,增加生产及改善民生。1943 年印发的《土地使用暂行条例太行区实施细则草案》(以下简称《细则草案》)是在《暂行条例》的基础上,根据太行区的实际情况进行补充指导实施和调解争议的文件,主要从以下几个方面对两份文件进行分解:

1. 土地的定义

《暂行条例》与《细则草案》中所说的土地“包括农地、房地、牧地、林地、荒地、山地、水地及一切水陆天然富源”。[①] 土地的使用是指劳动耕作、资本经营以及其他使用关系。公有土地包括可通航运的水道河川;公共可用的天然湖沼及水源;公共交通道路;没有契约的矿泉地、瀑布地、名胜古迹、河滩、荒山及森林等;另外还包括经过政府宣布公有的汉奸土地、绝户地及庙地等。

2. 土地的所有权

人民依法取得的土地所有权,为私有土地,但土地下面的矿产不归私人所有。“公有水道河川两岸及公有湖沼地周围之私有土地,如因坍没或冲毁而变成水道河川或湖沼之一部分者,其所有权视为消灭,该冲毁部分之土地,自然恢复时,经原地主凭契约或近邻证明为其所有者,仍恢复其所有权,如须人力修复,而原地主自愿放弃修复或自冲毁后 2 年以内不修复者,他人有重修权,修复后

---

① 《晋冀鲁豫边区土地使用暂行条例》(1945 年 5 月 16 日),韩延龙、常兆儒编:《中国新民主主义革命时期根据地法制文献选编》第 4 卷,北京:中国社会科学出版社 1984 年版,第 272 页。

土地所有权即归重修人,私人有约定者依其约定。"①土地的所有人有权禁止他人或牲畜侵入其土地,但是他人有通行权,或者长期习惯在土地所有人所拥有的山地牧场内采樵放牧的人不得禁止。土地所有人如果遇到他人的牲畜或物品偶然进入其土地的,允许他人取出牲畜或物品,但土地所有人因此而受到损害时,可以请求赔偿。土地所有人必须经过他人所有的土地才能到达自己的土地者,可按照习惯经过他人土地。另外还规定,当土地所有人因邻地所有人在地界附近修建建筑必须使用到其土地时,可要求邻地所有人赔偿。如果邻地所有人未提前协商就私自越界修建房屋时,土地受侵害的所有人可要求邻地所有人以合适的价格购买。

《暂行条例》规定:"区县之土地,为中华民国领土之一部分,外国人不得以任何方式取得所有权。"②这里面有几种情况,一是天主和耶稣教会依法取得所有权的土地,如果有契约证明,则视为教会公有土地。如果教会用非法手段取得土地,并且没有契约证明的,必须归还原土地所有人。如果没有原土地所有者,则教会非法所得土地收归政府所有。二是外国的宣教师私人购买或募捐所得的土地,都归有关教堂或教会学校公有,并按照边区政府的税法缴纳赋税。三是与中国政府断交之国的、有确实证据通敌破坏边区的外国人,其土地收归政府。

---

① 《晋冀鲁豫边区土地使用暂行条例》(1945 年 5 月 16 日),韩延龙、常兆儒编:《中国新民主主义革命时期根据地法制文献选编》第 4 卷,北京:中国社会科学出版社 1984 年版,第 273 页。

② 《晋冀鲁豫边区土地使用暂行条例》(1945 年 5 月 16 日),韩延龙、常兆儒编:《中国新民主主义革命时期根据地法制文献选编》第 4 卷,北京:中国社会科学出版社 1984 年版,第 274 页。

3. 土地的继承

私人土地按照财产继承法继承。对绝户的土地另有规定,绝户土地首先依土地所有人的遗嘱处理,如果没有遗嘱,就由最近的亲属继承,没有最近亲属或亲属之间发生争执无法调和的,政府有权宣布土地为族公产。没有本族的话,宣布为村公产。

4. 租地与永佃权

(1) 契约

出租人出租土地,承租人租地用以自行耕种或资本经营,承租人约定交付地租给出租人,均要以契约为之,也就是现在所说的土地租赁合同。承租人与出租人进行协商并达成契约,才能获得所租土地的使用权,"凡承租人在租期内按期交清租额,出租人不得无故收回土地,承租人亦不得转租他人"。①

(2) 永佃权

"租地在租佃契约上习惯上于本条例修改前已有永佃权者,仍保留之。"②无永佃权者,由出租方和承租方协商后可订立 5 年以上的契约。尽管签订了长期的契约,但是《暂行条例》规定"定有期限之契约已经满期者;承租人非因不可抗力,无故连续一年不为耕种而又不交租者;承租[人],将地转租者;出租者确系无以为生,经双方协议同意者;承租人死亡无人继承者;承租[人]自动放弃承租权者;减租后承租人力能交租而故意不交者,但因灾荒歉收,经双方

①《晋冀鲁豫边区土地使用暂行条例》(1945 年 5 月 16 日),韩延龙、常兆儒编:《中国新民主主义革命时期根据地法制文献选编》第 4 卷,北京:中国社会科学出版社 1984 年版,第 275 页。

②《晋冀鲁豫边区土地使用暂行条例》(1945 年 5 月 16 日),韩延龙、常兆儒编:《中国新民主主义革命时期根据地法制文献选编》第 4 卷,北京:中国社会科学出版社 1984 年版,第 275 页

协议减付、缓付或免付者不在此限",这 7 种情况可缩短租佃年限,出租人可收回一部分或者全部自己耕种。① 另外,《细则草案》规定:"习惯上已确定为取得永佃权之租地,从其习惯。至于累世承租之土地,如在 3 世以上者,亦视为承租人取得其永佃权。未订立文契者,应即订立之。"②这里肯定了世代承租耕种土地所获取永佃权的合理合法性,对世代承租土地的佃户起到了保护作用。

(3) 土地的承买及承典

出租人如果要出卖或者出典租地,土地现有承租人享有优先承买或者承典的权利,出租人要在出卖或出典的一个月前通知承租人。并且通知的手续需有村公所及村农会的证明。"出租人出卖或出典有永佃权或租约期限未满之土地,新主不得另出租他人或收回自种。"③如果新主确系贫苦无以为生者,可以经过调解收回个人租地的一部分或全部自种。一般出租人收回租地或者承租人放弃租赁权的时间通常在秋收后、惊蛰前,并且收回或放弃租地都应该提前 3 个月通知对方。

(4) 地租标准

《暂行条例》规定"其地租以土地正产物收获总额千分之三百七十五为标准,但经双方协议,特别硗瘠之土地租额得低于百分之

---

① 《晋冀鲁豫边区土地使用暂行条例》(1945 年 5 月 16 日),韩延龙、常兆儒编:《中国新民主主义革命时期根据地法制文献选编》第 4 卷,北京:中国社会科学出版社 1984 年版,第 277 页。

② 《土地使用暂行条例太行区实施细则草案》(1943 年 11 月 25 日),韩延龙、常兆儒编:《中国新民主主义革命时期根据地法制文献选编》第 4 卷,北京:中国社会科学出版社 1984 年版,第 296 页。

③ 《晋冀鲁豫边区土地使用暂行条例》(1945 年 5 月 16 日),韩延龙、常兆儒编:《中国新民主主义革命时期根据地法制文献选编》第 4 卷,北京:中国社会科学出版社 1984 年版,第 276 页。

三十,特别肥沃之土地,租额得高至租地正产物百分之四十".①
《细则草案》对该条款进行了补充,关于土地的硗瘠或肥沃以及应
减或应增租额的判断标准,应该按照各地的实际情况规定,"但须
呈该管县政府或专署批准,并报边府备案".②"出租人对承租人耕
作上必须之牲畜、农具、种子、肥料完全供给者,为半种地,其地租
以土地收获物总额的百分之五十为标准,但特别肥沃之土地,出租
人所得为租地收获物总额百分之五十五,种子由土地产量中扣除
之."③如果出租人只是提供给承租人一部分生产资料而不是全部
生产资料时,那么仍然按照千分之三百七十五为标准。"地租应在
秋季或夏季收获后交付之,其约定分两季交付者,按两季交
付之."④

　　《暂行条例》与《细则草案》对灾荒时期的地租也做了规定。
《暂行条例》第三十条提到,在遇到敌灾、水灾、旱灾等不可抗力造
成的土地歉收时,出租人与承租人得按照土地实收总额降低原定
的比例进行分配,如果土地收成总额还不到承租人所提供的肥料
种子总额,又或这土地产物全部被毁的,要免去该年的地租。《细

----

① 《晋冀鲁豫边区土地使用暂行条例》(1945 年 5 月 16 日),韩延龙、常兆儒编:《中国新
　　民主主义革命时期根据地法制文献选编》第 4 卷,北京:中国社会科学出版社 1984 年
　　版,第 276 页。
② 《晋冀鲁豫边区土地使用暂行条例》(1945 年 5 月 16 日),韩延龙、常兆儒编:《中国新
　　民主主义革命时期根据地法制文献选编》第 4 卷,北京:中国社会科学出版社 1984 年
　　版,第 296 页。
③ 《晋冀鲁豫边区土地使用暂行条例》(1945 年 5 月 16 日),韩延龙、常兆儒编:《中国新
　　民主主义革命时期根据地法制文献选编》第 4 卷,北京:中国社会科学出版社 1984 年
　　版,第 276—277 页。
④ 《晋冀鲁豫边区土地使用暂行条例》(1945 年 5 月 16 日),韩延龙、常兆儒编:《中国新
　　民主主义革命时期根据地法制文献选编》第 4 卷,北京:中国社会科学出版社 1984 年
　　版,第 277 页。

则草案》则规定："遇有荒歉年成,土地收获在二成以下者,应全部免租,在七成以下者,依次按成折扣缴纳,如七成七扣,六成六扣等。如因土地特别肥沃,年成虽在二成以下,而其正产物所值仍超过其经营该项土地所需之全部消耗(包括肥料、种子等在内)者,亦应按年成折扣酌交地租。"①租地在遭受不可抗力摧毁,不能保持原有租地总额时,应该将被摧毁的这部分土地从租地总额中去除,免去这部分地租。如果被摧毁的这部分土地被佃户修复,出租人要给予相应的报偿。

5. 典地与押地

典地是指承典人依法交付典价,签订典契后,在典权存续期间,享受使用出典人土地收益的权利。"典地自立约之日起三年以内不准赎回,其三年以上三十年以内出典人得随时以原典价赎回;有约定年限者,依其约定;超过三十年者,经承典人将原典契当作卖契税契后,典地所有权即归承典人。"②承典人可将典地转典或者出租给其他人,但是转典期限不能超出原典的时间,价格也不能高于原典价格。承典人在使用期间对土地进行了改良或者建造了有利于生产的建筑,出典人在赎回的时候,要与承典人双方协议由出典人收买,协议不成时,可由村民事委员会或农会进行调解,调解失败再由县政府作最后的判定。出典人赎回典地的时间一般在秋收后、惊蛰前。承典权和赎回权完全依附于土地的存有,《暂行条

---

① 《土地使用暂行条例太行区实施细则草案》(1943 年 11 月 25 日),韩延龙、常兆儒编:《中国新民主主义革命时期根据地法制文献选编》第 4 卷,北京:中国社会科学出版社1984 年版,第 296 页。

② 《晋冀鲁豫边区土地使用暂行条例》(1945 年 5 月 16 日),韩延龙、常兆儒编:《中国新民主主义革命时期根据地法制文献选编》第 4 卷,北京:中国社会科学出版社 1984 年版,第 280 页。

例》规定,当遇到天灾或意外,若典地全部摧毁,那么承典权和赎回权就都不存在了。如果是部分土地被摧毁,那么出典人在赎回土地时,只需要支付存余部分土地的费用。如果因承典人的过失,导致典地受损,出典人在赎回土地时,承典人应赔偿受损部分的损失。

押地是指债务人向债权人不转移土地的使用权,只是抵押私有土地来担保其偿还债款的本金和利息。"押地于债款已到偿还期而未能偿还者,得依习惯继续付息,其不能付息或契约注明到期必须偿还本利者,得改为典地契约。如债务人不愿改为典地契约时,债权人得声请法院(或县政府)按市价出卖该土地,以其卖得之地价偿还其债务,剩余之地价交债务人。"[1]如果同一块地抵押给多个债权人,再卖出地价后,按照债务契约的先后次序,依次进行清偿。债务人在抵押土地之后,在押地上修建建筑,在偿还期到必须将押地及地上建筑一同卖出清还债款,不能只以卖出地面建筑的价格进行偿还。"债务人已付利息超过原本二倍者,即作为还清。"[2]《细则草案》对该条进行了补充:"但超过之部分,不论多寡均不退还。超过一倍在一倍半以下者,停利还本;超过一倍半,或恰为一倍半者,补至二倍即作偿清。"[3]当遇到天灾导致押地毁灭,债

---

[1]《晋冀鲁豫边区土地使用暂行条例》(1945 年 5 月 16 日),韩延龙、常兆儒编:《中国新民主主义革命时期根据地法制文献选编》第 4 卷,北京:中国社会科学出版社 1984 年版,第 282 页。

[2]《晋冀鲁豫边区土地使用暂行条例》(1945 年 5 月 16 日),韩延龙、常兆儒编:《中国新民主主义革命时期根据地法制文献选编》第 4 卷,北京:中国社会科学出版社 1984 年版,第 282 页。

[3]《土地使用暂行条例太行区实施细则草案》(1943 年 11 月 25 日),韩延龙、常兆儒编:《中国新民主主义革命时期根据地法制文献选编》第 4 卷,北京:中国社会科学出版社 1984 年版,第 297 页。

权人不得要求押地。

6. 汉奸土地

凡是死心塌地叛国投敌的汉奸,其所拥有的土地在经过专员公署以上政府的准许后,方可没收其土地,在特殊情况下专员公署可委托县政府批准。

汉奸首要全家附逆,没收全部土地,如果有家属坚持抗日,则按照五种情况进行处理:"一、汉奸首要之子女尚在抗日,并与脱离亲属关系者,酌留土地之一部予其子女,以维持生活。二、汉奸首要之父母或祖父母尚在抗日并与脱离亲属关系者,取消该汉奸首要之继承权,不没收土地。三、汉奸首要之兄弟姊妹尚在抗日并与其脱离亲属关系者,没收该汉奸应分得之土地。四、汉奸首要之妻或夫尚在抗日并与断绝夫妻关系者,没收其土地之半数。五、以上家属以未分居析产者为限,业经分居析产者,没收汉奸个人的全部土地。"[1]

汉奸土地没收后"依次分给荣誉军人及其家属贫苦抗属及贫苦人民等,或以较低租额租给之。政府如认为必要时,得将其一部或全部作为地方公产举办公益事业"。[2] 没收汉奸财产尽量合理分配处理,"不应全部或过多收为公产,以鼓励人民热烈生产"。[3]《细

---

[1]《晋冀鲁豫边区土地使用暂行条例》(1945年5月16日),韩延龙、常兆儒编:《中国新民主主义革命时期根据地法制文献选编》第4卷,北京:中国社会科学出版社1984年版,第283页。

[2]《晋冀鲁豫边区土地使用暂行条例》(1945年5月16日),韩延龙、常兆儒编:《中国新民主主义革命时期根据地法制文献选编》第4卷,北京:中国社会科学出版社1984年版,第283页。

[3]《晋冀鲁豫边区土地使用暂行条例》(1945年5月16日),韩延龙、常兆儒编:《中国新民主主义革命时期根据地法制文献选编》第4卷,北京:中国社会科学出版社1984年版,第298页。

则草案》对汉奸财政的处理依据太行区的实际情况进行,将汉奸财产分配给人民,鼓励生产,帮助边区人民渡过困难时期。

7. 逃亡地主土地

地主一旦逃亡敌占区或其他地区,未委托他人经营土地,则其土地由当地政府暂为代管并合理出租。如果逃亡时委托他人经营土地,则应该按照法令缴税。逃亡地主的土地,除原承租人继续租种外,荣誉军人、贫困抗属、贫困人民等可以较低的租额借种。

8. 公地

地方政府对管辖区内公地有使用及收益权。庙地由主管村庄选举管理委员会管理,并以较低的租额租给荣誉军人及其家属、贫困抗属与贫苦人民,以及具有生产能力的机关团体耕种。庙地的收入除了给僧道尼最低生活费用外,其他的用于教育及公益事业。为了尊重少数民族,清真寺及喇嘛庙所拥有的土地不收归政府。大社地即一个村子或数个村子公有的土地,由村子选出的委员会管理,收益也都用于公益事业。小社地即一个族群或数个族群公有的土地,由族群选出的委员会管理,收益用于族群的公益事业。教会的土地由教民选出的委员会管理,收益作为政府公益事业。无主的坟地,由当地政府处理。

9. 荒地

"凡公有之荒山、荒地、野地、河滩等或未经开垦之土地为公有荒地。除经政府保留或指定为他种用途外,人民得依法自由牧畜或开垦之。"[1]承垦公有荒地的承垦人有三种:一是自力开垦人,凭

---

[1]《晋冀鲁豫边区土地使用暂行条例》(1945 年 5 月 16 日),韩延龙、常兆儒编:《中国新民主主义革命时期根据地法制文献选编》第 4 卷,北京:中国社会科学出版社 1984 年版,第 286 页。

借自己的能力垦荒;二是合力开垦人,就是多人合力垦荒;三是自己开垦的同时雇用工人一同开垦。这些承垦人都具有县政府颁发的承垦证书,证书载明了承垦人的基本信息、荒地位置及面积、垦竣的年限,保证了承垦人的合法权益。承垦人领取承垦证书后要在两年内完成垦荒,如果两年内未完成垦荒,除已开垦的荒地外,撤销其承垦权。"私有荒地在其开垦后免租期限内,土地所有人得不交纳资财负担。"①

另外对不依法缴纳田赋、隐匿不报或非法变更土地所有权的非法地进行了一些规定,涉及因托人顶免粮赋或代垫粮赋导致土地所有权产生纠纷的处理,以及对隐匿不报、逃避赋税及负担或无契约的黑地的处理。

太行区印发的《细则草案》在《暂行条例》基础上进行很多补充,特别是在执行细则发生争议时的调解,例如县级成立仲裁委员会,区级成立仲裁分会,有关争议由全体委员合议,结果以多数人为准。关于争议各事项,"迳向县司法机关起诉者,县司法机关得不受理,并应发交原地进行调解,或函请仲裁机关调解或仲裁之。但非所列之争议各事项,不能推给仲裁委员会处理,仲裁委员会亦不得包揽。"②当事人认可区仲裁结果后,由区公所制定并发放仲裁书;当事人不认可区仲裁结果时,当场声明不服从,并可向县请求仲裁,县仲裁终结后,"二日内作成仲裁书,由县政府加盖县印登记

---

① 《晋冀鲁豫边区土地使用暂行条例》(1945年5月16日),韩延龙、常兆儒编:《中国新民主主义革命时期根据地法制文献选编》第4卷,北京:中国社会科学出版社1984年版,第287—288页。

② 《土地使用暂行条例太行区实施细则草案》(1943年11月25日),韩延龙、常兆儒编:《中国新民主主义革命时期根据地法制文献选编》第4卷,北京:中国社会科学出版社1984年版,第299—300页。

备案送达于当事人。"①另外,根据《暂行条例》太行区还印发了《太行区租佃契约订立规则》,"租佃双方于执行二五减租后,即行订立租佃契约"。② 订立契约不能违背《暂行条例》和《细则草案》。契约的主要内容包括承租人、出租人、出租土地的基本情况,还有租期、租费、交租时间与地点、立约时间等内容。订立契约后送区公所检验盖章并登记在册。《太行区租佃契约订立规则》规范化了太行区的订契内容和程序,保证了当事人的权益,避免不规范不统一以及其他土地租佃时的纠纷和矛盾。

(二)《太岳区地权单行条例》《太岳区租佃单行条例》《太岳区关于典地、旧债纠纷、押地问题之处理办法》

1945 年 4 月 15 日公布的《太岳区地权单行条例》《太岳区租佃单行条例》《太岳区关于典地、旧债纠纷、押地问题之处理办法》,都是以《晋冀鲁豫边区土地使用暂行条例》为基础,根据太岳区的实际情况制定的。

《太岳区地权单行条例》的主要内容包括公地公荒、汉奸土地的处理、逃亡地主土地的处理、庙地社地的处理、私有荒地的处理、非法土地的处理,内容与《晋冀鲁豫边区土地使用暂行条例》的第一、二、五、六、七、八章的内容基本一致,根据具体情况偶有修改,如关于熟荒,《晋冀鲁豫边区土地使用暂行条例》规定:"土地所有人放弃耕种之熟荒,由当地政府招人无租借种之,借种期限限定为一年至三年。期满后土地所有人如仍放弃耕种时,借种人得再继

---

①《土地使用暂行条例太行区实施细则草案》(1943 年 11 月 25 日),韩延龙、常兆儒编:《中国新民主主义革命时期根据地法制文献选编》第 4 卷,北京:中国社会科学出版社1984 年版,第 300 页。

②《太行区租佃契约订立规则》,韩延龙、常兆儒编:《中国新民主主义革命时期根据地法制文献选编》第 4 卷,北京:中国社会科学出版社 1984 年版,第 300 页。

续借种。"《太岳区地权单行条例》规定,土地所有人放弃耕种之熟荒,由当地政府招人无租借种,借种年限限定为二年,在五人借种情形下,借种期得延长三年。期满后土地所有人如仍放弃耕种时,借种人可以再继续借种,至土地所有人收回为止。收回土地应在作物收获后为之。可以看出《太岳区地权单行条例》延续了《晋冀鲁豫边区土地使用暂行条例》的框架内容,更加细化了一些条款,更适用于太岳区的具体情况。

《太岳区租佃单行条例》制定的目的是合理调整租佃关系,发展太岳区农业生产。该条例将地租更加细化,分为地租(亦称死租)、活租(按地分粮)、伙种、安庄地、包山梁(或顶地)五种,并对这五种地租在减租、交租及其他事项上进行了规定。不同的地租减租的计算法不同,定租的"减租率不得低于百分之二十五",活租"按照原租额减百分之二十五至四十",伙种"按原租额减百分之十至二十",安庄地"按原租额减百分之十至二十",包山梁(或顶地)有正式契约者,实行二五减租,"如继续开山荒者,依开私荒之规定,三年不出租,五年不负担"。[1] 在减租完成后,就形成了新的租佃关系,按照减租后的标准进行交租,地租一律在耕作物收获后交纳,如遇疾病、死亡、战乱、灾荒等意外造成收获减少,"得与出租人协商,缓期缴纳之,出租人对欠租不得作价行息"。[2] 条例对租佃契约及契权做了些规定,在《晋冀鲁豫边区土地使用暂行条例》中租

---

① 《太岳区租佃单行条例》(1945 年 4 月 15 日),韩延龙、常兆儒编:《中国新民主主义革命时期根据地法制文献选编》第 4 卷,北京:中国社会科学出版社 1984 年版,第 311—313 页。

② 《太岳区租佃单行条例》(1945 年 4 月 15 日),韩延龙、常兆儒编:《中国新民主主义革命时期根据地法制文献选编》第 4 卷,北京:中国社会科学出版社 1984 年版,第 314 页。

佃契约的相关条款的基础上做了补充,租赁契约的严谨对维护当事人双方的权益十分重要,利益的平衡是维持出租人与承租人之间关系的重要砝码,对租赁契约的规定也就显得尤为重要。

《太岳区关于典地、旧债纠纷、押地问题之处理办法》沿用了《晋冀鲁豫边区土地使用暂行条例》的大部分条款,部分地方修改补充了一些内容。如"典地由双方自愿约定期限,无约定者,三年以内不准赎回。在三年以上六十年以内,出典人得随时以原典价赎回"[①],较《晋冀鲁豫边区土地使用暂行条例》的规定"三年以上三十年以内"[②],增加了出典人原价赎回的年限。补充了关于旧债的处理办法,如"计息标准,不得超过一分半。付息超过原本一倍者,停利还本,付息超过原本二倍者,本利一概免付";债务人因天灾人祸无力履行契约,或债务人较富裕却不履行契约偿还债务而引发纠纷时,应由区村政府召集双方当事人进行调解;契约遗失,双方请政府补换契约,原契约作为无效,合理合法地解决问题,维护权益。关于押地的办法规定,几乎完全沿用《晋冀鲁豫边区土地使用暂行条例》的条款,只增加了在该条例颁布之前的押地处理办法:"如因债务关系被迫形成让地情形,亦未税契者,仍按债务关系处理之。"可以看出,《晋冀鲁豫边区土地使用暂行条例》是晋冀鲁豫边区各辖区土地使用法规条例制定的基础,在研究土地法规研究上有举足轻重的作用。

[①]《太岳区关于典地、旧债纠纷、押地问题之处理办法》(1945 年 4 月 15 日),韩延龙、常兆儒编:《中国新民主主义革命时期根据地法制文献选编》第 4 卷,北京:中国社会科学出版社 1984 年版,第 319 页。

[②]《晋冀鲁豫边区土地使用暂行条例》(1945 年 5 月 16 日),韩延龙、常兆儒编:《中国新民主主义革命时期根据地法制文献选编》第 4 卷,北京:中国社会科学出版社 1984 年版,第 280 页。

（三）《晋冀鲁豫边区冀鲁豫行署修正清理黑地奖惩暂行办法》

晋冀鲁豫边区冀鲁豫行署在 1943 年 1 月 27 日公布了《晋冀鲁豫边区冀鲁豫行署修正清理黑地奖惩暂行办法》,该办法制定是"为保证抗日需供,彻底肃清黑地,使各阶层人民负担合理",①主要对黑地的认定、追缴及处罚、检举举报奖励制度进行了规定。

1. 黑地的定义

没有向政府交税并取得政府合法证明文件,或虽有合法证明文件,在缴纳田赋公款时企图逃避与减少负担而个人或集体隐匿一部分或全部土地的就是非法黑地。

2. 追缴与处罚办法

一是主动将个人隐匿的黑地向所在地抗日县区政府报告的,作为奖励,免于处罚,并得以户为单位,根据其隐瞒黑地的多少与具体情况,减免或缓征其交的负担。二是以村为单位的集体主动向所在地抗日县区政府报告的,作为奖励,免于处罚,在根据隐瞒黑地的多少与具体情况算清负担后,要从追交负担总额内提出20%—40%作为该村合作社基金。三是个人没有主动呈报,而是被检举或查出的,除了追交全部应纳负担外,额外追交负担数一倍以内的罚金。四是集体隐匿没有主动呈报,而是被检举或查出的,处罚主谋及隐匿土地最多的民户,隐匿较少的可予以免罚。五是村长或管事人瞒上欺下隐匿黑地的,全部追交历年的负担,并处以额外的罚金,情节严重的交司法机关处理。六是村长和管事人包庇隐匿黑地的民户,根据情节要受到连带处罚。

---

①《晋冀鲁豫边区冀鲁豫行署修正清理黑地奖惩暂行办法》(1943 年 1 月 27 日),韩延龙、常兆儒编:《中国新民主主义革命时期根据地法制文献选编》第 4 卷,北京:中国社会科学出版社 1984 年版,第 290 页。

3. 检举举报奖励制度

该奖励制度规定,(1)个人向政府检举告发民户或集体隐匿黑地属实的,提出全部罚金的 10% 作为奖金,奖励告发人。(2)群众团体经过各自组织系统向政府检举报告并查明属实的,除提出全部罚金的 10% 作为奖金奖励告发人外,再提出全部罚金 40% 作为该村群众团体的公益基金。(3)集体隐匿黑地的一分子主动向政府报告自己所在集体的隐匿黑地情况,除了免于追交自己所隐匿土地的负担,还可获得全部罚金 10% 的奖励。(4)区级以上公职人员检举告发的,不得从罚金中提取奖励。

《晋冀鲁豫边区冀鲁豫行署修正清理黑地奖惩暂行办法》的公布,对清理黑地起到了推动作用,特别是其中的奖励制度及免罚制度对主动检举揭发的隐匿黑地的告发人以极大的鼓舞,奖惩制度也是在推动各项工作时最常用也最有效的一种方法。

二、工商贸易办法及条例

(一)边区工商管理机构

全面抗战爆发后,八路军第一二九师创建了晋冀鲁豫边区。1941 年 9 月 1 日,边区政府设工商管理部门,晋冀鲁豫边区政府与晋察冀边区行政委员会合并后,于 1948 年 6 月 12 日成立晋冀鲁豫、晋察冀联合委员会工商厅。边区各级工商管理机关在这 6 年多的时间里,对敌人开展经济斗争,积极促进生产发展,全力保障军需民用。

(二)工商贸易办法及条例

抗日战争时期,日本帝国主义在军事进攻的同时,对边区进行经济封锁,妄图将我军民困死、饿死。开展对敌经济斗争日益迫切和重要,成为夺取战争胜利的基础和保障。边区政府印发了一系列的办法及条例对敌进行经济斗争,主要有《冀太联合办事处贸易暂行条例》《太行区出入口贸易统制暂行办法实施细则》《晋冀鲁豫边区法币管理执行办法》《晋冀鲁豫边区工商管理总局关于查禁粮食走私及提高提奖成数的通知》《冀南区调剂食粮办法》《晋冀鲁豫边区集市交易所暂行办法》《冀鲁豫工商总局通令统一度量衡改换新称》等,这些法令法规保障了边区经济生活的稳定,为抗日战争提供了保障。

1. 外贸统制方面

边区的外贸统制政策主要是统一管理出口与入口,加强对粮、棉、铁、硫磺、食盐、布匹等重要物资的掌控,达到不供给敌人军用原料、断绝奢侈品输入、打破敌人封锁的目的。为确保统制政策的深入贯彻落实,边区有关部门颁布了一系列措施,并严格执行。如1941年6月10日颁发的《冀太联合办事处贸易暂行条例》,规定敌占区的贸易属于出入口贸易,按照货物对根据地的利害轻重分四类:"1.免税出入口货物:凡非根据地所必需之大批土产或消费有余之士产均免税奖励出口。凡军用品及人民重要必需品不能以土产代替者均免税奖励入口。2.许可输出入口货物:凡于根据地人民生活有利,于抗日经济无害或非供给敌人侵略战争之重要用品者,均课以较轻之税,许可出入口。3.限制出入口货物:凡非根据地必需之货物,输入过多有害者课以较重之税限制入口;凡为根据地所需要之货物,输出过多有害者课以较重之税限制出口。4.禁止出入口货物:凡重要工业原料,为根据地所需且为供给敌人侵略战争之重要用品者,均禁止出口;凡非人民生活必需品,有害于根据地经济者,均禁止入口。"①凡在冀南、太行区内贸易运销一律免

---

① 《冀太联合办事处贸易暂行条例》(1941年6月10日),冀南革命根据地史编审委员会编:《冀南党史资料》第3辑,1988年,第115—116页。

税,"但如通过敌人封锁线时,须取得起运货物地点区级以上抗日
政府之证明,违者即以出入口贸易处理。前项通过敌封锁线之货
物并须取得卸货地点政府商联会之证明文件"。① 商店、坐庄、货
栈、行商、摊贩、小贩,都需要到各该地的县政府区公所履行登记,
领取营业证。出入口货物关系到人民生活及根据地经济利害的,
由政府所属的贸易机关统一或单独经营。1941 年 11 月 1 日,颁布
了《晋冀鲁豫边区特种出口货统制暂行办法》,规定"核桃仁、花椒、
羊绒、羊毛、羊皮、麻、麻子、柿饼、黄花菜、药材、枣仁、杏仁、栗子、
瓜子、草帽、草帽辫、木材、席子"②为特种出口货,公私商人办理这
些货物出口时,都必须遵守《晋冀鲁豫边区特种出口货统制暂行办
法》的规定。"凡向敌占区输出特种出口货时,须开具出口货清单
及等值之入口货清单,声请工商管理局(县为贸易局)核准许可后,
发给出境兑货证始得凭证输出。前项声请须有殷实商号或保人二
名填写出境兑货保证书。"③凭证输出的货物,必须在出境兑货证规
定的期限内,购回原批准的货物,"持原局之税票或免税票(税局并
在兑货证上加盖验章)经原批准出口机关审查确实后,交还兑货证
撤回保证书"。④ 另外规定凡未经贸易批准输出批准出口货,除漏
税部分由税局照章处罚外,还要受到下列处罚:"凡未持批准证书
者,交县政府按其数量之多寡,予以两月以下十日以上之扣运处

---

① 《冀太联合办事处贸易暂行条例》(1941 年 6 月 10 日),冀南革命根据地史编审委员会
编:《冀南党史资料》第 3 辑,1988 年,第 115 页。
② 《晋冀鲁豫边区特种出口货统制暂行办法》(1941 年 11 月 1 日),冀南革命根据地史编
审委员会编:《冀南党史资料》第 3 辑,1988 年,第 119 页。
③ 《晋冀鲁豫边区特种出口货统制暂行办法》(1941 年 11 月 1 日),冀南革命根据地史编
审委员会编:《冀南党史资料》第 3 辑,1988 年,第 119 页。
④ 《晋冀鲁豫边区特种出口货统制暂行办法》(1941 年 11 月 1 日),冀南革命根据地史编
审委员会编:《冀南党史资料》第 3 辑,1988 年,第 119 页。

分。凡持有批准证书而以多报少企图部分偷运出境者，交县府按其超过之多寡，予以两月以下五日以上之扣运处分。"①1942 年 9 月 30 日颁发的《太行区出入口贸易统制暂行办法实施细则》，规定了特种出口、普通出口、使用外汇入口等手续的办理，另外就是对违规的处罚原则进行了详细的规定。

2. 巩固边币地位方面

为了巩固边币地位，确保金融、经济稳定，禁止伪钞、杂钞、金银等流通。边区的货币政策主要呈现两个特点。一是管理严格。如 1946 年 6 月颁布的《晋冀鲁豫边区法币管理执行办法》规定："本边区一切交易往来、公款收支均以冀南银行钞票为本位币，其他关金、法币等概不得在境内行使。"②二是处罚严厉。《晋冀鲁豫边区法币管理执行办法》规定："如属暗中行使捣乱金融、破坏本币值者，除没收其关金法币外，人犯送司法机关严办。"③

3. 打击走私贩私方面

在边区特殊的经济形势下，一些不法分子利用种种方式，将违禁品私自出入口，倒买倒卖，偷税漏税，牟取暴利，严重破坏了根据地的经济秩序。工商局会同有关部门，大力开展缉私活动，建立缉私组织，1943 年 9 月成立经济工作队，负责缉私工作；争取群众和有关部门的支持，发动群众、群众团体、合作社等参与缉私；针对伪顽、国特、落后群众等相互勾结走私的实际，积极与军队、地方武装

---

① 《晋冀鲁豫边区特种出口货统制暂行办法》(1941 年 11 月 1 日)，冀南革命根据地史编审委员会编：《冀南党史资料》第 3 辑，1988 年，第 120 页。

② 《晋冀鲁豫边区法币管理执行办法》(1946 年 6 月)，山西省工商行政管理志(史)编写组编：《晋冀鲁豫边区工商行政管理史料选编》，1985 年，第 472 页。

③ 《晋冀鲁豫边区法币管理执行办法》(1946 年 6 月)，山西省工商行政管理志(史)编写组编：《晋冀鲁豫边区工商行政管理史料选编》，1985 年，第 473 页。

联合,开展武装缉私。除此之外对缉私工作进行奖励,如 1942 年 3 月颁布的《总局关于查禁粮食走私及提高提奖成数的通知》规定,为了鼓励全民缉私,对查获的粮食走私提成进行提高:"群众查获为百分之五十,最多不超过三百元。一般工作人员为百分之四十,最多不超过二百元。税工人员为百分之三十,最多不超过二百元。"①

4. 加强市场管理方面

物资专卖。在物资紧缺的抗战时期,对重要物资进行统筹管理,实施专卖政策,是充分利用边区经济资源、掌握贸易主动,打破敌伪经济封锁的有效手段。不同的时期,专卖的对象不同,主要包括粮食、棉花、土布、豆饼、油料、烟、酒等。如 1938 年颁布的《冀南区调剂食粮办法》,一是奖励人民向敌区购买粮食,欢迎敌占区的商民运输粮食入境。同时,各级政府给予最大的方便和保障,不任意滥扣。"各县政府在可能范围内,应酌量情形拨出一部分款项,无利或低利贷给商民等。从敌区购买食粮,惟贷款时须令借贷人觅具妥保,以免损失公款。各级政府对由敌区运来食粮无法销售时,应斟酌情形在可能范围内,尽量设法收买。但须按照市价付值,不得故意减低粮食价。"②二是严禁将粮食运往地区,在接近敌区的县份边境划定警戒线,"此线以外村庄购买食粮时,必有确实

①《总局关于查禁粮食走私及提高提奖成数的通知》(1942 年 3 月),河南省财政厅、河南省档案馆编:《晋冀鲁豫抗日根据地财经史料选编·河南部分 1》,北京:档案出版社 1985 年版,第 473 页。

②《冀南区调剂食粮办法》(1938 年),冀南革命根据地史编审委员会编:《冀南党史资料》第 3 辑,1988 年,第 113 页。

证明，每人每次最多不得超过五斗，以示限制而免资敌"。① 接近敌区边境的村庄，如果有人偷运粮食出境，准许人民自由告发与扣留，并解交县府或区公所处分，偷运的粮食全部没收，并提出半数奖给告发人或扣留人。在接近敌区的县份由"区、村自卫队、战委会、农会共同负责，切实查禁，严防偷运敌境，并须随时暗派稽查赴粮市及边境村庄，严密查缉，以杜奸宄"。② 三是在冀南区区域内的食粮均得自由流通各县，各级政府须负责发给运粮通行证，不得任意封锁。如 1945 年 5 月 27 日颁布的《晋冀鲁豫边区管理总局关于酒出口免税的通令》规定："为了减少公粮的腐烂损失和增加公营收益，特决定全区从 4 月 20 日起制酒完全归政府经营，由于各专署注意不够，禁止私营后未照顾市场需要，因之目前曾发生酒进口及偷造的现象，因之各专署二科必须布置与检查这一工作，保证不偷造酒，在酒的需要上公营酒店一定要负责解决，酒价上不应过高。"③"为了调剂全区各市场纸烟价格，防止奸商投机过高的剥削，同时统一领会的掌握全区的烟价，有计划的抵制外烟，防止走私，巩固纸烟市场"，④晋冀鲁豫边区管理总局于 1945 年 6 月 1 日颁布了《总局通令执行新的纸烟专卖办法》，该办法除了规定纸烟的买卖外，还规定了奖惩办法，对调控纸烟的市场价格起到重要作用。

---

① 《冀南区调剂食粮办法》(1938 年)，冀南革命根据地史编审委员会编：《冀南党史资料》第 3 辑，1988 年，第 113 页。

② 《冀南区调剂食粮办法》(1938 年)，冀南革命根据地史编审委员会编：《冀南党史资料》第 3 辑，1988 年，第 113 页。

③ 《晋冀鲁豫边区工商管理总局关于酒出口免税的通令》(1945 年 5 月 27 日)，晋冀鲁豫边区财政经济史编辑组编：《抗日战争时期晋冀鲁豫边区财政经济史资料选编》第 1 辑，北京：中国财政经济出版社 1990 年版，第 1161 页。

④ 《总局通令执行新的纸烟专卖办法》(1945 年 6 月 1 日)，山西省工商行政管理志(史)编写组编：《晋冀鲁豫边区工商行政管理史料选编》，1985 年，第 326 页。

稳定物价。由于受灾荒、战争等多种因素影响,边区物价难免波动,有时会出现剧烈的价格上涨。边区政府积极采取措施,消除各类通货膨胀的诱因,保障市场价格的总体稳定。首先是政府调控。比如粮食,在市场粮多、购买者少的时候,专卖行以市价收买;在购买者多、市场粮少的情况下,则卖存量来平衡市价。其次是严惩囤积抬高物价。如 1948 年 6 月《太岳行署议关于平稳物价防止暴涨措施的办法》分析了冀城市场物价上涨的原因,规定:注意投机敌人波动物价,大宗购买需经当地政府许可;把粮食店集中统一地点,便于管理;"动员群众,防止有粮又在市场购买公粮。对群众应做宣传教育,说明在市场上能够照常流通,国公营商店应首先支持,以免群众思想动荡影响物价"。①

集市管理。为加强对集市的管理和引导,1943 年,印发了《冀鲁豫区集市交易所暂行办法》,明确了交易所的名称、任务、组织方式、隶属关系等事项,规定"各集设立交易所,在某集者,称某集交易所",②各交易所归所在县工商局领导,主要职务是对集市的交易员进行管理;对交易证件进行检查;经公营商店的委托进行商品交易等。

度量衡的统一。边区原来的计量基础条件差,又长期处于战争环境,旧杂制流传极广,尺斗秤大小不一。为了确保度量衡量值的准确一致,从 1943 年起,边区工商部门对度量衡的标准器几次做出具体规定。如 1943 年 2 月 11 日《总局通令关于统一度量衡改

---

① 《太岳行署议关于平稳物价防止暴涨措施的办法》(1948 年 6 月),山西省工商行政管理志(史)编写组:《晋冀鲁豫边区工商行政管理史料选编》,1985 年,第 454 页。
② 《冀鲁豫边区集市交易所暂行办法》(1943 年),晋冀鲁豫边区财政经济史编辑组:《抗日战争时期晋冀鲁豫边区财政经济史资料选编》第 2 辑,北京:中国财政经济出版社 1990 年版,第 1054 页。

换新秤的通令》规定："为统一全区度量衡器具,特由太行实业社监制大批新秤,每新秤二斤,合一公斤,合旧十六平秤十三两八钱。……新秤推行后,旧秤必须销毁,不许再用。"[1]新秤的推行,减少了市场上缺斤短两的现象,保证了交易双方的公平公正。

三、税收制度

抗日根据地的财政经济工作,带有战争时期的经济热点,始终随着军事斗争的形势不断调整和发展。全国抗战初期冀鲁豫边区各地党组织开展敌后游击战争,所需经费主要靠募捐和没收汉奸财产来补充。人民群众积极响应"有钱出钱,有力出力,有粮出粮,有枪出枪"的号召,捐款、捐物、捐粮,大力支持抗战,随着抗日武装力量和党政群组织不断发展壮大,所需经费越来越多,靠筹款筹粮的方式已经不能及时补充,而且筹粮筹款没有标准,各阶级各阶层直接出现负担不合理的情况。为了调动边区人民的抗战积极性,消除各阶级各阶层负担不合理的现象,提出"合理负担"政策,并开征赋税。这一时期的税法主要有《冀南区征收棉花运销救国捐及不资敌货出境税暂行办法》《晋冀鲁豫辖区特许其他区域商民运输奢侈品过境查验征税暂行办法》《冀南区征收外货入境税办法》《冀南区印花税暂行条例》等。

（一）经济作物买卖

经济作物多种多样,与人民的生活息息相关,是市场消费的主要货品。棉花是非常重要的经济作物,主要作为编织品的材料,如

---

[1]《总局关于统一度量衡改换新秤的通令》(1943年2月11日),河南省财政厅、河南省档案馆编:《晋冀鲁豫抗日根据地财经史料选编·河南部分1》,北京:档案出版社1985年版,第538页。

棉衣、棉被、棉布等,中国已有两千多年种植棉花的历史,至今都是世界棉花生产、消费和贸易大国。为促进战时农村经济发展,畅通土产原料的买卖、防止敌人对边区经济的破坏,对棉花运销输出境域,加以严格管制,1939年颁布了《冀南区征收棉花运销救国捐及不资敌货出境税暂行办法》。棉花在本区的运销以及运销至其他抗日区域的运销商要申请登记,经许可后给予查验证书,始准运销。然后要在当地交纳救国捐,"以价格为标准,暂按每百斤十二元,净花每百斤三四十元,捐百分之五。在输入冀南区境,运销欧美各友邦,必须要有各该买主国籍领事馆的切实证件者,才准登记,经过纳税手续后,得以输出"。① 严禁棉花资敌,违者除没收棉花外,处十倍罚金。对查获棉花资敌者给予没收棉花总额的十分之一为奖励。烟草也是重要的经济作物。为了合理征收烟产税,1941年3月1日颁布了《冀太联办征收烟产税暂行条例》,规定了烟类产销税的税率:"凡外来之土制水烟、旱烟烟叶,只收入境税一次,除烟叶征收10%外,水烟、旱烟一律征税20%。"②未领营业执照而私自制销私烟的人,私自贩运私烟的人,货品与缴税金额不符合的人,还有未盖经征机关检查戳记而销售的人,照章纳税或补税以外,并处以应征税额2倍至5倍的罚金。另外规定了举报的奖赏办法。

(二)贩运奢侈品

20世纪40年代的华北地区,奢侈品的贩运买卖能够使商贩收获高额的利润,在战争时期,奢侈品稀少,利润也更加丰厚。抗战

---

① 《冀南区征收棉花运销救国捐及不资敌货出境税暂行办法》(1939年),冀南革命根据地史编审委员会编:《冀南党史资料》第3辑,1988年,第111页。

② 《冀太联办征收烟产税暂行条例》(1941年3月1日),冀南革命根据地史编审委员会编:《冀南党史资料》第3辑,1988年,第148页。

时期的晋冀鲁豫边区政府为了更好的管理商贩及奢侈品过境,于1941 年 12 月 15 日颁发了《晋冀鲁豫辖区特许其他区域商民运输奢侈品过境查验征税暂行办法》,规定:根据地以外的商民,如果贩运奢侈品(毒品除外)需通过根据地辖区的,要事先取得商号保证书,开具入口货物清单,向当地税务分支局申请领取许可奢侈品过境的登记证明书,交完税后即可通过根据地辖区。"商民凭证明(入境的货经验明符合后)按价格征收百分之五十入境税,税局掣给出入境税照,并于货物证明书上加盖验讫戳记,税照上写明特许并将资物包装外,要加贴封条。"①发现漏税者,除了补交税款,处以一倍至三倍的罚金。另外对不按照指定路线运输者;所运之货物少于原税照者;通过期已逾原限期,一票两用者;封条破显确系暗自内销者;自证明填发之日起逾两个月者,这 5 种违规行为,除没收货物,并处应纳税额 1 倍至 3 倍的罚金。该办法的颁布既有利于边区政府的税收收入,又维护了边区经济秩序。

　　(三)外货入境税

　　边区政府对货物外卖,为边区辖地提供多方面的鼓励和方便;而对外货入境,管理更加严格,因为外货入境一旦掌控不好,容易造成边区内的货价波动,严重时形成经济危机。针对外货入境,冀南区于 1938 年颁布了《冀南区征收外货入境税办法》,规定:敌占区生产及舶来货品都属于外来货物。以质量为标准,按照必需品征百分之五、非必需品征百分之十、奢侈品征百分之二十的原则征

---

① 《晋冀鲁豫辖区特许其他区域商民运输奢侈品过境查验征税暂行办法》(1941 年 12 月 15 日),冀南革命根据地史编审委员会编:《冀南党史资料》第 3 辑,1988 年,第 121 页。

税，"敌人货物除必需品，军用品按百分之五征收外，其余一律没收之"。①其中的必需品是指不能以本地生产代替而必须使用的货物；非必需品是指日常使用货物能以本地生产代替的；奢侈品是指"日常生活中可以免去之消费货物均属之"②；敌人货物是指凡是敌人制造销售的货物。土布、面粉、食粮、木材、"牲畜及钢铁、煤炭等项，暂时免征入境税"。③另，1941年10月20日颁发的《晋冀鲁豫边区征收出入境税暂行条例》规定："奖励出入境货物——一律免税。征税出入境货物——征收百分之五至百分之五十出入境税。禁止出入境货物——除特殊者外，绝对禁止出入境。"④运输货物出入边区，需要先向稽征局报请检验，照章交税或免税。对贩运同种或禁运品出入境经查获后没收在二次以上，且每次货物总值均在200元以上（但在本条例未公布前已开始贩运者不在计算次数之内）；有确实证明以贩运禁运品为业的，携带武器贩运禁运品，出入境拒绝检查者（如对缉私人员有伤害情事并应送政府依法惩办），这些违规行为将没收全部货物，并处货物总价值的1倍至3倍罚金。条例还规定了许多违规行为及处罚办法，对公职人员尤其是稽征人员为利己或利他时的违法行为，如包庇走私者、开白票等行为都以舞弊贪污罪处理。《晋冀鲁豫边区征收出入境税暂行条例》合理发挥了税收职能，有力打击了走私犯罪，加强了税收的征管，

① 《冀南区征收外货入境税办法》（1938年），晋冀鲁豫抗日根据地史委员会编：《晋冀鲁豫抗日根据地史料汇编》（上），石家庄：河北人民出版社2015年版，第778页。

② 《冀南区征收外货入境税办法》（1938年），邢台市档案局编：《近代邢台工商业档案汇编》，石家庄：河北人民出版社2018年版，第92页。

③ 《冀南区征收外货入境税办法》（1938年），邢台市档案局编：《近代邢台工商业档案汇编》，石家庄：河北人民出版社2018年版，第93页。

④ 《晋冀鲁豫边区征收出入境税暂行条例》（1941年10月20日），冀南革命根据地史编审委员会编：《冀南党史资料》第3辑，1988年，第154页。

促进边区经济增长。

（四）印花税

"印花税是对经济活动和经济交往中订立或使用的凭证征收的税。"①因采用在应税凭证上粘贴印花税票作为完税的标志而得名,印花税缴纳只需要购买印花贴票即可,操作方便,被广大人民接受。为了更规范人民完成印花税的缴纳,边区政府出台了相关规定,如 1939 年 6 月颁布的《冀南区印花税暂行条例》规定:"印花税票冀南行政主任公署规定式样监制,并指定冀南各县稽征股发行通用。应纳印花税之凭证应于交付或使用前贴用印花税票,但不得以邮票代用,违者应令补贴。"②应纳印花税之凭证及税率,每件凭证所贴印花最高额不能超过 20 元,各类情况贴印花的数目非常详细:"凡有营业之性质发货票,每件发票货价满三元以上者贴印花一分,满十元以上者贴印花二分,满百元以上者贴印花三分;凡银钱货物收据(金融业存款收据除外),每件收据其金额或货价满三元以上贴印花一分,满十元以上贴印花二分,满百元以上贴印花三分;凡旅馆饭铺或工商业给顾客开列应付账目之帐单,每件帐单金量满三元以上,贴印花一分,满十元者,贴印花二分,满百元以上者贴印花三分;凡各业商店所出(支出物货之单据薄)单据每件贴印花一分,簿每件贴印花每年两角,但单据每件来满三元者免贴。"③另外,对违反条款者的处罚也有详细条款,根据违反情况进行相应的处罚。为了保障《冀南区印花税暂行条例》的顺利实施,

① 于德贵、黄敏鸿等:《经济法》,延吉:延边大学出版社 1994 年版,第 176 页。

② 《冀南区印花税暂行条例》(1939 年 6 月),冀南革命根据地史编审委员会编:《冀南党史资料》第 3 辑,1988 年,第 141 页。

③ 《冀南区印花税暂行条例》(1939 年 6 月),冀南革命根据地史编审委员会编:《冀南党史资料》第 3 辑,1988 年,第 141—142 页。

1939年7月颁布了《冀南区税务局稽查印花税暂行规则》，主要内容包括稽查违反印花税条例的人员的办法，以及对稽查人员渎职的处罚。"稽查分检查、抽查、督查三部。检查由县政府办理，抽查由税务股办理，督查由本局派员办理。凡违犯印花税条例者，无论何人均得告发。稽查机关接到报告，立即派员携带检查证或令文会同自卫队，于日出后日入前在商店内执行，不得拦阻或侵入住宅，但有特殊情况者不在此限。"①稽查人员在工作中有受贿包庇的行为，交由司法机关依法处理，并且鼓励群众检举告发。

四、劳工保障法规

抗日战争时期，为了提高边区人民的劳动热情，发展战时生产，巩固抗日民族统一战线，晋冀鲁豫边区制定了保护劳工权益的条例法规。

（一）《冀南行政主任公署关于雇工上下工时间的规定》与《冀南行政主任公署关于改善雇工待遇的指示信》

因冀南各地雇主雇佣年工，其下工时期多在农历九月、十月，但是下工后，年工的生活就成了问题。为了改善这一情况，改善劳工生活，1940年4月19日印发的《冀南行政主任公署关于雇工上下工时间的规定》指出："凡'年工'一律以'惊蛰'为上下工日期。凡雇主现在已雇'年工'，一律至明年'惊蛰'下工；其延长月份工资按原工资（'五一'增资以前的工资）每月所得支给。"②

冀南行政主任公署"为了改善雇工生活，增加生产，保障工人

---

① 《冀南区税务局稽查印花税暂行规则》(1939年7月)，冀南革命根据地史编审委员会编：《冀南党史资料》第3辑，1988年，第145页。

② 《冀南行政主任公署关于雇工上下工时间的规定》(1940年4月19日)，冀南革命根据地史编审委员会编：《冀南党史资料》第3辑，1988年，第251页。

政治上的自由,巩固农村统战,以增强抗战力量",于 1940 年 4 月 30 日印发了《冀南行政主任公署关于改善雇工待遇的指示信》,规定:"除了'五一'增资保障政治自由外,主家在麦收后交雇工麦子二斗,秋收后交棉花二十斤;工人得病时,雇主予以补助;医药费在五元以内者,由雇主出,五元以外由主雇双方负担。"①

冀南行政主任公署印发的两个文件为解决劳工在工作中遇到的困难,提供了依据。

(二)《晋冀鲁豫边区劳工保护暂行条例》

该条例在 1941 年 11 月的晋冀鲁豫边区临时参议会通过公布,后在 1942 年 12 月 10 日、1944 年 1 月进行了两次修正。该条例共七章四十五条。条例规定"凡属本边区之工人与资方,均适用本条例",并从工资、作息时间、劳动保护、劳动合同、职工会这五个方面进行了规定,保护劳工与增进劳资双方利益。②

1. 工资标准

按照各地生活状况而定,以除工人外,再供一个到一个半人最低生活费用为标准。按照劳动技能、劳动效率由劳资双方协定。工资的支付分为年工支付、季工支付、月工支付、日工支付、计件工资,支付方式为货币与实物两种。法定节假日,工资照发。

2. 作息时间

公私工厂、矿厂、作坊工人等每日工作 10 小时。因为地下旷工的作业环境恶劣,劳动量大,为了保证身体健康,工作时间不超

---

① 《冀南行政主任公署关于改善雇工待遇的指示信》(1940 年 4 月 30 日),冀南革命根据地史编审委员会编:《冀南党史资料》第 3 辑,1988 年,第 252 页。

② 《修正晋冀鲁豫边区劳工保护暂行条例》(1944 年 1 月 17 日),政协河北省委员会编:《晋冀鲁豫抗日根据地史料汇编》(中),石家庄:河北人民出版社 2015 年版,第 2110 页。

过 9 小时。其他情形或工种，工作时间最多不能超过 11 小时，并且要增加钟点工资。如遇节假日，如"五一""七七"等节日，劳工放一天假，春节、端午这类传统节日则按照过往习惯放假。"三八"妇女节这类的特定劳动对象节日，只给特定人群放假一天。另外，对工人或工人直系亲属婚、丧、重病等时候的请假做了相应规定。

3. 劳动保护

这部分内容围绕劳动工人的权益保障展开。例如，禁止打骂、虐待、侮辱工人，不得私行惩处工人或扣除工人工资；劳资双方发生纠纷，由工会或农会进行调解；工人的教育金、医药费，因工致伤、残、亡者均由资方负担等。"师傅对学徒得加紧技艺教育，不得隐瞒不教，绝对禁止打骂、虐待、侮辱。学习期不得超过两年"，在学习期间，师傅会给学徒发衣服，期满后，如继续为师傅工作者发给工资。[①] 条例对青工、女工、童工待遇作了规定："青工及童工（12岁以上 16 岁以下者为童工）其工作须以不妨害其身体之健康与教育为原则。……每日工作时间须较成年工人减少 1 小时至 2 小时。……青工、女工与童工如与一般工人做同样工作且效能相等者，应给以同等工资。……女工在月经期间应给以例假 1 日，工资照发。……女工在分娩前后，应给于 2 个月之休假，工资照发。……女工带有哺乳婴孩者，每日应给以适当之哺乳次数与时间。"[②]这些规定充分考虑到青工、童工和女工体质的特殊性，保护

---

① 《修正晋冀鲁豫边区劳工保护暂行条例》（1944 年 1 月 17 日），政协河北省委员会编：《晋冀鲁豫抗日根据地史料汇编》（中），石家庄：河北人民出版社 2015 年版，第 2112 页。

② 《修正晋冀鲁豫边区劳工保护暂行条例》（1944 年 1 月 17 日），政协河北省委员会编：《晋冀鲁豫抗日根据地史料汇编》（中），石家庄：河北人民出版社 2015 年版，第 2112 页。

了工人应该享有的权益。

4. 劳动合同

劳动合同的签订,以劳资双方的自愿为原则。签订合同后,如果有一方不履行,另一方可提出解除合同,但不能无故退工。中途解除合同,必须双方同意。资方因天灾、战争带来变故,无法继续经营的,要提前一周通知工人另找工作,同时在有支付能力的情况下发给工人解雇金。工人因参加抗日或入公职而退工的,工资发放到离工之日为止。

5. 职工会

工人有组织工会之权利。职工会主要是为工人谋求权利的职工代表组织。"劳资双方发生纠纷时,职工会得参加调解。职工会应教育工人提高劳动热忱,保障劳动纪律。职工会有代表工人向政府提出要求之权利。"[①]

(三)《晋冀鲁豫边区优待专门技术干部办法》

该办法于1941年11月1日印发,规定了技术干部的工资补贴及条件。以下四个方面的专门技术干部享受优待:一是农业、造林、牧畜及农村副业等之专门技术干部,二是冶金、采矿、水利、无线电制造、制药及各种其他工业部门之专门技术干部,三是会计师,四是医生。这些技术干部在符合条件下,每月可发15—50元不等的津贴。另给予其他待遇:"充分予以研究试验之机会及便

---

①《修正晋冀鲁豫边区劳工保护暂行条例》(1944年1月17日),政协河北省委员会编:《晋冀鲁豫抗日根据地史料汇编》(中),石家庄:河北人民出版社2015年版,第2113页。

利。供给必需之图书仪器及工具。免除其背粮、机关生产。"①技术干部在生产上及技术上有所改良与发明,边区政府会额外进行奖励,根据 1941 年 10 月 15 日颁布的《晋冀鲁豫边区奖励生产技术办法》对工农业生产工具或方法有所改良与发明的人员,给 50 元以上 2000 元以下的奖金。技术干部是晋冀鲁豫边区发展的重要力量。

第三节　婚姻继承法

中国的婚俗文化源远流长,不同时期、不同地域的婚俗情况反映了人民群众的精神面貌与社会生活秩序。20 世纪初的太行、太岳地区交通闭塞,经济、思想都十分落后,从而导致了该地区的封建保守,充斥着各种婚俗陋习。抗日战争时期的晋冀鲁豫边区政府,在立法上进行了突破,废旧立新,让边区人民面对婚姻与继承问题时有法可依,更加公平公正。

一、婚姻条例

旧中国的婚姻生活中妇女地位低下,妇女不仅受到父母歧视,还要忍受丈夫的虐待、家族的压迫,这与旧的婚姻制度具有很大关联,带来了极大的社会危害。早在苏区时代,中国共产党就十分重视改变封建婚姻制度下妇女卑微的生存环境,颁布了相关条例法规,包括 1931 年的《中华苏维埃共和国婚姻条例》与 1934 年的《中

---

① 《晋冀鲁豫边区优待专门技术干部办法》(1941 年 11 月 1 日),韩延龙、常兆儒编:《中国新民主主义革命时期根据地法制文献选编》第 4 卷,北京:中国社会科学出版社1984 年版,第 658 页。

华苏维埃共和国婚姻法》。到抗日战争时期,为了从根本上消除旧的婚姻制度,动员广大的边区群众参加和支援抗日战争,边区政府颁布了新的婚姻法规,边区群众的生活有了改观。

(一)《晋冀鲁豫边区婚姻暂行条例》

《晋冀鲁豫边区婚姻暂行条例》于 1941 年 8 月 13 日临参会大会原则通过,同年 12 月 20 日驻委会修订通过,1942 年 1 月 5 日公布实施,1943 年 9 月 29 日修订颁布。该条例根据平等原则、一夫一妻制的婚姻原则制定,彻底打破了旧的婚姻制度。"禁止重婚、早婚、纳妾、蓄婢、童养媳、买卖婚姻、租妻及伙同娶妻。"[1]

关于订婚,须男女双方自愿,男方必须年满 17 岁,女方必须年满 15 岁,另外双方都不能索要金钱。须在区级以上政府登记方为有效。解除婚约,只要夫妻双方中有一方不愿意继续婚姻,就可向区级以上政府申请备案解除婚约,但对抗战军人提出解除婚约时,须经抗战军人本人同意。

关于结婚,男满 18 岁,女满 16 岁,并且双方自愿的情况下,向区级以上政府登记,领取结婚证明书。另外规定,近亲、精神病、花柳病及遗传性疾病的,不得结婚。

关于离婚,"夫妻感情恶劣,至不能同居者,任何一方均得请求离婚"。[2] 条例规定夫妻一方具有"一、未经离婚,即与他人有订婚或结婚之行为者。二、虐待、压迫或遗弃他方者。三、妻受夫之直

---

[1]《晋冀鲁豫边区婚姻暂行条例》(1943 年 9 月 29 日),韩延龙、常兆儒编:《中国新民主主义革命时期根据地法制文献选编》第 4 卷,北京:中国社会科学出版社 1984 年版,第 838 页。

[2]《晋冀鲁豫边区婚姻暂行条例》(1943 年 9 月 29 日),韩延龙、常兆儒编:《中国新民主主义革命时期根据地法制文献选编》第 4 卷,北京:中国社会科学出版社 1984 年版,第 840 页。

系亲属虐待,至不能同居生活者。四、生死不明已逾三年者。五、患花柳病、神经病及不可医治之传染病等恶疾者。六、被处三年以上之徒刑者。七、充当汉奸者。八、吸食毒品或有其他不良嗜好,经屡劝不改者。九、不能人道者",这九种情况之一者,另一方均可向区级以上政府请求离婚。①"离婚后,女方无职业、财产,或缺乏劳动力,不能维持生活者,得由男方给以相当之赡养费,至再婚时为止。"②

关于子女,男女离婚前所生育的子女,如果未满四周岁由女方抚养;已满四周岁由男方抚养。如果双方另有约定,按照约定执行。女方再婚后所带之子女,由女方及新夫共同负责抚养。"禁止杀害私生子,私生子之生父,经其生母指出证明,其生父须负责带领,与正式子女有同等地位。"③

1945 年 7 月 31 日,《晋冀鲁豫边区涉县县政府通令——关于修改婚姻暂行条例第五章第十八条与执行参议会关于妇女类提案第十五条》颁布,提到了"顷接边府通令关于修改以前颁布之婚姻暂行条例第五章第十八条规定'抗日军人之妻(或夫)除确知其夫(或妻)已经死亡外,未经抗战军人同意,不得离婚,四年以上毫无音信者,得另行嫁娶'",因为战事紧张,抗日军人远离家乡,为安定

①《晋冀鲁豫边区婚姻暂行条例》(1943 年 9 月 29 日),韩延龙、常兆儒编:《中国新民主主义革命时期根据地法制文献选编》第 4 卷,北京:中国社会科学出版社 1984 年版,第 840 页。

②《晋冀鲁豫边区婚姻暂行条例》(1943 年 9 月 29 日),韩延龙、常兆儒编:《中国新民主主义革命时期根据地法制文献选编》第 4 卷,北京:中国社会科学出版社 1984 年版,第 840—841 页。

③《晋冀鲁豫边区婚姻暂行条例》(1943 年 9 月 29 日),韩延龙、常兆儒编:《中国新民主主义革命时期根据地法制文献选编》第 4 卷,北京:中国社会科学出版社 1984 年版,第 841 页。

军心，鼓励军民抗日，将条款规定的四年时间修改为五年。[①]

《晋冀鲁豫边区婚姻暂行条例》是彻底推翻封建婚俗婚制的一部法规条例，在晋冀鲁豫边区与妇女识字教育等科普活动互相配合，使新的婚姻法规在边区得到最大限度的贯彻和执行。《晋冀鲁豫边区婚姻暂行条例》的颁布，为边区群众的生活带来了极大改观，也给抗战胜利创造了条件，更为新中国成立后的法律建设提供了良好的理论基础和经验借鉴。

（二）《晋冀鲁豫边区婚姻暂行条例施行细则》

为了更好地贯彻执行《晋冀鲁豫边区婚姻暂行条例》，结合实际情况，对其做更加详细、具体的解释和补充，在1942年4月26日，《晋冀鲁豫边区婚姻暂行条例实施细则》颁布。该细则的目的是堵住原条文中的漏洞，使《晋冀鲁豫边区婚姻暂行条例》发挥出具体入微的工作效应。如对边区婚姻条例实施前所纳的妾、所蓄的婢女以及童养媳都做了补充规定：妾、婢女、童养媳都可随时要求离去，不能虐待童养媳，且童养媳可随时要求解除婚约，童养媳未到法定结婚年龄的不允许结婚。对不得结婚的亲属有哪些进行了解释："直系血亲，父母亲与子女、祖父母与孙子女、外祖父母与外孙子女等。直系姻亲，母亲与女婿、公公与儿媳等。八亲等以内之旁系血亲：甲、辈分相同者，兄弟与姐妹、堂兄弟与堂姐妹、从兄弟与从姐妹、族兄弟与族姐妹等，但表兄弟姐妹除外。乙、辈分不

---

① 《晋冀鲁豫边去涉县县政府通令——关于修改婚姻暂行条例第五章第十八条与执行参议会关于妇女类提案第十五条》(1945年7月31日)，韩延龙、常兆儒编：《中国新民主主义革命时期根据地法制文献选编》第4卷，北京：中国社会科学出版社1984年版，第845页。

同者,舅父与甥女、姨母与外甥、伯叔父与侄女、姑母与侄子等。"①
还规定"男方不得与孕妇或乳婴之产妇离婚。如有具备法定离婚
条件者,应于生产一年后提出"。② 对荣誉军人夫妻双方的权益起
到保护作用,如"夫妻之一方如系荣誉军人,他方亦不能因残废提
出离婚;但性器官若残废不能人道者不在此限"。③ 另外,还对离婚
后子女抚养问题作了一些补充规定。

(三)《晋冀鲁豫边区妨害婚姻治罪暂行条例》

为了保障《晋冀鲁豫边区婚姻暂行条例》的执行,1943 年 1 月 5
日,晋冀鲁豫边区颁布了《晋冀鲁豫边区妨害婚姻治罪暂行条例》。
该条例的主要内容是对妨害婚姻罪的量刑处罚。对"一、贩卖妇女
者;二、霸占他人妻女者;三、煽动抗战军人家属离婚或退婚成为事
实者;四、勒索财物妨害寡妇再嫁者;虐待妇女有据者;抢亲者;蓄
婢或纳妾者;重婚者"处五年以下一年以上之徒刑,并科千元以下
之罪罚金。④ 对买卖婚姻、勒索财物妨害婚姻、妨害寡妇再嫁、挑拨
他人夫妇不和并鼓动离婚、与有配偶之人通奸、租妻或合伙娶妻、
强迫不到结婚或订婚年龄之男女结婚或订婚、未经本人同意,强迫
其结婚或订婚、妨害成年男女自愿结婚或订婚的"处一年以下之徒

---

① 《晋冀鲁豫边区婚姻暂行条例实施细则》(1942 年 4 月 26 日),韩延龙、常兆儒编:《中
　国新民主主义革命时期根据地法制文献选编》第 4 卷,北京:中国社会科学出版社
　1984 年版,第 843 页。
② 《晋冀鲁豫边区婚姻暂行条例实施细则》(1942 年 4 月 26 日),韩延龙、常兆儒编:《中
　国新民主主义革命时期根据地法制文献选编》第 4 卷,北京:中国社会科学出版社
　1984 年版,第 843 页。
③ 《晋冀鲁豫边区婚姻暂行条例实施细则》(1942 年 4 月 26 日),韩延龙、常兆儒编:《中
　国新民主主义革命时期根据地法制文献选编》第 4 卷,北京:中国社会科学出版社
　1984 年版,第 843 页。
④ 《晋冀鲁豫边区妨害婚姻治罪暂行条例》(1943 年 1 月 5 日),冀南革命根据地史编审
　委员会编:《冀南党史资料》第 3 辑,1988 年,第 311 页。

刑,得并科三百元以下之罚金。"①该条例的实施,保障抗战时期晋冀鲁豫边区的妇女解放和婚姻自由活动的进行,对扫清封建思想,鼓舞边区人民生活的自由民主起到推动作用。

除了以上法规,1943 年还印发了《晋冀鲁豫边区工作人员离婚协议》,对边区内"一切机关、团体、部队及其他脱离生产之工作人员诉请离婚者"提供了规范化的离婚程序。② 规定:不管原告居住在晋冀鲁豫边区,还是居住在其他解放区,离婚的审理,要以诉请离婚的被告所在地的第一审司法机关受理。如果原告因理由不足被驳回,"得于十日内抗告"。③ 在起诉状送达被告人之后的 6 个月内,如果被告人无答辩的,"司法机关得于指定特别代理人为其利益陈述意见后而判决"。最后的判决会送达原告与被告,被告在收到判决 1 年内没有异议的即可确定离婚达成。如果原告能够证明被告已收到判决并且确实没有异议的,可在判决送达半年后确定离婚事实。

二、子女继承问题的规定

旧传统的封建社会"夫为妻纲",妻子一切都要以丈夫的要求为准则,在各方面受到丈夫的支配,受到极大的压迫。中国共产党边区政府为了改变这一现状,促进遗产分配的公平,在 1945 年 5 月 31 日,颁布了《冀鲁豫行署关于女子继承问题的决定》,其中对父母

---

① 《晋冀鲁豫边区妨害婚姻治罪暂行条例》(1943 年 1 月 5 日),冀南革命根据地史编审委员会编:《冀南党史资料》第 3 辑,1988 年,第 311—312 页。

② 《晋冀鲁豫边区工作人员离婚程序》(1943 年),冀南革命根据地史编审委员会编:《冀南党史资料》第 3 辑,1988 年,第 313 页。

③ 《晋冀鲁豫边区工作人员离婚程序》(1943 年),冀南革命根据地史编审委员会编:《冀南党史资料》第 3 辑,1988 年,第 313 页。

的遗产分配,子女的继承,特别是对女子的继承权进行了规定。

《冀鲁豫行署关于女子继承问题的决定》经过"本边区第二届参议会交议各案及本署提议各案,业经行政委员会根据边区实际情形讨论决定,兹将司法问题的各决议通令施行"。①该决定在子女继承问题上规定:"女子与男子有平等之权利。唯中国一般社会情形多系男子与父母同财共居,以家庭为经济单位,因而在遗产分配上,应按各该家庭情况参照男女双方在家庭中所尽之义务与所享之待遇,具体确定其分配比例,不应一律平均,以符合男女真正平等之精神。"②如果女子出嫁,其丈夫家较富裕,女子娘家较穷,在分配遗产时女子应在自愿的原则下,对其兄弟等加以照顾,如果女子甘愿放弃继承权,政府也不会干涉。父母去世前要与家中的男子分割财产时,也要分配给家中女子应得的部分。配偶双方的遗产可以相互继承。"有子女者与子女共同继承,无子女者由一方全部继承。如男方死时尚未继承者,寡妇与子女均有代位继承权。"③另外还规定,在此办法颁行前财产已经分割或已开始继承,未超过二年的,女子可要求重新分配处理财产的分割。

《冀鲁豫行署关于女子继承问题的决定》除了规定了女子继承娘家财产的事项外,还规定了女子对其丈夫家财产的管理与寡妇

①《冀鲁豫行署关于女子继承问题的决定》(1945年5月31日),政协河北省委员会编:《晋冀鲁豫抗日根据地史料汇编》(中),石家庄:河北人民出版社2015年版,第2161页。

②《冀鲁豫行署关于女子继承问题的决定》(1945年5月31日),政协河北省委员会编:《晋冀鲁豫抗日根据地史料汇编》(中),石家庄:河北人民出版社2015年版,第2161页。

③《冀鲁豫行署关于女子继承问题的决定》(1945年5月31日),政协河北省委员会编:《晋冀鲁豫抗日根据地史料汇编》(中),石家庄:河北人民出版社2015年版,第2161页。

及离婚妇女带走财产的有关事项。一是"女子出嫁后对其夫家之财产确定共与男子有共同管理之权利"。二是女子丧偶再嫁人时，如果没有子女，她从其原来丈夫家继承的财产可根据具体情况全部带走；如果有子女，她从其原来丈夫家"继承之财产及其个人财产，均留一部给其子女；如子女随走，得将其财产全部带走"。① "寡妇再嫁时如在男家及娘家均未取得继承财产者，得要求男方给予一部妆奁费。"三是离婚妇女没有子女的情况下，个人财产全部带走；如果有子女，并将子女留在男方抚养，应酌情留下部分财产。

《冀鲁豫行署关于女子继承问题的决定》的内容不多，条款清晰，内容明确，对解放妇女起到了举足轻重的作用。本条款不仅提高了女子在与其丈夫组成的家庭中的地位，发扬了家庭民主，通过这些规定，减轻压迫后的妇女，促使更多的民主积极投身抗日革命斗争中。

抗战时期边区政府颁布的这些新的婚姻与继承方面的法规，禁止了封建陋习，改变了旧中国压在妇女身上沉重的桎梏，边区的妇女群体拿起法律的武器维护自身权益，反抗旧的婚俗和制度，在广大的妇女运动中成立了妇救会，为中国培养了众多优秀的妇女干部，带领女性同志走上了抗日救国的革命道路。尽管中国共产党在实行新婚姻政策时取得了一些成绩，但封建婚姻方式和不良婚俗非一朝一夕可彻底改变，包办婚姻、买卖妇女、童养媳等封建陋习依然存在。新中国成立后，1950 年颁布并实施的《中华人民共和国婚姻法》，就是在《晋冀鲁豫边区婚姻暂行条例》的基础上制定的。

---

① 《冀鲁豫行署关于女子继承问题的决定》(1945 年 5 月 31 日)，政协河北省委员会编：《晋冀鲁豫抗日根据地史料汇编》(中)，石家庄：河北人民出版社 2015 年版，第 2161 页。

第四节　根据地法制建设的实践

一、执法实践

1937 年七七事变后,国民党政府在河北等省的司法机关官员纷纷逃离。八路军出师华北抗日前线,建立敌后抗日根据地。晋冀鲁豫抗日根据地建立后,边区的各级司法机构也逐渐建立健全。

1941 年 7 月 31 日,晋冀鲁豫临时参议会选举浦化人为高等法院院长,边区高等法院正式成立。1942 年 4 月 8 日,晋冀鲁豫边区高等法院召开全区二届司法会议,历时 8 天。会议对土地问题、婚姻问题及 1942 年的司法方针,均作了报告和研究讨论。9 月 24 日,晋冀鲁豫边区高等法院院长浦化人在晋冀鲁豫临时参议会第二次大会上,报告一年来的司法行政建设。该报告说,各级法律机构已作了统一的规定,聘审、就审、流动法庭等制度已经建立,适应了敌后抗战特殊环境的需要。11 月 11 日,晋冀鲁豫边区高等法院颁布了《司法系统干部任免调整调动制度》。1943 年 9 月 15 日,晋冀鲁豫边区临时参议会太行会议决定:现任议员、边府主席及委员、高等法院院长均延长任期一年。边区政府在司法方面,力求民间调解、诉讼手续简便,审判案件照顾边区人民实际生活,根据切实调查研究,把制裁汉奸反革命作为中心,把保护群众作为天职。在案件审理上,边区审判机关参照国民党政府法律实行三级三审制,但鉴于敌后根据地具体的特殊环境,在审判实践中大多执行二级二审制。在边区逐步建立起一整套反映人民意志的、服务于新民主主义政治的司法制度。诸如带有边区特点的上诉制度、复核复判制度、巡回就审制度、陪审制度、讼费制度等。推广学习"马锡五审判方式",将党的群众路线运用到断案审判之中,案件审理贯彻从群众来到群众中去的方法。

冀南行政主任公署司法处成立后,着手整顿冀南的司法工作。首先限期恢复了各县承审处,把司法人员从家庭中动员出来,实行承审员登记核委办法,规定优待司法人员,以肃清积弊,建立廉洁司法。在游击状态下的各县承审工作,对案件的处理,因拘于成文规定,时感踌躇不决,既判结之后,又往往感到执行上的困难。为了适应战争环境,尽量适用缓刑、假释及调服兵役等办法,对于程序法上的适用如产生疑问,须呈主任公署请示。冀南司法整顿恢复后,各县司法人员,尚能保护民众法益,严格执行任务,造成廉洁司法制度。

晋冀鲁豫边区政府制定了各种法律法规,结合实际和当地习俗调整利益关系,化解人民群众矛盾纠纷,维护社会秩序,形成了一个个司法案卷和判例,这些案例有夫妻离婚案,有恢复关系等婚姻纠纷案,也有百姓耕地出租、租佃买卖分配等土地纠纷案;既有债务、牲畜偷窃等财产争执案,也有收养、过继等子女抚养纠葛案件。这些案例记录了抗日战争烽火连天年代的革命历史,反映了20世纪40年代晋冀鲁豫边区乡村的政治经济和社会面相,见证了抗日战争时期法律制度的沿革,折射了当时村庄社会中独特的法治文化和民风民俗。

（一）婚姻纠纷案审判

旧中国的婚姻是父母之命、媒妁之言的产物,男性在婚姻关系中处于支配地位,在夫权统治下夫妻之间是一种尊卑、主从关系,妻子处于被压迫的地位,婚后妇女必须随夫姓,或在本姓前冠以夫姓,妻子不得擅自出走,没有主张离婚的权利,家庭财产也是由丈夫主导。抗日战争时期,晋冀鲁豫边区政府颁布的婚姻条例确定了婚姻自由、男女平等的原则,在当地百姓中引起了强烈反响。受压迫的妇女纷纷起来争取婚姻自由,因此婚姻纠纷成为根据地初建及此后一段时间民事诉讼的主要案件。这些婚姻纠纷案,其中绝大部分是请求离婚的,其原因多种多样,有不满丈夫打骂虐待的,有双方年龄差距太大、感情不和的,有丈夫长期在外久无音信的。还有一部分请求复婚的案件,主要是出于生活困顿,流离失所等原因而离婚,后来又要求恢复婚姻关系。从这些案件中可以发现:第一,中国妇女地位极其低下,受到父母的歧视,丈夫的虐待,家族势力的压制,童养媳、买卖妇女等都是妇女悲惨遭遇的明证。第二,抗战时期婚姻法律制度经历着根本性的变革,受压迫的妇女纷纷争取婚姻自由,导致了家庭结构的重大变化。第三,抗日民主政府贯彻男女平等、婚姻自由、保护军人婚姻等原则,使很多妇女得到了解放,但也面临着落后势力的阻碍。第四,边区政府依法灵活处理各种婚姻案件,在判处离婚案中,比较重视感情不和、重婚、无法同居等条件。第五,边区政府在判案时,一方面强调讯问当事人,另一方面注重听取老百姓意见,注重让百姓参与司法审判,在司法允许的前提下比较尊重农村婚娶习俗。第六,边区政府在处理离婚案时,注重保护女方财产权利,允许女方带走自有财产,比如1941年刘欧诉王秉公与军人妻子结婚的案例。

涉县响堂铺村刘五生,于1939年应征入伍,临去时将妻子樊文静托付给岳叔丈樊作信、樊佐智代为照顾。1940年曾有消息来往,后音信不明。1941年初,其妻樊文静嫁给神头村王秉公。响堂铺村刘五生本家和干部、群众等向县政府起诉王秉公、樊作信等人。县政府经过讯问,认为王秉公、樊文静等触犯刑法,判处王秉公有期徒刑8个月,褫夺公权8个月,判处樊文静有期徒刑6个月,缓刑一年,后来,两人各被亲族同行具保释放。

涉县抗日政府的判决书写到,宣判樊文静与王秉公结婚,第一点,没有通过娘家与婆家。第二点,樊文静与王秉公结婚,没有二人以上的证明,没有订定婚书。第三点,樊文静没有确定刘五生死活与她人结婚是不合法的。王秉公与樊文静结婚没有证明和婚约的约定,又没有通过两方之监护人,又没有确定她男人的死活,王秉公与樊文静订定夫妇,有污辱抗属之家庭问题。王秉公说给樊文静300元是自己自愿的,他给你否,你两方酌量。关于王秉公、樊文静结婚,撤销作为无效。妇救会代表要求赔偿樊文静名誉损失费420元,是由于王秉公拿钱引诱妇女,是不合法的,她站在妇女的立场上,应当请求。王秉公包赔具状人刘一与樊佐智诉讼路宿费55元,按期付清。刑事部分:王秉公利诱奸拐抗战军人妻室脱离家庭婚姻,实犯刑法第240条第2项;妨害自由,意图自己与他人结婚,犯第298条,判处有期徒刑8个月,褫夺公权8个月。樊文静与王秉公通奸,樊是有夫之妇,实犯刑法第237条及第239条,看其系无知妇女,在量刑上减处有期徒刑6个月,暂不执行,作为缓刑一年并具保回去执行。

又案,"涉县更乐村张繁所与江爱鱼结婚后,与母亲分家搬到岳父家居住,后又到奶娘家居住",夫妻感情一直不和。[①] 1942年3月,张繁所殴打其妻江爱鱼,致使江爱鱼腿部受伤,江爱鱼之父将张繁所控告到区公所,并将张繁所家的家具等物搬走。张繁所之母张赵氏将江爱鱼及其父江庚玉告到县政府,要求与其子张繁所离婚,并返还财物,县政府对有关人员进行询问。后经李三牛等从中调解,男女双方达成和解,撤回诉状,不再离婚,县政府准予和解

---

① 白潮编著:《乡村法案——1940年代太行山地区政府断案63例》,郑州:大象出版社2011年版,第12页。

结案。第五专属涉县县政府司法科填表结案归档。

（二）土地纠纷案判决

在 20 世纪 40 年代，封建社会遗留的土地私有制度还在晋冀鲁豫边区延续，但受到抗日民主政府颁布的各种土地政策的影响，地主的权力受到限制，无地农民的利益得到更多更好的保护。土地制度改革过程中，土地纠纷案件发生比较频繁，继承、买卖、租佃、出典等土地案件成为根据地农村民事纠纷的矛盾焦点，在晋冀鲁豫边区政府的判例中可以发现大量此类案例。边区政府审判案件是依照边区民主政府颁布的法规，参考国民政府的一些法律，也遵守一些民间的风俗习惯。政府在判案时重视实地调查，很多判案人员深入到群众家中，听取百姓的意见，到田间地头收集第一手资料和证据。

1941 年王同方诉任多滋赎地纠葛案。王玉山因有病，将滩里三亩半水田卖给本族王同方，价洋 420 元。不料王同方拿到文约后，交价 210 元，剩下欠价 210 元一直未付。王玉山病故后，其妻王芳氏将该地交由王玉山生前好友任多滋经营，以补偿任多滋对王玉山家的钱物资助。后来，地价上涨，王同方拿钱向任多滋赎地。任多滋不同意，王同方将任多滋告到县上，政府进行了多次讯问和调查，后经李金榜、周思敬等人从中说合，双方达成和解，任多滋情愿将地归与王同方，王同方照原典价 210 元回赎。

1941 年 6 月 28 日调解和解状内容如下："为事经和解恳请准予销案，以免讼累。事缘：南关王同方呈控东达村任多滋为赎地纠葛一案，该镇长李金榜、周思敬等与各方均系好友，不忍坐视与讼致失友谊，向各方多方劝导。任多滋情愿将地归于王同方，王同方照原价典 210 元回赎，各方均无异言，永不反复，为此恳请，钧府鉴核准予销案，以息讼端，不胜感德之至。谨呈县长胡，承审崔。和解人城关镇镇长李金榜、周思敬。当事人王同方、任多滋、王冯氏。中华民国三十年六月二八日。"[1]

（三）财物纠纷案

财物纠纷是晋冀鲁豫边区乡村常见的案件纠纷,在边区政府所判的案例当中既有村民树木、借款、工钱等钱物纠纷,也有偷盗等财产犯罪。透视这些案例可见:第一,边区政府着力保护百姓的私有财产,禁止别人非法侵犯。第二,案件中反映了很多农耕社会的特有制度,比如伙喂牲畜、坟茔财产、财物租赁等民间经济行为和现象。第三,边区政府在处理这类案件时,调解制度起了重要作用,民间调解、村公所调解、区公所调解、县政府调解和政府判决相辅相成,都受到重视和认可,调解和解书可以上诉;同时晋冀鲁豫敌后抗日根据地各级政府在调解案件纠纷时,都以法律为准绳,也注意照顾善良风俗,不是无条件的息事宁人。第四,由于战争、自然灾害等原因,晋冀鲁豫边区乡村物质比较匮乏,所以边区政府对盗窃行为的惩罚往往是非常严厉的,一些不是特别严重的偷盗罪,就可能判处死刑。

1941 年申贵礼诉申学亮私卖公树案。西岐村之申姓与张家头村之申姓原为同一宗,共有老坟一处。坟场内树木众多,约定禁止随意砍伐。后来西岐村申学亮等违反禁规,将坟场内树木 27 棵盗卖净尽,所得卖树款 300 元完全私吞。区调解无效,经县政府询问调查,认为西岐村申学亮将坟场内公树私行倒卖,已触犯刑法,科以申学亮罚金 140 元,科以申路保罚金 120 元,科以申兴隆罚金 120 元,科以申广成罚金 120 元,并赔偿申贵礼等路宿损失费

---

120 元。

晋冀鲁豫《边区政报》三十一年度(1942 年)第 1 卷第 17 期(12
月 1 日)登载了晋冀鲁豫边区高等法院一份"模范判决",称该判决
的特点在于形式新颖,推理清晰,与过去旧式判决中历述原被告供
词方式及老一套的做法,有迥然不同风格。在反对司法八股的运
动中,值得各地干部研究。

晋冀鲁豫边区高等法院第二流动法庭第二审民事判决书
临字第 16 号

上诉人　程天祥,男,27 岁,黎城古寺头,黎城古寺头农会
工作。

被上诉人　程天顺,男,38 岁,黎城古寺头,古寺头财政
委员。

李九洲,男,41 岁,黎城古寺头,农。

李黑蛋,男,28 岁,黎城古寺头,古寺头教育主任。

右列当事人因树株纠纷,不服黎城县政府民事堂谕,提起
上诉到庭,经本庭审理判决如左。

主文

1. 黎城县政府民事堂谕以撤销。2. 所争松树 2 株,其一
属于该村社中公有,其一属于程天祥私有。3. 属于社中之树,
由该村拍卖之。属于程天祥之树,其处理权属于程天祥。

事实及理由

1. 为什么撤销黎城县政府民事堂谕

原堂谕说:"此树原系当初(同治年间)李瀛给伊村社内施
树一株,此二株树,即是此树(其根为一),归公所有,已数辈
矣。"经本庭彻查,完全与事实不符。查李瀛施树一株,确有此
事,并且有社中垠记为证。但李瀛系李黑旦祖先,李黑旦地内

有松树一株,乃是社树。李黑旦本人在庭所供也承认:李瀛是我上辈,地内一株树是社树,是上辈施的。已证明李瀛所施之树,并非程天祥场内之树,此与事实不符者之一。

查程天祥之场,系由伊祖父程掌柱于光绪二十六年购自程金则,程金则系换自原永成之手。百年以来,此场从未经李姓之手。李瀛施树是同治八年,距今不过 70 余年,当时李瀛如何能将他人之树作为己产而施于社中?松树无腿,自亦不能由李姓场中跑至原姓场内?原堂谕主观的认定此树即系李瀛所施之树,此与事实不符者之二。

原堂谕说:"此二诸树,其根为一",经本庭挖根勘验,事实系两树两根,并非"其根为一"。此与事实不符者之三。

基上论结,黎城县政府对事实认识错误,原堂谕应予撤销。

2. 为什么所争之树二株,其一株属于社中共有,一株属于程天祥私有?

查程天祥之场(即长此二株松树之场),系由伊祖父程掌柱于光绪二十六年十一月,以大钱三千文买至程金则之手。据本庭调查,此场原属原姓产业,于原永成,与程金则对换,经本庭调查并传讯原永成之子袁恒义及其孙原树清,所供亦称在原永成之手,曾有此事,又查该村观音堂垯记上载:"原有财施松树一株"。据讯问原恒义,原树清均称原有财即系伊祖先并称原永成在世时亦曾谈说,场内之树系社树,如此则此场历经原有财—原永成—程金则—成掌柱—成天祥等人之手,是为此场转移之次序。

又查原有财施树系在咸丰壬子年,咸丰距今不过百年。复经本庭长亲自勘验,此两树系两个根,而且粗细相差不多,以树轮推断两树均在 145 年左右之年龄，事实如此，本庭认定此两树为原有财本人或其先辈所栽，至咸丰壬子年，该村修理观音堂时原有才身为维首，乃施松树一株，其一株则留为自己私有。（按树轮推断，当时这两树均已有碗口粗细，垠记上记施松树一株，则另一株不施与社，留为自有，其理至明。）施与社者，应属公有；不施与社者，自应随业转移，今场属于程天祥，则场中之松树，应有一株属公，一株属程天祥私有。

程天祥所持程金则之买地死契，上面虽写有"大小根条"，据查此系当地写约习惯，不论地中有无树木、水道，一般均写"大小根条水复行道"数字。不能以此断定二株松树，均属私有。同时按习惯如有他人树木，契后须批"记根几年"数字，今程天祥所持之契，并无"记根几年"数字，写约人一时粗疏，亦系常情，同样也不能单方面据此文约（文约是证物之一种，而非全部证物）即断为二株松树均属私有。

在另一方面，据调查古寺头群众，大多谓："听说是社树，可不知确实不确实"，只有流传的传说，而缺乏物证。要明白社树之唯一物证，即在追究树场之原主，今原主已明，又有观音堂垠记可考，自系其中有一树属公，已无疑议；可能因年限久远，辈辈流传，口述之间，不免因两树相距极近，数址同一，便将一树说成两树，此众人之常情，不足为怪。因此不能根据此传说，即断为二株松树均属公有。

基上论结，则所争之树，其一应属社中公有，另一株应为程天祥私有。

3. 怎么处理这两株树？

此两树现已无法判明何株属公，何株属私，且两柱相差不多，无大利害，今既涉讼到庭，当由本庭予以合理处理。以杜再行纠纷。

经本庭查得此两株松树,现已锯倒一年有余,甲树长三丈一尺八寸,根的直径为 1 尺 5 寸,其锯为 5 段;乙树长三丈五尺八寸,根的直径为一尺四寸,亦共锯为 5 段。此两树均经本庭逐段分别标签"甲""乙"二字,以为记号(据木匠称乙树中段好,故乙树较甲树值钱)。今判甲树树属于程天祥,由程天祥处理之,他人不能过问。乙树属于古寺头社中,由公投标拍卖之。

该村拍卖乙树时,原承购人有以同等价目取得购买之优先权。

庭　长　　徐　平

书记员　　王锡亮

民国三十一年(1942 年)6 月 27 日

1. 如对本判决不服,得于接得本判决之次日起,20 日内向边区高等法院提起上诉。

2. 在正本证明与原本无异。①

1943 年王树榛诉杨起元半喂牛纠纷案。1938 年由于侵华日军"扫荡"晋冀鲁豫抗日根据地,经人说合,原告王树榛将自己的一头母牛暂时交由杨起元喂养,约定母牛生下两头小牛后,一人分得一头小牛。后来母牛生下两头牛犊,但都先后死去。1943 年,王树榛向杨起源讨要母牛,杨起元不同意,说母牛将于两个月后生产。后经区公所调解,但两人不服。王树榛将杨起元告到县政府,要求王树榛返还母牛。晋冀鲁豫边区涉县抗日民主政府查明情况后从中调停,双方定下和解协议,约定母牛先由王树榛领走,母牛生下小牛,一个月后归杨起元赶回家使用。杨起元应悉心照顾小牛,小

---

① 《晋冀鲁豫边区高等法院第二流动法庭第二审民事判决书》临字第 16 号,《边区政报》第 17 期,1942 年 12 月 1 日。

牛半岁后由王树榛领走,从此双方再无关系。1943年3月2日,涉县县政府民事和解书达成,内容如下:据南岗头杨起元来府称:伊在民国20年经中人申中堂、王庆年说合将自己母牛一只半喂给王树榛,同时还带有小牛一只。系当时交王树榛代放几天,随后赶回来,并未半喂给他,又双方言定下一个牛伙着,下两个系一家一个,该牛在1939、1940两年生两只小牛,各分一只,均死去。当春耕期迫近,杨起元要将大牛赶回耕地,不料王树榛不让赶牛,并说此牛已归他所有。据王树榛供称,1938年系半喂牛的两个牛病死一个,但是半喂的小牛于1940年被杨起元赶回后一直未还,1943年春天又非赶回大牛不可。这头大牛还怀有小牛,不久就要生产,王树榛的意思是将小牛生下以后,双方如不能继续半养,再设法分开。"本府根据两造及中人供词,并按照当地习俗与客观具体事由,和解如下:查半喂牛一事,原为双方利益平等互惠,但现在各怀利己之心,不能和衷共济,时起纠纷,互抱成见,各不相依,似此情形,绝无再继续半喂之必要,应准予大牛归还原主所有,将来产生之小牛,归王树榛所有,但又经双方言定,如大牛至五月不下小牛,王树榛放弃承要小牛权,双方供证确凿,各自遵守合约,否则,应受到法律制裁。双方所订的条约有如下几条:1.大牛下小牛后过一个月归杨起元赶回使用。2.小牛如在杨起元家生病,应先通知王树榛知道,否则按故意伤害受政府法律制裁。3.小牛过半岁后,归王树榛赶走,从此双方永远脱离关系。4.以上条例如有一方破坏,应受法律处分。如不服本和解,限送达二十日内上诉于第五专属。县长胡广恩,承审蒋孚民,书记张汉卿。中华民国三十二年(1943年)三月二日。"①

---

① 白潮编著:《乡村法案——1940年代太行山地区政府断案63例》,郑州:大象出版社2011年版,第258页。

与民事调解案不同的是,对偷盗抗日公粮的惯犯,则是给予极其严厉的惩办。如 1944 年郝银和偷盗抗战公粮案即是如此。涉县上口村人郝银和,嗜赌成性,不爱劳动,以偷盗为生。偷盗百姓财物无数,后将村上公粮麦子 60 斤偷走。被查获,经县政府审讯后,依照晋冀鲁豫边区政府惩治盗毁空清财物补充办法第二条、刑法第二十七条,判处郝银和死刑并剥夺公权终身。

在案件审理方面,边区高等法院坚持依法断案,公平公正,有错必纠,如许土成、王福林征购土地案。

晋冀鲁豫边区高等法院民事判决书,三十一(1942 年)年度上字 120 号①

上诉人 许土成,男,26 岁,襄垣县井背村人,农。

被上诉人 王福林,男,同上。

右列上诉人许土成与王福林因征购土地涉诉一案,不服第三区专员公署中华民国三十一年(1942 年)5 月所为之判决,提起上诉到院,经本院判决如左。

主文

第二审判决全部废弃。

许土成与刘锁住土地买卖契约有效,南北道白地 4 亩,许土成管业。

理由

优先权有法律设定而存在,因本人表示拒绝而丧失,优先权自土地转移所有权或使用权而开始;从承租人提出最后价额,与地主提出最低卖价,仍相矛盾不能成契而终止,优先权

---

① 《晋冀鲁豫边区高等法院民事判决书》三十一年度(1942 年)上字 120 号,《边区政报》第 16 期,1942 年 11 月 15 日。

存丧问题,须视承租人出价多寡?是否公值?提出最后价额,与地主要约是否统一以为断。优先权不是限制地主土地自由出卖,也不是承租人故意霸卖,经过让卖之后,承租人已表示抛弃,地主向另人买卖时,承租人不得再以同价买回。曲解优先权的人,一定会形成霸买和剥夺地主土地所有权的趋向。卷查刘锁住于去年十月即托村长马秀明向承租人王福林提出买地,在今年正月二十六日始与上诉人许土成订成卖契,中间相隔三月之久,曾有四次优先向其让卖,终因赔值地价,使契约不能成立,自承租人提出最后价额,地主表示最低卖价,而契约仍不能成立时,优先权已因契约不成立而不复存在。许土成与王福林虽然是争的一个标的物,但是两个独立买卖行为。因先行为终结,始有后行为发生,两事不能混做一谈,看成有因果联系。原审就犯了上述的毛病,没认可优先权存丧的条件,也没分划优先权的转折点,一味的将王福林和许土成的两个独立的买卖行为混在一起,所以才把契约当事人抛开而不论,专专的侧重在村长的身上,弃重而就轻,很显然的脱离了诉讼中心。诉讼的中心是在于当事人买卖行为谁为合法有效?不在于村长瞒哄与否问题上。因为买卖契约是当事人要约承诺直接的意思表示。欺瞒是不会影响到作前契约的。原判没认清此种事实,自难认为合法。

许土成与刘锁住之买卖行为,是村长和李海凤经过几次让买,及王福林出到最后价额,以致买卖最后破裂契约不能作成,显然表示抛弃优先权之后的合法买卖,当认为有效。附加许土成依法税契,经县考查允作合法契约,自愿欲以保障,原审追索案情固属微细,但忽视了王福林之故意——200元、240元、300元、500元——缠索,赔价地价,假借优先权之名义,实施霸买手段。从各方口供和诉状上可以证明此点。查王福林原状说 600 元以下价额,虽不允许,以此而论被上诉人果真予以 600 元以下价格诚心买地,必肯早出公道价额,不止一次一次的缠价勒买,经村长和李海凤、成天福先后四次让卖,均表示不买,足证明他状述的不是实在。自己不肯出价买,并表示不要。待他人契约成立,而又欲以同价买回,显然是滥用优先权,故意霸买。若认此种行为有效,地主之所有权,就丝毫没有了保障。几次让卖即属事实,王福林出价过小,契约不成,又是事实,再加上山堡村新旧村长和全村干部证明让过王某几次,王福林不要,这三点是实,就是被上诉人抛弃优先权的铁证。无需乎再找证明,许土成后来之买卖行为,与以先王福林的买地行为因果终断。无论后契如何无法? 在何时间? 赶面吃面与否? 是否空白契纸? 有无付钱诸问题? 均与优先权无关。自难作为王福林胜诉之根据。

综上论结,应以民事诉讼法四百七十六条之规定,故判决如主文。中华民国三十一年(1942 年)8 月 13 日。

高等法院民事庭

审判长　马起

推事　张井石

推事　杨书卿

书记　贾华民

该案为民事判决纠错案例,记录了土地所有人许土成与承租人王福林在土地征购时出现的民事纠纷。案件聚焦土地所有人转移土地所有权时,如果该地块尚有承租人,法律规定的承租人对该地块的优先购买权应该如何确定。这则判例明确了土地优先购买权的适用情况与合法解释。这一判例表明,二审由第三区专员公署判决承租人王福林胜诉后，土地所有人许土成不服二审判决，向晋冀鲁豫边区高等法院提起上诉。晋冀鲁豫边区高等法院对该案进行了充分调查取证和分析研究，原被告双方诉讼的焦点：一是土地所有人许土成是否在转移地块时优先询价承租人王福林；二是土地所有人许土成与承租人王福林询价时是否合理合规，承租人王福林是否有明确放弃购买的事实。晋冀鲁豫边区高等法院在调查清楚以上关键争议点后，确认了土地所有人许土成在卖土地过程中多次与承租人王福林让买的事实，且王福林在让买过程中以优先购买权强行多次压价，在土地所有人许土成报出最低售价后，王福林最终放弃购买，与承租人王福林的买卖行为终止。随后，土地所有人许土成才与刘锁住签订了土地买卖契约，将土地所有权转移给刘锁住。因此晋冀鲁豫边区高等法院最终判决：第二审判决全部废弃；许土成与刘锁住土地买卖契约有效。

这一判例，一是体现了晋冀鲁豫边区高等法院在民事纠纷案审理过程中，重证据、重调查研究，以事实为根据，依法判案。二是对二审判决审查的严格、谨慎，维护司法公正，做到了有错必纠，对错判误判的案件及时纠正，维护当事人的合法权益。三是体现了晋冀鲁豫边区司法为民原则。边区法制是为了保障人民群众的合法权益，保障政治上的平等、人身自由，保障土地转移上的合法合理合情。晋冀鲁豫边区高等法院以人为本，察实情，重证据，以依法保护人民群众利益为职责。司法的公平公正是边区人民群众拥护共产党领导，拥护边区政府的重要原因之一。

（四）子女抚养纠纷

由于传统观念很重视传宗接代，宗法思想在晋冀鲁豫地区根深蒂固，抗日战争时期的华北农村，依然常见承祧、过继、买子收养等现象。因此，子女抚养纠纷案件也比较多。从边区政府所在地涉县的这类案例中可以发现,首先由于战乱和生活混乱,很多婚姻家庭破碎,儿童死亡率较高,买卖儿童、收养子女现象较多;其次边区政府比较重视抚养要求,根据双方的经济条件,身体状况等实际情况,遵循体恤病残和利于子女成长等原则,实事求是进行判案。边区政府在判案时认可农村子女过继等风俗习惯,承认此前发生的买卖儿童等事实,尊重已成年子女的意愿和选择。

1942 年姚建业诉何考才要求归还继女案。崔姚氏带着女儿桃针嫁给姚建业,后来崔姚氏去世,姚建业和继女桃针一起生活,并为其订婚。后来桃针的姨夫何考才将桃针带走,不让返回。姚建业要求何考才归还女儿。经涉县政府调查后认为,姚建业对待该继女不好,她自愿随胞兄去住,又因年龄不足,所以姚建业代订婚不能认为有效,不支持姚建业的请求。

1942 年 11 月涉县政府的判决记录,经详细调查,原告又娶妻,对待该小女不好,以致随乃兄去住,又因年龄不足,所以姚建业代订婚姻不能认为有效,并经双方伙同将小女子及其胞兄传案讯问,事经多日未叫来,原告也没有充足的理由,故存卷。

1943 年杨林贵诉杨金喜讨要养子案。涉县更乐人杨金喜有 5 个子女,后经人介绍,将其第 5 个孩子胖子过继给杨林贵,杨林贵给杨金喜米、面和钱等补偿。杨林贵抚养胖子 3 年后,杨金喜和其妻子认为杨林贵对胖子有打骂等虐待情形,将胖子带走,经村区公所调解没有结果。杨林贵将杨金喜告到涉县县政府要求返还胖子。县政府查明认为,当初杨金喜自愿将儿子给予杨林贵,其子应归杨林贵所有,但杨林贵必须作出保证不准打骂胖子,否则杨金喜无条件领回胖子。

1943 年 2 月 1 日,涉县县政府关于该案件的批示:"查杨林贵与杨金喜为子争执一事,当初杨金喜情愿将子给予杨林贵,而杨林贵又出过米面等物,其子应归杨林贵所有,但杨林贵必须找四邻保证,嗣后不准打骂等虐待,如有刻薄虐待情事,杨金喜可无条件领回。至杨金喜代养 6 个月,可由杨林贵按章与杨金喜出恩养费洋60 元。"①

边区司法工作中反对违反抗日民主原则的旧观念,开展法制教育及司法大众化教育。边区的大部分地区取消诉讼费、状纸费和不必要的诉讼书类,手续力求简单,一切从便利民众出发。开始建立就审制度,部分地区试行了巡回审判制度、陪审制度。在判决案件上,民事着重和解(太岳区 8 个月统计占 4/10),一般刑事、汉奸罪等着重于教育释放(太岳区 8 个月统计此种罪犯教育释放者占 45%,徒刑者占 35%,判死刑者占 20%;冀南区 7 个月统计,此种罪犯处死刑者占 21%,教育释放争取后分配工作者占 30%)。对敌人的毒化政策,区别敌占区、游击区及根据地,确定了对策,颁布了禁毒治罪条例。

(五)徒刑在边区的执行

在敌后抗日根据地,特别是游击区,无时不处在战斗环境中。在战时特殊情况下,对罪犯执行徒刑是晋冀鲁豫等敌后抗日根据地司法工作中一个大难题。甚至有人怀疑边区"是不是轻者放,重者杀,干脆就不判徒刑呢?"②

边区司法工作中,对犯人采取的是教育改造政策,用治病救人的办法,而不是采取惩罚主义与报复手段。对于徒刑的判处,是极其慎重的,若能用其他方法把犯人改造过来,如群众批评、规劝、保

---

① 白潮编著:《乡村法案——1940 年代太行山地区政府断案 63 例》,郑州:大象出版社2011 年版,第 302 页。
② 王斐然:《徒刑在边区是怎样执行的——抗战中司法工作举禺》,《北方文化》1946 年第 4 期。

证等,则宁可不判处徒刑。古人云"刑不上大夫",边区则是对于大夫、庶人,同等看待,绝不轻易判以徒刑。这和"处乱世用重典"的传统说法,也是完全相反的。

在不得已情况下,像传染病人需要隔离疗养一样,必须剥夺犯人的自由,使其离开家园抛弃职业;专门予以改造教育时,也尽可能缩短长期徒刑。根据 1941 年 6 月至 1942 年 3 月统计,晋察冀"全边区各县被判处徒刑的总数是 554 人,被判无徒刑的为零,10年以上的仅有 27 名,还不到全数的 5%;5 年以上的 103 名,不到全数的 19%;1 年以上的则有 167 名,占全数 30%强;两月以上的 170名,将占全数 30.7%;拘役 87 名,占全数 5.7%弱。较近的统计,以老解放区案件最多的平山县为例,去年全年普通刑事案件判处徒刑的数字为:全年判处徒刑的总数为 101 名,被判 10 年以上的没有,7 年以上的 1 名,占全数 0.99%强;5 年以上的 5 名,占全数4.94%强;而 3 年以上的则有 33 名,占全数之 2.57%强;1 年以上的 32 名,占全数 31.68%强,1 年以下的 23 名,占全数 22.87%强,判缓刑的 7 名,占全数 6.9%强"。①由于尚未发现晋冀鲁豫边区此方面的确切数据,上述晋察冀边区的数据可供参考。

边区法院对犯人判处一定的刑期,不是把一个人的向上进取心取消。相反,更要鼓励其迅速改过从善,能尽量缩短刑期的尽量缩短。总之以早日恢复自由,把力量贡献给社会、人民作为改造罪犯的方针。所以晋冀鲁豫边区在司法过程中,倡导徒刑的宣告与执行互相照应。在执行中表现良好的,监狱工作者可将其具体事实报告法院,代请求缩短执行日期,提前假释或减免剩余刑期。

---

① 王斐然:《徒刑在边区是怎样执行的——抗战中司法工作举隅》,《北方文化》1946 年第 4 期。

边区的主要减刑标准是：(1)生活上遵守纪律，负责劝导他人改过还善。(2)勤于劳动，生产成绩良好(要凭具体数字)。(3)学习上进步，认了多少生字(对文盲)，文化水平提高了多少(对有文化基础的)。

减刑评议时，不只是凭监狱工作者，还要凭平时犯人们经常举行的各种生活、生产、学习情况，以检讨会的记录为主要依据。边区政府曾经做过这样的比喻：法官是医生，监狱工作者是护士，给病人开处方的人和厮守在病床旁边的人，必须很好地联系配合。须出院的时候，就尽早让病人出院。

执行徒刑的场所，经常是监狱。但在抗战期中执行徒刑的监狱，不同于战前那样定型的监狱。实际上是监狱和看守所合在一起的"监所"。边区监狱是站在正义方面的，对犯人不施以虐待，而是进行改造教育。在日军历次"扫荡"边区时，犯人们都随着监所一起反"扫荡"，这期间的侦察、警戒、通讯、联络等工作，部分由犯人们来负担。每次他们都是和边区的老百姓一起战斗，赢取反"扫荡"的胜利。1941年日军"扫荡"时，有的犯人被敌人冲散掉队了，但还是费了好多周折找到了抗日县政府，请求政府转送他归队去找他的监所。

每次反"扫荡"胜利之后，各县的监所要做一次总结，对犯人做一次鉴定，请求上级政府提前释放一批犯人，而上级政府便毅然批准了他们的请求。一般的犯人在战争期间离开大队是最危险的，没有通行证，随时随地有被锄奸小组、游击小组当敌探盘查、拘捕的可能，甚至有被日军、奸特打死的危险。

边区的监狱工作者——监所干部，大都是从各部门抽调来的。他们都晓得不虐待犯人，不克扣犯人的囚粮，不剥削犯人的血汗，更不奴役犯人，还用尽一切方式方法教育犯人，培养与提高他们的自尊、自爱、向上、前进的心理。在物资供给方面,保证了犯人的最低生活供给。如在 1939 年、1940 年,监所工作人员的食粮每天是小米 1 斤 3 两,柴菜金 1 毛 2 分;而犯人规定为小米 1 斤,柴菜金 8 分。犯人们还可从作业中得到些收入作为贴补,实际上并不比监所工作人员的供给少。

抗日根据地一般监所内都有生活检讨会制度,每星期有一定的时间分组开会,进行自我批评与互相批评。犯人不但可以在监所内娱乐,而且逢年过节,有的县份还组织他们到监所外边与老百姓一起去演剧、唱歌、扭秧歌。以边区大生产运动教育改造犯人,培养了犯人的劳动能力及习惯,实现了生产就是教育的改造目标。实行公私兼顾、分红制度,改善犯人生活,"监所工厂化"的口号在边区逐渐实现,监狱也成了改造懒汉的场所。

边区监所教育犯人的主要课程,有识字、读报、政治讲述、唱歌等。上课的重点放在政治方面,加强犯人的敌我观念,提高他们的抗战胜利信心,还讲解一些边区的政策法令。因此有的犯人刑满出狱回到村中后,当上了村干部,也有的参军入伍。

徒刑的执行,除了以上所述,还有保外执行、回村执行。保外执行者,需在一定时期带上从业地方所写的鉴定表,回监所进行测验教育;回村执行者,监所按一定时期,一般为 3 个月,通知所有回村执行的犯人,带上村公所写给他们的鉴定表,回到监所进行短期(3 天至 1 星期)的教育,然后再令他们继续回村执行。对于表现良好的,由监所请求政府,减免其剩余刑期。

根据地的徒刑执行是在抗日战争特殊形势下进行的,带有明显的战时色彩和灵活多样性。在极其困难的条件下,监所工作人员适应抗日斗争形势的需要,运用法律手段教育改造犯人,打击敌人,保护人民。

二、依法惩处汉奸

为巩固抗日根据地，坚持平原游击战争，粉碎日军的"扫荡"计划，首先须封锁消息，制止汉奸的破坏活动。如1939年冀南战委会制定了敌伪工作细则。1942年冀鲁豫、太行分区也制定了处理敌探汉奸暂行办法。根据地依照这些法令惩处汉奸、敌特。

晋冀鲁豫边区在处理汉奸特务案件中，发现投敌叛国分子成分复杂，如太行三专区、左权县叛逃的中农人数较多，占全部户数的30％左右。他们受教育程度差，一旦特务造谣说他们父母都被清理了，快清理到他们身上了，为自保原有财产，很多人在半信半疑的心态下加入了汉奸特务组织，寄希望于日伪组织能保护他们的财产。此外知识分子加入汉奸特务组织的原因比较复杂。

锄奸与争取伪职人员反正相结合。鉴于特务活动频繁，边区政府一方面依法惩处汉奸、特务，同时积极开展争取伪职人员反正工作。边区政府执法严明，对死心塌地、民愤极大的汉奸决不姑息，严厉惩处。同时以民族抗战大局为重，仁至义尽，尽最大努力争取那些附逆者悔过自新。1943年边区政府主席杨秀峰在边区学习会上针对太行区汉奸特务案件增多的情况提出，要认识反特斗争的复杂性，如果处理得当，能使好多人增进对抗日根据地同情者之合作关系，如果每案均依法严厉判刑，不仅会造成恐怖状态，而且将深陷敌人"以华制华"的阴谋。杨秀峰提出要采取正确、具体的对策，要把宽大政策与镇压政策适当地结合起来，镇压罪大恶极、为群众痛恨的分子，但要防止由于高度紧张而流于急躁、忽视争取的现象发生，鼓励与发扬群众爱护根据地的热情，但要同时耐心教育群众，防止不择手段的报复行为。开展政治上的暴露汉奸特务分子罪行的工作，揭破其阴谋，开展群众性的锄奸运动。进行争取的说服教育运动,对还要抗日而又反共反人民的、动摇的以及盲从的人开展教育工作。对真正悔过者切实保护和鼓舞,但也必须防止假自首。"力戒轻捕轻杀。捕人杀人要向群众宣传原因,即使是该杀的但又有争取可能的,仍可不杀,由群众保释或监视。对于一般悔过保释的人,要通知当地公安部门加以经常考察与教育,审讯时切忌草率,不得刑讯,要重证据。"① 为争取汉奸附逆者中的动摇分子,抗日民主政府对于不同的汉奸采取灵活处置,对不可争取者坚决镇压,以起到杀一儆百的效果,但是对并不是死心塌地的胁从分子则是采取宽大政策,以达到影响其他汉奸分子,使其了解边区政府的宽大政策,改恶从善,走向光明。

依照法规锄奸与巩固抗日民族统一战线相结合。敌人是万分阴险和狡诈的,不仅从外部进攻边区,而且从内部打入抗日军队和共产党来破坏抗日根据地。要深入广泛地开展锄奸工作,就必须正确地把握和执行锄奸政策。锄奸工作必须根据党的抗日民族统一战线的战略方针,认清日军是主要敌人,要抗日,必须巩固团结;要巩固团结,必须铲除破坏团结的敌特和内奸,与敌特内奸做斗争。由于一些人对这一问题没有很客观深刻地研究与理解,只是一般化地认识问题,所以在某些复杂环境中,对锄奸政策的执行和锄奸法规的掌握,常常有两种偏向。一种偏向是一般化和简单化地去观察问题,而不愿客观、多方面、具体地分析问题,往往把民族敌人与阶级敌人看成完全一样,把汉奸与顽固派看成完全一样,把开明士绅、中等资产阶级与顽固派、大地主大资产阶级看成完全一样,而认为他们之间毫无差别,毫无轻重,毫无矛盾。因此某些人

---

① 山西史志研究院编:《山西通志·政法志·审判篇》,北京:中华书局 1998 年版,第 96 页。

在执行锄奸政策和处理实际问题上常常主观夸大,惊慌失措,捕风捉影,不去深究问题发生的真相,把日军探子与国民党特务混为一谈,把首要与胁从混为一谈,把普通情报人员与内奸特务破坏分子混为一谈,把顽固分子当作汉奸看待,把国民党一切党员和一切地主绅士都当作特务、破坏分子,把中间分子当作顽固派,把参加过其他军队的都归为不可靠分子,甚至为了迅速处理问题,不问青红皂白,通通抓起来或赶走。这虽然是个别的,但显然都是严重的错误。另一种偏向是机械呆板地认识问题,这就造成处理问题时马虎大意、麻木不仁。他们不知道人是会变化的,好的可能变得更好,也可能变坏;坏的可能变好,也可能变得更坏。如反共顽固派继续顽固下去,是会破坏团结;破坏抗战的投降派继续发展下去,可变为公开的汉奸;一个普通国民党员可能变为特务、破坏分子;贪污腐化分子继续发展下去,可能受人利用,脱离革命、破坏革命。只凭主观传统,只用一个公式来解决问题,这都会形成惊慌失措、麻木不仁的现象。细心研究对象的变化性与发展性,分别和具体处理问题,才能正确地执行党的策略方针,争取多数打击少数。

锄奸工作必须根据民主政治的方针,真正提高革命警惕性。要让锄奸工作成为一种群众性运动,反内奸斗争成为每个党员的职责,这样才能使汉奸无法混入,纵使奸细神通广大乘虚而入,亦无立足之地,只有这样方能不断地给民族敌人和阶级敌人的阴谋破坏以重大打击。为达到此目的,必须不断在群众中和党内进行动员教育,使每个人都能认识奸细的罪恶行为,识别奸细的真相,明了奸细的来源。同样必须根据革命的法治精神,以客观慎重的态度去分析处理问题,依据政治上的正确估计与判断分别其真伪,反对无证据和不以法律处理问题,反对锄奸工作的扩大化。教育群众提高警惕,同时不能把锄奸工作神秘化,使得群众对这个问题漠不关心,甚至某些党员还不知道锄奸工作究竟是怎么一回事。

根据中共中央六届六中全会提出的锄奸方针,边区政府采用灵活的策略去反对敌人。依据敌特奸细对根据地的危害,他们有主动自觉与胁从被迫之分,有主要与次要之分,有在外进行破坏与打入内部进行破坏之分,有坚决与动摇之分等。因此,锄奸工作对敌人各个击破,严惩和打击巨奸罪魁,对于盲从和胁从者随时给予革新之路,准其悔悟,以争取更多误入歧途的分子。避免锄奸工作中的简单化,牢牢记住锄奸工作要"不放松一个敌探,不错办一个好人"。

晋冀鲁豫抗日根据地的锄奸工作以中共中央关于巩固组织的方针以及反对敌人内奸的政策为中心,将肃清内奸作为全党的战斗任务,以巩固组织为重要尺度。"不放过一个内奸,不冤屈一个同志。"反对锄奸工作中的"左"右倾向,彻底肃清奸细,巩固党,巩固统一战线,巩固敌后抗日根据地。

第五章　晋冀鲁豫抗日根据地的蝗灾与社会应对

　　1937年7月7日卢沟桥事变爆发,日军大举侵华,中华民族奋起抗战。共产党领导的八路军深入华北敌后,开辟了晋察冀、晋冀鲁豫等敌后抗日根据地。

　　20世纪40年代前期,华北发生多次大的蝗灾。在巨大的自然灾害面前,晋冀鲁豫边区实行广泛的社会动员,破除迷信,清除视飞蝗为"神虫"的愚昧思想,广泛发动组织民众,由党员干部带头,统一行动,统一指挥,在整个边区展开了灭蝗救灾斗争,实现了灭蝗救灾与思想启蒙、民族解放与社会进步同时并举。

第一节　晋冀鲁豫边区蝗灾的成因及灾况

　　七七事变之后,日军大举侵略华北,河北、山西、山东、河南等省连年战火,农田荒芜,宜蝗区面积扩大。特别是黄河泛滥,旱涝交替,农田荒草丛生,土地抛荒严重,加之气候等自然因素作用,致使蝗虫大量繁殖。战乱、天灾不已,国家危亡,国民政府的地方机关治理能力弱化,难以应对突发的灾变。1941年7月晋冀鲁豫边区政府刚成立时,即面临着飞蝗遍野的严重形势。治蝗救灾,恢复生产,速解民困,在艰难困苦中坚持抗战,是摆在晋冀鲁豫边区政府面前的重任。

一、蝗灾暴发的原因

抗日战争在华北平原、山地激烈进行的同时,晋冀鲁豫边区蝗灾频发。蝗灾是诸多因素作用的结果,地形、气候、土壤、温度等外在环境以及蝗虫自身生理特性等是蝗灾暴发的自然因素;"大军过后,必有凶年",战乱、动荡、分裂割据等,则是蝗灾暴发、灾情愈演愈烈的重要社会因素。

（一）自然因素

蝗虫的繁殖受地形、温度、湿度等影响,晋冀鲁豫边区存在适合东亚飞蝗繁殖的自然条件。飞蝗适生区在海拔 200 米以下平原的"河谷及湖泊附近的低洼地带,发生基地则多在 50 米以下的低平地区"。[①] 飞蝗暴发时,可飞至海拔 1 000 米左右的山区,但不能常年繁殖。四五千米的高山可阻隔东亚飞蝗的迁飞,但一般 2 000 米以下的山地、海峡、沙漠等对其分布不能起到机械阻碍作用。在气温与降水方面,蝗虫"可繁育的温度应在 20℃—42℃,最适宜温度在 28℃—34℃"。[②] 气候可直接影响蝗蝻群聚、迁飞及其为害,"在阴天、雨天、大风天（3 级以上）以及地表温度低于 15℃或高于 40℃均无群聚现象,此种条件下蝗虫无迁飞为害发生。地面温度在 23℃左右出现群聚,28℃—37℃是其最适宜温度,此种条件极易

---

① 马世骏等:《中国东亚飞蝗蝗区的研究》,北京:科学出版社 1965 年版,第 12 页。
② 郭郭、陈永林、卢宝廉:《中国飞蝗生物学》,济南:山东科学技术出版社 1991 年版,第 72 页。

发生群飞为害情况"。①

　　晋冀鲁豫边区以太行山脉为界,分为东西两个部分。西部是山岳地带,平均海拔高度在 2 000 米左右,太行、太岳、王屋、中条四道山脉,两两交错(太行与太岳南北走向,王屋与中条东西向),构成千山万壑的天然形势。东部平原地区平均海拔高度不足 50 米,一望无际,沃野千里,属于华北大平原之一部。境内河流众多,较著名者有沁河、汾河、沙河、洺河、漳河、卫河、滏阳河、清漳河、大汶河等。晋冀鲁豫抗日根据地特有的地形极易导致旱涝灾害。当雨季来临时,如果数日连降大雨,雨水就会顺山坡由西向东涌向平原地区。平原地区地势平缓,水流速度减慢,积水又无法及时排出,造成平原地区各河水位猛涨,河水决堤而出,泛滥成灾。在旱涝不断交替出现的情况下,晋冀鲁豫抗日根据地形成了许多河泛蝗区、洼淀水库蝗区、内涝蝗区等不同类型的飞蝗适生地。

　　晋冀鲁豫边区气候多变、四季分明,属于温带大陆性季风气候。春季干旱少雨,夏季炎热多雨,秋季多雨,温度适中,冬季寒冷干燥。夏季最热时期,超过 35℃的高温天数大概是 18—25 天;冬季最冷时期,低于−10℃的天数也在 20 天以内。冬季的温暖有利于蝗卵的孵化,使其能够安全越冬,增加了殆害次年的可能性。春夏的温度也较为适宜蝗虫的生存和繁殖。该地区的降雨量很不均匀,春季的降水量不足全年降水总量的 10%,一般只有 40—80 毫米。夏季雨水较多,降水量占全年降水总量的 65%—75%,能达到400—500 毫米以上。降水量的不均匀分布,导致旱涝灾害不断交替发生。

―――――――――――

① 郭郛、陈永林、卢宝廉:《中国飞蝗生物学》,济南:山东科学技术出版社 1991 年版,第
　68 页。

晋冀鲁豫边区独特的地形、气候、温度、环境等自然条件,比较适宜飞蝗生存繁殖。特别是在旱涝交替的影响下,干旱少雨年份往往是蝗灾多发的年份。

(二)社会因素

"自然条件对人类社会发生影响,是以人类社会本身所具备的内在条件为依据的。它之所以能为害人类,使人类生活遭受深重打击,是因为人类生活上有某种缺陷以致对引起灾害的各种自然条件,无法加以控制。"① 蝗灾是人类可以治理的一种生物灾害,但在日军疯狂侵略华北的形势下,晋冀鲁豫地区蝗患不断。究其原因,第一,战争频繁,官民无心于治蝗。所谓"师之所处,荆棘生焉"。② 因战乱影响,晋冀鲁豫边区大批百姓逃亡,致使土地大片荒芜,杂草丛生,生态环境恶化。战争中人为决河也间接扩大了黄泛区的面积,于是大面积的荒地、坟地、河堤等均成为适宜蝗虫生存繁殖之地。

第二,耕作方式粗放。由于人、畜力不足,耕作方式粗放,晋冀鲁豫抗日根据地东部平原地势低注,极易形成内涝蝗区。"退水滩地上易于孳生杂草,成为飞蝗繁殖场所。"③中国以农立国,劳动人民向来注重深耕、深锄等耕作规程,用以预防虫害的发生。但战乱不已,大量土地荒芜。躲避战乱而入山林的难民,因缺乏基本生产要素,新垦土地多粗放经营,往往是杂草丛生,极易成为飞蝗的栖息地。

第三,民众防蝗治蝗意识落后也是蝗害肆虐的重要原因。较

---

① 邓云特:《中国救荒史》,北京:生活·读书·新知三联书店出版 1958 年版,第45页。

② 辛战军:《老子译注》,北京:中华书局 2006 年版,第 118 页。

③ 马世骏等:《中国东亚飞蝗蝗区的研究》,北京:科学出版社 1965 年版,第 31 页。

水、旱灾害，蝗灾有其特殊性，具有人为可控性。如采取及时有效措施，全力救治，未必出现飞蝗蔽日的灾难。但战争年代，无法形成统一的治蝗行动，一旦飞蝗形成，必然是打蝗各行其道，而灾害日益加深。国统区、解放区、沦陷区治蝗态度各异。抗战爆发后，国民党已无心顾及治蝗。由于治蝗经费欠缺，治蝗又是一个长期反复的过程，很多地方政府对此表现出懈怠态度，扑蝗工作难以有效开展。随着日军侵华战争的扩大，南京国民政府被迫西迁，许多科研机构、设备、人力等转移到了大后方，国统区的蝗害日益严重。共产党在抗日根据地动员民众，依靠组织的力量积极治蝗，成效显著。沦陷区的日伪统治者视蝗虫为友，宣称："蝗虫是皇军的好朋友。"①伪政权不仅对蝗害不加治理，还阻止群众扑蝗。一些地方伪官员借治蝗之名，行贪污之实，将治蝗经费和物质奖励据为己有，严重影响了民众的治蝗积极性。在治蝗过程中，有些官员不负责任，对治蝗工作只做表面文章，没有实际效果。而且盲目迷信，通过请戏班唱戏、让群众磕头烧香等方式来驱赶蝗虫。落后的治蝗意识和消极的治蝗态度，导致苛政猛于蝗，蝗灾治理难见成效。

晋冀鲁豫地区长期处于战乱之中，生态环境遭严重破坏，百姓不断逃亡，无心精耕细作。一些地方官员愚昧无知，中饱私囊，阻碍了治蝗工作的顺利开展。加之社会经济结构失调，社会矛盾激化，种种不稳定因素干扰了正常的治蝗活动。因此，晋冀鲁豫边区蝗灾频繁发生，并且程度不断加深，严重影响着抗日根据地人民的生产和生活，蝗灾治理成为边区政府的一项重要工作。

---

① 李文海等：《近代中国灾荒纪年续编（1919—1949）》，长沙：湖南教育出版社1993年版，第595页。

二、蝗灾灾情

1941 年晋冀鲁豫边区政府成立之初,一些地区就面临着严重的蝗灾。太康县最早发现蝗虫,"从泛区发生,初为蝗蝻,盖地而来,地里家里乱蹦乱跳"。① 之后,蝗蝻不断向其他地区发展,蝗区面积越来越大。

1942 年晋冀鲁豫边区遭遇了特大旱灾,"旱生蝗虫潦生鱼",严重的干旱加速了蝗情的发展。② "村里、村外、街头、巷尾、房上、院里、树上、庄稼棵上到处爬得满满的,有些棚屋都被压塌,各家各户连锅都不敢掀开,否则立刻就被爬满。"③日伪统治区和国民党统治区对蝗虫扑杀不力,加之传统的"蝗虫是神虫"的封建迷信思想禁锢了人们头脑,这致使大批飞蝗越境而过,飞入晋冀鲁豫边区,所到之处尽播蝗卵。这些蝗卵很快就发育成蝻虫,蝻虫的破坏力更胜蝗虫。因为蝻虫还无法飞行,长在哪里就吃在哪里,直至把这里的田禾吃得一干二净。1942 年秋,隆尧县"蝗虫大作,秋禾无收";④扶沟县"飞蝗遮天蔽日,由北向南入扶沟境,遇见禾苗,骤然落下,蚕食叶片,咬断嫩头,一棵谷子,从头到顶,爬满蝗虫,吃的只

---

① 太康县地方志编纂委员会编:《太康县志》,郑州:中州古籍出版社 1991 年版,第128 页。

② 《冀鲁豫行署关于扑灭蝗灾抢救秋禾的指示》(1943 年 7 月 13 日),魏宏运主编:《抗日战争时期晋冀鲁豫边区财政经济史资料选编》第 2 辑,北京:中国财政经济出版社1990 年版,第 351 页。

③ 中牟县地方志编纂委员会编:《中牟县志》,北京:生活·读书·新知三联书店 1999 年版,第 93 页。

④ 隆尧县地方志编纂委员会编:《隆尧县志》,北京:生活·读书·新知三联书店 1998 年版,第 122 页。

剩光杆，再飞到别处，虫灾造成绝收"。①

　　1943 年晋冀鲁豫边区的灾情逐渐加剧，冀南区蝗灾暴发，"蔓延到一专区的漳河、大名、魏县、元城、二专区的巨鹿，三专区平大路东一带，四专区的全部，五专区的景南、衡水，六专区的武城、清河、垂杨等许多县份"。② 日伪统治区平汉铁路两侧的磁县、武安一带蝗虫肆虐，秋苗全被吃光。河南省的国统区部分也发生了严重的蝗灾。日伪政府和国民党政府对此无所作为，"听天由命"。于是，大批飞蝗飞入相邻的晋冀鲁豫边区。太行区有 23 个县遭遇蝗害，仅林北县河顺集村蝗蛹在一天之内就吃掉近 10 平方公里的麦苗。

　　1944 年，晋冀鲁豫边区的蝗灾"南起黄河北岸的修武、沁（阳）博（爱），北迄正太路南的赞皇，临城，东连平汉线的磁（县）武（安）邢（台）沙（河），西达太行山巅的和顺、左权、共包括了 23 个县……受灾面积为 3 000 平方华里"。③ 蝗虫最密集区，平均每棵谷子上有蝗虫五六十个。起飞时遮天蔽日，两人相距 10 步，互不能视。这一年刚入春，晋冀鲁豫边区政府就号召人民刨蝗卵。这在一定程度上减少了蝗虫数量，但残余的蝗卵不断化蛹出土，越聚越多，开始泛滥。"蝗虫就像洪水一样，一块一块地吞没着庄稼。只要一袋烟的工夫，密集的蝗虫就能把 10 亩麦苗吃得光秃秃的。"④ 如太行区的安阳、林北、磁武等县相继受灾。安阳的蝗虫是从日伪统治区的"水冶、观台等地来的，长 50 多里，宽约 12 里。分为两路：一路

---

① 扶沟县地方志编纂委员会编：《扶沟县志》，郑州：河南人民出版社 1986 年版，第 92 页。

② 齐武编著：《一个革命根据地的成长》，北京：人民出版社 1957 年版，第 159 页。

③ 齐武编著：《一个革命根据地的成长》，北京：人民出版社 1957 年版，第 161 页。

④ 袁毓明：《太行人民打蝗记》，延安：华北新华书店，1945 年 5 月，第 3 页。

从水冶、观台向西发展到了林北的砚花山，另一路从观台、丰乐镇沿着漳河南岸经南羊城、杨家河、三里湾等地到了古城一带。蝗蝻队伍中混着一些刚脱壳的蝗虫，而且在不断的前进中变成了飞蝗。林北县的蝗虫是从安阳过去的，一路沿着漳河向北，一路向南，两者经南羊城汇合在砚花山，还有一部向西飞到南天门大山上，总长为 20 多里，宽约 6 里。磁武县的蝗蝻一路从观台经老猫沟西来，经过上寨、白土等地到达淘泉。另一路由彭城向西，经红山、刚西、索井等地，飞至河村。长 50 多里，宽约 40 多里"。①

　　1945 年，太行区、太岳区遭受了近百年来未有的蝗灾，太行区 43 个县都发生了程度不同的蝗灾，受灾面积比上年几乎扩大了 1 倍，其中灾情严重的有 32 个县。另外 17 个县发生了黑老婆虫、花姑娘虫、黑毛毛虫、咬棉花虫等各种树木的虫害，灾情严重。5 月，赞皇的蝗情发展日趋严重，"去年落飞蝗的地方，在这场小雨后，蝗蝻都普遍出土，如一区贾沟、申峪最多。三区桃坡、枣林、长沙、刘家沟等村均发现不少。另外刘家沟村西两侧还发现有一二亩大的地方落有不少的老飞蝗（去年未冻死的），现在正组织干部、群众突击消灭蝗祸"。② 6 月间，冀南区"任县南起骆家庄，北至怀水村，南北长 20 里，宽 10 多里，有 258 片发现蝗蝻，片大的 1 亩多，片小的不及 1 亩，被发现后，上级立即抽出 18 个干部，14 个村的群众，共组织 6 231 人参加扑打，每村分两队轮流不息。同时宁南榆树庄、

① 《涉县范观磁武林安打蝗工作总结》（1944 年 6 月 12 日），涉县档案馆藏，档案号 1－1
　　－50。
② 太行一专署编：《剿蝗通报》第 4 期（1945 年 5 月 3 日），河北省档案馆藏，革命历史档
　　案 92－1－45－2。

张家庄、北鱼等村也发现蝗蛹，发动524人进行扑打"。①

总之，1941—1945年晋冀鲁豫边区蝗虫肆虐，几乎年年发生蝗灾，受灾范围之广，时间持续之长，破坏程度之重实属史上罕见。蝗灾连年暴发，严重影响了抗日根据地的农业产量，粮食大幅度减产，再加上日军侵略的"寇灾"，使得晋冀鲁豫边区人民生活更加困苦。

第二节　蝗灾引发的经济社会问题

20世纪40年代初期的蝗灾严重破坏了晋冀鲁豫边区农村经济结构，引发了大量的社会问题。因大批蝗虫吞噬农作物，造成粮食大面积减产甚至绝收，农业生产严重受损，广大民众无法维持生计，生活困苦不堪，农村的经济命脉遭受打击。民众在蝗灾泛滥面前束手无策，笼罩于悲观失望之中。蝗灾引发了巨大的社会恐慌，造成大量难民四处逃荒，非正常死亡人口攀升，盗窃抢劫案高发，严重影响着乡村经济与社会安定。

一、蝗灾对边区经济和民众生活的影响

蝗灾是一种直接对农作物进行蚕食的自然灾害，其破坏力和危害程度巨大。蝗虫作为植食性昆虫，主要以禾本科植物为食，如玉米、小麦、高粱、芦苇、粟等。蝗虫因其繁殖力和迁移性较强，很容易扩散蔓延，一旦具备适宜的生存环境便快速繁衍孳生，扑打不力，就会泛滥成灾。而且蝗虫到处散播蝗卵，引起继发性的蝗灾，加剧其破坏力，严重影响农业生产和农民生活。

---

① 冀南四地委办公室编：《旬报》(1945年6月5日)，河北省档案馆藏，革命历史档案36
　-1-14-7。

（一）蝗灾造成的农村经济损失

七七事变后，日军侵华的炮火摧毁了华北农村的经济基础，摧残了传统的防灾抗灾机制，致使小灾变大灾，蝗患蔓延，经济损失加重。1942—1944 年是晋冀鲁豫边区灾情最为严重、经济损失巨大的年代。

1942 年开始，晋冀鲁豫边区接连遭遇了罕见的旱灾、蝗灾，经济损失惨重，其中冀鲁豫是灾情较重的地区。"沙区（现十九专区高内、顿邱卫河一带）是最为严重的一个专区，受灾村庄达 400 余，灾民 16 万人……人民逃出者占 13%（壮丁占 60% 以上），牲口大部分损失了，剩下的不足 20%。农具除被敌人烧掉一部分外，剩下的也都变卖吃掉了，各个村庄封门垒护者近半数以上。人民的主要食品为糠、花生皮、玉茭心子、棉花籽，甚至谷草等，目前吃树皮树叶。中农以下有的一两个月吃不到一粒粮食，富农最好的饭食一天两顿谷菜汤。并且每人只能够喝两餐。市上糠 3 元多 1 斤（鲁钞），小米粮少，卖时改成以斤两为单位，很少人家能够成升籴米……人民几乎失掉了春耕能力。牲口种籽全无，仅有人力也大半给饿坏了，不顶平年一半。因为没有吃的，一般人早上睡到太阳大高，到天夕还不落太阳就又躺下了。有时，只趁喝过稀汤之后，做一点活计。过去妇女平常 10 天可织成 1 匹布，目前合作社要妇女 20 天交 1 匹布，还徒叹无力难成。在严重的灾荒袭击下，社会秩序早已不稳了，县区政府每日堆积着不少案子。95% 以上不是打离婚，就是闹盗匪。集市上乱夺吃的，小饭馆无人问津，卖馒头的 3 天卖不上几十块钱，有的馒头是 3 元钱 1 个。从去年开始，各村不断发生饿死人的惨剧，饿死者为老年人，数目很多，全家饿死者也有。"[①]鲁西北

---

① 《冀鲁豫的救灾工作》（1943 年 4 月），魏宏运主编：《抗日战争时期晋冀鲁豫边区财政经济史资料选编》第 2 辑，北京：中国财政经济出版社 1990 年版，第 365 页。

和鲁西南的受灾村庄 200 多个,灾民人数大约 8 万。"堂邑、冠县、聊城间方圆一二十公里形成'无人区',南乐县 1.7 万余人饥饿而死。"①

　　1944 年,晋冀鲁豫边区全区性蝗灾大暴发。太行区有 46％的地区发生蝗灾,波及 23 个县,约 3 000 平方华里。截至 1944 年"9 月下旬,受损害的农作物,夏秋两季总计 60 万亩以上,占太行全区当年种植面积的 13％";②太岳区二分区有 10 万人遭受蝗灾,其中"士敏、晋北、高平受灾人民,即占总数的 25％以上。据士敏贾峰村调查,原有 201 户、883 人,卖女者 33 人,卖女儿者有 13 人,逃亡者 38 户,饿死的 178 人(内有投河自杀的 17 人,病死的 18 人)"。③ 此次全区性的大蝗灾,使晋冀鲁豫抗日根据地民众已经困苦不堪的生活雪上加霜。受灾较重的太行区涉县,全县各区村几乎都遭受了蝗灾的摧残。受灾状况如下表:

1944 年涉县各区受灾人口统计表④

区别	村数	户数	人数
三区	11	3 156	12 820
四区	7	2 120	5 353

---

① 谢忠厚、周振印:《冀鲁豫边区群众运动概述》,谢忠厚、张圣洁主编:《冀鲁豫边区群众运动资料选编》,石家庄:河北人民出版社 1992 年版,第 13 页。

② 齐武:《晋冀鲁豫边区史》,北京:当代中国出版社 1995 年版,第 408 页。

③ 牛佩琮:《在太岳区参议会上的报告(节录)》(1945 年 3 月 6 日),魏宏运主编:《抗日战争时期晋冀鲁豫边区财政经济史资料选编》第 1 辑,北京:中国财政经济出版社 1990 年版,第 420 页。

④《涉县救灾工作总结》(1944 年 7 月 5 日),涉县档案馆藏,档案号 1－1－50。

区别	村数	户数	人数
六区	10	1 513	8 213
七区	6	764	3 280
共计	34	7 553	29 666

由此可见,蝗灾对农村经济的破坏是巨大的,对农业生产的打击几乎是毁灭性的。农作物受损,粮食歉收,导致人民无法维持生计,饥民遍野,直接冲击着边区的社会秩序。

（二）蝗灾对边区民众生活的影响

频发的蝗灾严重破坏了边区农业经济,使乡村积蓄急速枯竭,劳动生产力大幅下降,人民生活状况极度恶化,部分重灾区灾民几乎已达到人类忍耐力的极限。庄稼被蝗虫吃尽,房子被敌人烧光,大批灾民逃亡他乡。1941 年至 1942 年上半年,太行区曾出现过"人肉胀死野狗,荆莽侵占田园"的"无人区",冀西一带的无人区宽达 5—10 公里,有的地方竟宽达 20 公里。

1943—1944 年晋冀鲁豫边区暴发的全区性大蝗灾,给抗日根据地民众带来了空前的灾难。农村经济几乎濒临崩溃,人民生活悲惨到了极点。如 1943 年蝗灾严重时,冀南区的大名、成安、魏县一带,人民普遍以糠菜树叶为生,除松柏树外,其他所有树木的树皮、树叶全被吃光。灾害严重的村庄,在毁身销骨的苦难生活打击下,人们的相貌都异于常人。重灾区村庄里几乎寂无一人,院落和围墙上长满野草。遭受蝗灾的太行区武安,大饥馑席卷全县,广大民众苦不堪言。"到 1943 年 8 月,武北县有 15％的群众需要救济,其中 5％的群众还没有劳动力,需要购买粮食的有 6 万到 8 万人,占全县人口的 50％到 60％。全县最严重的阳邑、柏林、龙务、西井一带,2 万多人没水吃。武南地区的西峧,已有 13 户人家外出逃荒,还有 18 户准备外逃。有的送媳妇,有的卖孩子,已饿死 2 人。南山沟一带,可吃的树叶已全部采光,糠也不好买,每斤要 3 元。武东地区的情况也很严重。"①

1944 年蝗灾和侵华日军的劫掠,使豫北地区许多灾民流离失所,有些地区甚至出现人吃人和吃死尸的现象。新华社太岳 21 日电报道了豫北的凄惨景象:"初到豫北的人,如果登高一望,会看到一片片油绿田地,觉得秋禾还不错啊! 但是走近一看,原来并不是什么苗,而是高达 6 尺的黄蒿,从田野长到村街中,长到房院中,到处都成了黄蒿世界。"②"玉皇庙某家女人把自己女儿送人剥了,自己分了一条腿吃。斗沟七八家人只剩 3 家,当中 1 家是刚从外逃难回来的。观沟 14 岁小孩马全林 1 家 8 口,饿死 7 口,只剩他一个。"③同年,山西省 17 县遭蝗灾,"最厉害的田陇间积蝗四五寸,秋禾蚀尽,民食无着,饥民达 173 000 多人"。④ 人民生活极度困难,处于死亡边缘,甚至有些人因不堪忍受痛苦而全家服毒自尽。

总之,蝗灾对晋冀鲁豫抗日根据地民众的生活造成了极大的破坏,严重威胁着人们的生存,绝大多数灾民"非死即徙"。

二、蝗灾引发的社会问题

蝗灾蔓延,灾情加剧,晋冀鲁豫边区农村元气大伤,民众生活艰难。灾荒打击之下,农村社会阶级、阶层等矛盾激化,社会秩序紊乱,社会问题凸显。

---

① 武安水利志编纂委员会编:《武安水利志》,郑州:中州古籍出版社 2009 年版,第 91 页。

② 齐武编著:《一个革命根据地的成长》,北京:人民出版社 1957 年版,第 165 页。

③ 席松滥:《日寇劫后的豫北》,《解放日报》1944 年 9 月 24 日,第 1 版。

④《饥民有 17 万多,山西蝗灾严重》,《新华日报》1944 年 9 月 1 日,第 2 版。

（一）大量难民迁徙，劳动生产率降低

在不断蔓延的蝗灾影响下，晋冀鲁豫边区民众生活难以为继，各地普遍出现不同程度的饥荒。大批难民为寻活路不得不迁徙他乡，难民问题成为社会的主要问题之一。灾情一般、可代表林北县实况的芦寨村，"该村 703 户，3 668 人，目前急救灾民 87 户，359 人，逃户已至 82 户，310 人"。[①] 由于抗日根据地的治蝗和救灾工作成效显著，日伪统治区、国民党统治区难民历尽艰辛逃到根据地寻求生路。"例如在 1943 年中，太行区待救灾民约 35 万人；太岳区仅二分区即有灾民 10 万人，占该分区全部人口的 25％。但在同一期间，由豫北、冀西敌占区和黄河以南的国民党统治区逃来太行太岳的难民，也数达 25 万人左右。"[②]晋冀鲁豫抗日根据地党和政府不得不在处理根据地难民问题的同时，还要兼顾外来难民的安置和救济，大大增加了晋冀鲁豫边区政府的财政经济负担。

难民的逃亡，必会使部分乡村劳动力数绝对减少。灾情的蔓延不只给生产生活带来了巨大打击，加重了人们的心理和精神负担，而且直接影响到人们的身体健康，灾民的体力大大减弱。主要表现在可从事重体力劳动的人数锐减，病弱体衰者激增。"煤矿工人从前每天能刨 50 筐炭，现在只刨 30 多筐，减低 40％（这还是每天能吃 1 斤小米以上）。地只锄两遍甚至锄一遍。种小麦时，不能

---

① 《林北县救灾委员会救灾工作总结及今后救灾工作的方针与具体做法》（1943 年 6 月 2 日），魏宏运主编：《抗日战争时期晋冀鲁豫边区财政经济史资料选编》第 2 辑，北京：中国财政经济出版社 1990 年版，第 367 页。

② 齐武编著：《一个革命根据地的成长》，北京：人民出版社 1957 年版，第 166 页。

翻地……年老些(40 岁以上的)灾民甚有全部失掉体力的。"①劳动力数量的减少和劳动者体力的减弱直接导致了劳动生产率的降低,农业生产难以如期完工,土地荒芜愈演愈烈,灾情步步加深。

(二)婚姻家庭矛盾增多,买卖人口现象频发

灾荒发展到一定程度,饥饿超越了亲情与道德,非人道的事情屡屡发生。磁武县出现"父子不相顾,离婚增多"。②"(1943 年)6月以后,个别严重村比较严重。有了饭,一家人还抢着吃。家具物品,一个人偷偷拿去换东西吃。各人只顾个人。父子、夫妇、兄弟、姊妹各不相让,家庭中不和睦,增加吵嚷。夫妻不得已离婚,各顾生命。"③在严重的灾难面前,婚姻关系显得十分脆弱。离婚案件攀升,磁武县"从元月份以来,离婚案件即有 95 件,比以前的数目要大好几倍。其次,送童养媳、早婚的,均增加很多"。④

在灾荒的影响下,买卖人口的现象时有发生。有人出卖自己的女儿或妻子做人之婢妾,有人将自己的子女卖出做别人的养子女,以此来度过灾荒,维持生存。这种不得已的买卖行为逐渐演变成了恶意的贩卖人口的行为,甚至连不懂事的小孩和婴儿都不放

---

① 《太行五专区磁武县 10 个月来救灾工作总结》(1943 年 10 月),魏宏运主编:《抗日战争时期晋冀鲁豫边区财政经济史资料选编》第 2 辑,北京:中国财政经济出版社 1990年版,第 381—382 页。

② 《太行五专区磁武县 10 个月来救灾工作总结》(1943 年 10 月),魏宏运主编:《抗日战争时期晋冀鲁豫边区财政经济史资料选编》第 2 辑,北京:中国财政经济出版社 1990年版,第 382 页。

③ 《太行五专区磁武县 10 个月来救灾工作总结》(1943 年 10 月),魏宏运主编:《抗日战争时期晋冀鲁豫边区财政经济史资料选编》第 2 辑,北京:中国财政经济出版社 1990年版,第 382 页。

④ 《太行五专区磁武县 10 个月来救灾工作总结》(1943 年 10 月),魏宏运主编:《抗日战争时期晋冀鲁豫边区财政经济史资料选编》第 2 辑,北京:中国财政经济出版社 1990年版,第 382 页。

过。如"涉县龙虎村的李兰廷从武安牛王堡村买来一个小孩,进行
贩卖"。① 婚姻家庭的矛盾,买卖人口的纠纷,破坏了社会秩序,冲
击了伦理道德观念,演成灾荒中比较突出的社会问题。

（三）汉奸土匪增多,抢夺偷盗活动猖獗

随着灾情的加剧,灾民为生活所迫,行抢夺、偷盗等犯罪活动。
特别是日伪政权假借灾荒而训练汉奸,组织土匪、小偷抢夺盗窃,
扰乱抗日根据地的社会秩序,危害群众利益。"据磁武县承审处统
计,一年来县内汉奸犯 258 件,占总审数的 42.7％强,土匪盗窃 149
件,占总数的 23.6％。经区里处理的为数更大,六七月份六区公所
每天要处理小偷犯 10 余件,甚至有无法抑制情势,这反映着在灾
荒重期社会秩序引起了混乱。"②

偷吃庄稼和偷盗公粮的案件也不断发生。地里的玉茭还未
熟,就被饥饿的灾民偷着剥出吃了,尤其是未熟的山药田被偷得更
加厉害。如"涉县三区仅 4 月份就有 30 多起庄稼被偷的案件发生,
六区匡门一个小偷竟一连偷了 4 次公粮。据七区报告,4 月份共损
失公粮 889 斤,都是被灾民偷去的"。③ 汉奸土匪增多,加大了抗战
的难度,延缓了抗战胜利的进程。抢夺偷盗活动造成了晋冀鲁豫
抗日根据地社会秩序的混乱,对抗日根据地的治蝗救灾工作制造
了很大麻烦。

（四）讨饭户增多,人口死亡率上升

讨饭户大多是由下层的贫农组成,随着灾情的发展,部分工人

---

① 《关于目前救灾工作》(1944 年 7 月 1 日),涉县档案馆藏,档案号 1-1-50。

② 《太行五专区磁武县十个月来救灾工作总结》(1943 年 10 月),魏宏运主编:《抗日战
　争时期晋冀鲁豫边区财政经济史资料选编》第 2 辑,北京:中国财政经济出版社 1990
　年版,第 382 页。

③ 《涉县救灾工作总结》(1944 年 7 月 5 日),涉县档案馆藏,档案号 1-1-50。

和中农也沦为乞丐。磁武县"八区刘家庄原无讨饭户,灾荒以来逐渐由少增多,至5月份21户、34人,7月底64户、114人,占全村户数(303户)的21％强。在这64户中,工人1户,赤贫层及贫农共52户,中农11户,尤其赤贫层是最易流于讨饭的"。[1]其中有2户是因灾荒中地价低贱而买入土地以致讨饭的。这种现象在当时也很普遍,农民天生就有迫切要求土地的愿望,还有些人宁愿饿死也不卖地,最终沦为讨饭户。拥有土地还要受人救济,说明农民的思想观念落后,小农意识浓厚。

在灾情严重的几年里,晋冀鲁豫边区的人口死亡率不断攀升。从1942年10月到1943年8月的10个月里,磁武全县因灾荒而死亡的有265人,占全县人口(8万人)的0.33％。以灾情最重的白土沟村为例,"全村人口3941人,灾荒以来共死140人,占总人口4％弱,其中因受灾荒而死的有108人,占总人口3％弱,但占死亡总数即77％强"。[2]这说明灾荒造成人口的超线性死亡,灾民的死亡率升高。死亡的方式有:因灾自杀(上吊、投井等),因饥饿染病而死,因饥饿食毒叶等中毒而亡。

(五)失业人口增多,浪费现象抬头

在灾难的打击和影响下,饥饿的灾民不得不靠出卖土地、农具和牲畜来维持生计。晋冀鲁豫抗日根据地农村的土地结构发生了很大变化,总体流向是由分散走向集中。灾荒加重,导致了雇工的

---

[1]《太行五专区磁武县十个月来救灾工作总结》(1943年10月),魏宏运主编:《抗日战争时期晋冀鲁豫边区财政经济史资料选编》第2辑,北京:中国财政经济出版社1990年版,第382—383页。

[2]《太行五专区磁武县10个月来救灾工作总结》(1943年10月),魏宏运主编:《抗日战争时期晋冀鲁豫边区财政经济史资料选编》第2辑,北京:中国财政经济出版社1990年版,第382页。

需求量减少,许多工人被解雇。1943 年"涉县偏店有一个雇主,去年雇了 17 个工人,今年只用了 11 个。为了节省开支,过去该用 3 个工人的,今年只用 2 个。过去用得好的,今年接着用;过去用得不好的,今年就解雇不用了"①。因此,无地可种的农民和无活可干的手艺匠人的数量不断增加,如林北县芦寨村"手艺匠人共有 268 人,现在失业在家者 85 人"②。失业人口的增多,使晋冀鲁豫抗日根据地农业和手工业衰微,加深了蝗灾的为害程度。

在边区政府对灾民的救济过程中,有些干部自私自利,贪污公款,浪费救灾物资。如"涉县史家庄一个干部领到贷款 30 元,随即就到饭铺吃了 20 多元。东豆庄农会干部卖地得到 60 元,立即到阳邑去开斋,一顿吃掉大半"③。还有些灾民由于长期吃不饱,体力衰弱,生产积极性又不高,根本不愿参加劳动,专等政府救济。不仅使政府救济不能用在最需要的地方,还间接增加了懒汉的数量,如磁武县"巩家庄有一个懒汉,在补种中,要求军队代他种,若不和他种,他就不种。另有一个村庄在抓懒汉时,一下捉住很多没法处理"④。救济过程中的浪费现象和懒汉问题成了非常普遍的社会问题,必须深入发动群众,通过生产自救的方式来解决。

蝗灾引发的社会问题,加重了边区政府的财政负担,也加

---

①《关于目前救灾工作》(1944 年 7 月 1 日),涉县档案馆藏,档案号 1-1-50。

②《林北县救灾委员会工作总结及今后救灾工作的方针与具体做法》(1943 年 6 月 2 日),魏宏运主编:《抗日战争时期晋冀鲁豫边区财政经济史资料选编》第 2 辑,北京:中国财政经济出版社 1990 年版,第 367 页。

③《涉县救灾工作总结》(1944 年 7 月 5 日),涉县档案馆藏,档案号 1-1-50。

④《太行五专区磁武县 10 个月来救灾工作总结》(1943 年 10 月),魏宏运主编:《抗日战争时期晋冀鲁豫边区财政经济史资料选编》第 2 辑,北京:中国财政经济出版社 1990 年版,第 382 页。

大了治蝗救灾工作的难度。这些问题是伴随灾情的发展而不断变化的,因此,晋冀鲁豫边区政府必须时时关注灾情的走向并采取果断有效的措施,在治蝗救灾的同时,努力解决好经济和社会问题。

第三节　边区政府对蝗灾的治理及社会应对

为减轻连年蝗灾造成的巨大经济社会损失,扭转因蝗灾打击而滋生的种种不良社会心态,提振边区军民自力更生、抗灾减灾、坚持抗战到底的士气,晋冀鲁豫边区共产党和政府开展了广泛的社会动员,组织群众起来打蝗,多措并举,以强大的组织力防控飞蝗,治理蝗患。

一、边区政府的治蝗举措

统一调度指挥、令行禁止是晋冀鲁豫抗日根据地应对自然灾害的有效举措。边区政府颁布了一系列剿蝗政令,根据地军民积极行动起来治蝗,各项防蝗治蝗工作有条不紊展开,有效推进了防蝗治蝗由传统向现代化转型。

（一）建立各级扑蝗机构,有效开展剿蝗运动

晋冀鲁豫边区成立了从专区到村一级的剿蝗工作组织,形成了层层叠叠的"金字塔"式组织结构,保证了剿蝗工作有组织、有计划开展。最高一级组织是分区剿蝗总指挥部,其主要职责是传达专署的灭蝗指令,根据实际情况召开扑蝗会议,搜集各地的蝗灾信息进行研判,总结各地扑蝗经验和有效方法,指挥调度下级组织,使其密切配合、协同作战;下一级组织是各县剿蝗指挥部,主要负责组织、协调本县内各区的剿蝗工作。根据灾况,在县与县交界处

灵活设立临时联合剿蝗指挥部。联合剿蝗指挥部的设立,统筹协调治蝗力量,提高了扑蝗效率,有效解决了县与县交界地带容易遗漏的蝗区,使打蝗工作进行得更加彻底。县级以下区村级的基层扑蝗组织,由区村干部直接领导群众开展灭蝗运动。基层剿蝗工作的好坏直接决定着全区剿蝗工作的成败,因此,必须充分调动广大民众的积极性,全力以赴、团结协作,彻底消除蝗祸。此种自上而下严密扑蝗组织系统的建立,为高效彻底地剿灭蝗患奠定了组织基础。

在具体的灭蝗过程中,根据灾情发展状况,灵活变动灭蝗行政组织或临时设立剿蝗机构,以达到更好的灭蝗效果。系统完善的扑蝗组织的组成,确保了扑蝗工作有计划、有步骤地展开,避免了部分群众在扑蝗中单兵作战、孤立无援的状况,也在一定程度上避免了灾害突发时的忙乱失措现象。临时性扑蝗机构的灵活设置,也符合蝗虫的迁飞性强、蝗灾的蔓延难以预测等特点,就是山区和平原、县与县交界地带的蝗虫也不遗漏。晋冀鲁豫抗日根据地的剿蝗运动在中国治蝗史上留下了重要一页。

(二)制定奖惩机制,激励群众治蝗

蝗灾具有继发性、频发性强的特点,这决定了扑蝗灭蝗必然是长期、持久的。但由于民众对防蝗治蝗的长期性认识不足,晋冀鲁豫抗日根据地打蝗初期往往因传统观念束缚而漠视观望,打蝗高潮来临后群众的扑蝗热情高涨,但随着时间的拉长,热情慢慢减退,有些贫苦群众甚至连基本的生活都难以为继,不可能长时段转战治蝗。针对这一实际情况,晋冀鲁豫边区政府采取了"以蝗换麦"和"按亩出工"的办法,缓解了民众生活的苦难,激发了民众扑蝗的积极性。"以蝗换麦"主要内容如下:

1.根据当时当地的蝗虫密度,由各村规定蝗虫换麦的具体数目,一般以一人一整天能抓到的蝗虫数(以斤计)为基数,以之兑换 2 斤麦子为原则,捉多的可多换麦,捉少的少换,以启发群众扑蝗的积极性。2. 蝗虫主力群过后,所余母蝗,必须继续捕捉,防止其生卵,免遗后祸。村应根据"1 项原则",及时改订 1 斤麦子换几斤母蝗的标准。3. 对蝗虫稠密地区或村,以集中 5 里以内的村庄的力量,不分有无蝗虫,不分你我,用合围办法,捕灭之。对离村出击的人,亦可根据"1 项原则"由该村收买,随后由区部统一调剂。4. 灾民与乞丐参加扑蝗,各村应将其编入组织,不应拒绝。所扑蝗虫,即向本村换取粮食。5. 以上所需麦子,以村为单位按合理负担地亩摊派,每亩以不超过 1 斤麦为原则,超过时由县区政府统一调剂。6. 各村所捉蝗虫一律报区登记。①

党政机关、部队、团体、学校一切脱产人员扑蝗收兑取麦子,一般以一人一整天能抓到的蝗虫数能兑换 6 两为原则(即相当于群众蝗虫换麦收兑标准的 1/5),由区公所根据蝗虫密度规定 1 斤兑换多少小麦。多兑得多,少兑得少。各单位登记,报扑蝗指挥部,由区发给兑换单,"再持单向县政府兑取粮食,由县政府向专属报销"。②

"按亩出工"规定:"1. 每户有地 5 亩以上者出 1 人,15 亩以上者出 2 人,25 亩以上者出 3 人(余类推,每多地 10 亩即多出 1 工),男女老幼不限。2. 超过应出人数的,每超一人每天奖粮半斤。

---

① 《冀鲁豫、冀南行署关于广泛发动人民积极参加捕灭蝗虫的通知》(1944 年 7 月 12 日),河北省档案馆藏,革命历史档案 159-1-31-5。

② 《冀鲁豫、冀南行署、冀鲁豫军区关于机关部队团体学校人员捕蝗收兑办法》(1944 年 7 月 13 日),魏宏运主编:《抗日战争时期晋冀鲁豫边区财政经济史资料选编》第 2 辑,北京:中国财政经济出版社 1990 年版,第 362 页。

3.重灾区内受灾较重的灾民,每人每天发粮 1 斤半至 2 斤(由群众
自己评议决定)。4.不去的给以处罚,每缺 1 工罚粮 2 斤至 3 斤(由
群众自己决定),积极分子给以实物奖励(按前发扑蝗奖励的办法
执行,由群众选出)。"①

　　此办法采用了按地亩出工的"责任制",将扑蝗绩效与扑蝗者
自身的物质利益紧密联系起来,赏罚严明。这实际是将"滕杨方
案"贯彻于打蝗救灾之中,是在艰苦的抗战岁月创造性地执行"公
私兼顾"经济政策的伟大实践。上述积极有效的劳动激励机制对
扑蝗起了很大的推动作用,如濮县郭村以前每天平均只打蝗 10 来
斤,该办法实施后,两天之内就打蝗 800 斤,参加扑蝗人数占了全
村的 60%以上。冀南区的曲周、鸡泽等县在实施了该办法后,效果
显著。大批妇女、儿童也都积极加入扑蝗队伍中来,人力资源的充
足,使得一些青壮年男子可以抽出时间从事锄地、开苗等农活。各
村每天都要对当天的扑蝗情况进行总结,根据扑蝗业绩评选出扑
蝗英雄或模范,当选者每人奖励小米 3 斤。在远征队和本地驻防
连队中,每天也要评选出 3 名剿蝗英雄给予奖励。由于实行了奖
励模范的办法,各地普遍展开了扑蝗竞赛运动。战士之间、群众之
间、组员之间、妇救会与儿童团等团体之间,甚至连夫妻之间都进
行了扑蝗竞赛。城里停业的商人、停课的学生,也参加了扑蝗,组
成了一支 1 300 多人的扑蝗队。结果 8 天之内,将本区内的蝗虫大
部消灭。在有效的政策激励下,各地民众情绪高涨,扑蝗工作收到
了很大的成效。

　　在打蝗过程中,晋冀鲁豫边区政府根据灾情蔓延趋势及其特

---

①《冀鲁豫、冀南行署关于广泛发动人民积极参加捕灭蝗虫的通知》(1944 年 7 月 12
日),河北省档案馆藏,革命历史档案 159－1－31－5。

点,及时召开灭蝗会议,总结各地剿蝗经验,颁布一系列剿蝗指令,从立规约入手,宏观把握剿蝗运动的方向与进度。奖优罚劣,不仅对在打蝗中尽职尽责,有突出贡献的模范人物予以奖励,而且对那些在工作中投机取巧,不负责任,不能有效组织民众扑蝗灭蝗的领导干部和导致工作失误的直接责任人予以严厉处分,加大剿蝗工作的监督力度。为了确保相关政策在剿蝗实际工作中可以有效实行,各级政府相继制定了针对剿蝗民众的具体奖励措施。同时,对于在工作中不认真负责、带头宣扬封建迷信思想的干部严肃处理。

　　奖惩机制的建立,大大激发了晋冀鲁豫抗日根据地民众的扑蝗积极性,剿蝗工作取得了巨大成绩。"曲周全县动员了 62 000人,从 5 月 29 日到 6 月 2 日 5 天内,挖了大小封锁沟 210 里(宽 2尺、深 2 尺半),消灭在沟内蛹子达 1 800 000 斤。在宁南地区 10 个村庄,10 天之内,共扑蝗 547 000 斤。馆陶南区 39 000 人,挖沟 120里,扑蝗 956 000 斤。元城、冠县 6 月下旬至 7 月下旬,合打飞蝗2 000 000 斤。范县 5 月份,消灭蛹子 60 万斤。"①可见,在晋冀鲁豫边区党和政府的正确领导下,群众的扑蝗热情空前高涨,扑蝗工作取得了巨大成绩。

　　(三) 加强宣传教育,提高认识水平

　　蝗虫发生初期,人民群众对蝗虫普遍缺乏科学了解。存在的错误认识主要有二:一是认为蝗虫是由鱼子或虾子变成的,如"民初天津大蝗,执政者不设法扑灭,却督饬民众入海捕虾";②二是认为蝗虫是"神虫",蝗灾的发生是上天的惩罚。后者对扑蝗的影响极大,导致了烧香拜庙等迷信活动盛行,打击了晋冀鲁豫抗日根据

---

①《冀鲁豫边区的剿蝗斗争》,《解放日报》1944 年 11 月 25 日,第 3 版。
②《治蝗须知》,《河南民国日报》1944 年 4 月 10 日,第 2 版。

地民众剿蝗的勇气和信心。

晋冀鲁豫边区政府向群众宣传讲解蝗虫知识,使群众对蝗虫有了科学认识。各级干部从实际出发,用生动的事例教育群众,使他们抛弃落后思想,积极主动投入到扑蝗活动中去。卫东县有干部起初与群众一起烧香拜庙,但拜完之后蝗虫仍不走,于是干部提出"轰轰看",仍然不奏效。最后干部提出和群众一起打蝗,结果消灭了蝗虫,保卫了禾苗。之后,这种打蝗方法逐渐被广大群众所接受,扑蝗运动开始普遍发展起来。涉县的部分群众在蝗虫开始吃别人地里的麦子时,还认为蝗虫是"神虫",蝗虫吃庄稼,是"天定气数""天意不可违"①,于是他们到蝗神庙里去烧香、磕头,祈求神灵能够驱走蝗虫,保护他们的庄稼。直到蝗虫吃了他们的庄稼,他们的思想才开始转变。后来,当地干部组织扑蝗队对他们地里的蝗蛹进行了扑打,挽救了他们的秋苗。最后,他们开始主动向群众宣传"烧香不顶用,不打真不中"。② 通过报纸、小册子等形式的广泛宣传和干部耐心的讲解,晋冀鲁豫抗日根据地民众对蝗虫有了新的认识,迷信思想得以破除,剿蝗运动得以顺利开展。

针对实际灾情,提出相应的不同口号进行鼓励,有利于激发群众的扑蝗热情和保持高涨的情绪。在剿蝗运动开展初期,提出了"打一个少一个""打蝗有饭吃,不打就挨饿""坚决消灭在本地,反对一轰了事"③等口号,保证了多数群众积极投身扑蝗运动。在打蝗过程中,针对某些群众出现的自私自利心理,对自家地里的蝗虫认真扑打,对别人地里的扑蝗应付差事的情况,提出了"服从指挥,

---

① 《涉县范观磁武林安打蝗工作总结》(1944 年 6 月 12 日),涉县档案馆藏,档案号 1－1－50。

② 《冀鲁豫边区的剿蝗斗争》,《解放日报》1944 年 11 月 25 日,第 3 版。

③ 《冀鲁豫边区的剿蝗斗争》,《解放日报》1944 年 11 月 25 日,第 3 版。

争取模范""不分你我，大家互助"①等口号。在剿蝗工作接近尾声时，为了防止群众出现松懈心理，鼓励大家一鼓作气，将蝗虫彻底消灭，又提出了"不打完不心静"②的口号。这些口号对民众剿蝗起了很大的推动作用，为剿蝗运动的胜利提供了思想保障。

（四）干部认真负责，完善扑蝗制度

为保证剿蝗工作平稳、有序地开展，晋冀鲁豫边区政府成立了从边区到村庄的各级剿蝗指挥部。要求政府统一领导，地方逐级负责。专署专员和各县县长都亲自动手，积极参与了剿蝗运动。

安阳、武安、磁县、邢台、元氏等蝗蝻严重县份，均成立了专、县、区、村各级剿蝗指挥部，专员、县长统任指挥，亲自监督推动。安阳杨副县长亲自领导侦察，创造了火烧战法，受到行署表扬。各级指挥部的逐级负责和指挥上的协调统一，保证了剿蝗过程中情报的及时获得，人员调配的合理与统一。各级干部在打蝗后，还要组织检查队、工作组，深入区村，对田间地头进行仔细检查，以免遗漏，力争彻底消灭蝗患。特别是对村与村交界处、山坡凹处、向阳坡以及上年未打尽处都做了仔细检查。另外，干部密切联系群众，随时掌握群众的情绪变化。对某些群众出现的疏忽麻痹、自私本位等思想，及时沟通加以纠正。

为了更加直接有效地开展治蝗工作，晋冀鲁豫边区政府制定了各种扑蝗制度，并以政府命令的形式确立下来，增强了规范性和约束力。1944 年，晋冀鲁豫边区政府以主席杨秀峰，副主席薄一波、戎伍胜的名义颁布了《各级建立扑蝗中各种制度》的命令。其主要内容如下：

---

① 《冀鲁豫边区的剿蝗斗争》，《解放日报》1944 年 11 月 25 日，第 3 版。
② 《冀鲁豫边区的剿蝗斗争》，《解放日报》1944 年 11 月 25 日，第 3 版。

1.蝗灾的严重性仍在继续,为了及时了解情况交换经验,各级政府建立禀报制度是必要的,区县由各县根据情形规定,专署要五天向边府书面报告一次,县向专署一样。2.各地小报有关扑蝗问题,及各种会议记录均寄边府一份,过去有的没寄过即检出寄来。3.县与县间(毗邻县)要建立情报制与侦察哨防止蝗灾蔓延及时捕灭,区村间亦应建立此种制度。没有发现的邻近蝗灾区的区村要建立。如发现后区县仍不知道应受到处分。4.最近五专区已有报告,六专区还没有报,而后将各地扑蝗模范者(干部与群众)均报告我们。①

严格执行晋冀鲁豫边区政府的命令,各级组织认真做好情报工作。广泛、准确地搜集蝗情,及时向上级汇报。以便晋冀鲁豫边区政府能及时制定出治蝗措施,把蝗害消灭在初发阶段。各地可以根据实际,更新组织结构。如沙河县为达到各地扑蝗经验交流的迅速及时,区与县之间、县与专署之间的汇报制度健全完善,“今规定区县、专署均需一天一次汇报,除报蝗情之变化外,须着重于经验与创造,有一点写一点。县指挥部要专设一定数量的专方情报员,以便联络各区”。② 情报人员的选择很重要,必须是负责、可靠之人,错误或不准确的情报会给打蝗工作带来很大的麻烦。但少部分地区仍存在某些侦察人员不负责任,谎报蝗情的现象。如“赞皇报告黑石至刘家庄长5里,宽半里的地区发现蝗蛹,平均每

---

① 晋冀鲁豫边区政府:《各级建立扑蝗中各种制度》(1944年5月14日),河北省档案馆藏,革命历史档案 576－1－33－36。

② 太行六专署:《关于发动群众彻底灭蝗指示》(1944年8月30日),河北省档案馆藏,革命历史档案 106－1－35－4。

方步有 30 多个,但实际没那么严重"。① 还有一些村民浑水摸鱼,认为"报得严重,将来可以减免负担",以致没有的报有,不严重的报严重。领导干部若不认真核实,及时纠正,就会打乱剿蝗步调,浪费民力。

党员干部必须以身作则,积极认真带领群众扑蝗灭蝗。准确掌握蝗灾情报,及时汇报。蝗蝻一经发现,领导干部立刻组织群众,趁小趁少,就地消灭。"元氏开始发现 16 个村,动员 20 000 人剿打,两天即消灭 14 个村,彰南 9 个村发现后,动员万人,4 天全部消灭,使蝗蝻没有发展蔓延的机会,减少了田苗的损失。"②侦察工作必须认真、负责地做好。注意山坡荒地、坟地、路边、向阳地及过去蝗灾严重之地;侦察蝗情要标记下面积密度、为害情况、蝗蝻大小、地形特点、须用人数等信息,向指挥部详细报告;发现蝗情要沉着冷静,如有飞蝗转移时,即留下监视哨,跟踪追踪、防止跑掉。只有干部认真负责,广泛发动群众,积极完善扑蝗中的各种制度,剿蝗工作才能取得成功。

(五) 与生产劳动相结合,科学合理安排打蝗

在扑蝗过程中,晋冀鲁豫边区政府要求各级领导根据农时适当与生产劳动相结合。蝗虫经常发生在麦收时节,增加了打蝗的难度。各地采取了"一面打蝗,一面抢收麦子"③的措施,争取打蝗的同时完成麦收工作,打消了群众怕因打蝗耽误麦收的思想顾虑。

---

① 太行一专署:《剿蝗通报》第 2 期(1945 年 4 月 25 日),河北省档案馆藏,革命历史档案 95 - 1 - 45 - 2。

② 太行行署:《太行区 5 月 20 日到 6 月 20 日蝗情发展及剿蝗运动综合报告》(1946 年 7 月 13 日),河北省档案馆藏,革命历史档案 92 - 1 - 45 - 8。

③ 太行五专署:《五分区的剿蝗运动》(1943 年 3 月),河北省档案馆藏,革命历史档案 103 - 1 - 5 - 1。

有些县区还动员大量妇女儿童参与其中,实行"男收麦,女打蝗"的方法。在时间安排上,实行早晨上午打蝗,下午打场收麦。蝗情严重的村庄突击打蝗,不严重的村结合收麦。发动大量妇女儿童,白天打蝗,晚上浇园等。

剿蝗灭蝗不是一蹴而就的,需要一个长期复杂的过程。因此,打蝗时要有耐心,分清轻重缓急,科学合理地安排时间和劳力,避免浪费。剿蝗时要有重点地扑打重灾区,紧要时候用主要劳力扑打,次要地方或非紧要时刻用辅助劳力赶打。还要注意合理分工,轮班休息,以防疲劳过度。一般选择在雨天或早晨露水未落、午间交尾以及晚上露已上的时候,此时进行猛烈扑打,往往收效很大。

要做到科学打蝗,除了正确的打蝗方法外,必要、合理的打蝗前人力准备和工具配备也至关重要。最常见的打蝗前准备工作主要有以下几种:

1. 人力编排。为便于指挥,最好以武装系统为基础,以自卫队为主力,妇女儿童来配合。一个村为一个中队(有互助组的可分为小队),几个村合成一个大队,由县区干部掌握领导,每队要设通讯员一名,负责侦察报告。这些人必须忠实、可靠,防止自私自利,谎报蝗情。白天只是侦察蝗虫来去方向,到太阳将落时,要具体侦察蝗虫所在地势、面积大小,以便捕剿歼灭。两县全有蝗虫要互相派人参加指挥部,便于联络,双方配合,不至于闹意见。灭蝗组织一般不宜过大,大多采取二三十人1组,由组长班长带领,分块负责,指挥灵活,不浪费力量,也不会毁坏秋苗。2. 打前培训。打蝗队伍出发前,要派专家对打蝗人员进行蝗情介绍、技术指导。使打蝗群众及时了解蝗患情况,搞懂灭蝗战术,免得到时措手不及。3. 工具、物质准备。事前准备大量砍割好的柴草,用于在蝗区边界堆柴、点火把。要预备一把手粗的细短棒（少弯些），或在棒上挽上破鞋底。荆条、柳条要缠成打蝗束结，或编成二三尺长、3寸宽的板子。还要发动群众搜集麦秸灰，谷草灰、牛粪汤等，以免蝗虫突然袭来，将苗吃掉。这些东西都要事前准备妥当，以免临时着慌。4.预备汤水。在扑蝗地区，可组织老、弱、妇女准备些大锅，在野外支起烧水，避免少喝冷水，防止痢疾病。5.带湿手巾。打蝗时可将口、鼻用湿手巾盖住，以防毒气、烟熏而害咳嗽病。不要用手揉眼，要用湿手巾擦，以防眼疾发生。6.准备医生。县里的医生要适当分配，在大队人马集中扑蝗地区，要配备医生1名。一有病人，立即救治，预防疾病传播。①

运用科学合理的打蝗方法，在保住禾苗的同时消灭了蝗害。群众消除了后顾之忧，积极地投入到剿蝗中去。在正确的扑蝗战略方针指引下，节省了时间和劳力，以极小的代价取得了剿蝗的极大胜利。

晋冀鲁豫边区政府面对突如其来的大面积蝗灾，沉着应对。针对具体灾情，从上而下建立了各种扑蝗机构，逐级负责，有组织、有计划地开展治蝗工作；在扑蝗过程中，根据蝗情的变化，不断完善各级扑蝗制度，加强领导，剿蝗工作不断深入发展；加强宣传教育，制定奖惩机制，激发了群众的扑蝗积极性；合理安排，科学打蝗，节省了人力、物力，取得了很好的剿蝗效果。晋冀鲁豫边区的治蝗举措，有效治理了蝗灾，保证了人民的日常生活，密切了党群关系，显示了中国共产党优秀的组织协调能力和执政能力。

———————————

① 太行一专署：《剿蝗通报》第4期（1944年7月10日），河北省档案馆藏，革命历史档案95－1－45－1。

二、边区政府的社会控制与动员

晋冀鲁豫敌后抗日根据地的蝗灾监控技术、治蝗药械都比较落后,主要是采取组织动员民众,人工扑打的方法灭蝗。共产党员、干部以身作则,带动地方干部和灾区民众治蝗救灾,增强了受灾群众的勇气和生活信心。晋冀鲁豫边区政府针对干部下达的命令和贯彻执行中的监督机制,提高了灭蝗体系的行政效率,便于在第一时间对蝗情做出反应,采取相应措施。党员和干部对广大民众的思想教育和社会动员,有效地开发了大量的人力资源,保证了剿蝗工作有条不紊地展开。

（一）政府对地方干部的社会控制

蝗灾暴发初期,由于乡村民众对蝗灾存有盲目的迷信观念,众多干部也对蝗灾缺乏科学认识,意识不到蝗灾的严重性,缺乏应对蝗灾的思想准备。甚至有的干部借口推诿,敷衍塞责。有的村干部作风不扎实,动员民众嫌麻烦,不去亲自检查和监督扑蝗工作,也不积极组织群众,只是一味应付上级的检查。更有甚者,不做艰苦的群众工作,不顾人民群众的疾苦,仅靠搞简单的行政命令强制打蝗,结果使治蝗效果大打折扣。鉴于部分地方干部在剿蝗工作中存在的责任心差,应付差事等种种问题,晋冀鲁豫边区政府加强地方干部的作风建设,完善剿蝗行政体系,并采取了以下具体措施:

1.县区干部要深入基层,加强实地指导,并且投身到打蝗活动当中。发现问题,及时解决,克服困难,不断总结经验教训,积极领导和团结民众治蝗救灾,把蝗虫造成的损失减少到最小程度。2.广大群众参加剿蝗时,领导上要照顾群众中的困难问题,如疾病问题(组织医生救护)和没有饭吃的问题(或用借粮或打蝗交政府换给一部分粮食）。3. 奖励批评。在运动中及时奖励组织领导剿蝗有成绩的干部,或打蝗中打的多、打的好、不损害庄稼、创造新办法、团结友爱互助精神好的群众中的英雄,给以物质名誉奖励。及时批评不负责任的干部和成绩不好的村庄。4. 在上级机关指导方面,及时检查与交流经验,拨出一部分粮食作奖励之用,报纸用力的宣传,注意表扬模范,纠正缺点,交换经验。5. 防止特务破坏剿蝗运动,及时揭发其破坏活动。①

晋冀鲁豫抗日根据地对干部的动员主要体现在政治思想方面,把战胜蝗灾与民族解放战争、救灾与破除迷信的思想启蒙有机统一,通过召开一系列会议,从边区党委到地方支部层层发动,统一思想认识,共同讨论安排治蝗工作。把剿蝗治蝗提升到一个政治高度,提高对蝗灾严重性的认识,使各级干部提高警惕,认真负责地投入到剿蝗工作中去。领导干部还要学习研究蝗虫的习性,提高对蝗虫生物学意义上的认识,研究总结出科学有效的灭蝗策略和方法。一切从群众利益出发,密切党与群众的联系,及时了解民众的生活疾苦和精神状态。

晋冀鲁豫边区政府一方面通过深入的政治动员和严格的组织工作,提高地方干部思想觉悟和组织观念;另一方面对地方干部和剿蝗组织加强管理督导,结合整风运动,改变工作作风,提高了行政效率。在各级党委的坚强领导下,地方各级干部认真负责,身先士卒,亲自带队打蝗灭蝗。地方干部率先垂范,大大鼓舞了群众的士气,坚定了战胜蝗灾的信心。

---

① 《太行剿蝗经验》(1944 年 9 月 25 日),魏宏运主编:《抗日战争时期晋冀鲁豫边区财政经济史资料选编》第 2 辑,北京:中国财政经济出版社 1990 年版,第 414 页。

（二）抗日根据地民众的社会动员

动员起抗日根据地的民众，开展治蝗人民战争，是有效治理蝗灾的力量之源。但对乡村民众的社会动员又是一项极其艰苦的工作。晋冀鲁豫边区政府通过广泛深入、耐心细致的群众工作，运用各种宣传工具，使民众动员工作取得了很大成效，为推动剿蝗深入发展奠定了群众基础。

蝗蝻发生后，部分群众存在着严重的思想问题，主要表现为：对蝗蝻麻痹大意，观望情绪严重，认为蝗蝻太小，抓不住，打不着，不用打也吃不了庄稼；赶上麦收时节，又怕打蝗耽误了收麦，"谷上场，麦入仓，豆子扛在肩膀上"。正忙的时候，哪有工夫打蝗；蝗蝻蔓延成灾后，又感叹无能为力，悲观失望情绪滋长；视蝗虫为"神虫"，甚至搭台唱戏、烧香拜庙、供奉刘猛将军等迷信活动来驱赶蝗虫；打蝗过程中，不够积极主动，自私自利心理严重。共产党和边区政府对民众的社会动员就是要消除上述消极落后思想，提高民众对飞蝗灾情的认识，通过动员疏导、鼓励等方式使民众改变思想观念，增强信心，积极参与到剿蝗运动中来。

共产党和边区政府全方位、多角度地展开动员工作，领导干部深入到每一村、每一户，动员了一切可以动员的力量，发动男、女、老、幼都加入剿蝗队伍。晋冀鲁豫边区富有特色的民众动员方式主要包括：

1. 政府发布命令、指示，指明方向。党委和政治机关发表紧急号召，一直到县区各村均进行紧急的、普遍的动员解释工作，使全体民众把挖蝗卵、捕杀蝗蝻看成自救救人的大事情，与蝗虫争麦吃，把全体民众及工农商学各界立刻动员起来，造成挖、捕、打、杀蝗虫的热烈运动，并向群众宣传。因为蝗虫蔓延很快，干部和群众必须予以重视，有整体的长远的观念，克服保守地域各自为战的观念,打破人与人、户与户、村与村、区与区的界限,不分你我,彼此一条心地向蝗虫斗争,任何一处蝗虫不杀尽,别处都会受害的。在打蝗中,发扬高度的团结友爱互助精神。"向群众宣传,只有大家动手打死蝗虫,才能救麦子保秋收,一切迷信求神等待都是要吃亏的,而且打死蝗虫,还能当粮食吃。"①

2. 报纸舆论宣传,打通思想认识。晋冀鲁豫边区政府通过报纸刊载大量的打蝗信息,当时除了综合类的《新华日报》(太行、太岳版)外,还有专门报道蝗情的《剿蝗专刊》《剿蝗捷报》《剿蝗战报》等达 25 种之多。主要报道各地的蝗情与打蝗结果,介绍打蝗中的典型事例,对扑蝗模范和英雄大力表扬,对不负责任的干部群众公开批评。民众对共产党的报纸有一种天然的信任感,由于报纸的大力宣传,晋冀鲁豫抗日根据地民众破除迷信,迅速掀起了除蝗灭蝗的群众运动高潮。

3. 树立典型模范,激励民众参加治蝗。晋冀鲁豫边区政府通过评选模范、树立典型的方式来调动民众的扑蝗积极性。打蝗模范不仅自己要在打蝗中积极认真,还要能影响其他民众,组织他们集体打蝗。因此,打蝗模范大都是当地土生土长的积极分子。如安阳吴守身、平顺白汝林、沙河曹三禄、涉县孟祥英等都被评为打蝗模范,晋冀鲁豫边区政府给予他们一定的物质奖励或精神鼓励,通过报纸宣传他们的治蝗事迹,鼓舞和激发更多人参加晋冀鲁豫边区政府组织的灭蝗活动。

此外,晋冀鲁豫边区政府还采取了其他一系列有效的动员方式,激发了民众的扑蝗积极性。对于在蝗灾中受到心理创伤较重

---

① 《太行剿蝗经验》(1944 年 9 月 25 日),魏宏运主编:《抗日战争时期晋冀鲁豫边区财政经济史资料选编》第 2 辑,北京:中国财政经济出版社 1990 年版,第 413 页。

的民众,领导干部走街串巷,深入群众家中,进行安抚慰问,帮他们解决生活上的困难,抚平心灵的伤痕。这些民众深切体会到了党和政府的温暖,积极参与剿蝗,还帮着动员其他群众。

从思想动员入手,通过政府法令、报纸宣传、树立模范等方式,辅之以一定的物质和精神奖励,这在晋冀鲁豫抗日根据地民众动员中发挥了重要作用,收到了显著的动员效果。民众的广泛动员和参加,使剿蝗运动取得了超越往昔的成就。

灾区的男女老幼、各行各业的人士都参与到了剿蝗运动中。农村青壮年、机关人员、各县的独立营、子弟兵、八路军部队、民间自发组织的医疗团体等,甚至连拄拐的老太太、抱孩子的妇女和读书识字的儿童都加入了灭蝗的队伍中。妇女在剿蝗工作中发挥了重要作用,她们的主要职责是挖卵和打蝻,或在男人消灭蝗虫主力后收拾残余。许多妇女积极打蝗,还被评上了模范。广大民众的积极参与,极大推动了剿蝗救灾的开展。

晋冀鲁豫边区政府的社会动员,克服了干部群众存有的落后迷信思想,端正了认识,提高了觉悟,完善了组织结构和功能,提高了行政效率。中国共产党领导的晋冀鲁豫边区政府从广大民众的根本利益出发,打通了灾区民众的思想阻碍,抚平了灾区群众的心理创伤,激发了他们的斗争勇气,增强了他们的生存信心,最终彻底消灭了蝗害,战胜了蝗灾。剿蝗的胜利,证明了中国共产党广泛发动群众集中力量办大事的能力,显示了中国共产党巨大的凝聚力和向心力。剿蝗过程中表现出来的党员干部和群众齐心协力,众志成城,全力以赴战胜灾难的精神,对当今以人为本的和谐社会建设仍然有很大的借鉴作用。

三、边区政府和民众的互动救济

从 1941 年到 1945 年,晋冀鲁豫边区几乎年年遭受水、旱、蝗等自然灾害的侵袭。在战争和灾荒的双重打击下,晋冀鲁豫边区政府和民众必须团结一致,密切配合,协同作战,才能战胜灾害,赢得抗日战争的胜利。晋冀鲁豫抗日根据地军民互动型的救灾模式,成为近代救灾史上的典范。

（一）边区政府的救灾措施

严重的灾荒引起了晋冀鲁豫边区政府领导的关注,晋冀鲁豫边区政府主席杨秀峰在六专署专员杜润生陪同下,于1942年10月5日至8日先后在武北的阳邑、柏林、西井、继城考察。他在柏林、阳邑两地的群众大会上说:"对于受灾的同胞,政府负责采取一切有效办法救济之,一定保证不饿死人。"①晋冀鲁豫边区政府针对各地的灾况,因地制宜地制定了一系列救灾措施,主要如下。

1. 节衣缩食

从晋冀鲁豫边区党和政府的领导到普通共产党员,人人都能自觉地和群众同甘共苦。晋冀鲁豫边区政府主席杨秀峰,副主席戎子和都在政府所在地开荒种菜,亲自参加劳动,孙淑文秘书长纺棉花,都在干部群众中产生了极好的影响。1943年8月,晋冀鲁豫边区政府号召各级政府人员节约救灾。具体办法是:"边区一级机关从8月份起,每人每日一律节约2两米,县区各级政府机关从9月份起每人每日一律以2两米节约,马料每日以半斤米节约,节约之粮交救灾委员会。"②在政府的号召下,一些地方干部以身作则,作出表率。如武北县委书记刘韵在当年制订了个人生产和节约计划,主要内容是:"生产1个月的粮食和全年蔬菜(因工作关系,参

---

① 武安水利志编纂委员会编:《武安水利志》,郑州:中州古籍出版社2009年版,第93页。

② 《武安救灾委员会工作报告》(1943年9月),武安市档案馆藏,档案号2-1-13。

加辅助性生产,如切谷穗,剥玉米籽等);上交蔬菜 200 斤(当时县委机关整天是稀饭煮野菜);节约布鞋 3 双,毛巾 1 条(当时是供给制,这些用品由上级发给);纸两面用,信封 4 面用,每月节约纸两大张。"[1]人民军队在灾荒中与人民群众患难与共,全力助赈。彭德怀副总司令亲示所属部队,每人每日节约小米 1 两,禁止用锅巴喂猪,号召全军捐米捐糠。中共太行军分区发出号召:"共产党是劳动人民的政党,八路军一二九师是晋冀鲁豫抗日根据地人民的子弟兵,应积极响应政府的号召。一二九师师部规定办公、杂支、津贴费停发 3 个月,棉衣穿 2 年,夏衣 1 年 1 套,后方机关由每日 1 斤 6 两小米减到 1 斤 2 两,战斗部队由 1 斤半减到1 斤 4 两。太行军队全力节约助赈,总共节约救灾物资折合小米1 414 000多斤。"[2]

2. 开荒自给

除了自己节约,政府和军队还帮助灾民开荒种地,保证粮食自给,减轻群众负担。在武南地区,磁武县委提出党员要与群众同甘共苦,"党政干部都要开荒种地,自给自足 3 个月粮食,伙食供应改为每天 13 两小米。就餐时,不论官兵均由伙夫平均分饭,书记、县长都是端着碗在院里和大家一起吃,蔬菜大部分是野菜;武安独立营、区干队帮助边沿村庄群众下种、锄苗,消灭受敌扰乱而不能耕种的熟荒地。独立营还开荒种地 50 余亩,实现了部分自给,减轻了民众负担"。[3] 军队在开荒中也起了重要作用,以太行、冀南两地

---

①《武安县委关于农业生产工作总结》(1943 年 12 月),武安市档案馆藏,档案号 2-1-8。

②《军队怎样帮助人民救灾》,《解放日报》1945 年 6 月 30 日,第 2 版。

③《武安县委关于农业生产工作总结》(1943 年 12 月),武安市档案馆藏,档案号 2-1-8。

区为例,"太行部队去年开荒 10 万多亩,产粮 5 120 000 斤,山药、菜蔬 12 660 000 斤,做到自给粮食 3 个月。还依靠自给生产来贴补油盐,共减轻人民 20 万石公粮的负担;冀南部队在灾荒中,每个指战员种地 5 亩,做到粮食、菜蔬半年自给及自给 1 套棉衣,有些地区(如临清)做到了全部自给"。[①]

3. 调剂粮食

晋冀鲁豫边区政府在各地设立粮食调剂所,有组织有计划地收购粮食、保护粮食、分配粮食。如武安在 1942 年 7 月成立调剂粮食工作队,讨论调剂粮食的办法,并深入各区开展了工作。"全县在阳邑等地,成立了 5 个粮食调剂所,发放粮食购买证。到 10 月,在三区卖给贫农和受灾者低价粮食 88 476 斤(救济性),售平价粮(不赚钱)60 817 斤。全区受调剂户占 69%,各村干部和合作社干部协助开展粮食调剂工作。"[②]太行区在 1942 年的大灾荒中,缺粮严重。"仅五分区就缺 35 000 石,六分区缺 7 万石。从 1942 年 11 月至次年 6 月,政府以 95 000 多石小米,18 万斤糠及其他山药蛋、豆饼等副食品进行调剂。"[③]调剂粮食是一项费时吃力的工作。在调剂工作开始前,需要深入每一区村,了解各户的积蓄情况。再通过民主评议会,评选出各类购粮户。晋冀鲁豫边区政府实行了 3 种购粮证(市价粮、调剂粮、救济粮)的购买制度,各地因灾情不同,制定的分类标准也不同。"太行六分区的多数村,一般以人均有粮 90 斤和 45 斤为标准。人均有粮 90 斤及以上的,准买市价粮;人均有粮 90 斤以下、45 斤以上的,准买调剂粮;人均 45 斤以下的准买

---

① 《军队怎样帮助人民救灾》,《解放日报》1945 年 6 月 30 日,第 2 版。

② 武安水利志编纂委员会编:《武安水利志》,郑州:中州古籍出版社 2009 年版,第 94 页。

③ 《记晋冀鲁豫边区的生产救灾运动》,《解放日报》1944 年 8 月 29 日,第 2 版。

救济粮。"①根据实际情况,把不同的购粮证公平合理地发到不同购粮户手中,粮食调剂所按购粮证出售粮食。

4. 以工代赈

晋冀鲁豫边区政府为了激发民众主动救灾的积极性,采取了以工代赈的措施。太行六专区的具体实施办法如下:"男子可以参加运粮队,每人每日载 80 斤,除自给外,还可养活 3 个人,以目前市场米粮数计算,可容 2 000 余人,将来还会继续增多。各县与商店共商可能容纳粮队之数目,即着手组织,开始运输。在运输线之起点及中间村庄,应设立招待所或饭店(半公半商性质),贱价卖饭,招待住宿,以减省灾民运粮途中的费用。武沙地区女子可以组织纺织小组,政府将拨款 12 万(武安 8 万,沙河 4 万),贷给 3 000 多名妇女,开展纺织事业。各县可由妇救会、农会派区干部会同工商局组织县纺织合作总社,统一办理购花贷花、收花收款等事项。合作社可掌握一部分资金,在市面流通。"②这个办法在武安实施后,取得了很好的效果。"从山西往武安运 2 万斤粮食,得用 300 个劳动力,平均每个人担六十五六斤,往返两天,除去本人路途生活费(折 2 斤米),每天可剩 3 元,按救济粮价格,每斤 1 元 8 角(阳邑价)计算,可买米 1 斤 10 两(旧秤 16 两为 1 斤,下同),掺些野菜可养活两个人,如将运输线延长,粮食增加到 6 万斤,运输工资还要增加,可养活更多的人。妇女们一天纺六七两线,将熟练者与不熟练者平均计算,3 天纺 1 斤棉花不成问题,每天可赚 1 元 5 角,能买 13

---

①《记晋冀鲁豫边区的生产救灾运动》,《解放日报》1944 年 8 月 29 日,第 2 版。

②《六专区救济办法提要》(1945 年 3 月),河北省档案馆藏,革命历史档案 106 - 1 - 9 -
　　1。

两小米,掺些菜也能维持自己生活。"①以工代赈的方式除了运输和纺织外,还有晒盐、熬硝、煤炭、磨房等其他形式。例如,"太行漳河两岸举办了修滩修渠工程,著名的漳南大堤,蜿蜒 23 里,绕道山坡,穿过 8 道从石山中开出来的孔道,能浇地 6 300 多亩,参加兴筑的各地灾民有 65 000 人,太行 235 万元的水利贷款,20 万斤的贷粮,都用到以工代赈的运动中去了"。②

晋冀鲁豫边区政府在灾荒发生后,及时召开干部会议,具体筹划救灾事宜。"杨秀峰同志在座谈时用算账的办法,给灾民指出了渡灾的具体措施。这种脚踏实地的态度,表现了党和政府对广大人民的深切关怀。特别是'共产党不兴饿死人'这句话,温暖了千千万万灾民的心,起到了安定民心的积极作用。"③在救灾过程中,政府领导和军队战士节衣缩食,与人民群众同甘共苦,齐心协力战胜灾难。这充分证明了中国共产党是人民的政党,党和人民的根本利益是一致的,党是为了人民的利益而工作的。

（二）民众的社会应对

在晋冀鲁豫边区政府的积极号召和政策影响下,广大人民群众的信心和勇气得以提升。广大人民群众开始由被动地接受政府救济逐渐转变为积极主动地生产自救,各阶层社会人士和人民团体在灾荒中各尽所能,进行了积极的社会应对。

1. 节约募捐

在晋冀鲁豫抗日根据地军民节衣缩食度过灾荒的大环境下,社会各界人士、各阶层也都厉行节约,慷慨捐献。各单位、学校、报

---

① 《武安县委关于农业生产工作总结》(1943 年 12 月),武安市档案馆藏,档案号 2－1－8。

② 《记晋冀鲁豫边区的生产救灾运动》,《解放日报》1944 年 8 月 29 日,第 2 版。

③ 武安水利志编纂委员会:《武安水利志》,郑州:中州古籍出版社 2009 年版,第 94 页。

馆、工厂、剧团、书店、商店、教员、学生等均参与节约运动,把省下的粮款捐献灾区。有的冷食 1 日,将省下的柴火费捐出;有的稀食 3 日,把余米用于救灾;有的以野菜顶食,挪出粮食来救济灾民。还有一些工人和教员,把几年的个人积蓄以及每月的几元津贴也都捐出来了。晋冀鲁豫抗日根据地民众除了自我节约捐献外,还发动了群众性的社会募捐,最大程度地集中社会积蓄,救济灾民,度过灾荒。有名望的人士为募集救灾粮而日夜奔走,士绅们主动捐献出余粮,小学教员们也发起了节粮运动,形成了强有力的社会力量。如"霍王庄村的霍献读一家,即拿出 7 石谷救济了灾民,又拿出 3 石谷 200 斤糠 2 000 元钱借给无力春耕的群众";[1]"柏林村绅士李国卿捐洋 5 400 元"。[2] 政府机关、社会团体、民间剧团为募集救灾粮款,在各地举办救灾公演,取得了很好的成绩。"1943 年 1 月柏林村召开救灾公演和募捐大会,千余人冒雪参加,他们认为:'抗战是每个中国人的事,大家都能过活,才能有力抗战,才能一同过好日子,所以救灾即是救国。'会上 200 多人报名募捐 50 000 余元,捐粮 500 余斤。本村抗日干部丁一同志将所得新华日报 15 元稿费捐出。"[3]此外,民众还自发组织了灾民呼吁团、募捐团,向非灾区呼吁劝募。1942 年和 1943 年在太行根据地五、六专区中,灾情以武安为最重,为争取根据地各县的支持,武安组成灾民呼吁团到黎城,与黎城县政府商议进行了募捐活动。"历时半月在黎城 4 个

---

[1]《太行区磁武县 10 个月来救灾工作总结》(1943 年 10 月),魏宏运主编:《抗日战争时期晋冀鲁豫边区财政经济史资料选编》第 2 辑,北京:中国财政经济出版社 1990 年版,第 395 页。

[2]《武安县委关于农业生产工作总结》(1943 年 12 月),武安市档案馆藏,档案号 2 - 1 - 8。

[3]《武安救灾委员会工作报告》(1943 年 9 月),武安市档案馆藏,档案号 2 - 1 - 13。

区共得小米 3 900 余斤,玉米 366 斤,糠 911 斤。"①群众性的募捐活动在救灾过程中起了非常重要的作用,不但及时缓解了灾情,而且减轻了晋冀鲁豫边区政府救灾的经济负担。

2. 社会互济

晋冀鲁豫抗日根据地民众还实行互通有无,互济互助。无灾区对灾区,灾轻者对灾重者进行了筹募捐助。邻里之间相互照顾,亲友之间互相关怀,从一寸布、一粒米做起,积少成多,救人就等于自救,团结一致共抗灾难,形成了良好、和谐的社会氛围。太行各区通过各种方式积极募捐,其中一专区各县共捐米 350 石,糠 20 万斤,三专区各县共捐米 690 石,糠 30 万斤,四专区各县共捐米 300 石,糠 845 斤。这些米和糠都支援了受灾严重的五、六专区。在灾区的社会互济方面,磁武县做得最好。该县"募细粮 23 305 斤,粗粮 5 467 斤,副食品 36 673 斤,款137 370元,全县共有需要救济的灾民 10 567 人,每人能平均分到 8 斤细粮。在士绅中,如磁武白纯一、柴云生、索共和等三先生,不辞劳苦,在白土、陶泉两个基点村即募集了谷子 53 石,炒面 4 000 斤,本币46 900元,糠 5 867 斤,另外还有米面、杂粮等很多"。② 武安在县内开展各界人士同舟共济,贫富共帮的活动,收到了良好的效果。"1942 年沙洺村缺粮户经分组统计,缺粮 31 石,村公所和农会召集贫富协商,各富户慷慨借粮,满足了贫困户的需求。富户孟庆图一次就自愿借出 10 石。"③社会互济是对政府救济的一个重要补充,很多政府没有顾及的灾

---

① 《武安救灾委员会工作报告》(1943 年 9 月),武安市档案馆藏,档案号 2 - 1 - 13。

② 《太行区 1942、1943 两年的救灾总结》,(1944 年 8 月 1 日),魏宏运主编:《抗日战争时期晋冀鲁豫边区财政经济史资料选编》第 2 辑,北京:中国财政经济出版社 1990 年版,第 394 页。

③ 《武安救灾委员会工作报告》(1943 年 9 月),武安市档案馆藏,档案号 2 - 1 - 13。

民在社会互济中得到救济,顺利度过了灾荒。许多有存粮的大户在政府的说服教育和文约担保下,纷纷慷慨解囊,借出余粮以弥补救济粮的不足。特别是部分地主和富农,在政策的感召下也主动借粮给受灾的贫民,大大缓和了阶级矛盾,促进了社会的和谐与进步。

3. 生产自救

晋冀鲁豫抗日根据地民众在共产党和边区政府的领导和帮助下,广泛开展了互助合作的生产自救运动。晋冀鲁豫抗日根据地民众在长期的救灾过程中,思想觉悟得到了提高,不再是单纯地等待政府救济,而是积极主动地进行生产自救。生产自救的主要方式是"男运输,女纺织"。粮食运输是救灾过程的一项艰巨而复杂的任务。要保证粮食及时准确地运送到灾民最需要的地方,需要有大量的人力和物力投入。"从 1942 年 11 月到 1943 年 1 月,仅太行六分区武安、沙河两县组织参加运输队的灾民,就有 13 953 人,太行山的两侧,川流不息地走动着用自己的力量战胜饥饿的运输队。灾民的脚价比普通运输队更高些,在五分区的两条运输干线上,灾民就赚了 701 710 斤的粮食脚价。"[1]灾民参加运输队,不仅可以自救,一般还可以再养活 2 口人。武安西井一灾民曾算过一笔账:"一个人担 65 斤,来回两天,每天赚 7 元 5 角的脚价,除去 2 斤米的吃喝和起伙费 4 元 5 角,每天还可剩 3 元,1 斤救济粮价 1 元 8 角,可买 1 斤 10 两救济粮,还可养活 2 口人。"[2]妇女在生产自救中发挥了重要作用,各地妇女积极发展纺织事业,收效很大,有

---

[1]《记晋冀鲁豫边区的生产救灾运动》,《解放日报》1944 年 8 月 29 日,第 2 版。

[2]《武安县委关于农业生产工作总结》(1943 年 12 月),武安市档案馆藏,档案号 2 - 1 - 8。

力支援了救灾工作。在纺织指导所的帮助下,太行区的纺织工作蓬勃发展起来。一名妇女一般3天可纺1斤棉花,一天可赚11两米,足以维持自己的生活。"柳家河是武安的模范纺织村,组织了21个纺织小组,105人,占全村妇女的90%以上。全村的120辆纺车,45架织布机日夜震响着,模范纺娘王不四、王堂英都得到了政府的奖励。通过纺织,她们不但度过灾荒,并且趁灾荒地价贱,一个买进了4亩地,另一个买进了12亩地。"①此外,晋冀鲁豫抗日根据地民众还普遍地开展互助变工生产活动。各界人士以钱、物、人、畜等入股建起的群众性合作组织达100多个。例如,"1943年柏林富裕户王梦书,投资1万元,成立的利民合作社,使235家受灾户400多人渡过了灾荒"。②晋冀鲁豫抗日根据地民众的生产自救运动,有效应对了灾荒,增强了人民群众战胜困难的信心和勇气。

晋冀鲁豫抗日根据地民众采取多种方式,积极应对灾荒,开展生产自救,有效缓解了灾情。在一定程度上减轻了政府的负担,节省了一定的财力和物力,间接支援了抗日战争,加速了抗战胜利和民族解放。

晋冀鲁豫边区政府和民众协调配合、互动救济的救灾实绩,体现了共产党在大灾面前沉着冷静的优秀执政能力,充分证明了人民群众的力量是无穷的。只有广泛发动群众,依靠人民的力量,才能战胜一切困难。在救灾过程中,党员干部以身作则、事必躬亲,军队和人民齐心协力、患难与共,密切了党群关系,加深了军民情谊,有利于社会的稳定与发展,为构建社会主义和谐社会提供了借鉴。

---

① 《武安纺织救灾工作总结》(1948年2月1日),武安市档案馆藏,档案号2-1-38。
② 武安水利志编纂委员会编:《武安水利志》,郑州:中州古籍出版社2009年版,第94页。

第四节　晋冀鲁豫抗日根据地治蝗的反思

晋冀鲁豫抗日根据地蝗灾发生在战火纷飞的岁月,频繁的战乱导致社会经济衰退,生态环境遭到极大破坏,各种自然灾害也不断加剧。在极其艰苦的条件下,中国共产党领导的晋冀鲁豫边区政府敢于担当大任,通过宣传教育、思想动员,广泛发动群众开展了一场轰轰烈烈的剿蝗运动,并成功地治理了蝗患。治蝗过程中总结出的经验教训和扑蝗方法,体现出的不屈不挠、坚持到底的斗争精神和良好的党群关系,以及出现的各种社会问题等都值得认真反思。

一、蝗灾与战争及生态环境的关系

晋冀鲁豫边区是多自然灾害区域,自边区政府成立后,战火基本没有停息。黄河决口,华北大旱,更加深了人民的苦难。战争对环境的破坏,水、旱、雹、疫等各种灾害并发,荒地逐渐增多,加速了蝗虫的繁殖发育,加剧了蝗灾为害程度。同时,蝗灾的不断加剧也影响着战争的进程,打破了生态平衡,破坏了环境。两者相互影响,相互制约。

（一）蝗灾治理与民族解放紧密相连

战争是诱发蝗灾的一个重要原因。连年的战乱,加上敌伪的掠夺,造成大量土地荒芜,晋冀鲁豫抗日根据地农村经济枯竭,民间积蓄已尽。大量的荒地为蝗虫的生存提供了栖息场所,蝗虫不断繁殖增多,最终形成了大规模的蝗灾。蝗灾不断蔓延且难以治理,引起了极大的社会恐慌。晋冀鲁豫边区政府不得不在激烈战争的同时,抽调兵力集中组织灭蝗。后方不稳,晋冀鲁豫边区无法集中精力投入战争,剿蝗救灾在一定程度上影响到战争的进程。另一方面,由于大规模战争的需要,投入到治蝗中的人力、物力毕竟有限,加之蝗灾的继发性强、难以治理等特点,晋冀鲁豫抗日根据地的治蝗必然经历一个长期、复杂的过程。

蝗灾在历史上就是一种极难治理的农业灾害,历代统治者几乎都为治蝗问题而苦恼过。因此,老百姓对蝗虫有一种天然的恐惧。各地修建蝗神庙,祭拜蝗神的迷信活动由来已久,迷信思想也根深蒂固。在战争中,敌伪分子常常出于战争的政治目的,利用迷信大肆造谣生事,一定程度上造成晋冀鲁豫抗日根据地人心浮动,社会秩序混乱。敌伪分子借此分散前线八路军将士的注意力,影响八路军将士的斗志,以达维护华北日伪政权的殖民统治。例如,日军、汉奸和特务破坏分子向晋冀鲁豫抗日根据地民众大肆造谣宣传:"蝗虫是神虫,是皇军的好朋友,不可扑打。"一些民众对蝗虫缺乏认识,听信谣言,扑蝗中消极怠工,致使蝗情没有及时得到控制,不断蔓延。还有一些破坏分子,在蝗灾严重时期和战争的紧要关头,制造谣言,挑拨八路军和人民群众的关系。造谣说:"八路军存有 3 年粮食,要有粮食吃,只有进攻八路军,要想太平,只有打倒八路军。"[1]当时,这些谣言一度引起晋冀鲁豫抗日根据地人心浮动,一些不明真相的干部群众就此失掉信心。针对这种情况,晋冀鲁豫边区政府发出紧急指示,号召全体民众组织起来,彻底消灭蝗祸。彻底消灭蝗虫,不仅是保卫大生产的胜利成果,同时也是稳定参军战士及在前线战斗群众的情绪,使他们能够放心和敌伪做斗争,夺取全民族

---

[1]《太行区 1942、1943 两年的救灾总结》(1944 年 8 月 1 日),魏宏运主编:《抗日战争时期晋冀鲁豫边区财政经济史资料选编》第 2 辑,北京:中国财政经济出版社 1990 年版,第 388 页。

抗战的胜利。"各顾各,甚至求神祈告都是无济于事的。在后方的干部谁忽视了,谁就是空谈支援前线,谁就是空谈生产。"①

战争的破坏可以导致蝗灾,对蝗灾的治理不力,又能影响到战争局势。晋冀鲁豫边区政府科学分析形势,采取果断措施,在保证战斗力的同时,集中精力有效治理了蝗灾,最终取得了战争的胜利。

战争中的敌我双方必然是阵线分明,占领区分割。飞蝗来临时必然各守防区,把蝗虫驱赶到对方控制区域。地区分割,各行其是,缺乏统一行动,这是治蝗之大忌。战争年代必有严重蝗灾发生,在某种意义上说,战争与蝗灾是一对"孪生姐妹"。晋冀鲁豫抗日根据地的治蝗运动与民族解放战争是紧密联系在一起的。

(二)蝗灾加重了生态环境恶化

蝗灾的持续频发引发了大饥荒,难民的大量迁徙、死亡造成农村劳动力锐减,荒芜的土地面积不断扩大。在战争破坏的基础上,生态环境也进一步恶化。生态平衡一旦被打破,各种环境问题就会随即而至。当雨季来临时,水土流失严重,河水暴涨。冬季到来时,寒风吹起尘土,到处飞扬。一些城镇的沙丘甚至盖过高墙,很快便沦为废墟。恶劣的自然环境又导致了水、旱、风、霜、雹等其他灾害的交替发生,有时甚至多灾并发,严重的灾害又进一步使生态环境受到新一轮的破坏。这样就形成了恶性循环,包括蝗灾在内的自然灾害与生态环境的破坏,互为因果,如是反复。

因此,对蝗灾或其他自然灾害治理的同时,必须注意对生态环境的保护。在中国近代史上,最早提出把灾荒治理同生态环境联

①《晋冀鲁豫边区太行第一行政督察专员公署紧急指示》(1945年8月24日),河北省档案馆藏,革命历史档案95-1-46-6。

系起来这一观点的人是孙中山先生，他参加革命之初，曾在一封信中写道："试观吾邑东南一带之山，秃然不毛，本可植果以收利，蓄木以为薪，而无人兴之。农民只知斩伐，而不知种植，此安得其不胜用耶？"①在科技发展日新月异的今天，保护自然环境和维护生态平衡的意义更加重要。在应对自然灾害的时候，一定要把防灾救灾工作同保护生态环境结合起来，以最小的环境代价取得最佳的治理效果，促进人与自然的和谐发展。

二、治蝗的成功经验和方法

晋冀鲁豫抗日根据地民众在政府的组织和动员下，积极参与扑蝗治蝗，根据扑蝗的实际情况，通过各级组织间的交流与沟通，总结出了许多有效的治蝗经验和扑蝗方法，成功治理了蝗灾。

（一）治蝗成功经验

通过对晋冀鲁豫抗日根据地治蝗过程的深入分析，得出以下几点治蝗的经验：

广泛动员组织广大人民群众参加治蝗、剿蝗运动，群防群治。

1. 采用多种多样的社会动员方式，广泛发动群众加入治蝗运动。如晋冀鲁豫边区政府发指示、颁布奖励办法，向各级党委和政府机关发紧急号召，向各县区村均进行紧急的、普遍的动员解释工作。在民众提高认识的基础上，组织全体民众立即行动起来，掀起挖、打、捕、杀蝗虫运动的热潮。在治蝗运动形成以后，宣传教育群众树立整体的、长远的治蝗观念，克服保守思想与"各自地域各自

---

① 《兴利除害以为天下倡——致香山县籍清退休官员郑藻如书》（1889 年），广东省社会科学院历史研究所、中国社会科学院近代史研究所中华民国史研究室、中山大学历史系孙中山研究室编：《孙中山全集》第 1 卷，北京：中华书局 1981 年版，第 2 页。

为各"的观念,打破人与人、户与户、村与村、区与区的界限。不分你我,彼此一条心,展开对蝗虫的斗争,创造了日伪统治区不曾有过的良好局面。

广泛发动群众是成功治蝗的一个重要手段。要想成功治理蝗患,除了坚强的领导和严密的组织外,还需要广大人民群众的积极参与。晋冀鲁豫边区政府通过对广大民众的宣传教育和思想动员,发动一切可以发动的力量,男女老幼、各行各业的人士都参与了剿蝗,体现了中国共产党强大的凝聚力和号召力。"一切依靠人民,一切为了人民","从群众中来,到群众中去"的群众路线在治蝗过程中表现得淋漓尽致,进一步密切了党群关系。人民群众是治蝗的主力,也是战胜其他一切困难的依靠力量。中国共产党必须始终以人民的利益为根本出发点,依靠人民的力量,才能战胜各种灾难,促进社会发展。

2. 周密组织打蝗灭蝗活动。要使群众性治蝗运动收到实效,在人民群众发动起来以后,必须周密组织,科学安排。在蝗灾严重地区,晋冀鲁豫边区政府把全体人民及军政商学都组织起来,甚至禁止集市,一村只留少数人看门。在组织机构上采用县设剿蝗委员会或指挥部,村成立大队、中队、小队等(也有的村把中老年、成年妇女、儿童学生分别编队或组)。因地制宜,合理划分剿蝗区,按蝗虫发展情形,分配人力,或分散以组为单位,或集中一队至数队到一块蝗虫最多的地方剿蝗。一地打完,还可以调动力量到别的区扑打。在群众剿蝗情绪高涨时,提出村与村、区与区间的剿蝗竞赛,以推动治蝗运动的迅速展开。并且体现了"军事化"组织建制的优势,统一思想,统一指挥,统一步调,统一行动。做到召之即来,来之能战,战之能胜,充分发挥了中国共产党开展社会动员的组织优势。

3. 坚强的领导和严密的组织。各级干部亲自动手,深入村庄组织领导,并直接参加打蝗,随时纠正缺点,及时总结经验教训;领导团结积极分子与扑蝗英雄,带动一般群众,圆满完成了治蝗任务。在剿蝗过程中,从晋冀鲁豫边区政府到各村都建立了严密的扑蝗组织,各级干部的认真负责保证了剿蝗工作稳定有序进行。蝗虫初发时,各专署就指示各县动员群众进行扑杀,负责干部亲自带队参加,人数越多越好,时间越早越好。各县接到指示后,紧急动员,认真执行。士敏二区区长张兆前动员组建扑蝗大队,组织了"3 000余人,进行了7天的大围剿,肃清了全部蝗虫"。① 洪洞县长郭恩敬组织了灭蝗委员会誓师大会,"12个村参加人数1 559人之多"。② 各级负责干部亲自带领群众,一起打蝗,鼓舞了士气。在扑蝗过程中涌现出来的积极分子,随即提任干部,领导群众扑杀蝗虫。严密的组织结构和负责任的领导干部是中国共产党的执政基础,是带领人民群众战胜困难的根本保障。

4. 关心群众生活,调动群众的治蝗积极性。广大人民群众参加剿蝗时,晋冀鲁豫抗日根据地领导努力帮助解决群众存在的实际困难和问题,如疾病问题和没有饭吃问题等,关心群众的疾苦,调动群众治蝗的积极性。

5. 在社会动员上将物质激励机制与精神激励机制相结合,通过舆论表彰,鼓励群众治蝗的热情。边区政府领导机关及时检查和交流经验,并拨出一部分粮食作为奖励群众治蝗之用,报刊注意宣传表扬打蝗模范。及时奖励那些组织领导剿蝗且有成绩的干

①《太岳区捕蝗初步总结》(1945年),魏宏运主编:《抗日战争时期晋冀鲁豫边区财政经济史资料选编》第2辑,北京:中国财政经济出版社1990年版,第423页。

②《太岳区捕蝗初步总结》(1945年),魏宏运主编:《抗日战争时期晋冀鲁豫边区财政经济史资料选编》第2辑,北京:中国财政经济出版社1990年版,第423页。

部,或在打蝗中打得多、打得好、不损害庄稼、创造新方法、团结友爱互助精神好的群众英雄,给以物质及名誉奖励。及时批评渎职、不负责任的干部和成绩不好的村庄,做到奖优罚劣,赏罚严明。

善于掌握群众情绪并及时给予奖励。剿蝗是一项长期而艰巨的任务,不可能一蹴而就。把广大群众动员起来以后,还要教导他们必须有恒心、有毅力,坚持不懈地同蝗害作斗争。各级干部要深入群众,认真倾听群众的呼声。对于群众遇到的困难,要及时提出解决办法。例如,在剿蝗过程中,有些贫民因生活所迫,不免情绪低落,负责干部要及时帮他们解决生活上的困难。飞蝗的形式变化很快,一批还没打完,一批又来,群众容易出现悲观失望的情绪,干部要多给他们介绍成功的剿蝗例子和好的剿蝗经验,用实例对他们进行鼓励。在长期的剿蝗过程中,还要经常对扑蝗积极分子进行奖励,如奖给粮食的实物奖励,或授予英雄模范称号的精神鼓励等,使群众时刻保持扑蝗的积极性,与蝗灾斗争到底。

6. 准确搜集蝗灾信息是成功治蝗的前提。扑蝗之前,准确掌握蝗虫的分布位置、面积大小、活动规律等详细信息,不但可以迅速有效地消灭蝗害,而且能够节省人力和物力。以最小的代价取得最大的成绩,是科学扑蝗的基本要求。各级干部要爱惜民力,并非任何时候都是人越多越好。一有蝗害发生,就动员全体民众一起上,效果反而不一定好,容易造成浪费。根据实际蝗情,合理分配打蝗力量,使主要劳力能轮流休息。在当今这个信息爆炸时代,情报工作显得更为重要。准确及时的情报,可以避免灾难或尽可能减少灾害带来的损失。

(二) 治蝗的有效方法

在长期的扑蝗、灭蝗过程中,广大民众根据蝗虫的生活习性和活动规律,通过多次实践,总结出了一些有效的扑蝗和灭蝗的方法。

剿蝗运动主要经历了挖蝗卵和扑杀蝗蝻两个阶段。挖蝗卵时应注意:凡上一年发生蝗虫而没有耕过的土地,向阳而草多土地,地边硬地中蝗卵最多,应组织大批人力挖卵。挖卵时先把松土去掉,用刀尖、枪尖等工具挖3寸多深,即可挖出。一开始刨是找不到轨道的,有的地方在硬地疙瘩刨起打碎后,才能见到蝗卵。挖的时候要细心,粗枝大叶东刨一下、西刨一下是不容易找到蝗卵的,一找到就是一大片。扑杀蝗蝻的方法:

1. 应按虫多少划分区域。组织大批人民动手打杀,可用包围办法,一块一块的打完,用荆条、扫帚、鞋底等物,连打带捉,还不损失麦子。2. 在蝗蝻多的地里周围挖深宽各尺半的土沟,两旁堆起2尺高的土坡,拍光,每隔1丈远在大沟底挖深宽1尺的小沟,沟内放布,叫大家一齐用扫帚(最好系上铃,蝗怕铃声)赶蝗入沟,由大沟赶到小沟,用单子包起来。又用一块当中留一个口,口下面缝一布袋,3边放3根木棍,2人提着顺着麦垄向前推,蝗蝻都抖进袋中;又早晨天凉,蝗蝻不能飞,藏到麦叶下面,用比麦垄稍宽之筐,一手端平,在麦子之半腰处顺垄来回跑,蝗即可落于筐中。3. 在夜里用柴烧一堆火,蝗见火飞集而来,赶入火中烧死;又用火把在蝗多的地方来回跑,可以烧死或把其翅膀烧伤便于打捉。4. 把没有种庄稼的白地,如蝗多用牛拉耙来回耙(耙后再拖上刺针条),可以大批耙死它。5. 预防蔓延。根据群众经验,按照蝗虫移动方向,预设防线,挖一道至数道深沟,驱之入沟,尽力捕灭,使其不能向别处蔓延。6. 挖卵打蝗必须斩草除根,先从严重地区开始,反复搜剿,对已挖尽打尽的地方,要严密检查,防止遗漏复活,遗祸将来。蝗虫是一批一批生长的,必须不断地打杀,以求根绝。①

　　晋冀鲁豫抗日根据地民众通过长期的扑蝗,逐渐掌握了蝗虫的习性与特点,总结出了几种简单有效的具体的灭蝗办法,大致有以下几种:"(1)坑杀法。主要适用于蛹蝗跳动不远之时期,利用它的畏声、畏色的特性,在其活跃时(天气凉快时),可以敲锣执旗拉绳一齐平排驱赶,地头捣[挖]深壕(可以利用抗日沟),铲光壕涯,待蛹蝗跳入壕内一鼓歼灭之。(2)扑杀法。主要适用了蝗虫全翅飞跃很远,坑杀不易,则利用其好群性、怕冷、怕热及黑夜不动习性,设法扑捉而杀之。大批趁其不活跃时(如黑夜,黎明,露水大,湿翅不能飞,或天气正热之际),用手捉或用席卷成半圆长斗型,下设一架安置木轮,一人推它能在田垅内走动,一人用棍敲动禾苗使蝗虫纷纷落入斗内,以便集体歼灭。(3)打杀法。飞蝗与蛹杂处,扑杀、坑杀不能单独奏效时,则以打杀法补其不足。灭蝗之家具,由各地自己创造。(4)诱杀法。利用蝗虫的趋光性,可于黑夜,或广场内,或大路上掘坑一个,点燃火把,蝗虫夜间见光,则群集飞奔,可使一部分蝗虫展翅入坑,另一部用赶打的办法消灭之。(5)禽杀法。若能找到数群水鸭,协助扑杀亦能奏效。"②

　　晋冀鲁豫抗日根据地军民在灭蝗中积累的宝贵经验和创造的有效方法,加速了剿蝗运动的完成,体现了人民群众的智慧。在炮火连天,灾荒不断的战争岁月,晋冀鲁豫边区党委、政府、军队和民

────────────

①《太行剿蝗经验》(1944年9月25日),魏宏运主编:《抗日战争时期晋冀鲁豫边区财政经济史资料选编》第2辑,北京:中国财政经济出版社1990年版,第414页。

②《冀鲁豫行署关于扑灭蝗灾抢救秋禾的指示》(1943年7月13日),魏宏运主编:《抗日战争时期晋冀鲁豫边区财政经济史资料选编》第2辑,北京:中国财政经济出版社1990年版,第351页。

众精诚团结,众志成城,不仅战胜了蝗灾,也稳定了后方,坚持了敌后抗日战争。

三、治蝗救灾中的问题与不足

晋冀鲁豫边区政府和民众在成功治蝗和救灾的同时,也出现了一些问题与不足。

(一)组织工作不够严密,思想动员不够彻底

晋冀鲁豫边区特别是地方的剿蝗组织大都是临时设立的,缺乏深厚的组织基础,各区村也没有把剿蝗作为一项艰巨而复杂的政治任务去看待。当蝗蝻暴发,干部便紧急动员群众进行扑打,对所动员的群众事先没有进行严格的审查和训练,认为"去的人越多,打蝗效果越好"。结果许多意志品德不良的落后分子也被召进扑蝗队伍中,大大影响了剿蝗工作的进程。如"林旺李口华,固兴申福成,招文李兴和,南庄申付文等在扑蝗中不服从领导,思想散漫,消极怠工,影响恶劣"。① 还有一些人在侦察工作中不负责任,搜集的情报不准或制造假情报,造成组织调配工作出现失误。比如,本来蝗情严重的地区报成不重,分配人力时就不会把主要力量派过去,结果蝗虫泛滥,人力不足,无法消灭蝗害;另外的非重灾区却派了大批主要劳力过去,造成了浪费。

个别干部在动员群众时,缺乏必要的耐心的宣传教育,没有从思想上动员起群众。不懂得和民众交流沟通,引导群众去完成任务。而是单纯行政命令,甚至采取强制手段。民众的生活困难没有解决,思想顾虑没有消除,根本无心打蝗。即使勉强到了地里,

---

① 《涉县范观磁武林安打蝗工作总结》(1944年6月12日),涉县档案馆藏,档案号1-1-50。

也不积极打蝗。坐着的，跑着的，闲聊的，有些小孩还踩坏了不少青苗，严重影响了打蝗工作的进度。个别干部这种不懂得引导群众，为了急于完成任务，一味蛮干、强迫命令的做法严重伤害了人民群众的感情，引发了人们的抵触情绪，损害了党在群众心中的形象，破坏了党群关系。因此，党和政府必须加强对各级干部的思想政治教育，提高党员和干部的素质和修养，使其更好地为广大人民群众服务，战胜一切灾难。

（二）民众缺乏科学认知，自救组织能力欠缺

抗日战争时期，一般民众对蝗虫和蝗灾难以达到科学的认知，甚至有些人迷信、愚昧，视蝗虫为"神虫"。当蝗虫初发时，往往不知所措，恐慌惧怕，不敢扑打。在之后的扑蝗过程中，受小农意识影响，自私自利，只求自保的心理突出。比如，打蝗中只积极捕杀自家地里的蝗虫，到别人的地里就应付差事。有时，自家地里蝗情严重时，就不听指挥，直接跑回自己的地里扑打。别人到自己的地里帮忙打蝗时，有些人不但不感激，反而很不高兴，生怕别人把他地里的禾苗踩坏了。这种自私自利的心态，给根据地治蝗运动的发动带来种种困难。在严重的蝗情面前，民众的自发组织难以形成治蝗的合力，边区政府统一发布命令，破除迷信，解放思想，用物质奖励和精神鼓励相结合，才能组织起来，共抗灾难。

在救灾过程中，部分民众仍是将自己的命运寄托于"老天爷""神灵"，整天烧香拜庙，希望借助神灵的力量消灾祛难；另有些人认为世界末日即将降临，卖掉农具、大吃大喝，及时行乐，过一天算一天。"偏店贫农王起文卖掉农具及牲畜，得钱 50 元，一次就吃掉 18 元。"[1]种种落后思想、悲观失望情绪导致了扑蝗救灾初期的无

①《涉县救灾工作总结》(1944 年 7 月 5 日)，涉县档案馆藏，档案号 1-1-50。

所作为,望蝗兴叹,或一味依赖政府救济。民众自救互救能力不足,更加重了政府负担。边区政府在制定治蝗救灾的政策的同时,还需要加强群众宣传教育,转变思想观念,树立自救救人的观念,互相帮助,开展联合剿蝗和生产自救。

(三)政策执行存在偏差,阶级矛盾根深蒂固

灭蝗和救灾工作有其连续性与长期性。随着灾情的变化,各区村在政策的执行过程中,出现了一些偏差。如在打蝗过程中,有些地方一收到蝗情报告,就紧急召集群众全力围剿蝗虫。常常在人力的调配上出现问题,如"赞皇二区发现蝗虫,200 余人突击打了两天。三区蝗情较轻,也派了 200 多人,结果半天就打完了,还有人坐在地头休息、闲谈"。① 救济过程中类似的问题时有出现,"平均主义""普遍救济"的错误表现了出来。"林北盘山村,在 1942 年共 250 户人口,获得救济的就有 235 户,其中有好多是不需要不应该救济的。邢台雀在村 170 户,就有 99 户被救济,其中有一户是刚领了救济粮,就出卖了柿炒面 100 多斤。因为有这样的错误,结果使一些真正过活不下去的灾民,反受不到必要的救济。其次是不论互济救济,贷放粮款,都发生过不能或不敢给与真正缺食赤贫灾民群众的现象。有时竟或是某些干部和他们亲戚朋友给的借的多,甚至也有坏分子加以操纵,从中渔利。"②因此,救灾必须实行群众路线,坚决反对官僚主义。在执行相关政策时,必须分清轻重缓急,有重点、有计划地开展剿蝗和救灾工作。

晋冀鲁豫抗日根据地的阶级矛盾根深蒂固,尤其是贫农和地

---

① 太行一专署编:《剿蝗通报》第 6 期,1944 年 7 月 19 日,河北省档案馆藏,革命历史档案 95-1-45-1。

② 太行行署:《太行区 1942、1943 两年的救灾总结》(1944 年 8 月 1 日),河北省档案馆藏,革命历史档案 92-1-166-5。

主阶级，几乎水火不容。阶级矛盾的存在，给扑蝗和救灾工作带来很大困难。比如，在扑蝗中，贫农不帮地主打蝗，武安县一农民说："反正是地主家的田，让蝗虫吃了算了。"在救济过程中，地主和富农不愿把余粮借给受灾的贫农，在政府的担保下，并签下文约，他们才勉强把粮借出。贫民对地主都充满了敌意，甚至出现了趁火打劫，吃大户的现象。贫富差距悬殊，影响了社会团结。只有化解矛盾，社会各阶层建立抗日统一战线，团结抗战，团结治蝗，才能战胜一切困难。

总之，晋冀鲁豫边区在长期的治蝗过程中，积累了宝贵的治蝗经验，也形成了许多有效的灭蝗方法。同时，也暴露出一些缺点与不足。总结历史上的治蝗经验与教训，对于当今防蝗治蝗以及应对其他突发性灾害和突发性事件，都有重要的现实意义。

冀鲁豫边区根据蝗情的态势，从实际出发，采取积极有效的应对措施，党、政、军、民精诚团结，通力合作，广泛发动群众，开展了轰轰烈烈的剿蝗运动，有效治理了蝗灾，在治蝗历史上留下了重要篇章。

晋冀鲁豫边区成立专门治蝗组织，各级干部以身作则，亲自带队领导治蝗，鼓舞了士气。同时，晋冀鲁豫边区对民众进行了宣传教育和思想动员，提高了人们的思想认识，排除了他们的思想顾虑和心理恐惧，使广大人民群众投身剿蝗队伍，极大地减轻了蝗患，取得了很好的灭蝗效果。广大民众在扑灭蝗虫的过程中，积累了一些宝贵的扑蝗经验和灭蝗方法，提高了灭蝗的效率。

政府与民众社会互动型的治蝗模式是中国共产党领导的晋冀鲁豫边区治蝗的最大亮点，开启了由传统的被动治蝗方式向现代的主动治蝗方式的成功转型。在治蝗过程中，大量人力的不断投入，弥补了晋冀鲁豫抗日根据地科技水平和工具设备落后的不足，成功地治理了蝗患。密切联系群众,依靠群众的力量,是中国共产党成功治蝗的一条宝贵经验,也是加强党的执政能力建设,保持党的先进性的关键因素。晋冀鲁豫抗日根据地的治蝗经验告诉我们:在中国共产党领导下,人民只要有效组织起来,就可以无敌于天下。

结　论　晋冀鲁豫抗日根据地的历史贡献

晋冀鲁豫抗日根据地是中国共产党领导的面积最大的敌后抗日根据地,是华北抗日游击战争的心脏和神经中枢,是中共中央北方局和八路军总部的驻地,也是华北与华中敌后战场通达延安中共中央的联系枢纽。以专题史的形式,对八路军第一二九师与晋冀鲁豫抗日根据地的创建,抗日根据地党的建设、政权建设 、法制建设、灾荒应对等若干专题进行深入探讨,旨在聚焦敌后抗日根据地史研究的热点重点,专题突破,拓展研究视野,提升学术含量,深入论述抗日根据地在全民族抗战中的重要作用,客观评价晋冀鲁豫抗日根据地在中国乃至东方反法西斯战场上的重要地位。

一、敌后抗日战场的重要战略支点

晋冀鲁豫边区是中国共产党开辟的敌后抗日战场的重要战略支点的组成部分。这块敌后战场上面积最大的敌后抗日根据地,为作战指挥方便,在军事上划分为晋冀豫(包括太行区、太岳区)、冀鲁豫(包括原来的冀鲁豫区和冀南区)两个战略区。

"晋冀豫战略范围,包括山西的东南部,河北的西南部,河南黄河以北之一小部。其东至平汉路,与我冀鲁豫区相接;西抵同蒲路;西北面与我晋绥边区相接;南迄黄河;北迄正太路与我晋察冀区相接。"①该区"除平汉路西 6 至 30 公里之狭窄平原外,余均为山岳地带,即太行、太岳两大山脉。太行山脉,纵列晋冀豫三省之边界,高山连绵,为我国西部高原与东部平原之天然分界线。太岳山在晋省之中南部,亦称霍山。其山脉纵列南北,为汾水与漳河、沁水之分水岭。由于晋冀豫区有太行、太岳之险要地势,它不仅在军事上利于我军活动与长期坚持,使该区在抗战中成为坚持华北抗战战略要地之一,而在战略反攻时,又成为我强固有力的基地"。②它不仅能够随时截断侵华日军控制的平汉、正太、同蒲三条主要交通线,而且也时刻威胁到临汾、新乡、安阳、邢台、石家庄、榆次等侵华日军的战略要点。

　　"冀鲁豫区的范围,包括河北南部,山东西部,河南北部,此外还包括江苏陇海路以北之一小部。"③其东至津浦路,西至平汉路;北至德石路,南迄陇海路,并有一部在陇海路南豫东之太康、柘城、睢县地区,并建立了游击区。"该区除平阿山区、泰肥山区及大峰山等形成了鲁西周围 200 里的山区外……余大都为一望无际之大平原。"④在战略形势上,"东有泰山、西有太行山两大山区作为依托;同时它是华北、华中两大敌后战场联系之要道",它在军事上直接威胁着平汉、津浦路南段,陇海路中段,德石路东段,"而华北敌

---

① 人民出版社编:《中国现代史资料丛刊·抗日战争时期解放区概况》,北京:人民出版社 1953 年版,第 38 页。

② 人民出版社编:《中国现代史资料丛刊·抗日战争时期解放区概况》,北京:人民出版社 1953 年版,第 39 页。

③ 人民出版社编:《中国现代史资料丛刊·抗日战争时期解放区概况》,北京:人民出版社 1953 年版,第 39 页。

④ 人民出版社编:《中国现代史资料丛刊·抗日战争时期解放区概况》,北京:人民出版社 1953 年版,第 40 页。

之战略要点如德州、济南、济宁、开封、徐州均在该区我军直接威胁之下"。①

在中国整个抗日战场上,晋冀鲁豫边区处于华北平原的西部,既是侵华日军的侧背,又是保卫中国西北和西南的屏障,八路军进行战略展开,不仅在晋冀鲁豫发挥地利优势,对侵略华北的日军造成掣肘之势,而且还能够有效保护中共中央所在地——陕甘宁边区。1937年11月,张闻天在中共中央机关刊物《解放》周刊撰文,提出"把山西成为北方游击战争的战略支点"。张闻天在文章中明确提出:"共产党在山西的方针,是把山西成为整个北方游击战争的战略支点,用以抵御日寇对西北与中原的前进。共产党要在北方做出一个模范的例子,证明给全国人民看:不论日寇军队的飞机大炮怎样厉害,不论怎样占领了我们的中心城市与交通要道,我们仍然有办法同敌人作战,消耗他,疲惫他,瓦解他,打击他,最后完全驱逐与消灭他。"② 1937年11月8日,太原失守,华北地区以国民党军为主体的正规战宣告结束,以共产党为主体的敌后抗日游击战,取代国民党军队的正规战争进入主要地位。根据洛川会议决定,八路军挺进华北日军后方,以山西为支点开辟敌后战场。其中在晋东南地区,刘伯承、张浩(后为邓小平)率八路军第一二九师及第一一五师三四四旅,依托太行、太岳山脉与李菁玉(后为李雪峰)为书记的中共冀豫晋省委共同创建晋冀豫抗日根据地。在晋西南地区,罗荣桓、陈光率第一一五师师部和第三四三旅,依托吕梁山脉,与中共山西省委及其后的中共晋西省委、中共晋西南省

---

① 人民出版社编:《中国现代史资料丛刊·抗日战争时期解放区概况》,北京:人民出版社1953年版,第40页。

② 洛甫:《把山西成为北方游击战争的战略支点》,《解放》周刊第1卷第25期,1937年11月27日。

委,共同创建晋西南抗日根据地。"八路军在山西四角战略展开和四个山区抗日根据地的建立,使华北敌后主战场逐步形成,山西作为敌后战场战略支点的地位得以确立。"[①]地处山西、河北、山东、河南四省边界地带的晋冀鲁豫抗日根据地,是华北敌后抗战的战略支点的重要组成部分,实际上就是支撑筹划全国抗战的关键点,"反攻前进的战略阵地"。支点十分重要,如阿基米德所言:"给我一个支点,我能撬动地球!"

二、抗战"中流砥柱"和反攻前沿阵地

晋冀鲁豫抗日根据地的战略位置极为独特。就全国而言,华北是维系中华民族生存的最重要支柱之一,是中国政治、军事、经济、文化的中枢和命脉。而晋冀鲁豫抗日根据地,地处华北的北部,是东北与内地联系的咽喉要道。东北沦陷后,华北成为中国的第一国防线,中日民族矛盾的聚焦点,关系着中华民族的生死存亡,是决定中日关系走向的关键,而晋冀鲁豫抗日根据地首当其冲,成为关键中的关键。日本侵略者为占领华北,进而占领全中国,首先以武力占领河北省并以该省为跳板,进兵整个华北。因此,1933 年 1 月 1 日日本进攻榆关(今山海关),继而占领热河及长城各隘口;1935 年,日本制造"河北事件",策动"华北事变";尔后,增兵华北,1937 年,日本发动全面侵华战争。在中国全国抗战阶段,在中国共产党的领导、推动和影响下,晋冀鲁豫、晋察冀、晋绥抗日根据地等相互呼应,互相支援。在广大的敌后地区形成了山地、平原、河湖港汊等各种类型的抗日根据地,使侵略华北的日军后方不稳,陷入人民战争的汪洋大海。"共产党员要在一些人们开

---

① 高春平主编:《山西抗战全史》序言二,北京:商务印书馆 2015 年版,第 9 页。

始为失败与困难所动摇而悲观失望的时候,成为汪洋大海中的'中流砥柱',去克服一切困难,动摇与悲观失望的情绪。共产党员要以中华民族无论如何要胜利的自信心去影响全中国人民,使他们坚持抗战到最后的胜利。"①

　　晋冀鲁豫抗日根据地是华北敌后抗战的主战场之一,联系延安与华北、华中各抗日根据地及东北抗日联军的枢纽,牵制、抗击和消灭了大量日伪军,构成中国抗日战争"坚强堡垒"。晋冀鲁豫抗日根据地(在军事上为作战方便,划分为晋冀豫、冀鲁豫两个战略区),从七七事变至 1944 年 8 月,7 年间,共与敌作战 3.1 万余次,歼灭日伪军 19 万余人,缴获机枪 1 100 余挺、长短枪近 6 万支、炮 170 余门。这里直接威胁着陇海、平汉、津浦、正太、石德及同蒲等铁路交通大动脉,以及北平、天津等中心城市与关内外的咽喉要道。晋冀鲁豫抗日根据地与晋绥、山东、华中等抗日根据地,以及东北抗日联军,在军事上、战略上形成了对华北日军及伪华北政务委员会、伪蒙疆联合自治政府等沦陷区的犬牙交错的包围态势,华北日军深陷人民游击战争的泥潭。华北抗日根据地不仅有力地配合了国民党正面战场,而且使日本法西斯既无法抽兵北攻苏联,也不得不推迟南攻美英的时间。

　　晋察冀、晋冀鲁豫等抗日根据地是华北对日反攻作战的"前进沿地",为夺取抗日战争的最后胜利,作出了杰出的贡献。从 1943 年起,华北各抗日根据地对北平、天津、保定、石家庄、唐山、张家口、邢台、沧州、邯郸等城市和交通要道,都更为重视,加强了派遣中共地下人员与秘密工作。敌后战场在 1944 年展开局部反攻,晋

---

① 洛甫:《把山西成为北方游击战争的战略支点》,《解放》周刊第 1 卷第 25 期,1937 年 11 月 27 日。

察冀、晋冀鲁豫两区部队，共歼灭日伪军 12 万余人，收复 1 300 余万人口的广大国土。日本华北方面军哀叹："在方面军占领的 3 个特别市、400 个县中，被认为治安良好的除 3 个特别市外，只有 7 个县，占总数的 1.4％。"①各抗日根据地持续全年的局部反攻，使华北日军陷入被动地位，不仅在战略上配合了国民党正面战场的豫湘桂战役，而且在战略上支援了美英等盟国军队太平洋战场的对日反攻作战。1945 年举行春、夏季攻势作战，太行、冀南、冀鲁豫、渤海等抗日根据地部队，连续举行道（口）清（化）、安阳、南乐、东平、阳谷等战役，遂使日军在华北等地"长期持久的防御战"，以做好"本土最后决战"准备的计划，化为泡影。8 月 11 日起，边区各抗日根据地部队向日军在华北的巢穴展开全面大反攻，收复了邯郸、邢台等城市，边区省基本解放。

三、建立起抗日民主的堡垒

抗日战争时期，晋冀鲁豫边区各抗日根据地较早地实施了新民主主义制度，在军事、政治、经济、文化及法制、社会等方面，有很多开拓和创造，"建立起抗日民主的堡垒"②，树立了新民主主义的新中国的模型，在局部执政和边区改革建设、社会治理方面的经验，推进了抗日根据地建设和中国民主化、现代化进程，昭示了中华民族复兴的历史航程。

抗日战争是中国新民主主义革命的一个特殊历史阶段。在抗

---

① 防衛庁防衛研修所戦史室『戦史叢書北支の治安戦（2）』、朝雲新聞社、1971 年、536 頁。转引自刘峰：《日军的"扣号作战"计划与华北的敌后战场》，《近代史研究》2023 年第 2 期。

② 人民出版社编：《中国现代史资料丛刊·抗日战争时期解放区概况》，北京：人民出版社 1953 年版，第 62 页。

日高于一切,一切为了抗战胜利形势下,抗日民族解放战争是与社会的民主改革相互联结、不可分离的,必须同步进行。驱逐日本侵略者,建立独立、自由、统一、富强的新中国,是中国抗日战争的相互联结的两个战略目标,也是中华民族复兴的必由之路。抗日战争打乱和破坏了中国原来的半殖民地、半封建社会的现代化和民主化的进程,但并没有中断,而是在国民党统治区继续着;在日本侵略者占领区,所谓现代化和民主化则完全是日本独占殖民地化的别名;在中国共产党领导的敌后抗日根据地产生了新民主主义社会的民主化和现代化的雏形。中国抗日战争的胜利,宣告了日本独占的殖民地化的现代化和民主化的终结,同时也宣告了其他帝国主义殖民地式的民主化和现代化的终结,蒋介石国民政府代表的中国原来的半殖民地、半封建社会的民主化和现代化受到巨大冲击和削弱,中国共产党代表的中国新民主主义社会的民主化和现代化在敌后抗日根据地得到发展壮大,开始为中国各族人民所憧憬。

敌后抗日根据地的斗争与建设,实质上是在抗日的民族解放战争中,采取和平的、渐进的改革方式,改造旧的半殖民地、半封建的社会制度,创造新民主主义的社会制度。所谓敌后抗日根据地,就是中国共产党领导下的一定地域的人民、武装、政权和一定的经济、文化所构成的抗日民主的社会整体力量,是中国人民在敌后进行抗日游击战争的战略基地。它是"抗日的力量",又是"民主的力量",即新民主主义社会形态的雏形。晋察冀边区,在华北敌后一诞生,就公开申明:它是中华民国的地方政府,"它的实际内容是贯彻抗日与真正民主"。1938 年 10 月,彭真在中共中央扩大的六届六中全会上的发言中,根据毛泽东《论新阶段》的报告精神,以及开创华北抗日根据地的经验,阐明了在抗日战争中"必须把民族革命与民主革命联系起来"的观点,指出:"今天的抗日民族统一战线,也不是简单的抗日。""现在华北抗日根据地,不仅肃清了日寇的势力……其他帝国主义的统治也将逐渐解决。""苛捐杂税也将废除,减租减息也相当的解决封建的剥削","封建势力逐渐削弱"。①1939 年 1 月,中共中央北方分局代表大会确定了巩固和建设晋察冀抗日根据地,为建立三民主义共和国而奋斗的方针,指出:这"是抗战的目标","是国共合作的目的","是走向社会主义社会必经的阶段"。1940 年,中共中央北方分局制定、颁布《双十纲领》(即《关于晋察冀边区目前施政纲领》),公开宣布:要使晋察冀边区"不但成为模范的抗日民主根据地,而且成为新民主主义的即三民主义的政治经济建设的模范,亦即成为建国的模范"。②

根据毛泽东关于新民主主义的理论与本区实际相结合的原则,《双十纲领》模范地执行中共中央的抗日民族统一战线的方针和各项政策,坚持马克思主义中国化,党中央的总政策在晋冀鲁豫抗日根据地地方化、具体化,在抗战进程中,以和平改革的方式,改造半殖民地半封建的旧社会,创造新民主主义的新社会。经自上而下、自下而上的改造和民主政治建设,特别是多次民主选举运动,按民主集中制原则,逐步调整了各级抗日民主政权的成分,健全了各级民意机关和行政机关,实行"三三制",保证基本群众占优势,又使根据地内的国民党、各少数民族和各阶层爱国民主人士有更多的参政机会,巩固和扩大晋冀鲁豫边区抗日民族统一战线。在根据地里实行了正确的社会改革和经济文化建设的方针。北方分局于 1940 年制定和颁布了《双十纲领》,晋察冀边区被中共中央

---

① 彭真:《关于我们的目前施政纲领》,《抗敌报》1940 年 8 月 19 日,第 1 版。
② 彭真:《关于我们的目前施政纲领》,《抗敌报》1940 年 8 月 19 日,第 1 版。

誉为"目前全国模范的抗日民族统一战线的、新民主主义的施政纲领。全国各地,特别是敌后方其他各抗日根据地,在政治、经济、军事、文化设施计划上,都应以它为最好的参考和借镜"。①晋冀鲁豫抗日根据地提供了建党、建军的经验,"三三制"、精兵简政等民主建政经验。在极端艰苦的敌后抗战中,实行广泛而深刻的社会改革,使社会阶级结构发生了根本性的变化,使全国人民看到了未来新民主主义的新中国的光明前景。"各根据地的模型推广到全国,那时全国就成了新民主主义的共和国。"②

四、积蓄了民族复兴的力量

抗日战争为新中国与旧中国的决战作了准备,为中华民族的复兴作了准备。边区各根据地在抗日战争中为中华民族的复兴积蓄了重要的战略基地和一定的物质力量。

晋冀鲁豫抗日根据地坚持人民战争的战略方针,形成主力兵团、地方武装、民兵"三位一体"的人民战争武装体系,构建了较为完备的战备保障系统。地道战、地雷战、麻雀战、交通战、水上游击战等充满人民智慧创造性战法,形成陷敌于灭顶之灾的人民战争汪洋大海。在抗日战争后期,各根据地部队迅速实现由游击战向运动战的转变。到 1944 年 8 月,晋冀鲁豫抗日根据地八路军部队已发展到 30 余万人,民兵 40 万人,晋冀鲁豫边区政府以下拥有太行、冀南、冀鲁豫、太岳 4 个行署、198 个县、面积 15.23 万平方公里、人口 2 500 余万的广大区域,包括山西省东南部、晋冀鲁豫抗日

---

① 《中共晋察冀边委的施政纲领》,《新中华报》1940 年 10 月 3 日,第 1 版。

② 中共中央文献研究室编:《毛泽东年谱(1893—1949)》(修订本)中卷,北京:中央文献出版社 2013 年版,第 295 页。

根据地南部、河南省北部和山东省西部地区。抗战胜利时,晋察冀与晋冀鲁豫两大根据地基本连成一片,奠定了华北解放区的基础。边区各根据地的共产党组织有很大的发展,1944 年 8 月间晋冀鲁豫根据地参加农、工、青、妇和民兵等组织的群众达 500 余万人,占全区总人口的 1/5。诸多群众团体担负了共产党和民主政权联系人民群众的纽带和桥梁,在统一战线的旗帜下团聚了全民族对日抗战的磅礴力量。在抗战中开辟阵地和积聚力量,晋冀鲁豫抗日根据地在此方面的贡献是巨大的。

五、凝练了抗战精神

晋冀鲁豫抗日根据地的党和人民在抗战中,历尽艰辛,创造出种种历史奇迹,凝练了战胜一切敌人的革命精神。据不完全统计,到抗战胜利,晋察冀、晋冀鲁豫抗日根据地八路军伤亡 11.6 万余人,阵亡旅及支队长以上干部约 70 人。党政民区级以上干部人员牺牲、被俘、负伤、病死者 3 000 人以上。涌现了无数惊天地泣鬼神的英雄事迹。"中国人民在抗日战争的壮阔进程中孕育出伟大抗战精神,向世界展示了天下兴亡、匹夫有责的爱国情怀,视死如归、宁死不屈的民族气节,不畏强暴、血战到底的英雄气概,百折不挠、坚忍不拔的必胜信念。伟大抗战精神,是中国人民弥足珍贵的精神财富,将永远激励中国人民克服一切艰难险阻、为实现中华民族伟大复兴而奋斗。"[①]晋冀鲁豫抗日根据地军民在艰苦抗战中凝练的以爱国主义为核心的抗战精神,是中国革命文化的重要组成部

---

① 习近平:《在纪念中国人民抗日战争暨世界反法西斯战争胜利 75 周年座谈会上的讲话》(2020 年 9 月 3 日),习近平:《论中国共产党历史》,北京:中央文献出版社 2021 年版,第 279 页。

分,它激励着为实现中华民族伟大复兴而不懈奋斗的一代代中国共产党人。

六、为建立建设新中国锻炼培养了大批优秀人才

"九千将士入涉县,三十万大军出太行。"抗日战争时期,晋冀鲁豫边区锻炼培养和成长起来一大批建设新中国的优秀人才。第一二九师在开辟晋冀鲁豫抗日根据地的过程中,在这座革命大熔炉里,走出了中国改革开放的总设计师邓小平,共和国元帅刘伯承、徐向前,还有3位大将、18位上将、48位中将、296位少将。

1939年7月10日,校址在延安的中国人民抗日军事政治大学总校,遵照党中央的指示挺进敌后办学,"从战争学习战争",于1940年11月转移至晋冀鲁豫抗日根据地的邢台县浆水镇。在此期间,"抗日军政大学进行正规办学,统一教材、教法,在全国各地创办9所分校、5所陆军中学、若干附设中学,培养出20余万优秀的军政人才,创造了世界军事教育史上的奇迹。抗大学员始终以站在最前线的实干精神,为抗日战争的胜利、新中国的成立与建设作出重大贡献"。①

七、人民必胜是历史大趋势

抗日战争证实人民必胜的历史大趋势。抗日战争时期中国共产党及其领导的人民力量迅速发展壮大,而国民党及其军队则逐渐失去抗战主体的地位并日益走向衰败。

毛泽东指出:"争取政治上的民主自由,则为保证抗战胜利的

---

① 宋保明:《站在最前线——纪念抗大挺进敌后办学80周年党性教育活动》,前言,北京:中国人民抗日军政大学陈列馆编印(内部资料),2019年7月。

中心一环。"①"除非发动农民群众的人力和物力,否则中国就不可能打赢这场战争,只有迅速地实行政治和经济的变革,才能得到农民的合作。"②国民政府坚持抗日战争只是抗日,不肯实行真正发动民众起来抗战的民主民生政策,结果,国民党政府及其军队失去了中国大多数人民,特别是广大农民的支持,招致了国民党战场不能充分发挥其应有作用,乃至作战之失利。"中国共产党坚持抗日战争也是一个革命运动,应当变旧中国为新中国"③,因此,在晋冀鲁豫和全国各敌后抗日根据地,"正确地解决了迫切的民主民生的改革问题,与中国大多数人民特别是农民群众建立了最密切的联系,开掘了中国抗战最深厚的力量泉源。由此,实际地决定了中国抗日战争的真正主导力量"④,展示了中国命运的必然趋势。

毛泽东在《论持久战》中指出,"战争的伟力之最深厚的根源,存在于民众之中。日本敢于欺负我们,主要的原因在于中国民众的无组织状态。克服了这一缺点,就把日本侵略者置于我们数万万站起来了的人民之前,使它像一匹野牛冲入火阵,我们一声唤也要把它吓一大跳,这匹野牛就非烧死不可。"中国有广阔的兵源,只要实行"广泛的热烈的政治动员","要几百万人当兵都是容易的";中国有有广阔的财源,"动员了民众,则财政也不成问题"。共产党的军队能和民众打成一片,"在民众眼睛中看成是自己的军队,这

---

① 毛泽东:《中国共产党在抗日时期的任务》(1937 年 5 月 3 日),《毛泽东选集》第 1 卷,北京:人民出版社 1991 年版,第 256 页。

② [美]埃德加·斯诺:《人民在我们一边》,纽约:伦东·浩斯出版社 1944 年版,第 278 页。转引自谢忠厚:《河北抗日战争史》,北京:知识产权出版社 2020 年版,第 633 页。

③ 谢忠厚:《河北抗日战争史》,北京:知识产权出版社 2020 年版,第 634 页。

④ 谢忠厚:《河北抗日战争史》,北京:知识产权出版社 2020 年版,第 634—635 页。

个军队便无敌于天下,个把日本帝国主义是不够打的"。①"兵民是胜利之本。""动员了全国的老百姓,就造成了陷敌于灭顶之灾的汪洋大海,造成了弥补武器等等缺陷的补救条件,造成了克服一切战争困难的前提。要胜利,就要坚持抗战,坚持统一战线,坚持持久战。然而一切这些,离不开动员老百姓。要胜利又忽视政治动员,叫做'南其辕而北其辙',结果必然取消了胜利。"②

全心全意地为人民服务,一切从人民利益出发,"人民,只有人民,才是创造世界历史的动力"。③"铭记历史所启示的伟大真理:正义必胜! 和平必胜! 人民必胜!"④

---

① 毛泽东:《论持久战》(1938 年 5 月),《毛泽东选集》第 2 卷,北京:人民出版社 1991 年版,第 511—512 页。

② 毛泽东:《论持久战》(1938 年 5 月),《毛泽东选集》第 2 卷,北京:人民出版社 1991 年版,第 480—481 页。

③ 毛泽东:《论联合政府》(1945 年 4 月 24 日),《毛泽东选集》第 3 卷,北京:人民出版社 1991 年版,第 1031 页。

④ 习近平:《在纪念中国人民抗日战争暨世界反法西斯战争胜利 70 周年大会上的讲话》(2015 年 9 月 3 日),中共中央文献研究室编:《十八大以来重要文献选编》中,北京:中央文献出版社 2016 年版,第 667 页。

参考文献

一、档案

河北省档案馆档案

冀南行署:《紧急命令——为捕灭蝗灾抢救禾苗由》(1944年7月8日)。

冀南行署:《发动捕蝗及奖励捕蝗办法》(1944年7月12日)。

冀南四地委办公室:《旬报:灭蝗、防旱、备荒等》(1945年6月5日)。

太行行署:《关于及早动手刨蝗卵和防虫害的命令》(1946年1月19日)。

太行行署:《太行区5月20日到6月20日蝗情发展及剿蝗运动综合报告》(1946年7月13日)。

太行行署:《太行区1942、1943两年救灾总结》(1944年6月)。

太行一专署:《剿蝗通报》第4期(1944年7月10日)。

太行一专署:《剿蝗通报》第4期(1945年5月3日)。

太行一专署:《紧急指示——立即动员与组织群众捕蝗挖蝗卵》(1945年4月29日)。

太行一专署:《晋冀鲁豫边区太行第一行政督察专员公署紧急指示》(1945年8月24日)。

太行五专署:《五分区捕蝗运动》(1943年3月)。

太行六专署:《指示——铲除蝗卵消灭蝻虫》(1944年7月25日)。

太行六专署：《关于发动群众彻底灭蝗指示》(1944 年 8 月 30 日)。

太行六专署：《紧急命令——用全力消灭蝗祸》(1944 年 5 月 7 日)。

太行六专署：《秋季剿蝗总结》(1948 年 12 月 25 日)。

冀鲁豫行署：《通知——为继续抓好捕蝗工作由》(1944 年 7 月 24 日)。

冀鲁豫行署：《冀鲁豫、冀南行署关于广泛发动人民积极参加捕灭蝗虫的通知》(1944 年 7 月 12 日)。

冀鲁豫行署：《关于发动全边区所有人才参加捕蝗通知》(1944 年 7 月)。

冀鲁豫七地委：《关于捕蝗防蝗紧急指示》(1944 年 9 月 1 日)。

晋冀鲁豫六专署：《剿蝗指示》(1944 年 8 月 30 日)。

晋冀鲁豫十八专署：《关于迅速灭蝗指示》(1943 年 8 月 21 日)。

地市县级档案汇集：《磁县蝗虫情况》(1948 年 11 月 11 日)。

晋冀鲁豫边区政府：《关于表扬在剿蝗工作中艰苦耐劳、深入下层的左权县长》(1944 年 10 月 30 日)。

晋冀鲁豫边区政府：《指示信——介绍全区蝗情快快组织刨捕并向林北、平顺学习》(1945 年 5 月 21 日)。

晋冀鲁豫边区政府：《命令——各级建立捕蝗中各种制度》(1944 年 5 月 14 日)。

《晋冀鲁豫边区政府通令：表扬黎城东阳关刨卵模范学生史效平及教员杨清河、李良》(1945 年 6 月 20 日)。

晋冀鲁豫边区政府：《指示——及早动员与组织刨蝗卵的指示》(1945 年 2 月 19 日)。

晋冀鲁豫边区政府：《边府通报增刊：磁县剿蝗报告》(1947 年 7 月 28 日)。

《杜润生向戎副主席汇报各地蝗情的新发展》(1944 年 6 月 19 日)。

《武安小学教员王文德热心捕蝗，请予奖励》(1944 年 5 月 12 日)。

北京市档案馆档案

《北京特别市公署警察局特务科特务侦缉工作报告》(1939 年 11 月—1949 年 8 月)。

《北京特别市公署警察局密令》,第 59 号。

《华北政务委员会教育总署档案》。

《华北政务委员会治安总署档案》。

《华北政务委员会内务总署档案》。

《华北政务委员会施政纪要 2 周年纪念》(1942 年 3 月)。

《华北政务委员会职员录》。

《教育、治安、内务总署零散档案》。

《民国时期零散档案》(1936 年—1942 年)。

《破获三民主义青年团之案卷》(1940 年)。

《有关搜集中共河北省委、天津党务办事处等机关和冀东、冀中等军事组织的日本情报》(1940 年 1 月—12 月)。

二、资料集

魏宏运主编,晋冀鲁豫边区财政经济史编辑组等编:《抗日战争时期晋冀鲁豫边区财政经济史资料选编》第 1 辑,北京:中国财政经济出版社 1990 年版。

魏宏运主编,晋冀鲁豫边区财政经济史编辑组等编:《抗日战争时期晋冀鲁豫边区财政经济史资料选编》第 2 辑,北京:中国财政经济出版社 1990 年版。

秦孝仪主编:《中华民国重要史料初编·对日抗战时期》第 6 编,傀儡组织,台北:中国国民党中央委员会党史委员会 1981—1985 年版。

季啸风、沈友益主编:《中华民国史史料外编——前日本末次研究所情报资料》第 63—67 册,桂林:广西师范大学出版社 1997 年版。

居之芬主编:《日本对华北经济的掠夺和统制——华北沦陷区经济资料选编》,北京:北京出版社 1995 年版。

日本防卫厅战史室编纂,天津市政协编译委员会译:《日本军国主义侵华资料长编——〈大本营陆军部〉摘译》上、中、下,成都:四川人民出版社 1987 年版。

魏宏运主编,晋察冀财政经济史编写组编:《抗日战争时期晋察冀边区财政经济史资料选编》1—4编,天津:南开大学出版社1984年版。

胡光明、蓝长沄主编:《天津商会档案汇编》(1937—1945),天津:天津人民出版社1997年版。

中国人民解放军国防大学党史党建政工教研室编:《中共党史教学参考资料》第17册,北京:国防大学出版社1985年版。

中央档案馆编:《中共中央文件选集》10—12册,北京:中共中央党校出版社1985—1986年版。

中共中央文献研究室、中央档案馆编:《建党以来重要文献选编(1921—1949)》16—22册,北京:中央文献出版社2011年版。

余子道、刘其奎、曹振威编:《汪精卫国民政府的"清乡"运动》,上海:上海人民出版社1985年版。

章伯锋、庄建平:《抗日战争·日伪政权与沦陷区》第6卷,成都:四川大学出版社1997年版。

章伯锋、庄建平:《抗日战争·军事》第2卷,成都:四川大学出版社1997年版。

中国第二历史档案馆编:《中华民国史档案资料汇编》第5辑第2编,南京:江苏古籍出版社1997年版。

中央档案馆、中国第二历史档案馆、吉林省社会科学院:《华北大"扫荡"》,北京:中华书局1998年版。

中央档案馆、中国第二历史档案馆、吉林省社会科学院:《华北事变》,北京:中华书局2000年版。

中央档案馆、中国第二历史档案馆、吉林省社会科学院:《华北历次大惨案》,北京:中华书局1995年版。

中央档案馆、中国第二历史档案馆、吉林省社会科学院:《汪伪政权》,北京:中华书局2004年版。

谢忠厚、张圣洁主编:《冀鲁豫边区群众运动资料选编》,石家庄:河北人民出版社1992年版。

冀南革命根据地史编审委员会编:《冀南党史资料》第 3 辑,1988 年印。

太行革命根据地史总编委会编:《太行革命根据地史料丛书之一·大事记述》,太原:山西人民出版社 1991 年版。

太行革命根据地史总编委会编:《太行革命根据地史料丛书之二·党的建设》,太原:山西人民出版社 1989 年版。

太行革命根据地史总编委会编:《太行革命根据地史料丛书之三·地方武装斗争》,太原:山西人民出版社 1990 年版。

太行革命根据地史总编委会编:《太行革命根据地史料丛书之四·政权建设》,太原:山西人民出版社 1990 年版。

太行革命根据地史总编委会编:《太行革命根据地史料丛书之五·土地问题》,太原:山西人民出版社 1989 年版。

太行革命根据地史总编委会编:《 太行革命根据地史料丛书之六·财政经济建设》上下册,太原:山西人民出版社 1989 年版。

太行革命根据地史总编委会编:《太行革命根据地史料丛书之七·群众运动》,太原:山西人民出版社 1989 年版。

太行革命根据地史总编委会编:《太行革命根据地史料丛书之八·文化事业》,太原:山西人民出版社 1989 年版。

太行革命根据地史总编委会编:《太行革命根据地史料丛书之九·公安保卫工作》,太原:山西人民出版社 1989 年版。

太行革命根据地史总编委会编:《太行革命根据地史料丛书之十·冀西民训处与冀西游击队》,石家庄:河北人民出版社 1989 年版。

太行革命根据地史总编委会编:《太行革命根据地史料丛书之十一·豫北战斗》,太原:山西人民出版社 1989 年版。

太行革命根据地史总编委会编:《太行革命根据地史料丛书之十二·交通邮政》,太原:山西人民出版社 1995 年版。

中共冀鲁豫边区党史工作组财经组编:《中共冀鲁豫边区党史资料丛书·财经工作资料选编》上下,济南:山东大学出版社 1989 年版。

山西省档案馆编:《太行党史资料汇编》1—7 卷,太原:山西人民出版社

1989 年版。

韩延龙、常兆儒编:《中国新民主主义革命时期根据地法制文献选编》第1—4 卷,北京:中国社会科学出版社 1981—1984 年版。

人民出版社编:《中国现代史资料丛刊·抗日战争时期解放区概况》,北京:人民出版社 1953 年版。

延安时事问题研究会编:《日本帝国主义在中国沦陷区》,上海:上海人民出版社 1958 年版。

中共河北省委党史资料征集委员会:《侵华日军暴行录》,内部资料,1985年 8 月。

中共天津市委党史研究室、天津市档案馆、天津市公安档案馆编:《日本帝国主义在天津的殖民统治》,天津:天津人民出版社 1998 年版。

三、著作

《毛泽东选集》第 1 卷,北京:人民出版社 1991 年版。

《毛泽东选集》第 2 卷,北京:人民出版社 1991 年版。

《毛泽东选集》第 3 卷,北京:人民出版社 1991 年版。

广东省社会科学院历史研究室、中国社会科学院近代史研究所中华民国史研究室、中山大学历史系孙中山研究室:《孙中山全集》第 1 卷,北京:中华书局 1981 年版。

高春平主编:《山西抗战全史》,北京:商务印书馆 2015 年版。

谢忠厚:《河北抗日战争史》,北京:知识产权出版社 2020 年版。

中共中央文献研究室编:《毛泽东年谱(1893—1949)》(修订本)中卷,北京:中央文献出版社 2013 年版。

严兰绅主编,谢忠厚著:《河北通史》(10)民国下卷,石家庄:河北人民出版社 2000 年版。

王战平主编:《正义的审判——最高人民法院特别法庭审判日本战犯纪实》,北京:人民法院出版社 1991 年版。

刘大可等著:《日本侵略山东史》,济南:山东人民出版社 1991 年版。

［美］费正清编：《剑桥中华民国史》，剑桥：剑桥大学出版社 1986 年版。

［美］约翰·亨特·博伊尔著，陈体芳译：《中日战争时期的通敌内幕 (1937—1945)》，北京：商务印书馆 1978 年版。

［美］杜赞奇著，王福明译：《文化、权利与国家：1900—1942 年的华北农村》，南京：江苏人民出版社 1994 年版。

王桧林主编：《中国抗日战争全书》，太原：山西人民出版社 1995 年版。

魏宏运主编：《民国史纪事本末》1—7 卷，沈阳：辽宁人民出版社 1999 年版。

张洪祥主编：《近代日本在中国的殖民统治》，天津：天津人民出版社 1996 年版。

中共山西省委党史研究室编：《侵华日军在山西的暴行》，太原：山西人民出版社 1986 年版。

朱德新：《20 世纪三四十年代河南冀东保甲制度研究》，北京：中国社会科学出版社 1994 年版。

吴福祯：《中国的飞蝗》，北京：商务印书馆 1951 年版。

齐武编著：《一个革命根据地的成长》，北京：人民出版社 1957 年版。

邓云特：《中国救荒史》，北京：生活·读书·新知三联书店 1958 年版。

马世骏等：《中国东亚飞蝗蝗区的研究》，北京：科学出版社 1965 年版。

戎子和：《晋冀鲁豫边区财政简史》，北京：中国财政经济出版社 1987 年版。

太行革命根据地史总编委会：《太行革命根据地史稿》，太原：山西人民出版社 1987 年版。

张长荣：《河北的蝗虫》，石家庄：河北科学技术出版社 1991 年版。

李文海：《近代中国灾荒纪年续编(1919—1949)》，长沙：湖南教育出版社 1993 年版。

齐武：《晋冀鲁豫边区史》，北京：当代中国出版社 1995 年版。

夏明方：《民国时期自然灾害与乡村社会》，北京：中华书局出版社 2000 年版。

复旦大学历史学系、复旦大学中外现代化进程研究中心:《近代中国的乡村社会》,上海:上海古籍出版社 2005 年版。

汪汉忠:《灾害、社会与现代化——以苏北民国时期为中心的考察》,北京:社会科学文献出版社 2005 年版。

张军锋主编:《八路军老战士口述实录》,北京:中央文献出版社 2005 年版。

张军锋主编:《八路军口述史》上下,南京:江苏人民出版社 2015 年版。

四、论文

硕博论文

赵艳萍:《民国时期的蝗灾与社会应对》,华南师范大学博士学位论文,2007 年。

陈静:《新中国初期河北省的蝗灾与社会动员》,河北师范大学硕士学位论文,2007 年。

邵红梅:《1940 年代后期河北蝗灾与政府对策研究》,河北师范大学硕士学位论文,2010 年。

杨勇:《民众动员与晋冀鲁豫边区社会经济变迁(1941—1945)》,河南大学硕士学位论文,2010 年。

期刊论文

李艳红:《1941—1947 年豫东黄泛区的蝗灾》,《防灾科技学院学报》2007 年第 1 期。

张同乐:《1940 年代前期的华北蝗灾与社会动员——以晋冀鲁豫、晋察冀边区与沦陷区为例》,《抗日战争研究》2008 年第 1 期。

马维强、邓宏琴:《回顾与展望:社会史视野下的中国蝗灾史研究》,《中国历史地理论丛》2008 年第 1 辑。

马维强、邓宏琴:《抗战时期太行根据地的蝗灾与社会应对》,《中共党史研究》2010 年第 7 期。

张同乐、毕顺堂：《20 世纪 40 年代前期晋冀鲁豫、晋察冀边区治蝗述论》，《河北师范大学学报（哲学社会科学版）》2011 年第 1 期。

夏潮、史会来：《抗日战争时期沦陷区封建礼教泛滥现象分析》，《学习与探索》1995 年第 5 期。

谢忠厚：《华北甲第一八五五细菌战部队之研究》，《抗日战争研究》2002 年第 1 期。

徐立刚：《伪临时政府与伪维新政府政治关系演变浅析》，《民国档案》1996 年第 3 期。

徐勇：《侵华日军驻北平及华北各地细菌部队研究概论》，《抗日战争研究》2002 年第 1 期。

臧运祜：《关于一份七七事变前夕日军阴谋侵占华北的机密文书的考论》，《抗日战争研究》2002 年第 3 期。

朱德新：《日伪对冀东农民的精神侵略》，《民国档案》1995 年第 3 期。

钟春翔：《抗战时期的山东日伪教育》，《抗日战争研究》2003 年第 1 期。

王士花：《日伪统治时期的华北农村合作社》，《青年学术论坛·1999 年卷》，社会科学文献出版社，2000 年。

王士花：《日伪时期华北农村的县级政权》，《青年学术论坛·2001 年卷》，社会科学文献出版社，2002 年。

王克文：《欧美学者对抗战时期中国沦陷区的研究》，《历史研究》2000 年第 5 期。

傅清沛：《抗战时期日本侵略者对青岛的殖民统治与掠夺》，《山东社会科学》1995 年第 5 期。

高德福：《抗战时期日本对华北的经济侵略》，《南开史学》1982 年第 2 期。

孙玲玲、梁星亮：《抗战时期汉奸伪军集团形成的社会因素探析》，《西北大学学报（哲学社会科学版）》1999 年第 3 期。

孙新兴：《日本在青岛的殖民奴化教育评析》，《抗日战争研究》2003 年第 1 期。

邵云瑞等：《冀东防共自治政府成立的前前后后》，《南开学报（哲学社会科学版)》1986 年第 6 期。

吕明灼:《抗日战争时期日本帝国主义在华北所推行的"治安强化"运动》,《山东大学学报(历史版)》1961 年第 3 期。

乔培华:《日军对天门会的怀柔政策及其破产》,《史学月刊》1992 年第 1 期。

五、方志、文史资料、回忆录

北京市、天津市、青岛市、河北、山东、山西、河南等省市志书。

北京市政协文史资料研究委员会编:《日伪统治下的北平》,北京:北京出版社 1987 年版。

北京市政协文史资料研究委员会编:《日伪统治下的北京郊区》,北京:北京出版社 1995 年版。

马重韬:《齐燮元与华北伪军》,《中华文史资料库》第 5 卷,北京:中国文史出版社 1996 年版。

牛新田:《山西日伪政权的建立和覆灭》,《山西文史资料》第 41 辑(1985年 9 月)。

邵　青:《伪华北治安军的组建活动情况》,《唐山文史资料》第 3 辑(1986 年)。

陶广仁:《伪华北治安军概述》,《河北文史资料》第 16 辑(1985 年)。

天津市政协文史资料研究委员会编:《沦陷时期的天津》,天津:津新图准印号:001542,1992 年。

王第荣:《日伪时期青岛见闻之点滴》,《文史资料》(山东青岛)第 4 辑(1983 年)。

向　风:《日伪时期的北京警察局》,《中华文史资料库》第 5 卷,北京:中国文史出版社 1996 年版。

邢汉三:《日伪统治河南见闻录》,开封:河南大学出版社 1986 年版。

尹冰彦:《对〈华北敌伪政权的建立和解体〉的补正》,《文史资料选辑》第48 辑,北京:文史资料出版社 1964 年版。

张炳如:《华北敌伪政权的建立和解体》,《文史资料选辑》第 39 辑,北京:文史资料出版社 1963 年版。

张成德:《日军侵华的特殊工具——"宣抚班"》,《山东文史资料选辑》第25辑,济南:山东人民出版社1988年版。

张同礼:《汪时璟与伪联合准备银行》,《中华文史资料库》第5卷,北京:中国文史出版社1996年版。

扶沟县地方志编纂委员会编:《扶沟县志》,郑州:河南人民出版社1986年版。

太康县地方志编纂委员会编:《太康县志》,郑州:中州古籍出版社1991年版。

河北省清河县地方志编纂委员会:《清河县志》,北京:中国城市出版社,1993年版。

枣强县地方志编纂委员会编:《枣强县志》,北京:文化艺术出版社1994年版。

南和县地方志编纂委员会编:《南和县志》,北京:方志出版社1996年版。

隆尧县地方志编纂委员会编:《隆尧县志》,北京:生活·读书·新知三联书店1998年版。

河北省临漳县地方志编纂委员会编:《临漳县志》,北京:中华书局出版社1999年版。

河北省大名县地方志编纂委员会编:《大名县志》,北京:新华出版社1994年版。

河北省馆陶县地方志编纂委员会编:《馆陶县志》,北京:中华书局出版社1999年版。

河北省新河县地方志编纂委员会编:《新河县志》,北京:方志出版社2000年版。

任县地方志编纂委员会编:《任县县志》,北京:中华书局出版社2000年版。

平乡县地方志编纂委员会编:《平乡县志》,北京:方志出版社2000年版。

六、报刊

《新华日报》

《解放日报》

《大公报》

《新中华报》

《河南民国日报》

《晋察冀日报》

《晋绥日报》

［日］《朝日新闻》

《日本评论》

《新民报》

《新轮》

《新进》

《庸报》

《中国公论》

《中央公论》

《华文大阪每日》

《大公报》

《东亚晨报》

《实报》

《时事新报》

《解放》周刊

七、外文资料

岛田俊彦、稻叶正夫编:『现代史资料 9・日中战争 2』,みすず 书房,东京,1964。

臼井胜美、稻叶正夫编:『现代史资料 9・日中战争 3』,みすず 书房,东京,1964。

臼井胜美、稻叶正夫编:『现代史资料 38・太平洋战争 1』,みすず 书房,东京,1964。

姫田光义、陈平:『もうひとつの三光作战』,东京,青木书店,1989。

姫田光义:『日本军による「三光政策」、「三光作战」をめぐって』,东京,中央大学出版部,1993。

小林龙夫、稲叶正夫、岛田俊彦、臼井胜美编:『现代史资料 12・日中战争 4』,みすず 书房,东京,1964。

Boyle,John Hunter. *China and Japan at war, 1937—1945: the politics of collaboration*. Stanford: Stanford University Press,1972.

索　引

后　记

　　《晋冀鲁豫抗日根据地研究》一书分工如下：

　　绪论、第一章由张冲撰写。第二章、第三章由张同乐撰写。第四章由张冲撰写。第五章由张同乐撰写，赵亚东提供部分初稿。结论由张同乐撰写。编写大纲拟定由张同乐完成，全书统稿由张同乐、张冲完成。

　　在本书写作过程中，张宪文先生给予了多次指导，审阅初稿的专家提出了不少具有学术价值的修改意见，出版社编辑不辞辛苦，编排审定书稿，才使本书得以顺利出版。在本书付梓之际一并致以感谢之忱。

作　者

2024 年 7 月